LUDWIG FEUERBACH

Kleinere Schriften III
(1846–1850)

3., gegenüber der 2. durchgesehene Auflage

AKADEMIE-VERLAG BERLIN

Bearbeiter der 1. Auflage dieses Bandes (1971)

WOLFGANG HARICH

Redaktion dieser Auflage
WERNER SCHUFFENHAUER

Gesamt-ISBN 3-05-000 251-4
Bd. 10-ISBN 3-05-000 263-8

Erschienen im Akademie-Verlag Berlin, Leipziger Str. 3–4,
DDR - 1086 Berlin

Lizenznummer: 202 · 100/11/90
Printed in the German Democratic Republic
Offsetdruck und buchbinderische Weiterverarbeitung:
VEB Druckerei „Thomas Müntzer“, 5820 Bad Langensalza
LSV 0116
Bestellnummer: 751 646 9 (4042/10)

Vorbemerkung

Unter dem Titel „Kleinere Schriften I–IV" bringt unsere Ausgabe der Gesammelten Werke Ludwig Feuerbachs (im folgenden: GW) in den Bänden 8 bis 11 seine kleineren Schriften, Rezensionen und Beiträge für Zeitschriften und Sammelwerke aus den Jahren 1835 bis 1866, chronologisch nach dem Erscheinen geordnet und in bisher erreichbarer Vollständigkeit. Die Grundsätze der Textbearbeitung und der Gestaltung des Variantenapparates sind im Vorwort des Herausgebers zu dieser Ausgabe (vgl. GW 1, S. XLVII ff.) eingehend erläutert.

Die Texte werden jeweils nach dem Erstdruck, in Orthographie und Zeichensetzung bei strenger Wahrung des Lautstandes modernisiert, wiedergegeben; aus etwaigen späteren Fassungen (bis zur Ausgabe letzter Hand) werden textliche Abweichungen von der Erstfassung durch Bearbeiterfußnoten vermittelt. Sind Beiträge ursprünglich in Fortsetzungen veröffentlicht worden, so wird auf die jeweiligen Zäsuren, jedoch ohne Wiederholung von Titelangaben, durch Bearbeiterfußnoten aufmerksam gemacht. Der Erstdruck einer Schrift wird für den Textvergleich immer mit *A*, spätere Fassungen werden nach chronologischer Abfolge mit *B*, *C* ... bezeichnet. Bearbeiterfußnoten sind durch hochgestellte arabische Bruchziffern und *kursiven* Satz gekennzeichnet, während die Sternnoten die Fußnoten des Autors markieren.

Band 10 der Gesammelten Werke – Kleinere Schriften III – enthält Publikationen Feuerbachs aus den Jahren von 1846 bis 1850. In diesem Zeitraum wandte sich Feuerbach (im Zusammenhang mit der Herausgabe seiner „Sämtlichen Werke" bei O. Wigand in Leipzig) wieder verstärkt religionskritischen Themen zu, in deren Mittelpunkt „Das Wesen der Religion" von 1845 stand. Seine schriftstellerische Tätigkeit bis zur Revolution von 1848/49 vollzog sich in zunehmender Isoliertheit von den theoretisch und politisch vorwärtsdrängenden Kräften und den deutschen progressiven Publikationsorganen, die – zufolge der politischen und Zensurverhältnisse – ihre Zentren ins Ausland verlegen mußten. Bei Ausbruch der Revolution begab er sich an den Ort der Nationalversammlung und schloß sich hier der mit den Bestrebungen der jungen Arbeiterbewegung verbundenen radikalen demokratischen Linken an, ohne selbst aktiv in den Verlauf der Ereignisse einzugreifen. Seine von Dezember 1848 bis März 1849 in Heidelberg gehaltenen „Vorlesungen über das Wesen der Religion" (1851 erschienen, in unserer Ausgabe Band 6) und die politisch-satirisch nuancierte Abhandlung „Die Naturwissenschaft und die Revolution" (1850, im vorliegenden Band Nr. 10) bezeugen sowohl seine demokratisch-republikanische Grundhaltung als auch die Enttäuschung über die ihm durch das Versagen der liberalen Mehrheit der Frankfurter Nationalversammlung besiegelt erschienene Niederlage der Volkskräfte, zugleich aber auch die Hoffnung und Zuversicht auf eine unvermeidlich kommende erneute und tiefergreifende revolutionäre Wandlung, zu deren langfristiger geistiger Vorbereitung seine Schriften einen Beitrag zu leisten beabsichtigen.

Weitere Aufschlüsse über Feuerbachs Stellung zur Revolution von 1848/49 und zur Nationalversammlung sowie über seine Teilnahme an demokratischen Initiativen während seines Aufenthaltes in Frankfurt (Main) vermitteln die im Register-Sonderband zu den Bänden 1 bis 12 unserer Ausgabe enthaltenen Nachträge (vgl. auch GW 1, S. XLVI) ebenso wie der Briefwechsel jener Jahre, den der Band 19 (Briefwechsel III: 1845–1852) unserer Ausgabe darbietet.

Zur Textgeschichte der in den vorliegenden Band aufgenommenen Stücke ist folgendes zu bemerken:

1. Zu der Abhandlung *Das Wesen der Religion*. Sie ist 1845 entstanden und gegen Ende Dezember im Manuskript abgeschlossen worden (An O. Wigand, 23. Dezember

1845); sie wurde auf Ersuchen O. Wigands (vgl. An O. Wigand, 10. Januar 1846) zuerst in „Die Epigonen", Band I, Verlag O. Wigand, Leipzig 1846, S. 117–178, mit der Unterschrift *Ludwig Feuerbach* veröffentlicht (Erstdruck, im vorliegenden Band als A bezeichnet). Leicht überarbeitet, erschien sie noch im selben Jahr im Rahmen von Ludwig Feuerbachs „Sämtlichen Werken", Band I, Verlag O. Wigand, Leipzig 1846, S. 410–486 (zweite Fassung = B). Abermals vom Verfasser geringfügig verändert, brachte Wigand die Schrift 1849 auf dringendes Ersuchen Feuerbachs im Blick auf seine Heidelberger Vorlesungen, denen diese Schrift zugrunde gelegt wurde (An O. Wigand, 28. Dezember 1848), mit dem Vermerk „Zweite Auflage" gesondert heraus (dritte Fassung = C). Aus dem Manuskript der erwähnten Vorlesungen wurde später das Buch „Vorlesungen über das Wesen der Religion" (Band VIII der „Sämtlichen Werke", Leipzig 1851; in unserer Ausgabe Band 6). Wir bringen im vorliegenden Band S. 3–79 den Text des Erstdrucks des „Wesens der Religion" (A) und vermerken in den Fußnoten die Varianten von B und C.

2. Zu den *Ergänzungen und Erläuterungen zum „Wesen der Religion"*. Auch diese Arbeit ist 1845, etwa zur selben Zeit wie „Das Wesen der Religion" (siehe unter 1.), entstanden. Von ihr existiert nur eine Fassung, die in Band I der „Sämtlichen Werke", Leipzig 1846, S. 360–409, erschien. Wir geben diesen Erstdruck im vorliegenden Band S. 80–121 wieder.

3. Zu *Wider den Dualismus von Leib und Seele, Fleisch und Geist*. Als Erläuterung zu den „Grundsätzen der Philosophie der Zukunft" von 1843 (GW 9) in den Band II der „Sämtlichen Werke" Leipzig 1846, S. 347–379, aufgenommen (einzige Fassung). Wir geben diesen Erstdruck im vorliegenden Band S. 122–150 wieder.

4. Zu *Fragmente zur Charakteristik meines philosophischen curriculum vitae*. Aus Briefwechsel und Tagebuchaufzeichnungen zusammengestellte fragmentarische autobiographische Skizze, die den Zeitraum von 1822 bis 1845

berücksichtigt. Einzige Fassung in Band II der „Sämtlichen Werke“, Leipzig 1846, S. 380–414, Abdruck im vorliegenden Band S. 151–180.

5. Zu dem *Vorwort* zu Band I der „Sämtlichen Werke“, Leipzig 1846, S. V–XVI. Das 1845 abgefaßte Vorwort ist vor allem der im Verlag O. Wigand eröffneten Gesamtausgabe, weniger den einzelnen, im ersten Band wieder bzw. neu herausgegebenen Schriften gewidmet, wobei eine allgemeine Rückschau auf das bisherige philosophische Schaffen gegeben wird. Bezugnehmend auf wohlbegründete Einwände gegen die darin zum Ausdruck gelangende Vereinseitigung und Verengung der philosophischen Kritik wird gleichzeitig versucht, die erneute intensive Auseinandersetzung mit religionsphilosophischen Themen als doch den politischen und sozialen Forderungen der in Bewegung geratenen Volkskräfte dienend zu rechtfertigen. Der erste Band der „Sämtlichen Werke“ enthält: „Über das Wunder“ – „Über Philosophie und Christentum in Beziehung auf den der Hegelschen Philosophie gemachten Vorwurf der Unchristlichkeit“ – „Kritiken des modernen Afterchristentums: I. Kritik der ‚Christlichen Rechts- und Staatslehre‘ von F. J. Stahl, II. Kritik der ‚christlichen‘ oder positiven Philosophie, III. Kritik der christlichen Medizin“ – „Über den Marienkultus“ – „Beleuchtung einer theologischen Rezension vom ‚Wesen des Christentums‘“ – „Zur Beurteilung der Schrift ‚Das Wesen des Christentums‘“ „Das Wesen des Glaubens im Sinne Luthers“ – „Der Unterschied der heidnischen und christlichen Menschenvergötterung“ – „Merkwürdige Äußerungen Luthers nebst Glossen“ – „Über das ‚Wesen des Christentums‘ in Beziehung auf den ‚Einzigen und sein Eigentum‘“ – „Ergänzungen und Erläuterungen zum ‚Wesen der Religion‘“ – „Das Wesen der Religion“. Der Band trägt den zusammenfassenden Titel „Erläuterungen und Ergänzungen zum ‚Wesen des Christentums‘“. Im vorliegenden Band Abdruck des Vorworts auf S. 181–190.

6. Zu dem *Vorwort* zu Band II der „Sämtlichen Werke“, Leipzig 1846, S. V–VI. Das Vorwort vermittelt – in Er-

gänzung des Vorwortes zu Band I (siehe unter 5.) – den Plan der ursprünglich auf sieben Bände berechneten, tatsächlich jedoch 1866 mit zehn Bänden zum Abschluß gebrachten Gesamtausgabe. Es weist zugleich auf die „Fragmente zur Charakteristik meines philosophischen curriculum vitae" (siehe unter 4.) hin, die besonders zu den im zweiten Band der „Sämtlichen Werke" enthaltenen kleineren philosophischen Schriften wichtige Aufschlüsse vermitteln. Dieser Band enthält: „Hegels Geschichte der Philosophie" – „Kritik des ‚Antihegel'" – „‚Jacobi und die Philosophie seiner Zeit' von J. Kuhn" – "1) ‚Geschichte der neuern Philosophie' von Dr. Joh. Ed. Erdmann. 2) ‚Cartesius und seine Gegner' von Dr. C. F. Hock" – „‚Geschichte der neuern Philosophie' von Dr. John. Ed. Erdmann (I. Bd. II. Abt.)" – „‚Die Idee der Freiheit' von K. Bayer" – „‚Über den Begriff des sittlichen Geistes' von Dr. Karl Bayer" – „‚Kritik des Idealismus' von F. Dorguth" – „‚Christian Kapp und seine literärischen Leistungen'" – „L. Feuerbach an K. Riedel" – „‚Über die Philosophie und Christentum' von L. F." – „Kritik der Hegelschen Philosophie" – „‚Über den ‚Anfang der Philosophie'" – „Vorläufige Thesen zur Reform der Philosophie" – „Grundsätze der Philosophie der Zukunft" – „Wider den Dualismus von Leib und Seele, Fleisch und Geist" – „Fragmente zur Charakteristik meines philosophischen curriculum vitae". Zusammenfassender Titel des Bandes: „Philosophische Kritiken und Grundsätze". Im vorliegenden Band Abdruck des Vorworts auf S. 191.

7. Zu *Die Unsterblichkeitsfrage vom Standpunkt der Anthropologie, Über meine „Gedanken über Tod und Unsterblichkeit"* und *Nachträgliche Bemerkungen*. Die Beiträge greifen vom Standpunkt der seit 1839 entwickelten anthropologischen Religionsbetrachtung die Thematik seiner Erstlingsschrift „Gedanken über Tod und Unsterblichkeit ..." von 1830 auf und nehmen zum Teil auch Bezug auf Grundgedanken der 1834 erschienenen Abhandlung „Abälard und Héloise oder Der Schriftsteller und der Mensch" (beide enthalten in GW 1). Die eng aufeinander bezogenen und um 1846 entstandenen Abhandlungen wurden von Feuerbach in Bd. III der „Sämtlichen Werke",

Leipzig 1847, S. 263–408, veröffentlicht; sie haben keine weitere Bearbeitung von Feuerbachs Hand erfahren. Abdruck im vorliegenden Band S. 192–284, S. 284–308 und S. 309–323.

8. Zu dem Lexikon-Artikel *[Paul Johann Anselm von Feuerbach und seine Söhne]*. Erstdruck anonym und ohne Überschrift in „Wigands Conversations-Lexikon. Für alle Stände", Band 5 (Ferdinand bis Gribojedow), Leipzig 1847, S. 35–39. Feuerbach übersandte am 14. Mai 1847 den erbetenen Beitrag an den Leipziger Verleger. Fünf Jahre später erklärte er im Vorwort zum biographischen Nachlaß seines Vaters, er habe über P. J. A. v. Feuerbach 1847 einen Artikel für Wigands Lexikon geschrieben; das sei bisher die einzige Gelegenheit gewesen, bei der er von den Materialien Gebrauch gemacht habe, die 1843, nach dem Tode seines Bruders Eduard August Feuerbach, in seinen, Ludwigs, Besitz übergegangen seien (vgl. „Paul Johann Anselm Ritter von Feuerbachs Leben und Wirken ... veröffentlicht von seinem Sohne Ludwig Feuerbach", Leipzig 1852; hier GW 12, S. 4). Nach W. Bolin („Ausgewählte Briefe von und an Ludwig Feuerbach", 2 Bände, Stuttgart 1924, Band 1, S. 26) soll die Ludwig Feuerbach betreffende Skizze von seinem jüngeren Bruder Friedrich abgefaßt worden sein, was durch Feuerbachs Erklärung (An O. Wigand, 14. Mai 1847) als Irrtum erwiesen wird: „Es versteht sich übrigens von selbst, daß das Interesse für meinen Vater das Interesse für mich – auch ganz abgesehen von meiner Antipathie, mich in einem Konversationslexikon breitzumachen – beeinträchtigte. Doch die wenigen Worte genügen. Ich erscheine hier en famille. Es gilt hier nicht meinen Namen in specie, es gilt den Namen Feuerbach überhaupt." Wir drucken im vorliegenden Band S. 324–332 den von W. Harich, Berlin, im Prozeß der Vorbereitung dieses Bandes wiederentdeckten aufschlußreichen Artikel zum ersten Mal nach.

9. Zu *Über „Das Wesen der Religion" in Beziehung auf „Feuerbach und die Philosophie. Ein Beitrag zur Kritik beider" von R. Haym, 1847. Ein Bruchstück.* Der junge Rudolf Haym, der Feuerbach keineswegs ablehnend gegenüberstand, kritisierte – vornehmlich unter sprach-

philosophischem Aspekt, aber von der Position seines eklektischen, an theistischen Vorstellungen festhaltenden „Ideal-Realismus" aus – in „Feuerbach und die Philosophie" (Halle 1847) die nach seiner Meinung unzureichende Vermittlung zwischen den religionsphilosophischen Positionen des „Wesens des Christentums" (GW 5) und denen des „Wesens der Religion" (siehe vorl. Band, Nr. 1). Feuerbach erwidert in Form zusätzlicher Erläuterungen, deren fragmentarischen Charakter er zudem ausdrücklich betont. Die O. Wigand für eine zunächst separate Veröffentlichung in „Die Epigonen" zugesicherte Abhandlung (An O. Wigand, 29. Oktober 1847) wurde dem Verleger mit Schreiben vom 8./16. November 1847, und mit der ausdrücklichen Betonung, daß es sich hier nur um ein bloßes „Bruchstück" handele, übersandt; die Replik erschien in „Die Epigonen", Band V, Verlag O. Wigand, Leipzig 1848, S. 165–177, mit den Initialen *L. F.* als Unterschrift. In die „Sämtlichen Werke" wurde sie nicht aufgenommen; der Zeitschriftenabdruck ist die einzige Fassung. Die Veröffentlichung wurde zuerst von K. Grün in „Ludwig Feuerbach in seinem Briefwechsel und Nachlaß sowie in seiner philosophischen Charakterentwicklung dargestellt", 2 Bände, Leipzig und Heidelberg 1874, Band 1, S. 413–435, nachgedruckt. Wir geben den Wortlaut des Erstdrucks im vorliegenden Band S. 333–346 wieder.

10. Zu *Die Naturwissenschaft und die Revolution.* Die mit einem Brief an Feuerbach vom 30. März 1850 von J. Moleschott – der in Heidelberg im Hause Ch. Kapps mit Feuerbach bekannt wurde und dessen „Vorlesungen über das Wesen der Religion" in Heidelberg besucht hatte – selbst angeregte Besprechung seiner „Lehre der Nahrungsmittel. Für das Volk" (Erlangen 1850) erschien, vermittelt durch Feuerbachs Freund, den Münchener Landschaftsmaler Bernhard Fries, in Fortsetzungen in den „Blättern für literarische Unterhaltung" des Verlages H. Brockhaus (vgl. auch: Brief von Heinrich und Eduard Brockhaus an L. Feuerbach, 29. November 1850), Leipzig 1850, Nr. 268 vom 8. November (S. 1069–1071), Nr. 269 vom 9. November (S. 1073–1074), Nr. 270 vom 11. November (S. 1077–1079) und Nr. 271 vom 12. November (S. 1081–1083), mit

der Unterschrift *L. Feuerbach*. Eine Aufnahme in die „Sämtlichen Werke" unterblieb; es ist dies somit die einzige Fassung. Die Veröffentlichung wurde zuerst von K. Grün in „Ludwig Feuerbach in seinem Briefwechsel und Nachlaß . . . ", Band 2, S. 73–92, nachgedruckt. Wir geben den Wortlaut des Erstdrucks im vorliegenden Band S. 347–368 wieder.

Bei der Redaktion der dritten, durchgesehenen Auflage des vorliegenden Bandes konnten unsere Aussagen zur Textgeschichte und -konstitution im Ergebnis des Fortschreitens der Forschung und insbesondere der Erschließung des Briefwechsels von und an L. Feuerbach im Rahmen unserer Ausgabe präzisiert und erweitert werden. Geringfügige Druckfehlerberichtigungen gegenüber der ersten und der zweiten, durchgesehenen Auflage (1971 bzw. 1982) erfolgten stillschweigend.

Herrn Wolfgang Harich, Berlin, gilt unser Dank für die intensive Mitwirkung bei der Ermittlung der Textgrundlagen, der Erarbeitung der Textgeschichte (Überlieferung) und für die Bearbeitung der Texte (einschließlich der Variantenvergleiche) in der Gestalt der ersten Auflage 1971. Die in eckigen Klammern in den Text eingefügten Verdeutschungen fremdsprachiger Stellen besorgten Irene Selle, geb. Schottlaender, Berlin, Rudolf Schottlaender (†) und der Herausgeber. Alle Veränderungen gegenüber der ersten Auflage gehen auf den Herausgeber zurück.

Der Herausgeber

Kleinere Schriften III

(1846–1850)

*Das Wesen der Religion**[1]

1

Das vom menschlichen Wesen oder Gott, dessen Darstellung „Das Wesen des Christentums" ist, unterschiedene und unabhängige Wesen – das Wesen ohne menschliches

* Diese Arbeit ist die „Abhandlung", auf die ich im „Luther" [GW 9, S. 408] hingewiesen habe, aber nicht in der Form einer Abhandlung, sondern freier, selbständiger Gedanken. Das Thema derselben oder wenigstens ihr Ausgangspunkt ist die Religion, *inwiefern ihr Gegenstand* die *Natur* ist, von welcher ich im „Christentum" und „Luther" abstrahierte und meinem Gegenstande gemäß abstrahieren mußte, denn der Kern des Christentums ist nicht der Gott *in der Natur*, sondern *im Menschen*. Ich habe mich jedoch nur auf die *Hauptmomente* meines Themas beschränkt. Die mitgeteilten Gedanken sind nur Exzerpte aus meinen Manuskripten, die in ihrem ganzen Umfange für den Druck herzurichten mir zu langweilig ist. Indes sie genügen wenigstens denen, für welche ich schreibe, denn ich schreibe nicht für die wohlbekannten „Tiere sonder Vernunft", sondern für Wesen mit Vernunft, also für Wesen, welche durch die eigne Vernunft die Gedanken eines andern ergänzen. Übrigens erscheinen sie *hier* nur auf den ausdrücklichen Wunsch meines Verlegers. Ich bestimmte sie für einen andern Ort, wo sie auch demnächst wieder erscheinen werden und wo ihnen mehrere Erläuterungen und Ergänzungen vorangehen.

1 *In A und B darunter auf einer besonderen Zeile:* 1845. *In C keine Überschrift, stattdessen vor dem Beginn des Textes ein Titelblatt. Auf diesem steht, auf fünf Zeilen gebracht:* Das / Wesen der Religion / Von / Ludwig Feuerbach / Zweite Auflage. *Die Fußnote Feuerbachs ist in B gekürzt, sie reicht dort nur von* Diese Arbeit ist *bis* sondern im Menschen. *In C fehlt sie ganz.*

Wesen, menschliche Eigenschaften, menschliche Individualität – ist in Wahrheit nichts andres als die *Natur.**[1]

2[2]

Das Abhängigkeitsgefühl des Menschen ist der *Grund* der Religion; der Gegenstand dieses Abhängigkeitsgefühles[3] das, wovon der Mensch abhängig ist und abhängig sich fühlt, ist aber ursprünglich nichts andres als die Natur. Die *Natur* ist der *erste*[3] *ursprüngliche Gegenstand der Religion*, wie die Geschichte aller Religionen und Völker sattsam beweist.

3[4]

Die Behauptung, daß die Religion dem Menschen eingeboren, natürlich sei, ist falsch, wenn man der Religion überhaupt die Vorstellungen des Theismus, d. h. des eigentlichen Gottesglaubens, unterschiebt, vollkommen wahr aber, wenn man unter Religion nichts weiter versteht als das Abhängigkeitsgefühl – das Gefühl oder Bewußtsein des Menschen, daß er nicht ohne ein andres, von ihm unterschiednes Wesen existiert und existieren kann, daß er nicht sich selbst seine Existenz verdankt. Die Religion in diesem Sinne liegt dem Menschen so nahe als das Licht dem Auge, die Luft der Lunge, die Speise dem Magen. Die Religion ist die Beherzigung und Bekennung dessen, was ich bin. Vor allem bin ich aber ein nicht ohne Licht, ohne Luft,

* „Natur" ist für mich ebenso wie „Geist" nichts weiter als ein *allgemeines Wort* zur Bezeichnung der Wesen, Dinge, Gegenstände, welche der Mensch von sich und seinen Produkten unterscheidet und in den gemeinsamen Namen „Natur" zusammenfaßt, aber kein *allgemeines*, von den wirklichen Dingen abgezogenes und abgesondertes, personifiziertes und mystifiziertes *Wesen.*

[1] 1. Das vom menschlichen Wesen . . . als die Natur. *Fehlt in C mitsamt der dazugehörenden Fußnote Feuerbachs.*

[2] *In C 1.*

[3] *In B und C folgt Komma.*

[4] *In C 2.*

ohne Wasser, ohne Erde, ohne Speise existierendes, ein von der Natur abhängiges Wesen. Diese Abhängigkeit ist im Tier und tierischen Menschen nur eine unbewußte, unüberlegte; sie zum Bewußtsein erheben, sie sich vorstellen, beherzigen, bekennen heißt sich zur Religion erheben. So ist alles Leben abhängig vom Wechsel der Jahreszeiten; aber nur der Mensch feiert diesen Wechsel in dramatischen Vorstellungen, in festlichen Akten. Solche Feste aber, die nichts weiter ausdrücken und darstellen als den Wechsel der Jahreszeiten oder der Lichtgestalten des Mondes, sind die ältesten, ersten, eigentlichen Religionsbekenntnisse der Menschheit.

4[1]

Der bestimmte Mensch, dieses Volk, dieser Stamm, hängt nicht von der Natur im allgemeinen ab, nicht von der Erde überhaupt, sondern von diesem Boden, diesem Lande, nicht vom Wasser überhaupt, sondern von diesem Wasser, diesem Strome, dieser Quelle. Der Ägyptier ist nicht Ägyptier außer Ägypten, der Indier nicht Indier außer Indien. Mit vollem Rechte, mit demselben Rechte, mit welchem der universelle Mensch sein universelles Wesen als Gott verehrt, beteten daher die alten, beschränkten, an ihrem Boden mit Leib und Seele haftenden, nicht in ihre Menschheit, sondern in ihre Volks- und Stammsbestimmtheit ihr Wesen setzenden Völker die Berge, die Bäume, die Tiere, die Flüsse und Quellen ihres Landes als göttliche Wesen an, denn ihre ganze Existenz, ihr ganzes Wesen gründete sich ja nur auf die Beschaffenheit ihres Landes, ihrer Natur.

5[2]

Es ist eine phantastische Vorstellung, daß der Mensch nur durch die Vorsehung, den Beistand „übermenschlicher" Wesen, als da sind Götter, Geister, Genien, Engel, sich über den Zustand der Tierheit habe erheben können. Aller-

[1] *In C 3.*

[2] *In C 4.*

dings ist der Mensch nicht für sich und durch *sich selbst allein* das geworden, was er ist; er bedurfte hierzu der Unterstützung anderer Wesen. Aber diese Wesen waren keine supranaturalistischen, eingebildeten Geschöpfe, sondern Geschöpfe, sondern wirkliche, natürliche Wesen, keine Wesen über, sondern *unter* dem Menschen, wie denn überhaupt alles, was den Menschen in seinem bewußten und willkürlichen, dem gewöhnlich allein menschlich genannten Tun und Treiben unterstützt, alle gute Gabe und Anlage nicht von oben herab, sondern von *unten* herauf, nicht aus der Höhe, sondern aus der Tiefe der Natur kommt. Diese hülfreichen Wesen, diese *Schutzgeister* des Menschen waren insbesondre die *Tiere*. Nur vermittelst der Tiere erhob sich der Mensch über das Tier; nur unter ihrem Schutz und Beistand konnte die Saat der menschlichen Kultur gedeihen. *„Durch den Verstand des Hundes"*, heißt es im Zend Avesta, und zwar im Vendidad, dem anerkannt ältesten und echtesten Teil desselben[1], *„besteht die Welt. Behütete er nicht die Straßen, so würden Räuber und Wölfe alle Güter rauben."* Aus dieser Bedeutung der Tiere für den Menschen, namentlich in den Zeiten der beginnenden Kultur, rechtfertigt sich vollkommen die religiöse Verehrung derselben. Die Tiere waren dem Menschen unentbehrliche, *notwendige* Wesen; von ihnen hing seine menschliche Existenz ab; das aber, wovon das Leben, die Existenz des Menschen abhängt, das ist ihm *Gott*. Wenn die Christen nicht mehr die Natur als Gott verehren, so kommt das nur daher, daß ihrem Glauben zufolge ihre Existenz nicht von der Natur, sondern dem Willen eines von der Natur unterschiednen[2] Wesens abhängt, aber gleichwohl betrachten und verehren sie dieses Wesen nur deswegen als göttliches, d. i. höchstes, Wesen, weil sie es für den Urheber und Erhalter ihrer Existenz, ihres Lebens halten. So ist die Gottesverehrung nur abhängig von der Selbstverehrung des Menschen, nur eine Erscheinung derselben. Verachte ich mich oder mein Leben

[1] *In B und C hierzu als Zusatz die folgende Fußnote Feuerbachs:* Wenngleich auch dieser „erst in späterer Zeit abgefaßt worden ist".

[2] unterschiedenen *C. Geringfügige Veränderung, wird im folgenden nicht mehr vermerkt.*

– ursprünglich und normal unterscheidet der Mensch nicht zwischen sich und seinem Leben –, wie sollte ich das lobpreisen, verehren, wovon dieses erbärmliche, verächtliche Leben abhängt? In dem Werte, den ich auf die Ursache des Lebens lege, wird daher nur *Gegenstand* des Bewußtseins der Wert, den ich *unbewußt* auf mein Leben, auf mich selbst lege. Je höher darum der Wert des Lebens steigt, desto höher steigen auch natürlich an Wert und Würde die Spender der Lebensgaben, die Götter. Wie könnten auch die Götter in Gold und Silber strahlen, solange nicht der Mensch den Wert und Gebrauch von Gold und Silber kennt? Welch ein Unterschied zwischen der griechischen Lebensfülle und Lebensliebe und der indianischen Lebensöde und Lebensverachtung; aber auch welch ein Unterschied zwischen der griechischen Mythologie und der indianischen Fabellehre; zwischen dem olympischen Vater der Götter und Menschen und der großen indianischen Beutelratze oder der Klapperschlange, dem Großvater der Indianer!

6[1]

Die Christen freuen sich des Lebens ebensosehr wie die Heiden, aber sie schicken ihre Dankgebete für die Lebensgenüsse empor zum himmlischen Vater; sie machen ebendeswegen den Heiden den Vorwurf des Götzendienstes, daß sie mit ihrem Danke, ihrer Verehrung bei der Kreatur stehenbleiben, sich nicht zur ersten Ursache, der allein wahren Ursache, aller Wohltaten erheben. Allein verdanke ich dem Adam, dem *ersten* Menschen, *meine* Existenz? Verehre ich ihn als meinen Vater? Warum soll ich nicht bei der Kreatur stehenbleiben? Bin ich nicht selbst eine Kreatur? Ist nicht für mich, der ich selbst nicht weit her bin, *für mich als dieses bestimmte, individuelle* Wesen, die *nächste*, diese gleichfalls bestimmte, individuelle Ursache die *letzte* Ursache? Ist diese meine, von mir selbst und meiner Existenz unabtrennbare, ununterscheidbare Individualität nicht abhängig von der Individualität dieser meiner Eltern? Verliere ich nicht, wenn ich wieder[2] zurückgehe,

[1] *In C 5.*

[2] weiter *B und C.*

zuletzt alle Spuren von meiner Existenz? Gibt es hier nicht einen notwendigen Halt- und Grenzpunkt im Rückgang? Ist nicht der erste Anfang meiner Existenz ein absolut individueller? Bin ich in demselben Jahre, derselben Stunde derselben Stimmung, kurz, unter denselben innern und äußern Bedingungen gezeugt und empfangen wie mein Bruder? Ist also nicht, wie mein Leben ein unwidersprechlich eignes ist, auch mein Ursprung ein eigner, indivdiueller? Soll ich also bis auf den Adam meine Pietät ausdehnen? Nein, ich bleibe mit vollem Rechte bei den mir nächsten Wesen, diesen meinen Eltern, als den Ursachen *meiner* Existenz, mit religiöser Verehrung stehen.

7[1]

Die ununterbrochne Reihe der sogenannten endlichen Ursachen oder Dinge, welche die alten Atheisten als eine endlose, die Theisten als eine endliche bestimmten, existiert ebenso wie die Zeit, in der sich ohne Absatz und Unterschied ein Augenblick an den andern reiht, nur im Gedanken, in der Vorstellung des Menschen. In der Wirklichkeit wird das langweilige Einerlei dieser Kausalreihe unterbrochen, aufgehoben durch den Unterschied, die *Individualität* der Dinge, welche etwas Neues, Selbständiges, Einziges, Letztes, Absolutes ist. Allerdings ist das im Sinne der Naturreligion göttliche Wasser ein zusammengesetztes, vom Wasser- und Sauerstoff abhängiges, aber doch zugleich ein neues, nur sich selbst gleiches, originelles Wesen, in welchem die Eigenschaften der beiden Stoffe für sich selbst verschwunden, aufgehoben sind. Allerdings ist das Mondlicht, das der Heide in seiner religiösen Einfalt als ein selbständiges Licht verehrt, ein abgeleitetes, aber doch zugleich ein von dem unmittelbaren Sonnenlicht unterschiednes, eignes, durch den Widerstand des Monds[2] verändertes Licht – ein Licht also, das nicht wäre, wenn der Mond nicht wäre, dessen Eigentümlichkeit nur in ihm

[1] *In C 6.*

[2] Mondes C. *Geringfügige Veränderung, wird im folgenden nicht mehr vermerkt.*

seinen Grund hat. Allerdings ist der Hund, den der Parse wegen seiner Wachsamkeit, Dienstfertigkeit und Treue als ein wohltätiges und deswegen göttliches Wesen in seinen Gebeten anruft, ein Geschöpf der Natur, das nicht aus und durch sich selbst ist, was es ist; aber gleichwohl ist es doch nur der Hund selbst, *dieses* und kein andres Wesen, welches jene verehrungswürdigen Eigenschaften besitzt. Soll ich wegen dieser Eigenschaften zur ersten und allgemeinen Ursache aufblicken und dem Hund den Rücken kehren? Allein die allgemeine Ursache ist ohne Unterschied ebensogut die Ursache des menschenfreundlichen Hundes als des menschenfeindlichen Wolfes, dessen Dasein ich,[1] der allgemeinen Ursache zum Trotz,[1] aufheben muß, wenn ich mein eignes, höher berechtigtes Dasein behaupten will.

8[2]

Das göttliche Wesen, das sich in der Natur offenbart, ist nichts andres *als die Natur selbst,* die sich dem Menschen als ein göttliches Wesen offenbart, darstellt und aufdringt. Die alten Mexikaner hatten unter ihren vielen Göttern auch einen Gott* des Salzes. Dieser Salzgott enträtsele uns auf fühlbare Weise das Wesen des Gottes der Natur überhaupt. Das Salz (Steinsalz) repräsentiert uns in seinen ökonomischen, medizinischen und technologischen Wirkungen die von den Theisten so sehr gepriesene Nützlichkeit und Wohltätigkeit der Natur, in seinen Wirkungen auf Auge und Gemüt, seinen Farben, seinem Glanze, seiner Durchsichtigkeit ihre Schönheit, in seiner kristallinischen Struktur und Gestalt ihre Harmonie und Regelmäßigkeit, in seiner Zusammensetzung aus entgegengesetzten Stoffen die Verbindung der entgegengesetzten Elemente der Natur zu einem Ganzen – eine Verbindung, welche die Theisten von jeher als einen unumstößlichen Beweis für die Existenz eines von der Natur unterschiednen Regenten derselben

[1] *Komma fehlt in B und C*
[2] *In C 7.*
* Oder vielmehr Göttin, aber es ist hier eins.

ansahen, weil sie aus Unkenntnis der Natur nicht wußten, daß gerade die entgegengesetzten Stoffe und Wesen sich anziehen, sich durch sich selbst zu einem Ganzen verbinden. Was ist denn nun aber der Gott des Salzes? *Der* Gott, dessen Gebiet, Dasein, Offenbarung, Wirkung und Eigenschaften im Salze enthalten sind? Nichts andres als das Salz selbst, welches dem Menschen wegen seiner[1] Eigenschaften und Wirkungen als ein göttliches, d. h. wohltätiges, herrliches, preis- und bewundrungswürdiges, Wesen erscheint. *Homer* nennt ausdrücklich das Salz göttlich. Wie also der Gott des Salzes nur der Ein- und Ausdruck von der Gottheit oder Göttlichkeit des Salzes ist, so ist auch der Gott der Welt oder Natur überhaupt nur der Ein- und Ausdruck von der Gottheit der Natur.

9[2]

Der Glaube, daß in der Natur ein andres Wesen sich ausspricht[3] als die Natur selbst, daß die Natur von einem von ihr unterschiednen Wesen erfüllt und beherrscht sei, ist *im Grunde* eins mit dem Glauben, daß Geister, Dämonen, Teufel durch den Menschen, wenigstens in gewissen Zuständen, sich aussprechen, den Menschen besitzen, ist in der Tat der Glaube, daß die Natur von einem fremden, geisterhaften Wesen *besessen*[4] sei. Allerdings ist auch wirklich die Natur auf dem Standpunkte dieses Glaubens von einem Geiste besessen, aber dieser Geist ist des Menschen Geist, seine Phantasie, sein Gemüt, das sich unwillkürlich in die Natur hineinlegt, die Natur zu einem Symbol und Spiegel seines Wesens macht.

10[5]

Die Natur ist nicht nur der erste, ursprüngliche Gegenstand, sie ist auch der *bleibende Grund*, der *fortwährende*,

[1] seinen *B und C*
[2] *In C 8.*
[3] ausspreche *B und C*
[4] *In C nicht hervorgehoben.*
[5] *In C 9.*

wenn auch verborgne, Hintergrund der Religion. Der Glaube, daß Gott, selbst wenn er als ein von der Natur unterschiednes, übernatürliches Wesen vorgestellt wird, ein *außer dem Menschen existierendes,* ein *objektives* Wesen ist, wie die Philosophen sich ausdrücken, hat seinen Grund nur darin, daß das außer dem Menschen existierende, gegenständliche Wesen, die Welt, die Natur, ursprünglich selbst Gott ist. Die Existenz der Natur gründet sich nicht, wie der Theismus wähnt, auf die Existenz Gottes, nein, umgekehrt: Die *Existenz Gottes* oder vielmehr der Glaube an seine Existenz *gründet sich* nur auf die *Existenz der Natur.* Du bist deswegen nur genötigt, Gott als ein existierendes Wesen zu denken, weil du[1] von der Natur selbst genötigt wirst, deiner Existenz und deinem Bewußtsein die *Existenz der Natur vorauszusetzen,* und der erste Grundbegriff Gottes kein andrer ist als eben der, daß er die deiner Existenz vorangehende, *vorausgesetzte Existenz ist.* Oder: In dem Glauben, daß Gott außer dem Herzen, außer der Vernunft des Menschen existiert, schlechtweg existiert, gleichgültig, ob der Mensch ist oder nicht ist und ihn denkt oder nicht denkt, wünscht oder nicht wünscht, in diesem Glauben oder vielmehr in dem Gegenstande desselben spukt kein andres Wesen dir im Kopfe als die Natur, deren Existenz sich nicht auf die Existenz des Menschen, geschweige auf Gründe des menschlichen Verstands und Herzens, stützt. Wenn daher die Theologen, besonders die rationalistischen, die Ehre Gottes hauptsächlich darein setzen, daß er ein vom Denken des Menschen unabhängig existierendes Wesen ist, so mögen sie doch bedenken, daß die Ehre dieser Existenz auch den Göttern der blinden Heiden, den Sternen, Steinen, Bäumen und Tieren, zukommt, daß also die *gedankenlose* Existenz ihres Gottes sich nicht von der Existenz des ägyptischen Apis unterscheidet.

[1] *In B und C Großschreibung, ebenso wie bei* deiner, deinem *usw. Geringfügige Veränderung, wird im folgenden nicht mehr vermerkt, um so weniger, als Kleinschreibung in derartigen Fällen den orthographischen Grundsätzen der vorliegenden Ausgabe entspricht.*

11[1]

Die den *Unterschied* des göttlichen Wesens vom menschlichen Wesen oder wenigstens vom menschlichen Individuum begründenden und ausdrückenden Eigenschaften sind ursprünglich oder der Grundlage nach nur Eigenschaften der *Natur*. Gott ist das mächtigste oder vielmehr *allmächtige* Wesen – d. h., er vermag, was der Mensch nicht vermag, was vielmehr die menschlichen Kräfte unendlich übersteigt und daher dem Menschen das demütigende Gefühl seiner Beschränktheit, Ohnmacht und Nichtigkeit einflößt. „Kannst du", spricht Gott zu Hiob, „die Bande der sieben Sterne zusammenbinden? Oder das Band des Orion auflösen? Kannst du die Blitze auslassen, daß sie hinfahren und sprechen: Hier sind wir? Kannst du dem Rosse Kräfte geben? Flieget der Habicht durch deinen Verstand? Hast du einen Arm wie Gott und kannst mit gleicher Stimme donnern, als er tut?" Nein, das kann der Mensch nicht; mit dem Donner läßt sich die menschliche Stimme nicht vergleichen. Aber was ist die Macht, die sich in der Gewalt des Donners, in der Stärke des Rosses, im Fluge des Habichts, im unaufhaltsamen Laufe des Siebengestirns äußert? *Die Macht der Natur.** Gott ist

[1] *In C 10.*

* *Sokrates* verwarf die *Physik* als eine übermenschliche und nutzlose Beschäftigung, weil, wenn man auch *wüßte*, wie z. B. der Regen entsteht, man deswegen doch keinen Regen *machen* könnte, und beschäftigte sich daher nur mit *menschlichen*, moralischen Gegenständen, die man durch das Wissen hervorbringen kann, das heißt: Was der Mensch machen kann, ist Menschliches, was er *nicht* machen kann, Übermenschliches, Göttliches. So sagte auch ein König der Kaffern, sie[2] „glaubten an eine unsichtbare Gewalt, die ihnen bald Gutes, bald Böses zufüge, Wind, Donner und Blitz errege und alles hervorbringe, was sie *nicht nachzuahmen vermöchten*". Und ein Indianer zu einem Missionär: *„Kannst du das Gras wachsen lassen?* Ich glaube nicht, und *niemand kann es außer dem großen Manito.*" So ist der Grundbegriff Gottes als eines vom Menschen unterschiednen Wesens kein anderer als die Natur.

[2] *In B und C das folgende Anführungszeichen bereits vor* sie [.]

12

das *ewige Wesen:* Aber in der Bibel selbst steht geschrieben: „Ein Geschlecht vergeht, das andre kommt, die Erde aber bleibt ewig." Im Zend Avesta heißen ausdrücklich Sonne und Mond wegen ihrer beständigen Fortdauer „*Unsterbliche*". Und ein peruanischer Ynka sagte zu einem Dominikaner: „Du betest einen Gott an, der am Kreuze gestorben ist, ich aber bete die Sonne an, die *nie stirbt.*" Gott ist das *allgütige* Wesen, „denn er lässet seine Sonne aufgehen über die Bösen und über die Guten und lässet regnen über Gerechte und Ungerechte"; aber das Wesen, das nicht zwischen Guten und Bösen, Gerechten und Ungerechtenunterscheidet, nicht nach moralischen Verdiensten die Güter des Lebens austeilt, das überhaupt deswegen auf den Menschen den Eindruck eines guten Wesens macht, weil seine Wirkungen, wie z. B. das erquickende Sonnenlicht und Regenwasser, Quellen der wohltuendsten Empfindungen sind, das ist eben die Natur. Gott ist das *allumfassende, universelle,* das *eine und selbe* Wesen, aber es ist *ein und dieselbe* Sonne, die allen Menschen und Wesen der Erde oder Welt – denn die Erde ist ursprünglich und in allen Religionen die Welt selbst – leuchtet, ein und derselbe[1] Himmel, der sie alle umspannt, *ein*[2] *und dieselbe* Erde, die sie alle trägt. „Daß *ein* Gott ist", sagt *Ambrosius,* „bezeugt die gemeine Natur, *denn* es ist nur *eine* Welt." „Wie Sonne, Mond, Himmel, Erde und Meer *allen gemein* sind", sagt *Plutarch,* „aber bei dem einen so, bei den andern anders heißen, so ist auch ein das Universum lenkender Geist, aber er hat verschiedne Namen und Kulte." Gott ist „kein Wesen, das in Tempeln wohnt, die von Menschenhänden gemacht sind"; aber auch nicht die Natur. Wer kann das Licht, wer den Himmel, wer das Meer in begrenzte menschliche Räume einschließen? Die alten Perser und Germanen verehrten nur die Natur, aber sie hatten keine Tempel. Dem Naturverehrer ist es zu eng, zu schwül in den *gemachten*[3], abgezirkelten Räumen eines Tempels oder einer Kirche; es ist ihm nur wohl unter dem freien, unbegrenzten Himmel der sinnlichen Anschauung. Gott ist das nicht

[1] ein und derselbe *In B und C hervorgehoben.*
[2] eine *B und C*
[3] *In B und C nicht hervorgehoben.*

nach menschlichem Maßstab bestimmbare, das *unermeßliche, große, unendliche* Wesen; aber er ist es nur, weil die Welt, sein Werk, groß, unermeßlich, unendlich ist oder wenigstens so dem Menschen erscheint. Das Werk lobt seinen Meister: Die Herrlichkeit des Schöpfers hat ihren Grund nur in der Herrlichkeit des Geschöpfs. „Wie groß ist die Sonne, aber wie groß ist erst der, der die Sonne gemacht hat!" Gott ist das *überirdische, übermenschliche, höchste* Wesen; aber auch dieses höchste Wesen ist seinem Ursprung und seiner Grundlage nach nichts andres als das räumlich oder optisch höchste Wesen: der Himmel mit seinen glänzenden Erscheinungen. Alle Religionen von nur einiger Schwungkraft versetzen ihre Götter in die Region der Wolken, in den Äther oder in Sonne, Mond und Sterne, *alle Götter verlieren sich zuletzt in den blauen Dunst des Himmels.* Selbst der spiritualistische Gott der Christen hat seinen Sitz, seine Basis oben im Himmel. Gott ist das *geheimnisvolle, unbegreifliche* Wesen, aber nur, weil die *Natur* dem Menschen, namentlich dem religiösen, ein *geheimnisvolles, unbegreifliches* Wesen ist. „Weißt du", sagt Gott zu Hiob, „wie sich die Wolken ausstreuen? Bist du in den Grund des Meeres gekommen? Hast du vernommen, wie breit die Erde sei? Hast du gesehen, wo der Hagel herkommt?" Gott endlich ist das über menschliche Willkür erhabne, von menschlichen Bedürfnissen und Leidenschaften unberührte, das ewig sich selbst gleiche, nach unwandelbaren Gesetzen waltende, das, was es einmal festgesetzt, für alle Zeiten unabänderlich festsetzende Wesen?[1] Aber auch dieses Wesen, was ist es anders als die bei allem Wechsel sich selbst gleichbleibende, gesetzmäßige, unerbittliche, rücksichtslose, unwillkürliche Natur?*

1 *Punkt statt Fagezeichen in B und C.*

* Alle diese ursprünglich nur von der Anschauung der Natur abstammenden Eigenschaften werden später zu abstrakten, metaphysischen Eigenschaften, wie die Natur selbst zu einem abstrakten Vernunftwesen. Auf diesem Standpunkt, wo der Mensch den Ursprung Gottes aus der Natur vergißt, wo Gott kein Wesen der Anschauung, der Sinnlichkeit, sondern nur ein gedachtes Wesen ist, heißt es: Der vom eigentlichen menschlichen Gott unterschiedne, anthro-

12[1]

Gott[2], als Urheber der Natur,[2] wird zwar als ein von der Natur unterschiednes Wesen vorgestellt, aber das, was dieses Wesen enthält und ausdrückt, der *wirkliche Inhalt* desselben, ist nur die Natur. „Aus ihren Früchten sollt ihr sie erkennen", heißt es in der Bibel, und der Apostel Paulus verweist uns ausdrücklich auf die Welt als das Werk hin, woraus Gottes Existenz und Wesen zu erkennen sei, denn das, was einer hervorbringt, enthält ja sein Wesen, zeigt uns, was er ist und vermag. Was wir in der Natur haben, das haben wir daher in Gott *gedacht nur als Urheber oder Ursache der Natur* – also kein moralisches, geistiges, sondern nur ein *natürliches*, physisches Wesen. Ein Gottesdienst, der sich auf Gott *nur* als Urheber der Natur gründete, ohne anderweitige aus dem Menschen geschöpfte Bestimmungen mit ihm zu verknüpfen, ohne ihn zugleich als politischen und moralischen, d. i. menschlichen, Gesetzgeber zu denken wäre reiner Naturdienst. Zwar wird der Urheber der Natur mit Verstand und Willen belegt; aber das, was eben dieser Wille will, dieser Verstand denkt, ist gerade das, wozu kein Wille, kein Verstand erfordert wird, wozu bloße mechanische, physische, chemische, vegetabilische, animalische Kräfte und Triebfedern hinreichen.

13[3]

Sowenig die Bildung des Kindes im Mutterleib, die Bewegung des Herzens, die Verdauung und andre organische Funktionen Wirkungen des Verstandes und Willens sind, sowenig ist die Natur überhaupt die Wirkung eines *geistigen*, d. i. wollenden und wissenden oder denkenden, Wesens. Ist die Natur ursprünglich ein Geistesprodukt und folglich eine Geisterscheinung[4], so sind auch die gegen-

pomorphismenlose Gott ist nichts andres als das Wesen der Vernunft. Soviel über das Verhältnis dieser Arbeit zu meinem „Luther" und „Wesen des Christentums". Sat sapienti [dem Weisen genügt es].

[1] *In C 11.* [2] *Komma fehlt in B und C.* [3] *In C 12.*
[4] Geistererscheinung *B und C*

wärtigen Naturwirkungen geistige Wirkungen, Geistererscheinungen. Wer A sagt, muß B sagen; *ein*[1] *supranaturalistischer Anfang fordert notwendig eine supranaturalistische Fortsetzung*. Da nur macht ja der Mensch Wille und Verstand zur Ursache der Natur, wo die Wirkungen *unter* dem Willen und Verstand *über* den Verstand des Menschen gehen, wo er alles sich nur aus sich, aus menschlichen Gründen erklärt, wo er nichts versteht und weiß von den natürlichen Ursachen, wo er daher auch die besondern, gegenwärtigen Naturerscheinungen von Gott oder, wie z. B. die ihm unerklärlichen Bewegungen der Gestirne, von untergeordneten Geistern ableitet. Ist aber gegenwärtig der Stützpunkt der Erde und Gestirne nicht das allmächtige Wort Gottes, das Motiv ihrer Bewegung kein geistiger[2] oder englischer[3], sondern ein mechanischer[4], so ist notwendig auch die Ursache, und zwar erste Ursache, dieser Bewegung eine mechanische oder überhaupt natürliche. Von Wille und Verstand, überhaupt vom „Geiste"[5] die Natur ableiten, das heißt die Rechnung ohne den Wirt machen, das heißt aus der *Jungfrau ohne Erkenntnis des Mannes, bloß durch den Heil*[i]*gen*[6] *Geist den Heiland der Welt gebären*, das heißt *aus Wasser Wein machen*, das heißt *mit Worten* Stürme beschwören, *mit Worten* Berge versetzen, *mit Worten* Blinde sehend machen. Welche Schwachheit und Beschränktheit, die untergeordneten Ursachen, die causas secundas, des Aberglaubens, die Wunder, die Teufel, die Geister, als Erklärungsgründe von Naturerscheinungen zu beseitigen, aber die prima causa, die *erste* Ursache, alles Aberglaubens unangetastet stehenzulassen!

14[7]

Mehrere Kirchenväter behaupteten, daß der Sohn Gottes keine Wirkung des Willens, sondern des Wesens, der Natur

[1] *In B und C nicht hervorgehoben.*
[2] geistiges *B und C*
[3] englisches *B und C*
[4] mechanisches *B und C*
[5] *In B und C nicht in Anführungszeichen.*
[6] *So ergänzen auch B und C.*
[7] *In C 13.*

Gottes, daß das Naturprodukt früher sei als das Willensprodukt und daher der Zeugungsakt, als ein Wesens- oder Naturakt, dem Akt der Schöpfung als einem Willensakt vorangehe. So hat sich selbst inmitten des übernatürlichen Gottes, obwohl im größten Widerspruch mit seinem Wesen und Willen, die Wahrheit der Natur geltend gemacht. Dem Willensakt ist der Zeugungsakt vorausgesetzt; eher als die Tätigkeit des Bewußtseins, des Willens ist die Tätigkeit der Natur. Vollkommen wahr. Erst muß die Natur sein, ehe das ist, was sich von der Natur unterscheidet, die Natur als einen Gegenstand des Wollens und Denkens sich gegenübersetzt. Von der Verstandlosigkeit zu Verstande[1] kommen, das ist der Weg zur Lebensweisheit, aber von Verstand zur Verstandlosigkeit kommen, das ist der direkte Weg ins Narrenhaus der Theologie. Den Geist nicht auf die Natur, sondern umgekehrt die Natur auf den Geist setzen, das heißt den Kopf nicht auf den Unterleib, den Bauch, sondern den Bauch auf den Kopf stellen. Das Höhere setzt das Niedere, nicht dieses jenes voraus*, aus dem einfachen Grunde, weil das Höhere etwas *unter sich* haben muß, um höher zu stehen. Und je höher, je mehr ein Wesen ist, desto mehr setzt es auch voraus. Nicht das erste Wesen, sondern das späteste, letzte, abhängigste, bedürftigste, zusammengesetzteste Wesen ist ebendeswegen das höchste Wesen, gleich wie in der Bildungsgeschichte der Erde nicht die ältesten ersten Gesteine, die Schiefer- und Granitgesteine, sondern die spätesten, jüngsten Produkte, die Basalte und dichten Laven, die schwersten, die gewichtigsten sind. Ein Wesen, das die Ehre hat, nichts vorauszusetzen, das hat auch die Ehre, nichts zu sein. Aber freilich die Christen verstehen sich auf die Kunst, aus nichts etwas zu machen.

15[2]

Alle Dinge kommen und hängen von Gott ab, sagen die Christen im Einklang mit ihrem gottseligen Glauben, *aber*,

[1] Verstand *B und C*

* Logisch wohl auch, aber nimmermehr seiner realen Genesis nach.

[2] *In C 14.*

setzen sie sogleich hinzu im Einklang mit ihrem gottlosen Verstande, *nur mittelbar*: Gott ist nur die *erste* Ursache, aber dann kommt das unübersehbare Heer der subalternen Götter, das Regiment der Mittelursachen. Allein die sogenannten Mittelursachen sind die allein wirklichen und wirksamen, die allein gegenständlichen und fühlbaren Ursachen. Ein Gott, der nicht mehr mit den Pfeilen Apollos den Menschen zu Boden streckt, nicht mehr mit dem Blitz und Donner Jupiters das Gemüt erschüttert, nicht mehr mit Kometen und andern feurigen Erscheinungen den verstockten Sündern die Hölle heiß macht, nicht mehr mit allerhöchster, „selbsteigenster" Hand das Eisen an den Magnet heranzieht, Ebbe und Flut bewirkt und das feste Land gegen die übermütige, stets eine neue Sündflut drohende Macht der Gewässer schirmt, kurz, ein aus dem Reiche der Mittelursachen vertriebener Gott ist nur eine *Titulaturursache*, ein unschädliches, höchst bescheidenes Gedankending – eine *bloße Hypothese* zur Lösung einer theoretischen Schwierigkeit, zur Erklärung des ersten Anfangs der Natur oder vielmehr des organischen Lebens. Denn die Annahme eines von der Natur unterschiedenen Wesens zur Erklärung ihres Daseins stützt sich, wenigstens in letzter Instanz, nur auf die – übrigens nur relativ-subjektive[1] – Unerklärlichkeit des organischen, insbesondere menschlichen Lebens aus der Natur, indem der Theist *sein Unvermögen*, das Leben sich aus der Natur zu *erklären*, zu einem *Unvermögen der Natur*, das Leben aus sich zu *erzeugen*, die *Schranken seines Verstandes* also zu *Schranken der Natur* macht.

16[2]

Schöpfung und Erhaltung sind unzertrennlich. Ist daher ein von der Natur unterschiedenes Wesen, ein Gott, unser Schöpfer, so ist er auch unser Erhalter, so ist es also nicht die Kraft der Luft, der Wärme, des Wassers, des Brotes[3], sondern die *Kraft Gottes*, die *uns erhält*. „In ihm leben, weben

[1] relativ-subjektive: relative, subjektive *B und C*
[2] *In C 15*.
[3] Brodes *B und C*

und sind wir." „Nicht das Brot", sagt Luther, „sondern das *Wort Gottes nähret auch den Leib natürlich,* wie es alle Dinge schaffet und erhält (Ebr. 1)." „Weil es fürhanden ist, so nähret er (Gott) *dadurch* und *drunter,* daß man es *nicht sehe* und *meine,* das *Brot tue es.* Wo es aber *nicht* fürhanden ist, da nähret er *ohne Brot, allein durchs Wort, wie* er tut unter dem Brot." „Summa: Alle Kreaturen sind Gottes *Larven* und *Mummereien,* die er will lassen mit ihm würken und helfen allerlei schaffen, das er doch *sonst ohne ihr Mitwürken tun kann und auch tut.*" Ist aber nicht die Natur, sondern Gott unser Erhalter, so ist die Natur ein bloßes *Versteckspiel* der Gottheit und folglich ein *überflüssiges Scheinwesen,* gleichwie umgekehrt Gott ein überflüssiges Scheinwesen ist, wenn uns die Natur erhält. Nun ist es aber offenbar und unleugbar, daß wir nur den eigentümlichen Wirkungen, Eigenschaften und Kräften der natürlichen Wesen unsere Erhaltung verdanken; wir sind daher zu dem Schlusse nicht nur berechtigt, sondern auch gezwungen, daß wir auch nur der Natur unsere Entstehung verdanken. Wir sind mitten in die Natur hineingestellt, und doch sollte unser Anfang, unser Ursprung außer der Natur liegen? Wir leben in der Natur, mit der Natur, von der Natur, und gleichwohl sollten wir nicht *aus* ihr sein? Welch ein Widerspruch!

17[1]

Die Erde ist nicht immer so gewesen, wie sie gegenwärtig ist; sie ist vielmehr nur nach einer Reihe von Entwickelungen und Revolutionen auf ihren gegenwärtigen Standpunkt gekommen, und es ist durch die Geologie ermittelt, daß in diesen verschiedenen Entwicklungsstufen auch verschiedene, jetzt oder schon in frühern Perioden nicht mehr vorhandene Pflanzen und Tiere existierten.* So gibt es

[1] *In C 16.*

* Mit der Ansicht übrigens, daß sich das organische Leben in einem förmlichen Stufengang also entwickelt habe, daß zu gewissen Zeiten *nur* Schnecken, Muscheln und andere, noch niedrigere Tiere, *nur* Fische, *nur* Amphibien existiert hätten, kann ich mich nicht befreunden. Auch ist diese

keine Trilobiten mehr, keine Enkriniten, keine Ammoniten, keine Pterodaktylen, keine Ichthyo- und Plesiosauren, keine Mega- und Dinotherien usw. Warum aber? Offenbar deswegen, weil die Bedingungen ihrer Existenz nicht mehr vorhanden sind. Wenn aber das Ende eines Lebens mit dem Ende seiner Bedingungen, so fällt auch der Anfang, die Entstehung eines Lebens mit der Entstehung seiner Bedingungen zusammen. Selbst gegenwärtig, wo die Pflanzen und Tiere, wenigstens unbestritten die höhern, nur durch organische Zeugung entstehen, sehen wir auf eine höchst merkwürdige, noch unerklärte Weise überall, sowie nur ihre eigentümlichen Lebensbedingungen gegeben sind, auch unverzüglich dieselben in zahlloser Menge zum Vorschein kommen. Die Entstehung des organischen Lebens ist daher naturgemäß nicht als ein *isolierter* Akt zu denken, als ein Akt *nach* der Entstehung der Lebensbedingungen, sondern vielmehr der Akt, der Moment, wo die Temperatur, die Luft, das Wasser, die Erde überhaupt solche Beschaffenheiten annahm, der Sauerstoff, Wasserstoff, Kohlenstoff, Stickstoff solche Verbindungen eingingen, welche die Existenz des organischen Lebens bedingen, ist auch als der Moment zu denken, wo zugleich diese Stoffe sich zur Bildung organischer Körper vereinigten. Wenn daher die Erde kraft ihrer eigenen Natur im Laufe der Zeit sich so entwickelt und kultiviert hat, daß sie einen mit der Existenz des Menschen verträglichen, dem menschlichen Wesen angemessenen, also sozusagen selbst *menschlichen* Charakter annahm, so konnte sie auch aus eigner Kraft den Menschen hervorbringen.

18[1]

Die Macht der Natur ist keine unbeschränkte, wie die göttliche Allmacht, d. h. die Macht der menschlichen Einbildungskraft; sie kann nicht alles beliebig zu jeder Zeit

Ansicht bereits bis auf die Grauwackenformation zurückgedrängt, wenn anders[2] sich die Entdeckung von Knochen und Zähnen von Landsäugetieren in der Steinkohlenformation bestätigt hat.

[1] *In C 17.* [2] wenn anders *In B und C hervorgehoben.*

und unter jeden Umständen; ihre Hervorbringungen, ihre Wirkungen sind an Bedingungen geknüpft. Wenn daher jetzt die Natur keine Organismen mehr ohne Befruchtung und Zeugung[1] hervorbringen kann oder hervorbringt, so folgt daraus nicht, daß sie dies auch einst nicht konnte. Der Charakter der Erde ist gegenwärtig der der Stabilität; die Zeit der Revolutionen ist vorüber; sie hat ausgetobt. Die Vulkane sind nur noch einzelne unruhige Köpfe, die auf die Masse keinen Einfluß haben und daher die bestehende Ordnung nicht stören. Selbst die großartigste vulkanische Begebenheit seit Menschengedenken, die Erhebung des Jorullo in Mexiko, war nichts weiter als ein lokaler Aufstand. Aber wie der Mensch nur in ungewöhnlichen Zeiten ungewöhnliche Kräfte entwickelt, nur in Zeiten der höchsten Aufregung und Bewegung vermag, was ihm außer dem[2] schlechterdings unmöglich ist, wie die Pflanze nur in gewissen Epochen, in den Epochen des Keimens, der Blüte und Befruchtung, Wärme produziert, Kohlenstoff und Wasserstoff verbrennt, also eine ihrer gewöhnlichen pflanzlichen Verrichtung geradezu entgegengesetzte, eine *tierische* Funktion ausübt (se fait animal[3] Dumas [sich tierisch macht, wie Dumas sagt]), so entfaltete auch die Erde nur in den Zeiten ihrer geologischen Revolutionen, in den Zeiten, wo alle ihre Kräfte und Stoffe in der höchsten Gärung, Wallung und Spannung begriffen waren, ihre zoologische Produktionskraft. Wir kennen die Natur nur in ihrem gegenwärtigen status quo [jetzt bestehenden Zustand]; wie können wir also schließen, daß, was jetzt nicht von der Natur geschieht, auch überhaupt nicht, auch in ganz andern Zeiten, unter ganz andern Bedingungen und Verhältnissen, nicht geschehen könne?[4]*

[1] ohne . . . Zeugung: durch ursprüngliche Erzeugung *B und C*

[2] außer dem: außerdem *B und C*

[3] *In B und C folgt Doppelpunkt.*

[4] Punkt statt *Fragezeichen in B und C.*

* Es versteht sich von selbst, daß ich mit diesen wenigen populären[5] Worten das große Problem von der Entstehung des organischen Lebens nicht will abgefertigt wissen; aber sie genügen für mein Thema; denn ich gebe hier nur den *indirekten* Beweis, daß das Leben keinen andern Ursprung

[5] *Fehlt in B und C.* *[Vorige Note läuft S. 22 weiter.]*

19[1]

Die Christen haben sich nicht genug darüber verwundern können, daß die Heiden *entstandene* Wesen als göttliche verehrten; sie hätten sie aber vielmehr deswegen bewundern[2] sollen, denn dieser Verehrung lag eine ganz richtige Naturanschauung zugrunde. Entstehen heißt sich individualisieren; Entstehung und Individualisierung sind unzertrennlich;[3] unentstanden sind daher[4] die allgemeinen, individualitätslosen Grundstoffe oder Grundkräfte[5] der Natur, unentstanden die Motive.[6] Aber das individualisierte Wesen ist der Qualität nach ein höheres, göttlicheres Wesen als das individualitätslose. Schmachvoll ist allerdings die Geburt und schmerzlich der Tod; aber wer nicht anfangen und enden will, verzichte auf den Rang eines lebendigen Wesens. Ewigkeit schließt Lebendigkeit, Lebendigkeit Ewigkeit aus. Wohl setzt das Individuum ein anderes, es hervorbringendes Wesen voraus; aber das hervorbringende steht deswegen nicht über, sondern *unter* dem hervorgebrachten. Das hervorbringende Wesen ist zwar die Ursache der Existenz und insofern erstes Wesen, aber es ist auch zugleich bloßes Mittel und Stoff, Grundlage

haben könne als die Natur. Was die direkten naturwissenschaftlichen Beweise betrifft, so sind wir zwar noch lange nicht am Ziele, aber doch im Verhältnisse[7] zu frühern Zeiten, namentlich durch die in neuester Zeit nachgewiesene Identität der unorganischen und organischen Erscheinungen, weit genug, wenigstens so weit, daß wir von deren[8] natürlichen Ursprung des Lebens überzeugt sein können, wenn uns gleich die Art und Weise dieses Ursprungs noch unbekannt ist oder selbst auch unbekannt bleiben sollte.

[1] *In C 18.*

[2] *Im Original A:* bewundren *Hier korrigiert nach B und C.*

[3] Entstehung . . . unzertrennlich; : entstanden sind die individuellen Wesen, dagegen *B und C*

[4] sind daher *Fehlt in B und C.*

[5] Grundwesen *B und C*

[6] Materie *B und C*

[7] Verhältnis *B und C*

[8] dem *B und C*

der Existenz eines andern Wesens und insofern ein untergeordnetes Wesen. Das Kind verzehrt die Mutter, verwendet ihre Kräfte und Säfte zu seinem Besten, schminkt seine Wangen mit ihrem Blute. Und das Kind ist der Stolz der Mutter, sie setzt es *über sich*, unterordnet ihre Existenz, ihr Wohl der Existenz, dem Wohl des Kindes; selbst die tierische Mutter opfert das eigene Leben dem Leben ihrer Jungen auf. Die tiefste Schmach eines Wesens ist der Tod, aber der Grund des Todes die Zeugung. Zeugen heißt sich wegwerfen, sich gemein machen, sich unter die Menge verlieren, andere[1] Wesen seiner[2] Einzigkeit und Ausschließlichkeit aufopfern. Nichts ist widerspruchvoller, verkehrter und sinnloser, als von einem höchsten, vollkommensten geistigen Wesen die natürlichen Wesen hervorbringen zu lassen. Dieser Prozedur zufolge müßten konsequenterweise – denn das Geschöpf ist ja ein Abbild des Schöpfers – auch die Menschenkinder nicht aus dem niedrigen, so tiefgestellten Organ der Gebärmutter, sondern aus dem höchsten organischen Wesen, dem Kopf, entspringen.

20[3]

Die alten Griechen leiteten alle Quellen, Brunnen, Ströme, Seen, Meere von dem Okeanos, dem Weltstrom oder Weltmeer, ab, und die alten Perser ließen alle Berge der Erde aus dem Berge Albordy entspringen. Ist die Ableitung aller Wesen von *einem* vollkommenen Wesen besseren Sinnes, anderer Art? Nein, sie beruht ganz auf derselben Denkart. Wie der Albordy ein Berg ist sogut als die aus ihm entstandenen Berge, so ist auch das göttliche Wesen als der Urpunkt[4] der abgeleiteten Wesen sogut ein Wesen wie diese, der Gattung nach nicht von ihnen unterschieden; wie aber der Berg Albordy dadurch sich von allen andern Bergen auszeichnet, daß er die Eigenschaften derselben im eminenten Sinn, d. h. in einem von der Phantasie aufs höchste,

[1] anderen *B*, andern *C*
[2] seine *B und C*
[3] *In C 19.*
[4] Urquell *B und C*

bis in den Himmel, über Sonne, Mond und Sterne hinauf gesteigertem[1] Grade, besitzt, so unterscheidet sich auch das göttliche Urwesen vor[2] allen andern Wesen dadurch, daß es die Eigenschaften derselben im allerhöchsten Grade, in schrankenlosem, unendlichem Sinne besitzt. Sowenig aber ein uranfängliches Wasser der Quell der verschiedenen Gewässer, ein uranfänglicher Berg der Ursprung der vielen verschiedenen Berge ist, sowenig ist ein[3] uranfängliches Wesen der Urquell der vielen verschiednen Wesen. Unfruchtbar ist die Einheit, fruchtbar nur der Dualismus, der Gegensatz, der Unterschied. Was die Berge erzeugt, ist nicht nur ein von den Bergen Unterschiedenes, sondern in sich selbst sehr Verschiedenartiges, desgleichen was das Wasser erzeugt, sind nicht nur vom Wasser selbst, sondern auch untereinander verschiedene, ja, entgegengesetzte Stoffe. Wie sich Geist, Witz, Scharfsinn, Urteil nur am Gegensatz, nur im Konflikt entwickelt und erzeugt, so erzeugte sich auch das Leben nur im Konflikt unterschiedener, ja, entgegengesetzter Stoffe, Kräfte und Wesen.

21[4]

„Wer das Ohr gemacht hat, wie sollte der nicht hören? Wer das Auge gemacht, wie sollte der nicht sehen?" Diese biblische oder theistische Ableitung des hörenden und sehenden Wesens von einem sehenden und hörenden Wesen, in unserer modernen, philosophischen Sprache ausgedrückt: des geistigen, subjektiven Wesens von einem selbst wieder geistigen, subjektiven Wesen, beruht auf demselben Fundament, sagt ganz dasselbe, was die persische Ableitung der Berge von dem Urberge Albordy, als die griechische Erklärung der Quellen und Flüsse aus dem Okeanos,[5] als die biblische Erklärung des Regens aus himmlischen, über

[1] gesteigerten *B und C*
[2] von *B und C*
[3] *In B und C hervorgehoben.*
[4] *In C 20.*
[5] was . . . Okeanos, *Fehlt hier in B und*

oder in den Wolken aufgehäuften Wassersammlungen,[1] Wasser vom Wasser, aber einem unendlich großen, allumfassenden Wasser, Berge vom Berge, aber einem unendlichen, allumfassenden Berge; so Geist vom Geist, Leben vom Leben, Auge vom Auge, aber einem unendlichen, allumfassenden Auge, Leben und Geiste.

22[2]

Den Kindern gibt man auf die Frage, woher die Kindlein kommen, bei uns diese „*Erklärung*", daß sie die Amme aus einem Brunnen holt, wo die Kindlein wie Fische herumschwimmen. Nicht anders ist die Erklärung, die uns die Theologie von dem Ursprung der organischen oder überhaupt natürlichen Wesen gibt. Gott ist der tiefe oder schöne Brunnen der Phantasie, in dem alle Realitäten, alle Vollkommenheiten, alle Kräfte enthalten sind, alle Dinge, lediglich schon fertig[3], wie Fischlein herumschwimmen; die Theologie ist die Amme, die sie aus diesem Brunnen hervorholt, aber die *Hauptperson*, die Natur, die Mutter, die mit Schmerzen die Kindlein gebärt[4], die sie neun Monate lang unter ihrem Herzen trägt, bleibt bei dieser ursprünglich kindlichen, jetzt aber kindischen Erklärung ganz außer dem Spiele. Allerdings ist diese Erklärung schöner, gemütlicher, leichter, faßlicher und den Kindern Gottes einleuchtender als die natürliche, die nur allmählich[5], durch unzählige Hindernisse hindurch aus dem Dunkel zum Lichte empordringt. Aber auch die Erklärung unserer frommen Väter von Hagelschlag, Viehseuchen, Dürre und Donnerwettern durch Wettermacher, Zauberer, Hexen ist weit „poetischer", leichter und noch heute ungebildeten Menschen einleuchtender als die Erklärung dieser Erscheinungen aus natürlichen Ursachen.

1 *In B und C folgt Zusatz:* als die persische Ableitung der Berge von dem Urberge Albordy, als die griechische Erklärung der Quellen und Flüsse aus dem Okeanos.
2 *In C 21.*
3 , lediglich . . . fertig : folglich schon fertig *B und C*
4 gebiert *B und C*
5 *Im Original A, B und C:* allmälig

„Der Ursprung des Lebens ist unerklärlich und unbegreiflich"; es sei; aber diese Unbegreiflichkeit berechtigt dich nicht zu den abergläubischen Konsequenzen, welche die Theologie aus den Lücken des menschlichen Wissens zieht, berechtigt dich nicht, über das Gebiet der natürlichen Ursachen auszuschweifen, denn du kannst nur sagen: Ich kann nicht aus *diesen* mir bekannten natürlichen Erscheinungen und Ursachen oder aus ihnen, *wie* sie mir bis jetzt bekannt sind, das Leben erklären, aber nicht: Es ist schlechterdings, überhaupt nicht aus der Natur erklärbar, ohne dir anzumaßen, den Ozean der Natur bereits bis auf den letzten Tropfen erschöpft zu haben, berechtigt dich nicht, durch die Annahme *erdichteter* Wesen das Unerklärliche zu erklären, berechtigt dich nicht, durch eine *nichts erklärende* Erklärung dich und andere zu täuschen und zu belügen, berechtigt dich nicht, dein *Nichtwissen* natürlicher, materieller Ursachen in ein *Nichtsein* solcher Ursachen zu verwandeln, deine *Ignoranz* zu vergöttern, zu personifizieren, zu vergegenständlichen in einem Wesen, welches diese Ignoranz aufheben soll und doch *nichts anders ausdrückt als die Natur dieser deiner Ignoranz*, als den *Mangel* positiver, materieller Erklärungsgründe. Denn was ist das immaterielle, un- oder nicht körperliche, nicht natürliche, nicht weltliche Wesen, woraus du dir das Leben erklärst, anders als der präzise Ausdruck[2] von dem dir nicht gegenständlichen Sein, von dem Nichtwissen[3] materieller, körperlicher, natürlicher, kosmischer Ursachen? Aber statt so ehrlich und bescheiden zu sein, schlechtweg zu sagen: Ich weiß keinen Grund, ich kann es nicht erklären, mir fehlen die data, die Materialien, verwandelst du diese Mängel, diese Negationen, diese Leerheiten, diese Poren[4] deines Kopfs vermittelst der Phantasie in positive Wesen, in Wesen, die *immaterielle,*

[1] *In C 22.*

[2] *Im Original A:* Ausdrück *Hier berichtigt nach B und C.*

[3] dem dir . . . Nichtwissen : der intellektuellen Abwesenheit *B und C*

[4] , diese Poren *Fehlt in B und C.*

d. h. keine materiellen, keine natürlichen, Wesen *sind*, weil *du keine materiellen, keine natürlichen Ursachen weißt.* Die Ignoranz begnügt sich übrigens mit immateriellen, unkörperlichen, nicht natürlichen Wesen, aber ihre unzertrennliche Gefährtin, die üppige Phantasie, die es immer nur mit höchsten und allerhöchsten und überhöchsten Wesen zu tun hat, erhebt sogleich diese armen Geschöpfe der Ignoranz in den Rang von *über*materiellen, *über*natürlichen Wesen.

24[1]

Die Vorstellung, daß die Natur selbst, die Welt überhaupt, das Universum einen wirklichen Anfang habe, daß also einst keine Natur, keine Welt, kein Universum gewesen, ist eine kleinliche Vorstellung, die nur da dem Menschen einleuchtet, wo er eine kleinliche, beschränkte Vorstellung von der Welt hat,[2] ist eine *sinn- und bodenlose Einbildung* – die Einbildung, daß einst nichts Wirkliches gewesen ist, denn der Inbegriff aller Realität, Wirklichkeit ist eben die Welt oder Natur. Alle Eigenschaften oder Bestimmungen Gottes, die ihn zu einem gegenständlichen, wirklichen Wesen machen, sind selbst *nur von der Natur abstrahierte, die Natur voraussetzende, die Natur ausdrückende* Eigenschaften – Eigenschaften also, die wegfallen, wenn die Natur wegfällt. Allerdings bleibt dir auch dann noch, wenn du von der Natur abstrahierst, wenn du in Gedanken oder in der Einbildung ihre Existenz aufhebst, d. h. deine Augen zudrückst, alle bestimmten sinnlichen Bilder von den Naturgegenständen in dir auslöschest, die Natur also nicht sinnlich (nicht in concreto, wie die Philosophen sagen) vorstellst, ein Wesen, ein Inbegriff von Eigenschaften wie Unendlichkeit, Macht, Einheit, Notwendigkeit, Ewigkeit übrig; aber dieses nach Abzug aller sinnfälligen Eigenschaften und Erscheinungen übrigbleibende Wesen ist aber nichts anders als das *abgezogne Wesen der Natur* oder die Natur in abstracto, in Gedanken. Und deine Ableitung der Natur oder Welt von Gott ist daher in dieser Beziehung

[1] *In C 23.*
[2] *In B und C folgt Gedankenstrich.*

nichts anders als die Ableitung des sinnlichen, wirklichen Wesens der Natur von ihrem *abstrakten, gedachten,* nur in der Vorstellung, nur im Gedanken existierenden Wesen – eine Ableitung, die dir deswegen vernünftig erscheint, weil du im Denken stets das Abstrakte, Allgemeine als das dem *Denken Nähere,* folglich *dem Gedanken nach Höhere* und *Frühere,* dem Einzelnen, Wirklichen, Konkreten *voraussetzest,* obgleich es in der Wirklichkeit gerade umgekehrt, die Natur früher als [Gott][1], d. h. das Konkrete früher als das Abstrakte, das Sinnliche früher als das Gedachte ist. In der Wirklichkeit, wo es nur natürlich zugeht, folgt die Kopie auf das Original, das Bild auf die Sache, der Gedanke auf den Gegenstand; aber auf dem übernatürlichen, wunderlichen Gebiet der Theologie folgt das Original auf die Kopie, die Sache auf das Bild. „Es ist wunderlich", sagt der Heilige Augustin, „aber doch wahr, daß diese Welt uns nicht bekannt sein könnte, wenn sie nicht wäre, aber nicht sein könnte, wenn sie Gott nicht bekannt wäre." Das heißt aber: Die Welt wird eher gewußt, gedacht, als sie wirklich ist; ja, sie *ist* nur, weil sie gedacht wurde, das Sein ist eine Folge des Wissens oder Denkens, das Original eine Folge der Kopie, das Wesen eine Folge des Bildes.

25[2]

Wenn man die Welt oder Natur auf *abstrakte* Bestimmungen reduziert, wenn man sie zu einem metaphysischen Ding, also zu einem bloßen Gedankending, macht und diese abstrakte Welt nun für die wirkliche Welt nimmt, so ist es eine logische Notwendigkeit, sie als endlich zu denken. Die Welt ist uns nicht gegeben durch das Denken, wenigstens das meta- und hyperphysische, von der wirklichen Welt abstrahierende, in diese Abstraktion sein wahres, höchstes Wesen setzende Denken; sie ist uns gegeben durch das Leben, durch die Anschauung, durch die Sinne. Für ein abstraktes, nur denkendes Wesen existiert kein Licht, denn es hat keine Augen, keine Wärme, denn es hat kein

[1] *So ergänzen auch B und C.*
[2] *In C 24.*

Gefühl, existiert überhaupt keine Welt, denn es hat keine Organe für sie, existiert eigentlich *gar nichts*. Die Welt ist also nur dadurch uns gegeben, daß wir *keine* logischen oder metaphysischen Wesen, daß wir *andre* Wesen, daß wir *mehr* sind als nur Logiker und Metaphysiker. Aber gerade dieses plus erscheint dem metaphysischen Denker als ein minus, diese Negation des Denkens als absolute Negation. Die Natur ist für ihn nichts weiter als das Entgegengesetzte, das „*Andre* des Geistes". Diese nur *negative* und abstrakte Bestimmung macht er zu ihrer positiven, zu ihrem Wesen. Es ist daher ein Widerspruch, das Ding oder vielmehr Unding, das nur die Negation des Denkens, das ein gedachtes, seiner Natur nach aber sinnliches, dem Denker[1], dem Geiste widersprechendes Ding ist, als ein positives Wesen zu denken. Das Denkwesen ist dem Denker das wahre Wesen; es versteht sich also von selbst, daß das Wesen, welches kein Denkwesen ist, auch kein wahres, ewiges, ursprüngliches Wesen ist. Es ist schon ein Widerspruch für den Geist, nur das andre seiner selbst zu denken; er ist nur in Harmonie mit sich, nur in seinem esse [Sein], wenn er nur sich selbst – Standpunkt der Spekulation – oder wenigstens – Standpunkt des Theismus – ein Wesen denkt, welches nichts andres ausdrückt als das Wesen des Denkens, welches nur durch das Denken gegeben, also an sich selbst nur ein, wenigstens passives, Denkwesen ist. So verschwindet die Natur in nichts. Aber gleichwohl *ist* sie, trotz dem, daß sie nicht sein kann und nicht sein soll. Wie erklärt sich also der Metaphysiker ihr Dasein? Durch eine scheinbar freiwillige, in Wahrheit aber seinem innersten Wesen widersprechende, nur aufgenötigte Selbstentäußerung, Selbstnegation, Selbstverleugnung des Geistes. Allein, wenn die Natur auf dem Standpunkt des abstrakten Denkens in nichts verschwindet, so verschwindet dagegen auf dem Standpunkt der wirklichen Weltanschauung dieser weltschöpferische Geist in nichts. Auf diesem Standpunkt erweisen sich alle Deduktionen der Welt aus Gott, der Natur aus dem Geiste, der Physik aus der Metaphysik, des Wirklichen aus dem Abstrakten als *logische Spiele*.

[1] Denken *B und C*

261[1]

Die Natur ist der erste und fundamentale Gegenstand der Religion, aber sie ist selbst da, wo sie unmittelbarer Gegenstand religiöser Verehrung ist, wie in den Naturreligionen, nicht Gegenstand *als Natur*, d. h. in der Weise, in dem Sinne, in welchem wir sie auf dem Standpunkt des Theismus oder der Philosophie und Naturwissenschaft anschauen. Die Natur ist vielmehr dem Menschen ursprünglich – da eben, wo sie mit religiösen Augen angeschaut wird – Gegenstand als *das, was er selbst ist*, als ein persönliches, lebendiges, empfindendes Wesen. Der Mensch unterscheidet sich ursprünglich nicht von der Natur, folglich auch nicht die Natur von sich; er macht daher die Empfindungen, die ein Gegenstand der Natur in ihm erregt, unmittelbar zu Beschaffenheiten des Gegenstandes selbst. Die wohltuenden, guten Empfindungen und Affekte verursacht das gute, wohltuende Wesen der Natur, die schlimmen, wehetuenden Empfindungen, Hitze, Kälte, Hunger, Schmerz, Krankheit, ein böses Wesen oder wenigstens die Natur im Zustande des Böseseins, des Übelwollens, des Zorns. So macht der Mensch unwillkürlich und unbewußt – d. i. notwendig, obwohl diese Notwendigkeit nur eine relative, historische ist – das Naturwesen zu einem *Gemütswesen*, einem *subjektiven, d. i. menschlichen, Wesen*. Kein Wunder, daß er sie dann auch ausdrücklich, mit Wissen und Willen zu einem Gegenstande der Religion, des Gebets, d. h. zu einem durch das Gemüt des Menschen, seine Bitten, seine Dienstleistungen bestimmbaren Gegenstand, macht. Der Mensch hat ja schon dadurch die Natur sich willfährig gemacht, sich unterworfen, daß er sie seinem Gemüte assimiliert, seinen Leidenschaften unterworfen hat. Der ungebildete Naturmensch legt übrigens der Natur nicht nur menschliche Beweggründe, Triebe und Leidenschaften unter; er erblickt sogar in den Naturkörpern wirkliche Menschen. So halten die Indianer am Oronoko die Sonne, Mond und Sterne für Menschen – diese da oben, sagen sie, „sind Menschen wie wir“[2] –, die Patagonier die

[1] *In C 25.*
[2] *In B und C beginnt die Anführung bereits vor* diese[.]

Sterne für „ehemalige Indianer", die Grönländer Sonne, Mond und Sterne für „ihre Vorfahren, die bei einer besondern Gelegenheit in den Himmel versetzt wurden". So glaubten auch die alten Mexikaner, daß Sonne und Mond, die sie als Götter verehrten, einst Menschen gewesen wären. So[1] bestätigen den im „Wesen des Christentums" ausgesprochenen Satz, daß der Mensch in der Religion nur zu sich selbst sich verhält, sein Gott nur sein eigenes Wesen ist, selbst die rohsten, untersten Arten der Religion, wo der Mensch die dem Menschen fernsten, unähnlichsten Dinge, Sterne, Steine, Bäume, ja, sogar Krebsscheren, Schneckenhäuser, verehrt, denn er verehrt sie nur, weil er sich selbst in sie hineinlegt, sie als solche Wesen oder wenigstens von solchen Wesen erfüllt denkt, wie er selbst ist. Die Religion stellt daher den merkwürdigen, aber sehr begreiflichen, ja, notwendigen Widerspruch dar, daß, während sie auf dem theistischen oder anthropologischen Standpunkt das menschliche Wesen deswegen als göttliches verehrt, weil es ihr als ein von[2] Menschen unterschiedenes, als ein nicht menschliches Wesen erscheint, sie umgekehrt auf dem naturalistischen Standpunkt das nicht menschliche Wesen deswegen als göttliches Wesen verehrt, weil es ihr als ein menschliches erscheint.

27[3]

Die Veränderlichkeit der Natur, namentlich in den Erscheinungen, welche am meisten den Menschen seine Abhängigkeit von ihr fühlen lassen, ist der Hauptgrund, warum sie dem Menschen als ein menschliches, willkürliches Wesen erscheint und von ihm religiös verehrt wird. Wenn die Sonne immer am Himmel stände, so würde sie nur[4] das Feuer des religiösen Affekts im Menschen entzündet haben. Erst als sie ihm aus den Augen entschwunden war und den Schrecken der Nacht über ihn verhängt hatte und dann wieder am Himmel sich zeigte, erst da sank er auf die Knie vor ihr nieder, überwältigt von der Freude

[1] Seht!, so *B und C*
[2] vom *B und C*
[3] *In C 26.*
[4] nie *B und C*

über ihre unerwartete Wiederkunft. So begrüßten die alten Apalachiten in Florida mit Lobgesängen die Sonne beim Auf- und Untergang und baten sie zugleich, daß sie zur gehörigen Zeit wiederkehre und sie mit ihrem Lichte erfreuen möchte. Wenn die Erde immerfort Früchte trüge, wo wäre ein Grund zu religiösen Saat- und Erntefesten? Nur dadurch, daß sie bald ihren Schoß öffnet, bald wieder verschließt, erscheinen ihre Früchte als *freiwillige*, zu Dank verpflichtende Gaben. Nur der Wechsel der Natur macht den Menschen unsicher, demütig, religiös. Es ist ungewiß, ob das Wetter mir morgen zu meinem Unternehmen günstig ist, ungewiß, ob ich ernte, was ich säe; ich kann also nicht auf die Gaben der Natur wie auf einen schuldigen Tribut oder eine unausbleibliche Folge rechnen und pochen. Wo aber die mathematische Gewißheit ausgeht, da hebt – selbst heutigentags noch in schwachen Köpfen – die Theologie an. Religion ist Anschauung des Notwendigen – im Besondern, Zufälligen – als eines Willkürlichen, Freiwilligen. Die entgegengesetzte Gesinnung, die Gesinnung der Irreligiosität und Gottlosigkeit, stellt dagegen der Zyklop des Euripides dar, wenn er sagt: „Die *Erde muß, sie mag wollen oder nicht,* Gras zur Ernährung meiner Herde hervorbringen."

28[1]

Das Gefühl der Abhängigkeit von der Natur in Verbindung mit der Vorstellung der Natur als eines willkürlich tätigen, persönlichen Wesens ist der Grund des *Opfers*, des wesentlichsten Aktes der Naturreligionen. Die Abhängigkeit von der Natur empfinde ich besonders im Bedürfnis derselben. Das Bedürfnis ist das Gefühl und der Ausdruck meines Nichtseins[2] ohne die Natur;[3] aber unzertrennlich vom Bedürfnis ist der Grund[4], das entgegengesetzte Gefühl, das Gefühl meines Selbstseins, meiner Selbständigkeit im Unterschiede von der Natur. Das Bedürfnis ist daher gottesfürchtig, demütig, religiös, aber der Genuß hochmütig, gottvergessen, respektlos, frivol. Und die[5] Frivolität oder

[1] *In C 27.*
[2] Nichtsseins *B und C*
[3] *In C, wohl versehentlich, Fragezeichen statt des Semikolons.*
[4] Genuß *B und C*
[5] diese *B und C*

wenigstens Respektlosigkeit des Genusses ist eine praktische Notwendigkeit für den Menschen, eine Notwendigkeit, auf die sich seine Existenz gründet – eine Notwendigkeit, die aber im direkten Widerspruch steht mit seinem theoretischen Respekt vor der Natur als einem im Sinne des Menschen lebendigen, egoistischen, empfindlichen Wesen, das sich ebensowenig etwas will gefallen und nehmen lassen als der Mensch. Die Aneignung[1] der Natur erscheint daher dem Menschen gleichsam als eine Rechtsverletzung, als eine Aneignung fremden Eigentums, als eine Freveltat. Um daher sein Gewissen und den in seiner Vorstellung beleidigten Gegenstand zu beschwichtigen, um ihm zu zeigen, daß er aus Not, nicht aus Übermut ihn beraubt hat, schmälert er sich den Genuß, gibt er dem Gegenstand etwas von seinem entwendeten Eigentum wieder zurück. So glaubten die Griechen, daß, wenn ein Baum gefällt wurde, die Seele desselben, die Dryade, wehklage und das Schicksal um Rache gegen den Frevler anrufe. So traute sich kein Römer auf seinem Acker einen Hain umzuhauen, ohne ein junges Schwein zur Versöhnung des Gottes oder der Göttin dieses Hains zu opfern. So hängen die Ostjaken, wenn sie einen Bären erlegt haben, das Fell auf einen Baum, erweisen demselben allerlei Ehrenbezeugungen und entschuldigen sich aufs beste bei dem Bären, daß sie ihn getötet haben. „Sie glauben, dadurch den Schaden, den ihnen der Geist dieses Tieres zufügen könnte, auf eine höfliche Art abzuwenden.“ So versöhnen nordamerikanische Stämme durch ähnliche Zeremonien die Manen der getöteten Tiere. So war[2] unseren Vorfahren der Ellhorn ein heiliger Baum, wo sie aber denselben unterhauen mußten, pflegten sie vorher dies Gebet zu tun: „Frau Ellhorn, gib mir was von deinem Holz, dann will ich dir von meinem auch was geben, wenn es wächst im Walde.“ So baten die Philippinen die Ebenen und Berge um Erlaubnis, wenn sie über selbige reisen wollten, und hielten es für ein Verbrechen, irgendeinen alten Baum umzuhauen. Und der Brahmine traut sich kaum, Wasser zu trinken und die Erde mit seinen Füßen zu betreten, weil mit jedem Fußtritt, jedem Schluck Wasser

[1] *In B und C folgt Zusatz:* oder Benützung
[2] *In B und C folgt das nächste Anführungszeichen bereits hier.*

empfindenden Wesen, Pflanzen und Tieren, Schmerz und Tod bereitet wird, und muß daher Buße tun, „um den Tod der Geschöpfe auszusöhnen, die er wider sein Wissen bei Tag oder bei Nacht vernichten möchte".*

29[1]

Im Opfer versinnlicht und konzentriert sich das ganze Wesen der Religion. Der Grund des Opfers ist das *Abhängigkeitsgefühl* – die Furcht, der Zweifel, die Ungewißheit des Erfolgs der Zukunft, die Gewissenspein über eine begangne Sünde –, aber das Resultat, der Zweck des Opfers ist das *Selbstgefühl* – der Mut, der Genuß, die Gewißheit des Erfolgs, die Freiheit und Seligkeit. Als Knecht der Natur schreite ich zum Opfer; aber als Herr der Natur scheide ich vom Opfer. Das Gefühl der Abhängigkeit von der Natur ist daher wohl der *Grund*, aber *die Aufhebung dieser Abhängigkeit*, die *Freiheit* von der Natur, ist der *Zweck* der Religion. Oder: Die *Gottheit der Natur* ist wohl die Basis, die *Grundlage* der Religion, und zwar aller Religion, auch der christlichen, aber die *Gottheit des Menschen* ist der *Endzweck der Religion*.

30[2]

Die Religion hat zu ihrer Voraussetzung den *Zwiespalt*[3] oder *Widerspruch* zwischen *Wollen* und *Können*, *Wünschen* und *Erreichen*, *Absicht* und *Erfolg*, *Vorstellung* und *Wirk-*

* Es gehören hierher auch die vielen Anstandsregeln, die in den alten Religionen der Mensch der Natur gegenüber beobachten muß, um sie nicht zu verunreinigen und zu verletzen. So durfte z. B. kein Ormuzddiener die Erde mit *bloßen Füßen* betreten, weil die Erde heilig war, kein Grieche (Hesiod)[4] mit ungewaschenen Händen durch einen Fluß gehen.

[1] *In C 28.*
[2] *In C 29.*
[3] Gegensatz *B und C*
[4] *Fehlt in B und C.*

lichkeit, Denken und *Sein*. Im Wollen, Wünschen, Vorstellen ist der Mensch *unbeschränkt, frei, allmächtig – Gott*, aber im Können, Erreichen, in der Wirklichkeit bedingt, abhängig, beschränkt – *Mensch* – Mensch im Sinne eines endlichen, Gott entgegengesetzten Wesens. „Der Mensch *denkt's*, Gott *lenkt's*." „Der Mensch entwirft, und Zeus vollendet es anders." Das Denken, das Wollen ist *mein*; aber das, was ich will und denke, ist *nicht* mein, ist *außer mir*, hängt nicht von mir ab. Die Aufhebung dieses Widerspruchs[1] ist die Tendenz, der Zweck der Religion; und das Wesen eben, worin er aufgehoben ist, worin das meinen Wünschen und Vorstellungen nach Mögliche, meinen Kräften nach aber für mich Unmögliche möglich oder vielmehr wirklich ist – das ist das *göttliche Wesen*.

31[2]

Das vom menschlichen Willen und Wissen Unabhängige ist der[3] ursprüngliche, eigentliche, charakteristische Gegenstand[4] der Religion – die Sache Gottes. „Ich habe gepflanzet", sagt der Apostel Paulus, „Apollo hat begossen, aber *Gott hat das Gedeihen gegeben*. So ist nun weder, der da pflanzet, noch der da begießet etwas, sondern *Gott*, der *das Gedeihen gibt*." Und Luther: „Wir sollen ... Gott loben und danken, daß er Korn wachsen läßt, und erkennen, daß es *nicht unsere Arbeit*, sondern seines *Segens und seiner Gaben ist*, daß Korn und Wein und allerlei Früchte wachsen, davon wir essen und trinken und alle Notdurft haben." Und Hesiod sagt, daß der fleißige Landmann reichlich ernten wird, wenn Zeus ein gutes Ende gewährt. Das Ackern, das Säen und Begießen der Saat hängt also von mir ab, aber nicht das Gedeihen. Dieses steht in Gottes Hand; darum heißet es: „An Gottes Segen ist alles gelegen." Aber was ist Gott? Ursprünglich nichts andres als die Natur oder das Wesen der Natur, aber als ein Gegenstand des Gebetes, als ein erbittliches, folglich *wollendes* Wesen. Zeus ist die Ursache oder das Wesen der meteorologischen Natur-

[1] *In B und C folgt Zusatz:* oder Gegensatzes
[2] *In C 30.*
[3] die *B und C*
[4] Sache *B und C*

erscheinungen; aber darin liegt noch *nicht* sein *göttlicher*, sein *religiöser* Charakter; auch der Nichtreligiöse hat eine Ursache des Regens, des Donnerwetters, des Schnees. Dadurch und darin erst ist er Gott, daß er der *Herr* der meteorologischen Naturerscheinungen ist, daß diese Naturwirkungen von seinem Gutdünken, von seinen Mitteln[1] abhängen, Willensakte sind. Das vom Willen des Menschen Unabhängige macht also die Religion auf seiten des Gegenstandes (objektiv) abhängig vom Willen Gottes, auf seiten des Menschen (subjektiv) aber abhängig vom *Gebete*, denn was vom Willen abhängt, ist Gegenstand des Gebetes, etwas Abänderliches, Erbittliches. „*Lenksam sind selber die Götter*. Diese vermag durch Räuchern und demutsvolle Gelübde, durch Weinguß und Gedüft ein *Sterblicher umzulenken*."

32[2]

Gegenstand der Religion ist, wenigstens da, wo sich der Mensch einmal über die unbeschränkte Wahlfreiheit, Ratlosigkeit und Zufälligkeit des eigentlichen Fetischismus erhoben hat, nur oder doch hauptsächlich das, was Gegenstand menschlicher Zwecke und Bedürfnisse ist. Die dem Menschen notwendigsten Naturwesen genossen ebendarum auch die allgemeinste und vorzüglichste religiöse Verehrung. Was aber ein Gegenstand menschlicher Bedürfnisse und Zwecke, ist aber damit[3] auch ein Gegenstand *menschlicher Wünsche*. Regen und Sonnenschein ist mir not, wenn meine Saat gedeihen soll. Bei anhaltender Trockniß[4] wünsche ich daher Regen, bei anhaltendem Regen Sonnenschein. Der Wunsch ist ein Verlangen, dessen Befriedigung – wenn auch nicht immer an und für sich selbst, doch in diesem Augenblick, in diesen Umständen, diesen Verhältnissen, wenn auch nicht absolut, doch so, wie es der Mensch auf dem Standpunkt der Religion wünscht – nicht in meiner Gewalt ist, ein Wille, aber ohne die Macht, sich

[1] , von . . . Mitteln *Fehlt in B und C.*
[2] *In C 31.*
[3] aber damit: ebendamit *B und C*
[4] *Gemeint: Trockenheit*

durchzusetzen. Allein was mein Leib, meine Kraft überhaupt nicht vermag, das vermag eben der Wunsch selbst. Was ich verlange, wünsche, das bezaubere, begeistere ich durch meine Wünsche.* Im Affekt – und nur im Affekt, im Gefühl wurzelt die Religion – setzt der Mensch sein Wesen außer sich, behandelt er das Leblose als Lebendiges, das Unwillkürliche als Willkürliches, beseelt er den Gegenstand mit seinen Seufzern, denn es ist ihm unmöglich, im Affekt an ein gefühlloses Wesen sich zu wenden. Das Gefühl bleibt nicht auf der Mensur, die ihm der Verstand vorschreibt; es übersprudelt den Menschen; es ist ihm zu enge im Brustkasten; es muß sich der Außenwelt mitteilen und dadurch das fühllose Wesen der Natur zu einem mitfühlenden Wesen machen. Die vom menschlichen Gefühl *bezauberte* Natur, die Natur, die ist, wie es das Gefühl wünscht, die dem[1] Gefühl entsprechende, assimilierte, also selbst gefühlvolle Natur, ist die Natur, *wie sie Gegenstand der Religion, göttliches Wesen* ist. Der Wunsch ist der *Ursprung*, ist das *Wesen selbst der Religion*. – Das[2] *Wesen der Götter ist*[3] *nichts anderes*[4] *als das Wesen des Wunsches.***

* „*Wünschen* heißt in der alten (deutschen) Sprache *zaubern*."

[1] Natur, die Natur . . . wünscht, die dem : , dem *B und C*

[2] Religion. – Das : Religion – das *B und C*

[3] *Fehlt in B und C.*

[4] andres *C. Geringfügige Veränderung, wird im folgenden nicht mehr vermerkt.*

** Die Götter sind die Segen verleihenden Wesen. Der Segen ist der Erfolg, die Frucht, der Zweck einer Handlung, der von mir unabhängig ist, aber gewünscht wird. Segnen[5], sagt Luther, „heißt eigentlich etwas *Gutes wünschen*." „Wenn wir segnen, so tun wir nichts mehr, denn daß wir *Gutes wünschen, können* aber das *nicht geben, was wir wünschen*, aber Gottes Segen klinget zur Mehrung und ist bald kräftig." Das heißt: Die Menschen sind die wünschenden, die Götter die wunscherfüllenden Wesen. So ist selbst im gemeinen Leben das unzählige Mal vorkommende Wort „gibt"[6] nichts anderes als der Ausdruck eines Wunsches. Gott gebe dir Kinder, d. h., ich wünsche dir Kinder, nur ist hier der Wunsch subjektiv, nicht religiös, pelagianisch, dort objektiv, darum religiös, augustinisch ausgedrückt.

[5] „Segnen" *B und C*

[6] „Gott" *B und C*

Die Götter sind übermenschliche und übernatürliche Wesen; aber sind nicht auch die *Wünsche übermenschliche und übernatürliche Wesen?* Bin ich z. B. in meinem Wunsche und meiner Phantasie noch ein Mensch, wenn ich ein unsterbliches, den Fesseln des irdischen Leibes entbundnes Wesen zu sein wünsche? Nein, wer keine Wünsche hat, der hat auch keine Götter. Warum betonten die Griechen so sehr die Unsterblichkeit und Seligkeit der Götter? Weil sie selbst nicht sterblich und unselig sein wollten. Wo du keine Klagelieder über die Sterblichkeit und das Elend des Menschen vernimmst, da hörst du auch keine Lobgesänge auf die unsterblichen und seligen Götter. Das Tränenwasser des Herzens nur verdunstet im Himmel der Phantasie in das Wolkengebilde des göttlichen Wesens. Aus dem Weltstrom Okeanos leitet Homer die Götter ab; aber dieser götterreiche Strom ist in Wahrheit nur ein Erguß der menschlichen Gefühle.

33[1]

Die irreligiösen Erscheinungen der Religion enthüllen am populärsten den Ursprung und das Wesen der Religion. So ist es eine irreligiöse, ebendeswegen selbst schon von den frommen Heiden mit dem bittersten Tadel bemerkte Erscheinung der Religion, daß die Menschen insgemein nur im Unglück zu ihr ihre Zuflucht nehmen, an Gott sich wenden und denken, aber gerade diese Erscheinung führt uns an die Quelle der Religion selbst. Im Unglück, in der Not, sei sie nun meine eigne oder die Not anderer, macht der Mensch die schmerzliche Erfahrung, daß er nicht kann, was er will, daß ihm seine Hände gebunden sind. Aber die Lähmung der Bewegungsnerven ist nicht zugleich auch die Lähmung der Empfindungsnerven, die Fessel meiner Leibeskräfte nicht zugleich auch die Fessel meines Willens, meines Herzens. Im Gegenteil: Je mehr mir die Hände gebunden sind, desto ungebundener sind meine Wünsche, desto heftiger meine Sehnsucht nach Erlösung, desto energischer mein Trieb nach Freiheit, mein Wille, nicht beschränkt

[1] *In C 32.*

zu sein. Die von der Macht der Not auf den höchsten Grad gesteigerte, überreizte, übermenschliche Macht des menschlichen Herzens oder Willens ist die Macht der Götter, für die es keine Not und Schranken gibt. Die Götter können, was die Menschen wünschen, *d. h., sie vollziehen* die *Gesetze* des menschlichen Herzens. Was die Menschen nur *der Seele* nach sind, das sind die Götter dem *Leibe* nach; was jene nur im Willen, nur in der Phantasie, nur im Herzen, also nur *geistig* vermögen, z. B. im Nu an einem entfernten Orte zu sein, das vermögen diese *physisch*. Die Götter sind die wohlbeleibten, verkörperten, verwirklichten Wünsche des Menschen – die aufgehobenen Naturschranken des menschlichen Herzens und Willens, Wesen des unbeschränkten Willens, Wesen, deren Leibeskräfte gleich sind den Willenskräften. Die *irreligiöse* Erscheinung[1] von dieser übernatürlichen Macht der Religion ist die *Zauberei* der unkultivierten Völker, wo auf eine *augenfällige* Weise der *bloße Wille*[2] des Menschen der über die Natur gebietende Gott ist. Wenn aber der Gott der Israeliten auf das Gebot Josuas der Sonne Stillstand gebietet, auf das Gebet des Elias regnen läßt, der Gott der Christen zum Beweis seiner Gottheit, d. h. seiner Macht, alle Wünsche des Menschen erfüllen zu können, durch sein bloßes Wort die stürmische See beruhigt, Kranke heilt, Tote erweckt, so ist hier ebensogut wie in der Zauberei der bloße Wille, der bloße Wunsch, das bloße Wort als eine die Natur beherrschende Macht ausgesprochen. Der Unterschied ist nur der, daß der Zauberer den Zweck der Religion auf irreligiöse, der Jude, der Christ auf religiöse Weise verwirklicht, indem jener *in sich* verlegt, was diese in *Gott* versetzen, jener zum Gegenstand eines *ausdrücklichen* Willens, eines Befehls macht, was diese zum Gegenstand eines *stillen*, ergebenen Willens, eines frommen Wunsches machen, kurz, jener durch und für sich selbst tut, was diese durch und mit Gott tun. Aber der gemeine Spruch: „Quod quis per alium fecit, ipse fecisse putatur“, d. h., was einer durch den andern tut, das wird ihm als eigne Tat angerechnet, findet auch hier seine

[1] *In B und C* irreligiöse *nicht hervorgehoben,* Erscheinung *hervorgehoben.*

[2] *In B und C* Wille *nicht hervorgehoben.*

Anwendung: Was einer *durch Gott tut*, das tut *in Wahrheit er selbst.*

34[1]

Die Religion hat – wenigstens ursprünglich und in Beziehung auf die Natur – keine andere Aufgabe und Tendenz, als das unpopuläre und unheimliche Wesen der Natur in ein bekanntes, heimliches Wesen zu verwandeln, die für sich selbst unbeugsame, eisenharte Natur in der Glut des Herzens zum Behufe menschlicher Zwecke zu erweichen – also denselben Zweck als die Bildung oder Kultur, deren Tendenz eben auch keine andere ist, als die Natur theoretisch zu einem verständlichen, praktisch zu einem willfährigen, den menschlichen Bedürfnissen entsprechenden Wesen zu machen, nur mit dem *Unterschiede*, daß, was die Kultur *durch Mittel*, und zwar der Natur selbst abgelauschte Mittel, die Religion *ohne Mittel* oder, was eins ist, durch die übernatürlichen Mittel des Gebetes, des Glaubens, der Sakramente, der Zauberei bezweckt. Alles daher, was im Fortgang der Kultur des Menschengeschlechts Sache der Bildung, der Selbsttätigkeit, der *Anthropologie* wurde, war anfänglich Sache der *Religion* oder *Theologie*, wie z. B. die Jurisprudenz (Ordalien [Gottesurteile], Bahrrecht jus feretri[2], Rechtsorakel der Germanen), die Politik (Orakel der Griechen), die Arzneikunde, die noch heute bei den unkultivierten Völkern eine Sache der Religion ist.* Freilich bleibt die Kultur stets hinter den Wünschen der Religion zurück; denn sie kann nicht die im Wesen begründeten Schranken des Menschen aufheben. So bringt es die Kultur z. B. wohl zur Makrobiotik, aber nimmer zur Unsterblichkeit. Diese verbleibt als ein schrankenloser, unrealisierbarer Wunsch der Religion.

[1] *In C 33.*
[2] jus feretri *Fehlt in B und C.*
* In rohen Zeiten und rohen Völkern gegenüber ist daher die Religion wohl ein Bildungsmittel der Menschheit, aber in Zeiten der Bildung vertritt die Religion die Sache der Rohheit, der Altertümlichkeit, ist sie die Feindin der Bildung.

35[1]

In der Naturreligion wendet sich der Mensch an einen Gegenstand, der dem eigentlichen Willen und Sinn der Religion geradezu widerspricht; denn er opfert hier seine Gefühle einem an sich gefühllosen, seinen Verstand einem an sich verstandlosen Wesen auf; er setzt über sich, was er unter sich haben möchte; er dient dem, was er beherrschen will, verehrt, was er im Grunde verabscheut, fleht das gerade um Hülfe an, wogegen er Hülfe sucht. So opferten die Griechen in Titane den Winden, um ihre Wut zu besänftigen; so weihten die Römer dem Fieber einen Tempel, um es unschädlich zu machen; so bitten die Tungusen zur Zeit einer Epidemie andächtig und mit feierlichen Verbeugungen die *Krankheit*, sie[2] *möchte an ihren Jurten vorübergehen* (Pallas); so opfern die Widaher in Guinea dem stürmischen Meer, um es zu bewegen, sich zu beruhigen und sie nicht am Fischen zu verhindern; so wenden sich die Indianer bei der Annäherung eines Sturms oder Ungewitters an den Manito (Geist, Gott, Wesen) der Luft, bei einer Fahrt über das Wasser an den Manito der Gewässer, damit er alle Gefahr von ihnen abwenden möge; so verehren überhaupt viele Völker ausdrücklich nicht das gute, sondern das böse, wenigstens ihnen als bös erscheinende Wesen der Natur.[3] In der Naturreligion macht der Mensch seine Liebeserklärungen einer Bildsäule, einer Leiche; kein Wunder daher, daß er, um sich Gehör zu verschaffen, zu den verzweifeltsten[4], wahnsinnigsten Mitteln seine Zuflucht nimmt, kein Wunder, daß er *sich entmenscht, um die Natur menschlich zu machen*, daß er *selbst Menschenblut vergießt*, um *ihr menschliche Empfindungen einzuflößen*. So glaubten die Nordgermanen ausdrücklich, „*Blutopfer* könnten *hölzernen Götzen menschliche Sprache und Empfindung*, desgleichen den in den Blutopferhäusern verehrten *Steinen Sprache* und die Gabe der Orakelerteilung

[1] *In C 34.*
[2] *In B und C hervorgehoben.*
[3] *In B und C hierzu als Zusatz die folgende Fußnote Feuerbachs:* Hierzu gehört auch die Verehrung der schädlichen Tiere.
[4] verzweifelsten *B und C*

verleihen". Aber vergeblich sind alle Belebungsversuche: Die Natur antwortet nicht auf die Klagen und Fragen des Menschen; sie schleudert unerbittlich ihn auf sich selbst zurück.

36[1]

So wie die Schranken, welche[2] der Mensch auf dem Standpunkt der Religion als Schranken sich vorstellt und fühlt, wie z. B. die Schranke, daß er nicht das Zukünftige weiß, nicht ewig lebt, nicht ununterbrochen und beschwerdelos glücklich ist, nicht einen Körper hat ohne Schwere, nicht wie die Götter fliegen, nicht wie Jehova donnern, nicht seine Gestalt beliebig vergrößern oder unsichtbar machen, nicht wie ein Engel ohne sinnliche Bedürfnisse und Triebe leben kann, kurz, nicht vermag, was er will oder wünscht, nur Schranken für die Vorstellung und Phantasie, in Wahrheit aber keine Schranken sind, weil sie *notwendig* im Wesen[3] begründet sind, in der *Natur* der Sache liegen, so ist auch das von diesen Schranken freie, das unbeschränkte, göttliche Wesen nur ein Wesen der Vorstellung, der Phantasie und des von der Phantasie beherrschten Gefühles oder Gemütes. Was daher auch nur immer Gegenstand der Religion ist, sei es auch selbst ein Schneckenhaus oder Kieselstein, es ist der Religion nur Gegenstand *als ein Wesen des Gemüts, der Vorstellung, der Phantasie.* Hierin hat die Behauptung ihren Grund, daß die Menschen nicht die Steine, Tiere, Bäume, Flüsse selbst, sondern nur die Götter in ihnen, die Manitus, die Geister derselben, verehren. Aber diese Geister der Naturwesen sind nichts anders *als die Vorstellungen*, die Bilder von ihnen oder *sie als vorgestellte Wesen, als Wesen der Einbildungskraft im Unterschied von ihnen als wirklichen, sinnlichen Wesen*, gleichwie die Geister der Toten nichts andres sind als die aus der Erinnerung sich nicht verwischenden Vorstellungen und Bilder der Toten – die *einst wirklichen Wesen als vorgestellte Wesen*, die aber dem religiösen, d. h. ungebildeten,

[1] *In C 35.*
[2] *In B und C folgt Zusatz:* oder wenigstens wie sie
[3] *In B folgt Komma.*

zwischen dem Gegenstande und der Vorstellung von ihm nicht unterscheidenden, Menschen für wirkliche, selbst bestehende Wesen gelten. Die fromme[1] unwillkürliche Selbsttäuschung des Menschen in der Religion ist daher in der Naturreligion eine *sichtbare, augenfällige Wahrheit*, denn der Mensch macht hier seinem religiösen Gegenstande Augen und Ohren, er weiß, er sieht es, daß sie *gemachte, steinerne* oder *hölzerne* Augen und Ohren sind, und doch *glaubt* er, daß es *wirkliche* Augen und Ohren sind. So hat der Mensch in der Religion die Augen nur dazu, um nicht zu sehen, um stockblind, die Vernunft nur dazu, um nicht zu denken, um stockdumm zu sein. Die Naturreligion ist der sinnfällige Widerspruch zwischen der Vorstellung und Wirklichkeit, zwischen der Einbildung und Wahrheit. Was in der Wirklichkeit ein toter Stein oder Klotz, ist in ihrer Vorstellung ein lebendiges Wesen, *sichtbar kein* Gott, sondern etwas ganz andres, aber *unsichtbar*, dem Glauben nach ein Gott. Die Naturreligion ist deswegen auch stets in Gefahr, aufs bitterste enttäuscht zu werden, denn es gehört nichts weiter dazu als ein Axthieb, um sie z. B. zu überzeugen, daß kein Blut aus ihren verehrten Bäumen fließt, also kein lebendiges, göttliches Wesen in ihnen wohnt. Wie entzieht sich nun aber die Religion diesen groben Widersprüchen und Enttäuschungen, denen sie sich in der Verehrung der Natur aussetzt? Nur dadurch, daß sie ihren Gegenstand selbst zu einem *unsichtbaren*, überhaupt *unsinnlichen* macht, zu einem Wesen, das *nur* ein Gegenstand des Glaubens, der Vorstellung, Phantasie, kurz, des Geistes, also *an sich selbst* ein geistiges Wesen ist.

37[2]

So wie der Mensch aus einem nur physikalischen Wesen ein politisches, überhaupt ein sich von der Natur unterscheidendes und auf sich selbst sich konzentrierendes Wesen wird, so wird auch sein Gott aus einem nur physikalischen Wesen ein *politisches, von der Natur unterschiedenes Wesen*. Zur Unterscheidung seines Wesens von der Natur

[1] *In B und C folgt Komma.*
[2] *In C 36.*

und folglich zu einem von der Natur unterschiedenen Gott kommt daher der Mensch zunächst nur durch seine Vereinigung mit andern Menschen zu einem *Gemeinwesen*, wo ihm von den Naturmächten unterschiedene, nur im Gedanken oder in der Vorstellung existierende Mächte, politische, moralische, abstrakte Mächte, die Macht des Gesetzes, der Meinung*, der Ehre, der Tugend, Gegenstand seines Bewußtseins und *Abhängigkeitsgefühles*, die physikalische Existenz des Menschen seiner menschlichen, bürgerlichen oder moralischen Existenz untergeordnet, die Naturmacht, die Macht über Tod und Leben, zu einem Attribut und Werkzeug der politischen oder moralischen Macht herabgesetzt wird. Zeus ist der Gott des Blitzes und Donners, aber er hat diese furchtbaren Waffen nur dazu in seinen Händen, um die Frevler an seinen Geboten, die Meineidigen, die Gewalttätigen, niederzuschmettern. Zeus ist der Vater der Könige, „von Zeus sind die Könige". Mit Blitz und Donner unterstützt also Zeus die Macht und Würde der Könige.** „Der König", heißt es in Menus Gesetzbuch, „*verbrennt gleichwie die Sonne Augen und Herzen*, deswegen kann kein menschliches Geschöpf auf Erden ihn nur ansehn. Er ist *Feuer und Luft*, er ist *Sonne und Mond*, er ist der Gott der peinlichen Gesetze. Das Feuer verzehrt nur einen einzigen, der aus Sorglosigkeit ihm zu nahe gekommen ist, aber das Feuer eines Königs, wenn er zornig ist, verbrennt

* Bei Hesiod heißt es ausdrücklich: „*Auch die Pheme* (Ruf, Gerücht, öffentliche Meinung) *ist eine Gottheit.*"

** Die ursprünglichen und ältesten Könige sind übrigens wohl zu unterscheiden von den legitimen. Diese sind, ungewöhnliche Fälle abgerechnet, gewöhnliche, für sich selbst bedeutungslose, jene aber waren ungewöhnliche, ausgezeichnete, geschichtliche Individuen. Die Vergötterung ausgezeichneter Menschen, namentlich nach ihrem Tode, ist daher die natürlichste Übergangsstufe von den eigentlichen naturalistischen Religionen zu den mytho- und anthropologischen, obwohl sie auch gleichzeitig mit der Naturverehrung stattfinden kann. Die Verehrung ausgezeichnete[r][1] Menschen als Götter fällt übrigens keineswegs nur in fabelhafte Zeiten. So vergötterten die Schweden noch zur Zeit des Christentums ihren König Erich und brachten ihm nach seinem Tode Opfer dar.

[1] *So ergänzen auch B und C.*

eine ganze Familie mit all ihren Vieh und Gütern ... In seinem Mute wohnt Eroberung und in seinem *Zorne Tod.*" Ebenso gebietet der Gott der Israeliten mit Blitz und Donner seinen Auserwählten, zu wandeln in allen Wegen, die er ihnen geboten hat, „auf daß sie leben mögen und es ihnen wohlgehe und sie lange leben im Lande". So verschwindet die Macht der Natur als solcher und das Gefühl der Abhängigkeit von ihr vor der politischen oder moralischen Macht! Während den Sklaven der Natur der Glanz der Sonne so verblendet, daß er wie der katschinische Tartar täglich zu ihr betet: „Schlag mich nicht tot", verblendet dagegen den politischen Sklaven der Glanz der königlichen Würde so sehr, daß er vor ihr als einer göttlichen, weil über Tod und Leben gebietenden, Macht niederfällt. Die Titel der römischen Kaiser selbst unter den Christen noch waren: „Eure Gottheit", „Eure Ewigkeit". Ja, selbst heutigentags noch sind bei den Christen Heiligkeit und Majestät, die Titel und Eigenschaften der Gottheit, Titel und Eigenschaften der Könige. Die Christen entschuldigen zwar diesen politischen Götzendienst mit der Vorstellung, der König sei nur der Stellvertreter Gottes auf Erden, Gott sei der König der Könige. Allein diese Entschuldigung ist nur Selbsttäuschung. Abgesehen davon, daß die Macht des Königs eine höchst empfindliche, unmittelbare, sinnliche, sich selbst vertretende, die Macht des Königs der Könige nur eine mittelbare, vorgestellte ist — Gott wird nur da als Regent der Welt, als königliches oder überhaupt politisches Wesen bestimmt und betrachtet, wo das königliche Wesen so den Menschen einnimmt, bestimmt und beherrscht, daß es ihm für das *höchste Wesen* gilt. „Brahma", sagt Menu, „bildete im Anfang der Zeit zu seinem Gebrauche den *Genius der Strafe* mit einem Körper von reinem Lichte als seinen *eigenen Sohn*, ja, als den Urheber der peinlichen Gerechtigkeit, als den *Beschützer aller erschaffenen Dinge.* Aus *Furcht vor der Strafe* ist dieses Weltall imstande, sein Glück zu genießen." So macht der Mensch selbst die Strafen seines peinlichen Rechts zu göttlichen, weltbeherrschenden Mächten, die peinliche Halsgerichtsordnung zur Ordnung des Weltalls, den Kriminalkodex zum Kodex der Natur. Kein Wunder, daß er die Natur den wärmsten Anteil an seinen politischen Leiden und Leidenschaften nehmen läßt, ja, selbst den Bestand der Welt von dem Bestand eines königlichen Throns oder päpstlichen Stuhls abhängig macht. Was *für ihn* von Wichtigkeit ist, das ist natürlich auch von Wichtigkeit für *alle andern* Wesen, was *sein* Auge trübt, das trübt auch den Glanz der Sonne, was *sein* Herz bewegt, das setzt auch Himmel und Erde in Bewegung – *sein* Wesen ist ihm das *universale Wesen*, das *Wesen der Welt, das Wesen der Wesen.*

38[1]

Woher kommt es, daß der Orient keine solche lebendige[2] fortschreitende Geschichte hat wie der Okzident? Weil im Orient der Mensch nicht über dem Menschen die Natur, nicht über dem Glanz des menschlichen Auges den Glanz der Sterne und Edelsteine, nicht über dem rhetorischen „Blitz und Donner" den meteorologischen Blitz und Donner, nicht über dem Lauf der Tagsbegebenheiten den Lauf der Sonne und Gestirne, nicht über dem Wechsel der Mode den Wechsel der Jahreszeiten vergißt. Wohl wirft sich der Orientale selbst in den Staub nieder vor dem Glanz der königlichen, politischen Macht und Würde, aber dieser Glanz ist doch selbst nur ein Abglanz der Sonne und des Mondes; der König ist ihm nicht als ein irdisches, menschliches, sondern als ein himmlisches, göttliches Wesen Gegenstand. Neben einem Gotte aber verschwindet der Mensch; erst wo die Erde sich entgöttert, die Götter in den Himmel emporsteigen, aus wirklichen Wesen zu nur vorgestellten Wesen werden, erst da haben die Menschen Platz und Raum für sich, erst da können sie ungeniert als Menschen sich zeigen und geltend machen. Der Orientale verhält sich zum Okzidentalen wie der Landmann zum Städter. Jener ist abhängig von der Natur, dieser vom Menschen, jener richtet sich nach dem Stande des Barometers, dieser nach dem Stande der Papiere, jener nach den sich immer gleichbleibenden Zeichen des Tierkreises, dieser nach den immer wechselnden Zeichen der Ehre, Mode und Meinung. Nur die

[1] *In C 37.*
[2] *In B und C folgt Komma.*

Städter machen darum Geschichte; nur die menschliche „Eitelkeit" ist das Prinzip der Geschichte. Nur wer die Macht der Natur der Macht der Meinung, sein Leben seinem Namen, seine Existenz im Leibe seiner Existenz im Munde und Sinne der Nachwelt aufzuopfern vermag, nur der ist fähig zu geschichtlichen Taten.

39[1]

Die Anrede des griechischen Komikers Anaxandrides bei Athenäus an die Ägypter: „In euere Gesellschaft taug' ich nicht, nicht sind einstimmig unsre Sitten und Gesetze, ihr betet an den Ochsen, den ich den Göttern opfere, ein großer Gott ist euch der Aal, doch mir ein großer Leckerbissen, ihr scheuet euch vor Schweinefleisch, ich schmaus' es mit Vergnügen, ihr ehrt den Hund, ich schlage ihn, wenn er mir wegschnappt einen Bissen, ihr seid bestürzt, wenn einer Katz' was fehlt, ich freue mich und zieh' ihr ab das Fell, ihr macht euch aus der Spitzmaus was, ich aber nichts" – diese Anrede charakterisiert vortrefflich den Gegensatz zwischen der gebundenen und ungebundenen, d. i. der religiösen und irreligiösen, freien, menschlichen Anschauung der Natur. Dort ist die Natur ein Gegenstand der Verehrung, hier des Genusses, dort ist der Mensch für die Natur, hier die Natur für den Menschen, dort Zweck, hier Mittel, dort über, hier unter dem Menschen.* Dort ist ebendeswegen der Mensch exzentrisch, außer sich, außer der Sphäre seiner Bestimmung, die ihn nur auf sich selbst verweist, hier dagegen besonnen, nüchtern, bei sich, selbstbewußt. Dort erniedrigt sich konsequent der Mensch zum Beweis seiner naturreligiösen Demut selbst bis zur Begattung mit den Tieren (Herodot); hier dagegen erhebt sich der Mensch im Vollgefühl seiner Kraft und Würde zur Vermischung mit den

[1] *In C 38.*

* Ich setze hier die Griechen auf denselben Standpunkt mit den Israeliten, während ich sie im „Wesen des Christentums" diesen entgegensetze. Welch ein Widerspruch! Mitnichten; Dinge, die, mit sich verglichen, ungleich sind, fallen, gegen ein Drittes gehalten, zusammen. Übrigens gehört zum Genuß der Natur vor allem auch der *ästhetische, theoretische Genuß*.

Göttern zum schlagenden Beweise, daß auch selbst in den himmlischen Göttern kein anderes als menschliches Blut rollt, daß das eigentümlich ätherische Götterblut nur eine poetische Vorstellung ist, die in der Wirklichkeit, in der Praxis nicht Stich hält.

40[1]

Wie die Welt, die Natur dem Menschen *erscheint,* so *ist* sie, scilicet für ihn, nach seiner Vorstellung; seine Gefühle, seine Vorstellungen sind ihm unmittelbar und unbewußt das Maß der Wahrheit und Wirklichkeit, und sie *erscheint ihm ebenso, wie er selbst ist.* Sowie der Mensch zum Bewußtsein kommt, daß trotz Sonne und Mond, Himmel und Erde, Feuer und Wasser, Pflanzen und Tieren zum Leben des Menschen die Anwendung, und zwar die richtige, der eignen Kräfte notwendig ist, daß „mit Unrecht klagen die Sterblichen wider die Götter, *sie selber schaffen durch Unverstand auch gegen Geschick sich das Elend*", daß Laster und Torheit Krankheit, Unglück, Tod, Tugend und Weisheit dagegen Gesundheit, Leben und Glück zur Folge haben, folglich die das Schicksal des Menschen bestimmenden Mächte Verstand und Wille sind, sowie also der Mensch nicht mehr wie der Wilde ein nur vom Zufall augenblicklicher Eindrücke und Affekte beherrschtes, sondern durch Grundsätze, Weisheitsregeln, Vernunftgesetze sich bestimmendes, ein denkendes, verständiges Wesen wird, so erscheint, so ist ihm auch die Natur, die *Welt* ein *von Verstand und Wille abhängiges, bestimmtes* Wesen.

41[2]

Wo sich der Mensch mit Wille und Verstand über die Natur erhebt, Supranaturalist wird, da wird auch Gott ein supranaturalistisches Wesen. Wo sich der Mensch zum Herrscher aufwirft „über die Fische im Meer und über die Vögel unter dem Himmel und über das Vieh und über die ganze Erde und über alles Gewürm, das auf Erden kriechet",

[1] *In C 39.*
[2] *In C 40.*

da ist ihm die Herrschaft über die Natur die *höchste Vorstellung*, das *höchste Wesen*, der Gegenstand seiner Verehrung, seiner Religion daher der Herr[1] und Schöpfer der Natur, denn eine notwendige Folge der[2] Voraussetzung vielmehr der Herrschaft ist die Schöpfung. Ist der Herr der Natur nicht zugleich ihr Urheber, so ist sie ja ihrem Ursprung und Dasein nach von ihm unabhängig, seine Macht beschränkt und mangelhaft – denn wenn er sie hätte machen *können*, warum sollte er sie nicht gemacht haben? –, seine Herrschaft über sie nur eine *usurpierte*, keine angestammte, keine rechtmäßige. Nur was ich hervorbringe, mache, habe ich ja vollständig in meiner Gewalt. Erst aus der Autorschaft folgt das Eigentumsrecht. Mein ist das Kind, weil ich sein Vater. Erst in der Schöpfung also bewahrheitet, verwirklicht, erschöpft sich die Herrschaft. Die Götter der Heiden waren wohl auch schon Herren der Natur, aber keine Schöpfer derselben, darum nur konstitutionelle, beschränkte, in bestimmte Grenzen eingeschlossene, *nicht absolute Monarchen* der Natur, d. h., die *Heiden* waren noch nicht *absolute, unbedingte, radikale Supranaturalisten*.

42[3]

Die Theisten haben die Lehre von der Einheit Gottes für eine ihrem Ursprunge nach übernatürliche, geoffenbarte Lehre erklärt, ohne zu bedenken, daß der Mensch die Quelle des Monotheismus in sich selbst hat, daß der Grund der Einheit Gottes nur[4] die Einheit des menschlichen Bewußtseins und Geistes ist. In unendlicher Vielheit und Verschiedenheit breitet sich die Welt vor meinen Augen aus, aber gleichwohl umspannt alle diese zahllosen und verschiedenen Dinge, Sonne, Mond und Sterne, Himmel und, Erde, Nahes und Fernes, Gegenwärtiges und Abwesendes mein Geist, mein Kopf. Dieses für den religiösen, d. i. unge-

[1] Mensch *B und C. Druckfehlerverzeichnis zu B:* Herr
[2] oder *B und C*
[3] *In C 41.*
[4] *Fehlt in B und C.*

bildeten, Menschen wunderbare, übernatürliche,[1] an keine Schranken der Zeit und des Orts gebundene, auf keine bestimmte Gattung der Dinge eingeschränkte, alle Dinge, alle Wesen, ohne selbst ein Ding oder sichtbares Wesen zu sein, umfassende Wesen des menschlichen Geistes oder Bewußtseins ist es, was der Monotheismus an die Spitze der Welt stellt und zu ihrer *Ursache* macht. Gott *spricht*, Gott *denkt die Welt, so ist sie;* Gott sagt, sie sei nicht, Gott denkt und will sie nicht, so ist sie nicht, d. h., ich kann in meinem Denken, meiner Vorstellungs- oder Einbildungskraft alle Dinge, folglich auch die Welt selbst nach Willkür kommen und verschwinden, entstehen und vergehen lassen. Der Gott, der die Welt aus nichts geschaffen und, wenn er will, wieder ins Nichts verstößt, ist nichts anders als *das Wesen der menschlichen Abstraktions- und Einbildungskraft*, in welcher ich beliebig mir die Welt als seiend oder nicht seiend vorstellen, ihr Sein setzen oder aufheben kann. Dieses *subjektive Nichtsein*, dieses Nichtsein der Welt in der Vorstellung, macht der Monotheismus zu ihrem *objektiven, wirklichen Nichtsein*. Der Polytheismus, die Naturreligion überhaupt, macht die wirklichen Wesen zu vorgestellten Wesen, zu Wesen der Einbildung, der Monotheismus vorgestellte Wesen, Vorstellungen,[2] Einbildungen, Gedanken zu wirklichen Wesen oder vielmehr das Wesen der Vorstellungs-, Denk- und Einbildungskraft zum wirklichsten, absoluten[3] höchsten Wesen. Die Macht Gottes, sagt ein Gottesgelehrter, erstreckt sich so weit, als sich das Vorstellungsvermögen des Menschen erstreckt, aber wo ist die Grenze des Vorstellungsvermögens? Was ist der Einbildungskraft unmöglich? Alles, was ist, kann ich mir als nicht seiend, alles, was nicht ist, als wirklich denken; so kann ich mir „diese“ Welt als nicht seiend, unzählige andere Welten als wirklich vorstellen. Das als wirklich Vorgestellte ist das Mögliche. Gott aber ist das Wesen, dem *nichts unmöglich* ist, der Kraft nach der Schöpfer unzähliger Welten, *der Inbegriff aller Möglichkeiten, aller Vorstellbarkeiten*, d. h. eben, er ist nichts andres als das verwirklichte, vergegenständ-

[1] *In B und C folgt Zusatz:* dieses

[2] *Fehlt mitsamt dem Komma in B und C.*

[3] *In B und C folgt Komma.*

lichte, als wirkliches, und zwar als das allerwirklichste, als das absolute, Wesen gedachte oder vorgestellte Wesen des menschlichen Einbildungs-, Denk- und Vorstellungsvermögens. Der Schöpfer der Welt ist daher nichts weiter als die zur Ursache der Welt erhobene, personifizierte Einbildungskraft des Menschen.[1]

43[2]

Der eigentliche Theismus oder Monotheismus entspringt nur da, wo der Mensch die Natur deswegen, weil sie sich nicht nur zu seinen notwendigen, organischen Lebensverrichtungen, sondern auch zu seinen *willkürlichen*[3] *bewußten* Zwecken, Verrichtungen und Genüssen *willen-* und *bewußtlos* verwenden läßt, nur *auf sich* bezieht und *diese Beziehung zu ihrem Wesen*, sich also zum *Endzweck*, zum *Zentral-* und *Einheitspunkt** der Natur macht. Wo die Natur ihren *Zweck außer sich* hat, da hat sie auch notwendig ihren *Grund* und *Anfang außer sich;* wo sie *nur für ein andres* Wesen ist, da ist sie auch notwendig *vor*[4] *einem andern* Wesen, und zwar einem Wesen, dessen Absicht oder Zweck bei der Hervorbringung derselben der Mensch als das die Natur genießende und zu seinem Besten verwendende Wesen war. Der *Anfang* der Natur fällt daher nur da in *Gott*, wo das *Ende* derselben in den *Menschen* fällt**[5], oder

[1] Der Schöpfer . . . des Menschen. *Fehlt in B und C.*

[2] *In C 42.*

[3] *In B und C folgt Komma.*

* Ein Kirchenvater nennt ausdrücklich den Menschen, weil Gott in ihm das Universum in eine Einheit zusammenfassen wollte und daher alles in ihm als seinem Zweck sich vereinige, alles seinen Nutzen bezwecke, das *Band aller Dinge, συνδέσμον ἁπάντων*.[6]

[4] von *B und C*

** Allerdings ist auch der Mensch, als das individualisierte Wesen der Natur, der Schluß derselben, aber nicht in dem anti- und supranaturalistischen Sinne der Teleologie und Theologie.

[5] *Hierzu in B und C keine Fußnote Feuerbachs. Stattdessen bildet dort der Wortlaut dieser den letzten Satz der vorigen Note F. s.*

[6] *In B und C folgt hier noch der Wortlaut der in A nächsten Fußnote Feuerbachs*

die Lehre: *Gott* ist der *Schöpfer der Welt,* hat ihren *Grund* und *Sinn* nur in der Lehre: Der *Mensch* ist der *Zweck* der Schöpfung. Schämt ihr euch des Glaubens, daß die Welt für den Menschen geschaffen, *gemacht* ist, oh, so schämt euch auch des Glaubens, daß sie *überhaupt geschaffen, gemacht* ist. Wo geschrieben steht: „Am Anfang schuf Gott Himmel und Erde", ebendort steht auch geschrieben: „Gott machte zwei große Lichter und dazu auch Sterne und setzte sie an die Feste des Himmels, daß sie *schienen auf die Erde und der Tag und die Nacht regierten.*" Bezeichnet ihr den Glauben an die[1] Menschen als Zweck der Natur als menschlichen Hochmut, oh, so bezeichnet doch auch den *Glauben an einen Schöpfer der Natur als menschlichen Hochmut.* Nur *das* Licht, das um des Menschen willen leuchtet, ist das Licht der Theologie, nur das Licht, das lediglich wegen des sehenden Wesens da ist, setzt auch als Ursache ein sehendes Wesen voraus.

44[2]

Das „geistige Wesen", welches der Mensch über die Natur oder[3] als das begründende, schaffende Wesen ihr voraussetzt, ist nichts andres als das *geistige Wesen des Menschen selbst,* das ihm aber deswegen als ein *andres,* von ihm *unterschiedenes* und *unvergleichliches* Wesen erscheint, weil er es zur *Ursache der Natur* macht, zur Ursache von Wirkungen, welche der menschliche Geist, der menschliche Wille und Verstand *nicht* hervorbringen kann, weil er also mit diesem geistigen, menschlichen Wesen zugleich das vom menschlichen Wesen *unterschiedene Wesen der Natur verbindet.** Der göttliche Geist ist es, der das Gras wachsen läßt, das Kind im Mutterleibe bildet, die Sonne in ihrer Laufbahn

[1] den *B und C*
[2] *In C 43.*
[3] und *B und C*
* Diese Verbindung oder Vermischung des *„moralischen"* und *„physischen"*, des menschlichen und nicht menschlichen Wesens erzeugt ein *drittes* Wesen, welches weder Natur noch Mensch ist, aber an beiden amphibienartig teilhat und eben wegen dieser seiner Sphinxnatur der Abgott der Mystik und theologischen Spekulation ist.

hält und bewegt, die Berge auftürmt, den Winden gebietet, das Meer in seine Grenzen einschließt. Was ist gegen diesen Geist der menschliche Geist! Wie klein, wie beschränkt, wie nichtig! Wenn daher der Rationalist die Menschwerdung Gottes, die Vereinigung der göttlichen und menschlichen Natur, verwirft, so kommt das hauptsächlich nur daher, daß ihm *hinter* seinem Gotte nichts andres im Kopfe spukt als die Natur, namentlich die Natur, wie sie durch das Teleskop der Astronomie dem menschlichen Auge aufgeschlossen wurde. Wie sollte, ruft er entrüstet aus, jenes große, unendliche, universale Wesen, das nur in dem großen, unendlichen Universum seine entsprechende Darstellung und Wirkung hat, um des Menschen willen auf die Erde kommen, die doch vor der unermeßlichen Größe und Fülle des Weltalls in nichts verschwindet? Welche unwürdige, kleinliche, „menschliche" Vorstellung! Gott auf die Erde konzentrieren, Gott in den Menschen versenken heißt den Ozean in einen Tropfen, den Saturnusring in einen Fingerring fassen wollen. Allerdings ist es eine beschränkte Vorstellung, daß das Wesen der Welt nur auf die Erde oder den Menschen beschränkt, die Natur nur um seinetwillen ist, die Sonne nur um des menschlichen Auges willen leuchtet. Aber du siehst nicht, kurzsichtiger Rationalist, daß das, was sich in dir wider die Vereinigung Gottes mit dem Menschen sträubt, was dir diese Vereinigung als einen unsinnigen Widerspruch erscheinen läßt, nicht die Vorstellung Gottes, sondern *der Natur* oder Welt ist; du siehst nicht, daß der Vereinigungspunkt, das tertium comparationis [das Dritte des Vergleichs] zwischen Gott und Mensch nicht das Wesen ist, dem du die Macht und Wirkungen der Natur, sei's nun mittelbar oder unmittelbar, zuschreibst, sondern vielmehr *das* Wesen, welches sieht und hört, weil du siehst und hörst, Bewußtsein, Verstand und Willen hat, weil du sie hast, *das* Wesen also, welches du von der Natur unterscheidest, weil du dich selbst von ihr unterscheidest. Was kannst du also dagegen haben, wenn dir dieses menschliche Wesen endlich als wirklicher Mensch vor die Augen tritt? Wie kannst du die Konsequenz verwerfen, wenn du das Prinzip derselben festhältst? Wie den Sohn verleugnen, wenn du den *Vater* anerkennst? Ist dir der Gottmensch ein Geschöpf der menschlichen Phantasie und Selbstvergötterung, so erkenne auch in dem Schöpfer der Natur ein Geschöpf der menschlichen Einbildungskraft und Selbsterhebung über die Natur. Willst du ein Wesen ohne alle Anthropomorphismen, ohne alle menschliche[n] Zusätze, sie seien nun Zusätze des Verstandes oder Herzens oder der Phantasie, so sei so mutig und konsequent, Gott überhaupt aufzugeben und dich nur auf die pure, blanke, gottlose Natur als die letzte Basis deiner Existenz zu berufen und zu stützen. Solange du einen *Unterschied Gottes von der Natur bestehenläßt,* solange läßt du einen *menschlichen Unterschied* bestehen, solange verkörperst du in Gott nur deinen eignen Unterschied, solange *vergötterst du* in *dem Urwesen* nur *dein eigenes Wesen;* denn *wie du zum Unterschiede vom menschlichen Wesen kein anderes Wesen hast und kennst als die Natur, so hast und kennst du umgekehrt zum Unterschiede von der Natur kein anderes Wesen als das menschliche.*

45[1]

Die Anschauung des menschlichen Wesens als eines vom Menschen unterschiedenen, gegenständlichen Wesens, oder kurzweg: die Vergegenständlichung des menschlichen Wesens, hat zur *Voraussetzung* die *Vermenschlichung* des vom Menschen unterschiedenen, gegenständlichen Wesens oder die *Anschauung der Natur als eines menschlichen Wesens.** Wille und Verstand erscheinen daher dem Menschen nur deswegen als die Grundkräfte oder Ursachen der Natur, weil ihm die unabsichtlichen Wirkungen der Natur im Lichte seines Verstandes als *absichtliche,* als *Zwecke,* die Natur also als ein selbst verständiges Wesen oder doch wenigstens als eine reine Verstandessache erscheint. Wie alles gesehen wird von der Sonne – der Sonnengott

[1] *In C 44.*

* Von *diesem* Standpunkte aus betrachtet, ist daher der Schöpfer der Natur nichts anderes als das vermittelst der Abstraktion von der wirklichen Natur, von der Natur, wie sie Gegenstand der Sinne, unterschiedene und abgesonderte, vermittelst der Einbildungskraft in ein menschliches oder menschenähnliches Wesen verwandelte, popularisierte, anthropomorphosierte, personifizierte Wesen der Natur.

„Helios hört und sieht alles" –, weil der Mensch im Sonnenlichte alles sieht, so ist alles *an sich selbst* ein Gedachtes, weil der Mensch es denkt, ein *Verstandeswerk*, weil für ihn ein *Verstandesobjekt*. Weil *er* die Sterne und ihre Abstände voneinander ausmißt, so *sind* sie ausgemessen; weil *er* zur *Erkenntnis* der Natur Mathematik anwendet, so ist sie auch zur *Hervorbringung* derselben angewandt worden; weil er das Ziel einer Bewegung, das Resultat einer Entwicklung, die Verrichtung eines Organs *voraussieht*, so *ist* sie auch per se [an und für sich] eine *vorhergesehene;* weil er von der Lage oder Richtung eines Weltkörpers sich das *Gegenteil*, ja, unzählig andere Richtungen *vorstellen kann*, aber bemerkt, daß, wenn diese Richtung wegfiele, auch zugleich eine Reihe fruchtbarer, wohltätiger Folgen wegfiele, und daher diese Folgenreihe als den *Grund* denkt, warum gerade diese und keine andere Richtung ist, so ist sie auch *wirklich* und *ursprünglich* lediglich aus Rücksicht ihrer wohltätigen Folgen aus der *Menge anderer Richtungen*, die *gleichwohl nur im Kopfe des Menschen existieren*, mit bewundernswürdiger Weisheit *ausgewählt* worden. So ist dem Menschen, und zwar unmittelbar, ohne Unterscheidung, das Prinzip des Erkennens das Prinzip des Seins, das *gedachte* Ding das *wirkliche* Ding, der Gedanke vom Gegenstand das Wesen des Gegenstandes, das Aposteriori das Apriori. Der Mensch denkt die Natur *anders, als sie ist*, kein Wunder, daß er ihr auch ein *anderes* Wesen, als sie selbst ist, ein Wesen, das[1] nur in seinem Kopfe existiert, ja, nur das *Wesen seines eigenen Kopfes* ist, als Grund und Ursache ihrer Wirklichkeit voraussetzt. Der Mensch kehrt die natürliche Ordnung der Dinge um; er stellt die Welt im eigentlichsten Sinne *auf den Kopf*, er macht die *Spitze* der Pyramide zu ihrer *Basis* – das erste im Kopf oder für den Kopf, den Grund, warum etwas ist, zum ersten in der Wirklichkeit, zur Ursache, wodurch es ist. Der Grund einer Sache geht im Kopfe der Sache selbst voran. Dies ist der Grund, warum dem Menschen das Vernunft- oder Verstandeswesen, das Denkwesen das – nicht nur logisch, sondern auch *physisch* – erste Wesen, das Grundwesen ist.

[1] daß *So, versehentlich, B.*

46[1]

Das Geheimnis der Teleologie beruht nur auf dem *Widerspruche* zwischen der *Notwendigkeit* der *Natur* und der *Willkür des Menschen*, zwischen der Natur, *wie sie wirklich ist*, und zwischen der Natur, *wie sie* der Mensch *vorstellt*. Wenn die Erde woanders, wenn sie z. B. da stände, wo der Merkur steht, so würde vor unmäßiger Hitze alles zugrunde gehen. Wie weise ist also die Erde gerade dahin placiert, wohin sie vermöge ihrer Beschaffenheit paßt! Aber worin besteht diese Weisheit? Lediglich im Widerspruche, im Gegensatze zu der *menschlichen Torheit*, welche willkürlich in Gedanken die Erde an einen andern Ort stellt, als sie in der Wirklichkeit hat. Wenn du *erst auseinanderreißt*[2], was in der Natur *unzertrennlich* ist, wie der astronomische Standpunkt eines Weltkörpers und seine physikalische Beschaffenheit, so muß dir natürlich *hintendrein* die *Einheit* in der Natur als *Zweckmäßigkeit*, die *Notwendigkeit* als *Plan*, der wirkliche, notwendige, mit seinem Wesen identische Ort eines Weltkörpers im Gegensatze zu dem unpassenden, den du gedacht und gewählt hast, als der *vernünftige*, richtig *ausgedachte*, mit Weisheit ausgewählte Ort erscheinen. „Wenn der Schnee eine schwarze Farbe hätte oder die letztere in den Polarländern vorherrschte . . ., so wären die gesamten Polargegenden der Erde eine mit organischem Leben unverträgliche, finstere Einöde. . . . So gibt die Anordnung der Farben der Körper . . . einen der schönsten Beweise für die zweckmäßige Einrichtung der Welt.“ Jawohl, wenn der Mensch *nicht schwarz auf*[3] *weiß machte*, wenn nicht die *menschliche Torheit* mit der Natur nach Belieben schaltete, so waltete auch keine *göttliche Weisheit* über der Natur.

47[4]

„Wer hat dem Vogel gesagt, daß er nur seinen Schwanz zu erheben, wann er niederfliegen, oder ihn niederzudrücken

[1] *In C 45.*
[2] auseinanderreißest *B und C*
[3] aus *B und C*
[4] *In C 46.*

braucht, wann er höhersteigen will? Der muß völlig blind sein, welcher beim Fluge der Vögel keine höhere Weisheit gewahrt, die *statt ihrer gedacht* hat." Allerdings muß [d]er blind sein, aber nicht für die Natur, sondern für *den* Menschen, der *sein Wesen* zum *Urbild* der Natur, die *Verstandeskraft* zur *Urkraft* erhebt, der von der *Einsicht* in die Mechanik des Fliegens den Flug der Vögel abhängig, seine von der Natur abstrahierte[n] [1] Begriffe zu *Gesetzen* macht, welche die Vögel im Fluge *anwenden* wie der Reiter die Regeln der Reitkunst, der Schwimmer die Regeln der Schwimmkunst, nur mit dem Unterschied, daß den Vögeln die Anwendung der Fliegkunst eine angeborene, angeschaffene ist. Allein der Flug der Vögel beruht auf keiner Kunst. Kunst ist nur dort, wo auch das *Gegenteil* der Kunst ist, wo ein Organ eine Verrichtung ausübt, die nicht unmittelbar, nicht notwendig mit demselben verbunden ist, nicht sein Wesen erschöpft, nur eine *besondere* ist *neben vielen andern wirklichen* oder *möglichen* Verrichtungen desselben Organs. Der Vogel kann aber *nicht anders* fliegen, als er fliegt, und nicht auch nicht fliegen; er *muß* fliegen. Das Tier kann immer nur dieses einzige, was es kann, sonst schlechterdings nichts, und es kann ebendeswegen dieses eine so meisterhaft, so unübertrefflich, weil es alles andere nicht kann, weil in dieser *einen* Verrichtung sein ganzes Vermögen erschöpft, diese eine Verrichtung mit *seinem Wesen selbst identisch* ist. Wenn du daher die Handlungen und Verrichtungen der Tiere, namentlich der niedern, mit sogenannten Kunsttrieben begabten, nicht ohne Voraussetzung eines Verstandes, der statt ihrer gedacht hat, dir erklären kannst, so kommt das nur daher, daß du denkst, die Gegenstände ihrer Tätigkeit seien ihnen *so Gegenstand*, wie sie Gegenstand deines Bewußtseins und Verstandes sind. Denkst du einmal die Werke der Tiere als *Kunstwerke*, als *willkürliche* Werke, so mußt du natürlich auch den Verstand als ihre Ursache denken — denn ein Kunstwerk setzt Auswahl, Absicht, Verstand voraus — und folglich, da dir zugleich die Erfahrung doch wieder zeigt, daß die Tiere selbst nicht denken, ein *anderes* Wesen *statt ihrer* denken

[1] *So ergänzen auch B und C.*

lassen.* „Wisset ihr der Spinne Rat zu geben, wie sie die Fäden von einem Baume zum andern, von einer Spitze des Hauses zur andern, von einer Höhe diesseits des Wassers zu einer andern jenseits des Wassers hinüberbringen und anheften soll?" Nimmermehr; aber glaubst du denn, daß hier Rat vonnöten sei[1], daß die Spinne in derselben Lage sich befindet, in der du dich befändest, wenn du diese Aufgabe aus *dem Kopfe* lösen solltest, daß es für sie wie für dich ein Diesseits und Jenseits gibt? Zwischen der Spinne und dem Gegenstand, woran sie die Fäden ihres Netzes befestigt, ist ein so notwendiger Zusammenhang als zwischen deinem Knochen und Muskel; denn der Gegenstand außer ihr ist für sie nichts anderes als der Anhaltspunkt ihres Lebensfadens, die Stütze ihres Fangwerkzeugs. Sie sieht nicht, was du

* So ist überhaupt in allen Schlüssen von der Natur auf einen Gott die Prämisse, die *Voraussetzung* eine *menschliche*, kein Wunder, daß dann das *Resultat* ein *menschliches* oder *menschenähnliches* Wesen ist. Ist die Welt eine Maschine, ein Haus,[2] so muß natürlich ein Baumeister derselben sein. Sind die Naturwesen so gleichgültig gegeneinander wie die menschlichen Individuen, die sich zu irgendeinem willkürlichen Staatszweck, z. B. zum Kriegsdienst, zum Straßenbau,[3] nur durch eine höhere Gewalt verwenden und vereinigen lassen, so muß natürlich auch ein Regent, ein Gewalthaber, ein General en chef der Natur – ein „Kapitän der Wolken" – sein, wenn sie nicht in „Anarchie" sich auflösen soll. So macht der Mensch zuerst,[4] unbewußt die Natur zu einem *menschlichen Werk*, d. h. sein Wesen zum Grundwesen derselben, da er aber doch hernach oder zugleich den Unter*schied* gewahrt zwischen den Werken der Natur und den Werken der menschlichen Kunst, so erscheint ihm dieses sein eignes Wesen als ein *anderes*, aber *analoges*, ähnliches. Alle Beweise vom Dasein Gottes haben daher nur *logische* oder vielmehr anthropologische Bedeutung, sintemal und alldieweil auch die logischen Formen Formen des menschlichen Wesens, Produkte des menschlichen Kopfes[5] sind.

1 *Fehlt in B und C.*
2 ein Haus, *Fehlt in B und C.*
3 zum Straßenbau, *Fehlt in B und C.*
4 *Komma fehlt in B und C.*
5 , Produkte . . . Kopfes *Fehlt in B und C.*

siehst; alle die Trennungen, Unterschiede, Abstände, die oder wenigstens *wie* sie dein Verstandesauge macht, existieren gar nicht für sie. Was daher für dich ein unauflösliches *theoretisches Problem* ist, das tut die Spinne *ohne Verstand* und folglich *ohne alle die Schwierigkeiten*, die nur für deinen Verstand existieren. „Wer hat den Blattläusen gesagt, daß sie im Herbst ihre Nahrung am Zweige, an der Knospe reichlicher finden als am Blatte? Wer hat ihnen den Weg zur Knospe, zum Zweige bezeichnet? Für die Blattlaus, die auf dem Blatte geboren wurde, ist die Knospe nicht nur eine ferne, sondern auch völlig unbekannte Provinz. Ich bete den Schöpfer der Blattlaus und der Schildlaus an und schweige." Freilich mußt *du* schweigen, wenn du die Blatt- und Schildläuse zu Predigern des Theismus machst, wenn du ihnen *deine Gedanken unterschiebst*, denn nur für die *anthropomorphisierte* Blattlaus ist die Knospe eine *ferne* und *unbekannte* Provinz, aber nicht für die Blattlaus an sich, welcher das Blatt *nicht als Blatt*, die Knospe *nicht als Knospe*, sondern nur als assimilierbarer, gleichsam chemisch verwandter Stoff Gegenstand ist. Es ist daher nur der *Widerschein deines Auges*, der dir die Natur als *das Werk eines Auges* erscheinen läßt, der dich nötigt, die Fäden, die die Spinne aus ihrem *Hintern* hervorzieht, aus dem *Kopfe* eines denkenden Wesens abzuleiten. Die Natur ist dir nur ein Schauspiel, ein Augenfest; du glaubst daher, was dein Auge entzückt, bewege und regiere auch die Natur; so machst du das *himmlische Licht*, in dem sie dir erscheint, zu dem *himmlischen Wesen*, das sie erschaffen, den Strahl des Auges zum Hebel der Natur, den *Sehnerven* zum *Bewegungsnerven* des Weltalls. Die Natur von einem weisen Schöpfer ableiten heißt mit dem *Blicke Kinder zeugen*, mit dem Wohlgeruch der Speisen den Hunger stillen, mit dem Wohlklang der Töne Felsen bewegen. Wenn der Grönländer den Haifisch aus menschlichem Urin entspringen läßt, weil er in der Nase des Menschen nach Urin riecht, so ist diese zoologische Genesis ebenso begründet als die kosmologische Genesis des Theisten, wenn er die Natur deswegen aus dem Verstande entspringen läßt, weil sie auf den Verstand des Menschen den Eindruck der Verständigkeit und Absichtlichkeit macht. Wohl ist die Erscheinung der Natur für uns Vernunft, aber die Ursache dieser Erscheinung ist so wenig Vernunft, als die Ursache des Lichtes Licht ist.

48[1]

Warum macht die Natur Mißbildungen[2]? Weil ihr das Resultat einer Bildung nicht im voraus als Zweck Gegenstand ist. Warum z. B. sogenannte Katzenköpfe? Weil sie bei der Bildung des Hirns nicht an den Schädel denkt, nicht weiß, daß ihr zur Bedeckung desselben Knochensubstanz fehlt. Warum überzählige Glieder? Weil sie nicht zählt. Warum links, was in der Regel rechts, oder rechts, was in der Regel links liegt? Weil sie nicht weiß, was rechts oder links ist. Die Mißbildungen[2] sind daher populäre, ebendeswegen schon von den alten Atheisten und selbst solchen Theisten, welche die Natur von der Vormundschaft der Theologie emanzipierten, hervorgehobene Beweise, daß die Naturbildungen unvorhergesehene, unabsichtliche, unwillkürliche Produkte sind, denn alle Gründe, die man zur Erklärung der Mißbildungen anführt, selbst die der neuesten Naturforscher, daß sie nur Folgen von Krankheiten des Fötus sind, würden ja wegfallen, wenn mit der schöpferischen oder bildenden Macht der Natur zugleich Wille, Verstand, Voraussicht, Bewußtsein verbunden wäre. Aber obgleich die Natur nicht sieht, so ist sie deswegen doch nicht *blind*, obgleich sie nicht lebt (im Sinne des menschlichen, überhaupt subjektiven, empfindenden Lebens), doch nicht *tot*, und ob sie gleich nicht nach Absichten bildet, so sind ihre Bildungen doch keine *zufälligen;* denn wo der Mensch die Natur als tot und blind, ihre Bildungen als zufällige bestimmt, da macht er sein (und zwar *subjektives*) Wesen zum *Maß* der Natur, da bestimmt er sie nun[3] *nach dem Gegensatz gegen sich*, da bezeichnet er sie als ein mangelhaftes Wesen, weil sie *nicht* hat, was er hat. Die Natur wirkt und bildet überall, nur in und mit *Zusammenhang* – ein Zusammenhang, der für den Menschen *Vernunft* ist, denn überall, wo er Zusammenhang wahrnimmt, findet er

[1] *In C 47.*
[2] Mißgeburten *B und C*
[3] nur *B und C*

Sinn, Denkstoff, „zureichenden Grund", System –, nur aus und mit *Notwendigkeit*. Aber auch diese Notwendigkeit der Natur ist keine menschliche, *d. h.* keine logische, metaphysische oder mathematische, überhaupt keine abstrakte; denn die Naturwesen sind keine Gedankenwesen, keine logischen oder mathematischen Figuren, sondern wirkliche, sinnliche, individuelle Wesen; sie ist eine *sinnliche*, darum exzentrische, exzeptionelle, irreguläre, infolge dieser Anomalien der Phantasie des Menschen selbst als Freiheit oder wenigstens als ein Produkt der Freiheit erscheinende Notwendigkeit. Die Natur ist überhaupt *nur durch sich selbst* zu fassen; sie ist das Wesen, dessen „Begriff von *keinem andern* Wesen abhängt"; sie ist es allein, bei der der Unterschied zwischen dem, was ein Ding *an sich*, und dem, was es *für uns* ist, gültig ist, sie allein, an die kein „*menschlicher Maßstab*" angelegt werden darf und kann, ob wir gleich ihre Erscheinungen mit analogen menschlichen Erscheinungen vergleichen und bezeichnen, um sie uns verständlich zu machen, überhaupt menschliche Ausdrücke und Begriffe wie Ordnung, Zweck, Gesetz auf sie anwenden und in Gemäßheit der Natur unserer Sprache, die nur auf den subjektiven Schein der Dinge gegründet ist, auf sie anwenden müssen.

49[1]

Die religiöse Bewunderung der göttlichen Weisheit in der Natur ist nur ein Moment der Begeisterung; sie bezieht sich nur auf die *Mittel*, aber erlischt in der Reflexion auf die Zwecke der Natur. Wie wunderbar ist das Netz der Spinne, wie wunderbar der Trichter des Ameisenlöwen im Sande! Aber worauf zwecken diese weisen Anstalten ab? Auf die Ernährung – ein Zweck, den der Mensch an sich zu einem bloßen Mittel herabsetzt. „Andere", sagte *Sokrates* – diese andern sind aber die Tiere, tierische Menschen –, „leben, um zu essen, ich aber esse, um zu leben." Wie prächtig ist die Blume, wie bewundernswürdig ihr Bau! Aber wozu dient dieser Bau, diese Pracht? Nur zur Verherrlichung und Beschützung der Geschlechtsorgane, welche der Mensch an

[1] *In C 48.*

sich aus Scham verbirgt oder gar aus Religionseifer verstümmelt. „*Der Schöpfer der Blatt- und Schildläuse*", den der Naturforscher, der Theoretiker anbetet und bewundert, der nur das animalische Leben, Ernährung und Fortpflanzung,[1] zu seinem Zwecke hat, ist daher nicht der wahre[2] Gott und Schöpfer, nicht der Schöpfer[3] *im Sinne der Religion*. Nein, nur der Schöpfer des *Menschen* erst, und zwar des Menschen, wie er sich von der Natur unterscheidet, über die Natur sich erhebt, der Schöpfer, in welchem der Mensch das *Bewußtsein seiner selbst* besitzt, in welchem er die seine Natur im Unterschiede von der äußern Natur begründeten Eigenschaften, und *zwar* so, *wie er sie sich in der Religion vorstellt*, repräsentiert findet, ist der Gott und Schöpfer, wie er Gegenstand der Religion. „Das Wasser", sagt *Luther*, „so in der Taufe geschöpft und über das Kind gegossen wird, ist *auch Wasser, nicht des Schöpfers*, sondern *Gottes, des Heilandes*." Das natürliche Wasser habe ich mit den Tieren und Pflanzen gemein, aber nicht das Taufwasser; jenes amalgiert mich mit, dieses unterscheidet mich von den übrigen Naturwesen. Gegenstand der Religion ist aber nicht das natürliche, sondern das Taufwasser; folglich ist auch nicht der Schöpfer oder Urheber des Natur-, sondern des Taufwassers Gegenstand der Religion. Der Schöpfer des natürlichen Wassers ist notwendig selbst ein natürliches, also kein religiöses, d. i. übernatürliches, Wesen. Das Wasser ist ein den Sinnen gegenständliches, sichtbares Wesen, dessen Eigenschaften und Wirkungen uns daher auf keine *übersinnliche*[4] Ursache führen; aber das Taufwasser ist nicht den „fleischlichen[5] Augen" Gegenstand, es ist ein geistliches, unsichtbares, übersinnliches, d. i. nur für den Glauben vorhandenes, nur in der Vorstellung, in der Einbildungskraft existierendes und wirksames, Wesen – ein Wesen, das zu seiner Ursache also auch ein geistliches, nur im Glauben, in der Einbildung existierendes Wesen erfordert. Das natürliche Wasser reinigt mich nur von

[1] animalische . . . Fortpflanzung, : natürliche Leben *B und C*
[2] *Fehlt in B und C.*
[3] , nicht . . . Schöpfer *Fehlt in B und C*
[4] *Die letzten zwei Silben in B und C nicht hervorgehoben.*
[5] *Die letzten zwei Silben in B hervorgehoben.*

meinen leiblichen, aber das Taufwasser von meinen moralischen Flecken und Übeln; jenes löscht meinen Durst nur nach diesem zeitlichen, vergänglichen Leben, aber dieses befriedigt mein Verlangen nach dem ewigen Leben; jenes hat nur begrenzte, bestimmte, endliche Wirkungen, aber dieses unendliche, allmächtige Wirkungen, Wirkungen, die über die Natur des Wassers hinausgehen, Wirkungen also, welche das an keine Schranke der Natur gebundene Wesen des göttlichen Wesens, das an keine Schranke der Erfahrung und Vernunft gebundene, das unbeschränkte Wesen des menschlichen Glaubens- und Einbildungsvermögens vergegenwärtigen und vergegenständlichen. Aber ist denn nicht auch der Schöpfer des Taufwassers der des natürlichen Wassers? Wie verhält sich also dieser zu dem Schöpfer der Natur? Gerade so, wie sich das Taufwasser zum Naturwasser verhält; jenes kann nicht sein, wenn dieses nicht ist; dieses ist seine Bedingung, sein Mittel. So ist der Schöpfer der Natur *nur die Bedingung für den Schöpfer des Menschen.* Wer das natürliche Wasser nicht in seiner Hand hat, wie kann der übernatürliche Wirkungen mit demselben verbinden? Wie kann der das ewige Leben geben, der nicht über das zeitliche Leben gebietet? Wie der meinen zu Staub verfallenen Leib wiederherstellen, dem nicht die Elemente der Natur gehorchen? Aber wer ist Herr und Gebieter der Natur, außer der die Macht und Kraft hatte, sie bloß durch seinen Willen aus nichts hervorzubringen? Wer daher die Verknüpfung des übernatürlichen Wesens der Taufe mit dem natürlichen Wasser für einen unsinnigen Widerspruch erklärt, der erkläre auch die Verknüpfung des übernatürlichen Wesens des Schöpfers mit der Natur für einen solchen; denn zwischen den Wirkungen des Tauf- und des gemeinen Wassers ist ebensoviel oder -sowenig Zusammenhang als zwischen dem übernatürlichen Schöpfer und der so natürlichen Natur. Der Schöpfer entspringt aus derselben Quelle, aus welcher das übernatürliche, wunderbare Taufwasser hervorquillt. In dem Taufwasser hast du nur das Wesen des Schöpfers, das Wesen Gottes in einem *sinnlichen Beispiel* vor Augen. Wie kannst du also das Wunder der Taufe und andere Wunder verwerfen, wenn du das Wesen des Schöpfers, d. h. das *Wesen des Wunders*, stehenläßt? Mit andern Worten: wie die *kleinen*

Wunder verwerfen, wenn du das *große* Wunder der Schöpfung annimmst? Doch freilich, es geht in der Welt der Theologie gerade so zu wie in der Welt der Politik: Die kleinen Diebe hängt man, die großen läßt man laufen.

50[1]

Die Vorsehung, die sich in der natürlichen Ordnung, Zweck- und Gesetzmäßigkeit ausspricht, ist nicht die Vorsehung der Religion. Diese beruht auf Freiheit, jene auf Notwendigkeit, diese ist unbeschränkt und unbedingt, jene beschränkt, abhängig von tausenderlei Bedingungen, diese ist eine spezielle, individuelle, jene erstreckt sich nur auf das Ganze, die Gattung, aber das einzelne, das Individuum überläßt sie dem Zufall. „Viele" (viele? Alle, welchen Gott mehr als der mathematische, fingierte Anfangspunkt der Natur war), sagt ein theistischer Naturforscher, „haben sich die Erhaltung der Welt, auch insonderheit der Menschen, als *unmittelbar*, als *speziell* vorgestellt, als regiere Gott die Handlungen aller Geschöpfe, lenke sie nach seinem Wohlgefallen. ... Wir können aber diese spezielle Regierung und Aufsicht über die Handlungen der Menschen und übrigen Geschöpfe nach der Betrachtung der Naturgesetze unmöglich annehmen. ... Wir erkennen dieses aus der geringen Sorgfalt der Natur für *die einzelnen* Glieder*, Tausende derselben werden bei

[1] *In C 49.*

* Die Natur „sorgt" übrigens ebensowenig für die Gattung oder Art. Die Art erhält sich aus dem natürlichen Grunde, weil die Art nichts anders ist als der Inbegriff der durch Begattung sich fortpflanzenden, vervielfältigenden Individuen. Den zufälligen zerstörenden Einflüssen, denen das einzelne Individuum ausgesetzt ist, entgehen daher die andern. Die Vielheit erhält. Aber gleichwohl oder vielmehr aus denselben Gründen, aus welchen das einzelne Individuum zugrunde geht, sterben auch selbst Arten aus. So ist die Dronte verschwunden, so der irische Riesenhirsch, so verschwinden noch jetzt viele Tierarten infolge der Nachstellungen der Menschen und der sich immer weiter ausbreitenden Kultur aus Gegenden, wo sie einst oder vor kurzem noch in großer Menge vorhanden waren, wie z. B. die Seehunde aus den Süd-Schottlands-Inseln, und werden mit der Zeit gänzlich von der Erde verschwinden.

dem Reichtum der Natur ohne Bedenken, ohne Reue aufgeopfert. ... Selbst bei den Menschen geht es auf dieselbige Art. Nicht die Hälfte des menschlichen Geschlechts erreicht das zweite Jahr ihres Alters, sondern sie sterben, fast ohne gewußt zu haben, daß sie jemalen gelebt. Wir erkennen eben dieses aus den Unglücksfällen und Verdrießlichkeiten aller Menschen, sowohl guten als bösen, welches alles nicht wohl mit der speziellen Erhaltung oder Mitwirkung des Schöpfers bestehen kann." Allein eine Regierung, eine Vorsehung, die keine spezielle ist, entspricht nicht dem Zweck, dem Wesen, dem Begriff einer Vorsehung; denn die Vorsehung soll den Zufall aufheben, aber diesen läßt sie[1] eben[2] bestehen und ist daher soviel als gar *keine* Vorsehung. So ist es z. B. ein „Gesetz der göttlichen Ordnung" in der Natur, d. h. eine Folge natürlicher Ursachen, daß je nach der Zahl der Jahre auch der Tod der Menschen in bestimmten Zahlen erfolgt, daß z. B. im ersten Jahre *ein* Kind von 3 bis 4 Kindern, im fünften Jahre eins von 25, im siebenten eins von 50, im zehnten eins von 100 stirbt, aber gleichwohl ist es zufällig, nicht durch dieses Gesetz bestimmt, von andern, zufälligen Gründen abhängig, daß gerade *dieses eine* Kind stirbt, diese drei oder vier andern Kinder aber am Leben bleiben. So ist der „Ehestand eine Ordnung Gottes", ein Gesetz der natürlichen Vorsehung zur Vermehrung des Menschengeschlechts, folglich für mich eine Pflicht. Aber ob ich *diese* heiraten soll, ob diese nicht vielleicht infolge eines zufälligen organischen Fehlers untauglich oder unfruchtbar ist, darüber sagt sie mir nichts. Aber ebendeswegen, weil mich gerade in der Anwendung des Gesetzes auf den bestimmten einzelnen Fall, gerade in dem kritischen Moment der Entscheidung, in dem Drange der Not die natürliche Vorsehung, die in Wahrheit nichts anders ist als die Natur selbst, im Stiche läßt, so appelliere ich von ihr an eine höhere Instanz, an die *übernatürliche Vorsehung der Götter*, deren Auge gerade da auf mich leuchtet, wo das Licht der Natur ausgeht, deren Regiment gerade da beginnt, wo das Regiment der natürlichen Vorsehung zu

[1] *Fehlt in B und C.*
[2] *In B und C folgt Zusatz:* eine nur allgemeine Vorsehung

Ende ist. Die Götter wissen und sagen mir, sie bestimmen, was die Natur im Dunkel der Unbestimmtheit läßt, dem Zufall preisgibt. Das Gebiet des sowohl im gewöhnlichen als metaphysischen Sinne Zufälligen, „Positiven", Individuellen, Unvoraussichtlichen, Unberechenbaren ist das Gebiet der Götter, das Gebiet der religiösen Vorsehung. Und das Orakel und Gebet sind die religiösen Weisen, wie der Mensch das Zufällige, Dunkle, Ungewisse zu einem Gegenstand der Vorsehung, der Gewißheit oder doch der Zuversicht macht.*

51[1]

„Die Götter", sagt Epikur, „existieren in den Zwischenräumen der Welt." Vortrefflich**; sie existieren nur in dem leeren Raum, in der Kluft, die zwischen der Welt der Wirklichkeit und der Welt der Vorstellung, zwischen dem Gesetz und der Anwendung des Gesetzes, zwischen der Handlung und dem Erfolg der Handlung, zwischen der Gegenwart und der Zukunft sich befindet. Die Götter sind vorgestellte Wesen, Wesen der Vorstellung, der Einbildung, Wesen, die daher auch ihre Existenz strenggenommen nicht der Gegenwart, sondern nur der *Zukunft* und *Vergangenheit* verdanken. Die Götter, die der letztern ihre Existenz verdanken, sind die *nicht mehr Existierenden*, die *Toten*, die nur noch im Gemüt und in der Vorstellung lebenden Wesen, deren Kultus bei manchen Völkern die ganze Religion, bei den meisten ein wichtiger, wesentlicher Teil der Religion ist. Aber unendlich mächtiger als die Vergangenheit wirkt die *Zukunft* auf das Gemüt; die Vergangenheit läßt nur die stille Empfindung der Erinnerung zurück, aber die Zukunft steht uns mit den Schrecknissen der Hölle oder den Seligkeiten des Himmels bevor. Die Götter, die aus den Gräbern emporsteigen, sind daher selbst nur Schatten von Göttern; die wahren, lebendigen Götter, die

* Man vergleiche hierüber z. B. Sokrates' Äußerungen bei Xenophon in betreff der Orakel.

1 *In C 50.*

** Der wahre Sinn der Intermundien Epikurs ist hier natürlich gleichgültig.

Gebieter über Regen und Sonnenschein, Blitz und Donner, Leben und Tod, Himmel und Hölle, verdanken ihre Existenz auch nur den über Leben und Tod gebietenden Mächten der *Furcht* und *Hoffnung*, welche den dunkeln Abgrund der Zukunft mit Wesen der Vorstellung illuminieren. Die Gegenwart ist höchst prosaisch, determiniert, nimmer zu ändern, erfüllt, ausschließend; in der Gegenwart fällt die Vorstellung mit der Wirklichkeit zusammen; in ihr haben daher die Götter keinen Platz, keinen Spielraum; die Gegenwart ist gottlos. Aber die Zukunft ist das Reich der Poesie, das Reich der unbeschränkten Möglichkeit und Zufälligkeit – das Zukünftige kann so oder so sein, so, wie ich es wünsche, oder so, wie ich es fürchte; es ist noch nicht dem harten Los der Unabänderlichkeit verfallen; es schwebt noch zwischen Sein und Nichtsein hoch über der „gemeinen“ Wirklichkeit und Handgreiflichkeit; es gehört noch einer *andern, „unsichtbaren“* Welt an, einer Welt, die nicht von den Gesetzen der Schwere, die nur von den Empfindungsnerven in Bewegung gesetzt wird. Diese Welt ist die Welt der Götter. *Mir* gehört die Gegenwart, aber den Göttern die Zukunft. Ich bin jetzt; diesen gegenwärtigen, aber freilich auch sogleich vergangenen Augenblick können mir die Götter nicht mehr nehmen; Geschehenes kann auch die göttliche Allmacht, wie schon die Alten sagten, nicht ungeschehen machen. Aber werde ich den *nächsten* Augenblick sein? Hängt der nächste Augenblick meines Lebens von meinem *Willen* ab, oder steht er mit dem gegenwärtigen in *notwendigem* Zusammenhang? Nein, ein zahlloses Heer von Zufälligkeiten: der Boden unter meinen Füßen, die Decke über meinem Haupte, ein Blitz, eine Flintenkugel, ein Stein, eine Weinbeere sogar, die ich statt in die Speise- in die Luftröhre bringe, kann jeden Augenblick auf ewig den kommenden Augenblick von dem gegenwärtigen abreißen. Doch die gütigen Götter verhüten diesen gewaltsamen Riß; sie füllen mit ihren ätherischen, unverwundbaren Leibern die allen möglichen verderblichen Einflüssen zugänglichen Poren des menschlichen Leibes aus; sie knüpfen an den vergangenen den kommenden Augenblick; sie vermitteln die Zukunft mit der Gegenwart; sie sind und haben in ununterbrochenem Zusammenhang, was die Menschen – die *porösen* Götter – nur in Zwischenräumen, nur mit Unterbrechungen sind und haben. Die göttliche Wesenheit ist die gewisse Ungewißheit, die anwesende Abwesenheit, die wirkliche Unwirklichkeit oder Möglichkeit, die gegenwärtige Zukunft, die erfüllte Hoffnung, der realisierte Wunsch.[1]

52[2]

Güte ist die *wesentliche* Eigenschaft der Götter; aber wie können sie gütig sein, wenn sie *nicht allmächtig*, wenn sie nicht frei sind von den Gesetzen der natürlichen Vorsehung, d. h. den Ketten der Naturnotwendigkeit, wenn sie nicht in den individuellen, über Tod und Leben entscheidenden Fällen sich als die *Herren der Natur*, aber die *Freunde* und *Wohltäter* der *Menschen* beweisen, wenn sie also *keine Wunder* tun? Die Götter oder vielmehr die Natur hat den Menschen ausgestattet mit leiblichen und geistigen Kräften, um sich selbst erhalten zu können. Aber reichen diese natürlichen Selbsterhaltungsmittel *immer* aus? Komme ich nicht sehr oft in Lagen, wo ich rettungslos verloren bin, wenn nicht eine übernatürliche Hand den rücksichtslosen Lauf der natürlichen Ordnung aufhält? Die natürliche Ordnung ist gut; aber ist sie *immer* gut? Dieser anhaltende Regen, diese anhaltende Dürre z. B. ist ganz in der Ordnung, aber muß nicht ich, muß nicht meine Familie, muß nicht dieses Volk selbst infolge derselben zugrunde gehen, wenn die Götter nicht helfen, nicht diese Dürre aufheben?* Wunder sind daher *unzertrennlich* von der *göttlichen* Regie-

[1] Die göttliche . . . realisierte Wunsch. *Fehlt in B und C.*
[2] *In C 51.*
* Auch die Christen beten, ebenso wie die Griechen zum Zeus, zu ihrem Gott um Regen und glauben an die Erhörung solcher Gebete. „Es war“, heißt es in den Tischreden *Luthers*, „ein groß Dürre, also daß lange nicht hatte geregnet, und das Getreide auf dem Felde begunnte zu verdorren, da betete Dr. M. L. immerdar, und endlich sprach er mit großen Seufzen: ‚Ach Herr, siehe doch unser Gebet an um deiner Verheißung willen . . . Ich weiß, daß wir von Herzen zu dir schreien und sehnlich seufzen, worumb erhörest du uns denn nicht?‘ Ebendieselbige folgende Nacht darnach kam ein sehr guter, fruchtbarer Regen.“

rung und Vorsehung, ja, sie sind die einzigen Beweise, Offenbarungen und Erscheinungen der Götter als von der Natur unterschiedener Mächte und Wesen; *die Wunder aufheben* heißt *die Götter selbst aufheben.* Wodurch unterscheiden sich die Götter von den Menschen? Nur dadurch, daß sie *ohne* Schranken sind, was diese *mit* Schranken sind, daß sie namentlich *immer* sind, was diese nur *zeitweise,* momentan sind.* Die Menschen leben – Lebendigkeit ist Göttlichkeit, Lebendigkeit wesentliche Eigenschaft, Grundbedingung der Gottheit –, aber leider nicht immer, sie sterben, die Götter dagegen sind die Unsterblichen, die immer Lebenden; die Menschen sind auch glücklich, nur nicht ununterbrochen wie die Götter; die Menschen sind auch *gut,* aber *nicht immer,* und darin besteht eben nach *Sokrates* der Unterschied der Gottheit von der Menschheit, daß sie *immer gut* ist; die Menschen genießen auch, nach *Aristoteles,* die göttliche Seligkeit des Denkens, aber bei ihnen wird die geistige Tätigkeit durch andere Verrichtung[en][1] und Tätigkeiten unterbrochen. Die Götter und Menschen haben daher[2] also dieselben Eigenschaften, dieselben Lebensregeln, nur jene ohne, diese mit Einschränkungen und Ausnahmen. Wie das jenseitige Leben nichts anderes ist als die durch den *Tod nicht unterbrochene Fortsetzung* dieses Lebens, so ist das göttliche Wesen nichts anderes als die *durch die Natur* überhaupt *nicht unterbrochene Fortsetzung* des menschlichen Wesens – das *ununterbrochene, unbeschränkte* Wesen des Menschen. Wie unterscheiden sich nun aber die Wunder von den Wirkungen der Natur? Gerade so, wie sich die Götter von den Menschen unterscheiden. Das Wunder macht eine Wirkung oder Eigenschaft der Natur, die in diesem speziellen Fall nicht gut *ist,* zu einer guten oder wenigstens unschädlichen; es macht, daß ich im Wasser nicht untersinke und ertrinke, wenn ich das Unglück habe, hineinzufallen, daß das Feuer mich nicht verbrennt, der auf meinen Kopf herabfallende Stein

* Freilich hat die Weglassung der Schranken Steigerung und Veränderung zur Folge, aber sie hebt nicht die Identität des Wesens auf.

[1] *So ergänzen auch B und C.*

[2] *Fehlt in B und C.*

mich nicht erschlägt, kurz, es macht das bald wohltätige, bald verderbliche, bald menschenfreundliche, bald menschenfeindliche Wesen zu einem *immer guten* Wesen. Nur den Ausnahmen von der Regel verdanken die Götter und Wunder ihre Existenz. Die Gottheit ist die Aufhebung der Mängel und Schranken im Menschen, welche eben die Ausnahmen von der Regel verursachen, das Wunder die Aufhebung der Mängel und Schranken in der Natur. Die Naturwesen sind bestimmte und folglich beschränkte Wesen. Diese ihre Schranke ist in abnormen Fällen der Grund ihrer Verderblichkeit für den Menschen; aber sie ist im Sinne der Religion keine notwendige, sondern willkürliche, von Gott gesetzte, also aufhebbare, wenn es die Not, d. h. das Wohl des Menschen, erheischt. Die Wunder unter dem Vorwande verwerfen, daß sie sich nicht für die Würde und Weisheit Gottes schickten, kraft welcher er von Anfang an alles so, wie es am besten sei, für ewige Zeiten festgesetzt und vorausbestimmt habe, das heißt der Natur den Menschen, dem *Verstande* die *Religion* aufopfern, das heißt *im Namen Gottes* den Atheismus predigen. Ein Gott, der nur solche Bitten und Wünsche des Menschen erfüllt, die sich auch *ohne ihn* erfüllen lassen, deren Erfüllung *innerhalb der Grenzen* und *Bedingungen der natürlichen Ursachen* liegt, der also nur so lange hilft, als die Kunst und Natur helfen, aber aufhört zu helfen, sowie die materia medica [der heilwirksame Stoff] zu Ende ist, ein solcher Gott ist nichts anderes als die hinter den Namen Gottes versteckte, personifizierte Naturnotwendigkeit.

53[1]

Der Glaube an einen *Gott* ist entweder der Glaube an die Natur (an das objektive Wesen) als ein menschliches (objektives)[2] Wesen oder der Glaube an das menschliche Wesen als das Wesen der Natur. Jener Glaube ist Naturreligion, Polytheismus*, dieser Geist-Mensch-Religion, Monotheismus.

[1] *In C 52.*
[2] (subjektives) *B und C*
* Die Bezeichnung des Polytheismus überhaupt[3] als Naturreligion ist nur relativ, nur antithetisch gültig.
[3] *In B und C folgt Zusatz:* und schlechtweg

Der Polytheist opfert sich der Natur auf, er gibt der Natur ein menschliches Auge und Herz; der Monotheist opfert die Natur sich auf, er gibt dem menschlichen Auge und Herzen die Macht und Herrschaft über die Natur; der Polytheist macht das menschliche Wesen von der Natur, der Monotheist die Natur vom menschlichen Wesen abhängig; jener sagt: *Wenn die Natur nicht ist, so bin ich nicht;* dieser aber sagt umgekehrt: *Wenn ich nicht bin, so ist die Welt, die Natur nicht.* Der erste Grundsatz der Religion lautet: *Ich bin nichts gegen die Natur, alles ist gegen mich Gott,* alles flößt mir das Gefühl der Abhängigkeit ein, alles kann mir, wenn auch nur zufällig – aber der Mensch unterscheidet anfänglich nicht zwischen Ursache und zufälliger Veranlassung –, Glück und Unglück, Heil und Verderben bringen; alles ist daher ein Gegenstand der Religion. Die Religion auf dem Standpunkt dieses kritiklosen Abhängigkeitsgefühles ist der sogenannte Fetischismus, die Grundlage des Polytheismus. Der Schlußsatz der Religion dagegen lautet: *Alles ist nichts gegen mich,* alle Herrlichkeit der Himmelsgestirne, der obersten Götter des Polytheismus, verschwindet vor der Herrlichkeit der menschlichen Seele, alle Macht der Welt vor der Macht des menschlichen Herzens, alle Notwendigkeit der toten, bewußtlosen Natur vor der Notwendigkeit des menschlichen, des bewußten Wesens, denn *alles ist nur Mittel für mich.* Aber die Natur wäre nicht für mich, wenn sie *von sich selbst,* wenn sie nicht von Gott wäre. Wenn sie von sich selbst wäre, also den Grund ihrer Existenz in sich selbst hätte, so hätte sie ja ebendamit auch ein *selbständiges* Wesen, ein ursprüngliches, *ohne Beziehung auf mich,* unabhängig von mir bestehendes Sein und Wesen. Die Bedeutung der Natur, *nichts für sich selbst,* nur *ein Mittel* für *den Menschen* zu sein, datiert sich daher nur von der Schöpfung; aber diese Bedeutung offenbart sich vor allem in den Fällen, wo der Mensch, wie in der Not, in Todesgefahr, in *Kollision* mit der Natur kommt, diese aber dem Wohle des Menschen geopfert wird – in den Wundern. Also ist die *Prämisse* des *Wunders* die *Schöpfung,* das *Wunder* die *conclusio,* die *Folge,* die *Wahrheit der Schöpfung.* Die Schöpfung verhält sich zum Wunder wie die Gattung oder Art zum einzelnen Individuum; das Wunder ist der *Schöpfungsakt* in einem *besondern, einzelnen*

Fall. Oder: Die Schöpfung ist die *Theorie*; die *Praxis*, die *Anwendung* davon ist das *Wunder*. Gott ist die *Ursache*, der Mensch der *Zweck* der Welt, *d. h.*, *Gott* ist das *erste Wesen* in der *Theorie*, aber der *Mensch* ist das *erste Wesen* in der *Praxis*. Die Natur ist nichts für Gott – nichts als ein Spielwerkzeug seiner Allmacht –, aber nur, damit sie im Notfall, damit sie überhaupt nichts gegen den Menschen ist und vermag. Im Schöpfer läßt der Mensch die Schranken seines Wesens, seiner „Seele", im Wunder die Schranken seiner Existenz, seines Leibes fallen, dort macht er sein unsichtbares, denkendes und gedachtes, hier sein sichtbares, praktisches, individuelles Wesen zum Wesen der Welt, dort *legitimiert* er das Wunder, hier *führt* er es nur *aus*. Im Wunder ist daher der Zweck der Religion auf sinnliche, populäre Weise erfüllt – die Herrschaft des Menschen über die Natur, die *Gottheit* des Menschen eine *sinnfällige Wahrheit*. Gott tut Wunder, aber auf Bitten des Menschen, und wenn auch nicht auf ein ausdrückliches Gebet, doch im *Sinne* des Menschen, im *Einklang* mit seinen geheimsten, innersten Wünschen. Sarah lachte, als ihr in ihren alten Tagen noch der Herr ein Söhnlein verhieß, aber gewiß war auch jetzt noch Nachkommenschaft ihr höchster Gedanke und Wunsch. Der *geheime* Wundertäter ist daher der Mensch, aber im Fortgang der Zeit – die Zeit enthüllt jedes Geheimnis – wird er und muß er werden der *offenbare, sichtbare* Wundertäter. Erst *empfängt* der Mensch Wunder, endlich *tut* er selbst Wunder; erst ist er *Gegenstand* Gottes, endlich *selbst Gott*; erst Gott nur im Herzen, im Geiste, in Gedanken, zuletzt Gott im Fleische. Aber der Gedanke ist verschämt, die Sinnlichkeit unverschämt, der Gedanke verschwiegen und rückhaltig, die Sinnlichkeit spricht sich offen und unumwunden aus, ihre Äußerungen sind daher dem Gelächter ausgesetzt, wenn sie der Vernunft widersprechen, weil hier der Widerspruch ein augenfälliger, unleugbarer ist. Dies ist der Grund, warum sich die modernen Rationalisten schämen, an den fleischlichen Gott, d. h. an das sinnliche, augenfällige Wunder, zu glauben, aber sich nicht schämen, an den unsinnlichen Gott, d. h. an das unsinnliche, versteckte Wunder, zu glauben. Doch kommen wird die Zeit, wo Lichtenbergs Prophezeiung erfüllt, wo der Glaube an einen

Gott überhaupt, also auch an einen rationalistischen Gott, ebensogut für Aberglauben gelten wird, als jetzt bereits der Glaube an den fleischlichen, wundertätigen, d. i. christlichen, Gott für Aberglauben gilt, wo also statt des Kirchenlichtes des simpeln Glaubens und statt des Zwielichts des Vernunftglaubens das reine Licht der Natur und Vernunft die Menschheit erleuchten und erwärmen wird.

54[1]

Wer für seinen Gott keinen andern Stoff hat, als den ihm die Naturwissenschaft, die Weltweisheit oder überhaupt die natürliche Anschauung liefert, wer ihn also nur mit natürlichen Materialien ausfüllt, unter ihm *nichts anderes* denkt als die *Ursache* oder das *Prinzip* von den Gesetzen der Astronomie, Physik, Geologie, Mineralogie, Physiologie, Zoologie und Anthropologie, der sei auch so ehrlich, sich des *Namens* Gottes zu enthalten, denn ein *Naturprinzip* ist immer ein *Naturwesen, nicht das, was einen Gott konstituiert.** Sowenig eine Kirche, die man zu einem Naturalienkabinett gemacht hat, noch ein Gotteshaus ist und heißt, sowenig ist ein Gott, dessen Wesen und Wirkungen nur in astronomischen, geologischen, zoologischen, anthropologischen Werken sich offenbaren, ein Gott; Gott ist ein *religiöses Wort*, ein *religiöses Objekt und Wesen, kein*

[1] *In C 53.*

* Grenzenlos ist die Willkür im Gebrauch der Worte. Aber doch werden keine Worte so willkürlich gebraucht, keine in so widersprechenden Bedeutungen genommen als die Worte „Gott“ und „Religion“. Woher diese Willkür, diese Verwirrung? Weil man aus Furcht oder Scheu, durch ihr Alter geheiligten Meinungen zu widersprechen, die alten Namen – denn es ist *nur der Name, nur der Schein, der die Welt, selbst auch die gottesgläubige Welt, regiert* – beibehält, aber *ganz andere*, erst im Laufe der Zeit gewonnene Begriffe damit verbindet. So war es mit den griechischen Göttern, welche im Laufe der Zeit die widersprechendsten Bedeutungen erhielten, so mit dem christlichen Gott. Der Atheismus, der sich Theismus *nennt*, ist die Religion, das Antichristentum, das sich Christentum *nennt*, das wahre Christentum der Gegenwart. Mundus vult decipi [die Welt will betrogen werden].

physikalisches, astronomisches, kurz, kein *kosmisches* Wesen; Gott offenbart sich wohl auch in der Welt, in der Natur, aber in ihr nur, *wie sie selbst ein Objekt der Religion*, nicht der Physik, nicht der natürlichen, der *nicht* religiösen Anschauung ist. Die Natur, wie sie Gegenstand der Religion, ist das Wunder; selbst in dem regelmäßigen, gewöhnlichen Lauf der Natur erblickt *die Religion keine Natur, keine Notwendigkeit*, sondern nur den unmittelbaren Willen Gottes[1]. „Deus et cultus", sagt Luther in den Tischreden, „sunt relativa, *Gott* und *Gottesdienst gehören zusammen, eines kann ohn' das andere nicht sein*, denn Gott *muß je eines Menschen* oder *Volkes* Gott sein und ist allzeit in predicamento relationis, referiert und ziehet sich aufeinander. Gott will etliche haben, die ihn anrufen und ehren, denn einen Gott haben und ihn ehren gehören zusammen, sunt relativa wie *Mann* und *Weib* im Ehestand, keines kann ohn' das andere sein." Gott setzt also Menschen voraus, die ihn verehren und anbeten; Gott ist ein Wesen, dessen Begriff oder Vorstellung nicht von der Natur, sondern von dem, und zwar religiösen, Menschen abhängt; ein Gegenstand der Anbetung ist nicht ohne ein anbetendes Wesen, d. h., Gott ist ein Objekt, dessen Dasein nur mit dem Dasein der Religion, dessen Wesen nur mit dem Wesen der Religion gegeben ist, das also *nicht außer der Religion, nicht unterschieden, nicht unabhängig* von ihr existiert, in dem *objektiv* nicht mehr enthalten ist, als was *subjektiv* in der Religion.* Der Schall ist das *gegenständliche Wesen*, der *Gott* des Ohres, das Licht das *gegenständliche Wesen*, der *Gott* des Auges; der Schall existiert nur für das Ohr, das Licht nur für das Auge; im Ohre hast du, was du im Schalle hast, erzitternde, schwingende Körper, ausgespannte Häute, gallertartige Substanzen; im Auge dagegen hast

1 ; Gott offenbart . . . Willen Gottes *Fehlt in B und C.*

* Ein Wesen also, das nur ein philosophisches Prinzip, also nur ein Gegenstand der Philosophie, aber nicht der Religion, der Verehrung, des Gebetes, des Gemütes ist, ein Wesen, das keine Wünsche erfüllt, keine Gebete erhört, das ist auch nur ein Gott dem Namen, aber nicht dem Wesen nach.

du Lichtorgane, durchsichtige Linsen[1]. Gott zu einem Gegenstande oder Wesen der Physik, Astronomie, Zoologie machen ist daher gerade soviel, als wenn man den Ton zu einem Gegenstande des Auges machen wollte. Wie der Ton nur im Ohr und für das Ohr, so existiert Gott nur in der Religion und für sie[2] *nur im Glauben* und *für den Glauben*. Wie der Schall oder Ton als der Gegenstand des Gehörs nur das Wesen des Ohrs, so drückt Gott als ein Gegenstand, der *nur Gegenstand der Religion*, des Glaubens ist, auch nur das Wesen der Religion, des Glaubens aus. Was macht aber einen Gegenstand zu einem *religiösen* Gegenstand? Wie wir gesehen haben: nur die menschliche Phantasie oder Einbildungskraft und das menschliche Herz. Ob du den Jehova oder den Apis, ob du den Donner oder den Christus, ob du deinen Schatten, wie die Neger der Goldküste, oder deine Seele, wie der alte Perser, ob du den flatus ventris [Furz] oder deinen Genius, kurz, ob du ein sinnliches oder geistiges Wesen anbetest – es ist eins; Gegenstand der Religion ist nur etwas, *inwiefern* es ein Objekt der Phantasie und des Gefühls, ein Objekt des Glaubens ist; denn eben weil der Gegenstand der Religion, *wie* er ihr Gegenstand, nicht in der Wirklichkeit existiert, mit dieser vielmehr im Widerspruch steht, ist er nur ein Objekt des Glaubens. So ist z. B. die Unsterblichkeit des Menschen oder der Mensch als unsterbliches Wesen ein Gegenstand der Religion, aber ebendeswegen nur ein Gegenstand des Glaubens, denn die Wirklichkeit zeigt gerade das Gegenteil, die Sterblichkeit des Menschen. Glauben heißt *sich einbilden*, daß das *ist*, was *nicht ist*, heißt sich z. B. einbilden, daß dieses Bild lebendiges Wesen, dieses Brot Fleisch, dieser Wein Blut, *d. h. ist, was er nicht ist*. Es verrät daher die größte Unkenntnis der Religion, wenn du Gott mit dem Teleskop am Himmel der Astronomie oder mit der Lupe in einem botanischen Garten oder mit dem mineralogischen Hammer in den Bergwerken der Geologie oder mit dem anatomischen Messer und Mikroskop in den Eingeweiden der Tiere und Menschen zu finden hoffst – du findest ihn nur im Glauben, nur in der Einbildungskraft, nur im

[1] , durchsichtige Linsen *Fehlt in B und C.*
[2] *In B und C folgt Komma.*

Herzen des Menschen; denn er ist selbst nichts anderes als das Wesen der Phantasie oder Einbildungskraft, das Wesen des menschlichen Herzens.

55[1]

„Wie dein Herze, so dein Gott." *Wie die Wünsche der Menschen, so sind ihre Götter.* Die Griechen hatten *beschränkte Götter* – das heißt: Sie hatten *beschränkte Wünsche.* Die Griechen wollten nicht ewig leben, sie wollten nur nicht altern und sterben, und sie wollten nicht absolut nicht sterben, sie wollten nur jetzt noch nicht – das Unangenehme kommt dem Menschen immer zu früh –, nur nicht in der Blüte der Jahre, nur nicht eines gewaltsamen, schmerzhaften Todes sterben*; sie wollten nicht selig, sie wollten nur glücklich sein, nur beschwerdelos, nur leichthin leben; sie seufzten noch nicht darüber, wie die Christen, daß sie der Notwendigkeit der Natur, den Bedürfnissen des Geschlechtstriebs, des Schlafs, des Essens und Trinkens unterworfen waren; sie fügten sich in ihren Wünschen noch in die Grenzen der menschlichen (respektive griechisch-menschlichen)[2] Natur; sie waren noch keine Schöpfer aus nichts, sie machten noch nicht aus Wasser Wein, sie reinigten, sie destillierten nur das Wasser der Natur und ver-

[1] *In C 54.*

* Während daher in dem Paradies der christlichen Phantastik der Mensch nicht sterben konnte und nicht gestorben wäre, wenn er nicht gesündigt hätte; so starb dagegen bei den Griechen selbst auch in dem glückseligen Zeitalter des Kronos der Mensch, aber so sanft, als schliefe er ein. In dieser Vorstellung ist der natürliche Wunsch des Menschen realisiert. Der Mensch wünscht sich kein unsterbliches Leben; er wünscht sich nur ein langes leiblich und geistig gesundes Leben und einen naturgemäßen, schmerzlosen Tod. Um daher den Glauben an die Unsterblichkeit aufzugeben, dazu gehört nichts weniger als eine unmenschliche stoische Resignation; es gehört nichts weiter dazu, als sich zu überzeugen, daß die christlichen Glaubensartikel nur auf supranaturalistische phantastische Wünsche gegründet sind, und zur einfachen, wirklichen Natur des Menschen zurückzukehren.

[2] (respektive griechisch-menschlichen) *Fehlt in B und C.*

wandelten es auf organischem Wege in den Saft der Götter; sie schöpften den Inhalt des göttlichen, glückseligen Lebens nicht aus der bloßen Einbildung, sondern aus den Stoffen der bestehenden Welt; sie bauten den Götterhimmel auf den Grund dieser Erde. Die Griechen machten nicht das göttliche, d. i. mögliche, Wesen zum Urbild, Ziel und Maß des wirklichen, sondern das wirkliche Wesen zum Maß des möglichen. Selbst als sie vermittelst der Philosophie ihre Götter verfeinert, vergeistigt hatten, blieben ihre Wünsche auf dem Boden der Wirklichkeit, auf dem Boden der menschlichen Natur stehen. Die Götter sind realisierte Wünsche, aber der höchste Wunsch, das höchste Glück des Philosophen, des Denkers als solchen, ist, ungestört zu denken. Die Götter des griechischen Philosophen – wenigstens des griechischen Philosophen κατ᾽ ἐξοχήν [im vorzüglichen Sinne], des philosophischen Zeus, des Aristoteles – sind daher ungestörte Denker; die Seligkeit, die Gottheit besteht in der ununterbrochenen Tätigkeit des Denkens. Aber diese Tätigkeit, diese Seligkeit ist ja selbst eine innerhalb dieser Welt, *innerhalb* der menschlichen Natur – wenngleich hier mit Unterbrechungen – *wirkliche*, eine bestimmte, besondere, im Sinne der Christen daher beschränkte, armselige, dem Wesen der Seligkeit widersprechende Seligkeit; denn die Christen haben keinen beschränkten, sondern unbeschränkten, über alle Naturnotwendigkeit erhabenen, übermenschlichen, außerweltlichen, transzendenten Gott, das heißt: Sie haben *unbeschränkte transzendente, über die Welt, über die Natur, über das menschliche Wesen hinausgehende, d. i. absolut phantastische, Wünsche.* Die Christen wollen *unendlich mehr und glücklicher sein als die Götter* des Olymp; ihr Wunsch ist ein Himmel, in dem *alle Schranken, alle Notwendigkeit der Natur aufgehoben, alle Wünsche erfüllt sind**, ein Himmel, in dem *keine Bedürfnisse, keine Leiden, keine Wunden, keine Kämpfe, keine Leidenschaften, keine Störungen, kein Wechsel von Tag und Nacht, Licht*

* „Wo aber Gott ist (nämlich im Himmel), da müssen", sagt z. B. Luther, „alle Güter mit sein, so man nur immer wünschen kann." Ebenso heißt es von den Bewohnern des Paradieses im Koran nach Savarys Übersetzung: „Tous leurs désirs seront comblés [alle ihre Wünsche sind erfüllt]." Nur sind ihre Wünsche anderer Art.

und Schatten, Lust und Schmerz, wie im Himmel der Griechen, stattfindet. Kurz, der Gegenstand ihres Glaubens ist nicht mehr ein beschränkter, bestimmter Gott, ein Gott mit dem bestimmten Namen eines Zeus oder Poseidons oder Hephaestos, sondern der Gott *schlechtweg*, der *namenlose* Gott, weil der Gegenstand ihrer Wünsche nicht ein *namhaftes, endliches, irdisches* Glück, ein *bestimmter* Genuß, der Liebesgenuß oder der Genuß schöner Musik oder der Genuß der moralischen Freiheit oder der Genuß des Denkens, sondern ein alle Genüsse umfassender, aber ebendeswegen überschwenglicher, alle Vorstellungen, alle Begriffe übersteigender Genuß, der Genuß *unendlicher, unbegrenzter, unaussprechlicher, unbeschreiblicher* Seligkeit, ist. Seligkeit und Gottheit ist eins. Die Seligkeit als Gegenstand des Glaubens, der Vorstellung, überhaupt als theoretisches Objekt ist die Gottheit, die Gottheit als Gegenstand des Herzens, des Willens*, des Wunsches, als praktisches Objekt überhaupt ist die Seligkeit. Oder vielmehr: Die Gottheit ist eine Vorstellung, deren Wahrheit und Wirklichkeit nur die Selig-

* Der Wille, namentlich im Sinne der Moralisten, gehört übrigens nicht zum spezifischen Wesen der Religion; denn was ich durch meinen Willen erreichen kann, dazu brauche ich keine Götter. Die Moral zur wesentlichen Sache der Religion machen heißt den Namen der Religion behalten, aber das Wesen der Religion fallenlassen. Moralisch kann man ohne Gott sein, aber selig – selig im supranaturalistischen, christlichen Sinn – kann man nicht ohne Gott sein, denn die Seligkeit in diesem Sinne liegt außer den Grenzen, außer der Macht der Natur und Menschheit, sie setzt daher zu ihrer Verwirklichung ein supranaturalistisches Wesen voraus, ein Wesen, das ist und kann, was der Natur und Menschheit unmöglich ist. Wenn daher Kant die Moral zum Wesen der Religion machte, so stand er in demselben oder doch einem ähnlichen Verhältnis zur christlichen Religion als Aristoteles zur griechischen, wenn er die Theorie zum Wesen der Götter macht. Sowenig ein Gott, der nur ein spekulatives Wesen, nur Intelligenz ist, noch ein *Gott* ist, sowenig ist ein nur moralisches Wesen oder „personifiziertes Moralgesetz" noch ein Gott. Allerdings ist auch schon Zeus ein Philosoph, wenn er lächelnd vom Olymp auf die Kämpfe der Götter herabschaut, aber er ist noch unendlich mehr, allerdings auch der christliche Gott ein moralisches

keit ist. Soweit das Verlangen der Seligkeit geht, soweit – nicht weiter – geht die Vorstellung der Gottheit. Wer keine übernatürlichen Wünsche mehr hat, der hat auch keine übernatürlichen Wesen mehr.

Wesen, aber noch unendlich mehr; die Moral ist nur die Bedingung der Seligkeit.[1]

[1] *In B und C folgt als Zusatz:* Der wahre Gedanke, welcher der christlichen Seligkeit, namentlich im Gegensatz zum philosophischen Heidentum, zugrunde liegt, ist übrigens kein andrer als der, daß nur in der Befriedigung des ganzen Wesens des Menschen wahre Seligkeit zu finden, daher das Christentum auch den Leib, das Fleisch an der Gottheit oder, was eins ist, Seligkeit teilnehmen läßt. Doch die Entwicklung dieses Gedankens gehört nicht hierher, gehört dem „Wesen des Christentums" an. *In A folgt unter dem Text auf einer besonderen Zeile die Unterschrift:* Ludwig Feuerbach [.]

Ergänzungen und Erläuterungen zum „Wesen der Religion"[1]

Nicht dein Kopf, aber dein „Gewissen verbietet es dir, die Fahne des Unglaubens zu ergreifen, Gott zu negieren", d. h., Gott zu *erkennen* als das Wesen der Natur und des Menschen. Ach, dein Gewissen ist nichts andres als die Furcht vor der Autorität der Meinung und Gewohnheit, nichts andres als dein eignes unfreies, befangnes Ich. Welches Herzklopfen, welche Gewissensangst mochten die Protestanten anfangs empfinden, als sie den Stellvertreter Gottes auf Erden, den Papst, und seine Heiligen aufgaben! Ohne Gewissensbisse kommt nichts Neues in die Welt; denn die *Gewohnheit* ist das *Gewissen* der Gewohnheitsmenschen, deren Anzahl Legion. So machten sich einst die Karthager daraus sogar ein Gewissen, daß sie den grausamen und unsinnigen Gottesdienst ihrer Väter etwas gemildert, statt der eignen Kinder wenigstens fremde ihren Göttern geopfert hatten. Sie machten sich also daraus ein Gewissen, Menschen zu sein. Oh, Gewissen, welche Greueltaten hast du auf dem Gewissen!

„Es ist ein allgemeines Bedürfnis des Menschen, höhere, übermenschliche Wesen anzunehmen und zu verehren." Gewiß; aber ein ebenso allgemeiner Trieb des Menschen ist es, alles *unter sich* zu bringen, alles *seinen Bedürfnissen zu unterwerfen*. Und gerade das, was er in der *Theorie*, d. h. in der Vorstellung, der Einbildung, *über sich* setzt, das setzt er in der *Praxis*, d. h. in Wahrheit und Wirklichkeit, *unter sich*. In der *Theorie* sind die Götter die *Herren* des Menschen; aber nur, um in der *Praxis* die Diener desselben zu sein. Der Mensch in den Händen Gottes ist wohl der Anfang,

[1] *Im Original darunter auf einer besonderen Zeile:* 1845

aber der Gott in den Händen des Menschen das Finale, der Endzweck der Religion. „Die *Gläubigen*", sagt Luther, „sind *Fürsten und Herren Gottes*"*, und der Psalmist: „Er (Gott) tut, was die *Gottesfürchtigen begehren*." Aber nur in ihrem Endzweck offenbart sich der wahre Grund und Ursprung der Religion. Die Götter sind nur die übermenschlichen Mächte in zweiter Instanz, aber die *übermenschliche Macht in erster Instanz, die* Macht, vor der zuerst der Mensch die Knie beugt, ist die *Macht der Not* – die Macht über Tod und Leben.

Die *Existenz*, das *Leben* ist das höchste Gut, das höchste Wesen – der *ursprüngliche Gott* des Menschen. „Das Leben ist etwas *an sich*, etwas absolut Gutes und Angenehmes", sagt Aristoteles, „das Verlangen zu existieren das vorzüglichste und mächtigste Verlangen", Plutarch, „das köstlichste Gut ist das Leben", Luther. Und Odysseus sagt zur Nausikaa: „Wie der *Göttinnen* eine will ich dich anflehn jeglichen Tag, weil du das *Leben mir rettetest*, Jungfrau!" Das heißt: Ich verehre dich nur deswegen mit Bewußtsein als eine Göttin, weil ich ohne Bewußtsein, unwillkürlich das Leben als das höchste, göttlichste Ding und Gut verehre. Der *unbewußte* Gott ist der *Grund*, die *Voraussetzung* des *bewußten*. Und diese unbewußte Gottheit ist eben die Lebensliebe**, die Selbstliebe, der *Egoismus* des Menschen. Der Mensch will *sein*, und zwar selig, unabhängig, unbeschränkt, allmächtig; er will, mit einem Worte, *Gott sein*; aber er *ist es nicht* – wenigstens nicht in dem Grade, als er es wünscht und sein zu können sich einbildet. So wird *das, was er selbst sein will*, zu einem von *ihm unterschiednen* und im Gegensatz gegen sein wirkliches Sein und Wesen

* Sowohl diese „Ergänzungen" als „Das Wesen der Religion" behandeln einen Gegenstand, der keiner Gelehrtenzunft insbesondere angehört. Aus diesem Grunde sind alle Zitate weggelassen.

** Die Lebensliebe ist nur *dann* etwas Tadelnswertes, Schlechtes, wenn der Mensch auf Kosten anderer sein Leben erhält oder ein des Menschen unwürdiges, schimpfliches, sklavisches Leben dem Tode vorzieht; aber an sich ist sie ebenso etwas Gutes, Preiswürdiges als ihr Gegenstand, das Leben.

nur *idealen*, nur in der Vorstellung, im Glauben existierenden Wesen. Der *Sinn* der Religion ist daher auch erst da getroffen, wo die Götter keine neidischen, die Gottheit für sich selbst behaltenden Wesen sind, sondern sie dem Menschen mitteilen – die Menschen also am Ende selbst zu Göttern oder gottgleichen Wesen werden.

Leben heißt andere Wesen als Mittel zu seinem Besten verwenden, heißt andern Wesen zum Trotz sich geltend machen, heißt ein sich nur auf sich selbst beziehendes, ein absolutes Wesen sein. *Leben* ist *Egoismus*. Wer *keinen Egoismus* will, der will, daß *kein Leben sei*. Nur der *Tote* ist *ohne Egoismus*. Wodurch unterscheidet sich aber der religiöse Egoismus von dem natürlichen? Nur durch den Namen. In der Religion liebt sich der Mensch in *Gottes Namen*, außer der Religion in seinem eignen Namen.

Wie unterscheidet sich der Kultus eines gebildeten Volks von dem Götzendienst eines wilden? Nicht anders, als sich das Gastmahl eines Atheniensers von dem Fraß eines Eskimos, Samojeden oder Ostjaken unterscheidet. Wo der Mensch auf den Standpunkt der Kultur sich erhebt, da will er sich nicht einseitig, sondern allseitig, nicht nur seinen Bauch, sondern auch seinen Kopf, nicht nur seinen Magen, sondern auch seine Sinne befriedigen, da soll der Gegenstand des Bedürfnisses zugleich ein Gegenstand des Wohlgefallens (d. h. eines höhern Bedürfnisses, des theoretischen Bedürfnisses), das *Nötige* zugleich ein *Schönes* sein. Wo aber die Ästhetik dem Menschen zum Bedürfnis, zur Notwendigkeit wird, da werden natürlich auch seine Götter ästhetische Wesen, Gegenstände eines ästhetischen Kultus. Der Neger speit die zerkauten Speisen seinen Götzen als Opfer ins Gesicht, und der Ostjake beschmiert seine Götzen mit Blut und Fett und stopft ihnen die Nase mit Schnupftabak voll. Wie häßlich, wie schmutzig sind diese Opfer gegen die Opfer der Griechen! Aber wer waren denn die Götter, denen die Griechen, zwar nicht in ihrer religiösen Einbildung, aber in Wahrheit und Wirklichkeit, die köstlichen Augen- und Ohrenschmäuse ihrer Opferfeste bereiteten und so verschwenderisch Weihrauch streuten? Diese Götter waren die *gebildeten Sinne* der Griechen. Sich, sich nur dient der Mensch, indem er Gott dient; seiner Prachtsliebe nur, seinem Hang zur Verschwendung, zum Luxus opfert er Hekatomben.

Dies ist das Ziel der Religion, daß das, was man von Gott erfleht und verlangt, *nichts mehr von Gott selbst Unterschiedenes ist,* daß also Gott selbst als das höchste Gut, als das Erfülltsein aller Wünsche, als die Seligkeit des Menschen erfaßt wird. Je mehr der menschliche Egoismus das Wesen einer Religion ist, desto weniger hat sie den *Schein* des Egoismus.

Das „religiöse Gefühl" und der menschliche „Vorteil oder Egoismus", die Verehrung Gottes um seinetwillen und die Verehrung Gottes um des Menschen, des Nutzens willen können und dürfen nicht in der Betrachtung und Beurteilung der Religionen voneinander abgesondert werden. Das nützlichste Wesen ist eben als das nützlichste auch das an sich selber herrlichste und verehrungswürdigste Wesen. „Das ist keine christliche Predigt", sagt Luther, „wenn du Christum nur historisch predigst und seine Geschichte in der Predigt hererzählest, das heißt nicht die *Ehre Gottes* predigen, sondern wenn du lehrest und zeigest, die Historie von Christo habe dieses Absehen, daß sie *uns*, die wir glauben, *nütze* sei zur Gerechtigkeit und Seligkeit, daß er *nicht sich,* sondern *uns zugute* alles getan habe." Die Eigenschaften, die andern zum Nutzen, gereichen mir zum Ruhme, zur Ehre. Je mehr ich andern sein will, desto mehr muß ich auch für mich selbst sein. Wie kann ich andere beschenken, wenn ich bettelarm bin? Je mehr daher der Mensch von Gott *hat,* desto mehr *ist* auch Gott, und umgekehrt. Der Wilde hat von seinem Gotte einen Bären, einen Seehund, einen Walfisch, aber der Christ das ewige Leben, das himmlische Freudenreich. Von einem beschränkten, endlichen Wesen oder Gott habe ich auch nur einen beschränkten, endlichen, aber von einem unendlichen Wesen notwendig einen unendlichen Nutzen.

Wo der Mensch auf physischen Genuß und Schönheit, Reichtum und Macht keinen Wert mehr legt, wo vielmehr die moralischen Güter, Weisheit und Tugend, ihm für die höchsten Lebensgüter gelten, da werden auch seine Götter moralische Wesen, die daher nicht mehr um eines bestimmten äußerlichen Glücksguts willen verehrt und angebetet werden. Der Gewinn und Lohn der Verehrung liegt hier in der Verehrung selbst, denn ich kann ein Wesen nur durch das ehren, was es selbst ist und ehrt, was seinem Sinne und Wesen gemäß ist – gute, wohlwollende, leidenschaftslose, freie Wesen nur durch die entsprechenden Gesinnungen, also *die* Gesinnungen, in welche *ich selbst mein höchstes Glück und Wesen* setze. Alles gewähren die Götter dem, der denkt wie die Götter, denn er verlangt von ihnen nichts mehr, was außer ihm selbst liegt, was abhängig ist von der Laune des Glücks und Zufalls.

Die modernen Idealisten und Romantiker haben die Religion zu einer Sache *bedürfnisloser Liebäugelei* und *Galanterie*, zu einem unnützen schwelgerischen Gefühl oder zu einem Kaleidoskop „spekulativer Gedanken" gemacht. Die alten Atheisten und Theisten dagegen behaupteten fast ohne Ausnahme, daß die Menschen die ihnen nützlichen Wesen und Dinge, wie z. B. Sonne, Wasser und Feuer, Bäume und Tiere, hauptsächlich nur *dieser ihrer Nützlichkeit wegen* als göttliche Wesen verehrt hätten. Und sie hatten vollkommen recht; nur das, was Nutzen, was praktischen Einfluß auf das Leben hat, eignet sich zum Gegenstand religiöser Verehrung, wenigstens zum Gegenstand eines eigentlichen Kultus. Nur ist die Nützlichkeit ein irreligiöser Ausdruck. Das nützliche Wesen ist dem religiösen Sinn ein *wohltätiges* Wesen. Das Nützliche weist über sich, weist auf andres hin, aber das Wohltätige fesselt das Auge, bindet den Sinn an sich und erhebt sich ebendadurch zu einem religiösen Gegenstand. Aber haben die Menschen nicht Dinge und Wesen verehrt, die offenbar an sich gar keinen Nutzen und Schaden für den Menschen haben? Müssen also nicht noch andere Eigenschaften, wie z. B. im Kultus der Tiere ihr rätselhaftes Wesen, ihre seltsamen Gestalten, ihre eigentümlichen Bewegungen, ihre sonderbaren Farben, ihre merkwürdigen Kunst- und Naturtriebe, in Anschlag gebracht werden? Ohne Zweifel; aber was das Auge des Menschen frappiert und blendet, damit verknüpft er auch in seiner Einbildung allerlei wunderbare, abergläubische Wirkungen. Welche mirakulöse[n] Kräfte und Wirkungen schrieb man nicht sonst den Edelsteinen zu!

„Das Opfer ist die *Negation des Endlichen*", aber nur die Negation *dieses* Endlichen, *dieser* Art, *dieses* Individuums, um dadurch *anderes* Endliche oder die *Gattung* dieses Endlichen zu erhalten. Der Mensch bricht sich z. B. die Vorderzähne aus wie der Bewohner der Sandwichsinseln oder schneidet sich den kleinen Finger ab wie die Bewohner der freundschaftlichen Inseln und mehrere andere Völker, aber nur, um durch diese *freiwillige Vernichtung* eines *Teiles* seines Leibes die *unfreiwillige* Vernichtung seines *ganzen* Leibes, seines Lebens von sich abzuwenden. Er opfert *diesen* Menschen, *dieses* Kind, *diesen* Verwandten, *diesen* Hohenpriester, aber er opfert sie nur zum Besten des Staats, des Volks, d. h. *anderer* Menschen. Er opfert *dieses* Leben auf, er stürzt sich wie der Nordgermane in sein Schwert, aber nur, um durch diesen gewaltsamen Tod das Leben in Walhall zu gewinnen; er opfert die Glückseligkeit *dieser* Welt auf wie der Christ und Brahmine, aber er opfert nicht die *Glückseligkeit überhaupt*, nicht die *Glückseligkeit der Zukunft* auf – gleichgültig, ob diese nun in ewiges Sein oder Nichtsein, wie in orientalischen Vorstellungen, gesetzt wird. Die Gegenstände, die den Göttern geopfert werden, sind ihnen *angenehme*, ihrem Wesen, ihren Eigenschaften entsprechende, d. h., die Götter sind selbst nichts anders als die personifizierten Gattungsbegriffe der ihnen geopferten Gegenstände. So opferte man dem wilden Kriegsgott wilde Tiere, dem Gott der Hirten Milch und Honig, den Göttinnen der Liebe und Fruchtbarkeit die jungfräuliche Keuschheit, den finstern, unterirdischen Göttern schwarze, den himmlischen Göttern helle, weiße Tiere. Allerdings opferte man den Göttern auch solche Tiere, deren Tod ihnen angenehm war, die sie also haßten. Aber die Götter haßten ja nur diese Tiere, weil die Menschen selbst sie haßten. In dem Hasse der Götter vergötterten, befriedigten, vergegenständlichten sie also nur ihren eignen Haß.

Warum stellt sich denn der Mensch sein Wesen außer sich vor, warum vergegenständlicht er es? Ich frage: Warum dichtet denn der Mensch? Warum personifiziert er seine eignen Empfindungen? Warum stellt er Lehren in Handlungen dar? Warum läßt er in der Fabel von Tieren und Blumen sich sagen, was doch nur er selbst sich sagt? Warum verkörpert er Gedanken und Grundsätze in sinnlichen Zeichen und Bildern? Er hat sie ja im Kopfe; warum stellt er sie also außer sich dar?

Die Religion ist ein Dialog, ein Gespräch des Menschen mit sich selbst, aber in gebundner, nicht ungebundner Rede. Die Philosophie ist später als die Religion, d. h., die *Prosa* ist später, weil schwerer, als die *Poesie*. Eher sagt der Mensch: „*Sage mir Muse*", als er sagt: „Ich schreibe" oder „*Herodot schreibt diese Geschichte*". Die Poesie setzt *außer* den Menschen, was die Prosa *in* den Menschen setzt. Der poetische Wunsch beim Abschied von einem geliebten Wesen: „*Gott sei mit dir*!" lautet in Prosa übersetzt: *Mein Herz ist mit dir*. Wo ich mit meinem Leibe nicht mehr sein kann, da bin ich doch noch mit meinem Herzen; wo ich ein Wesen auch nicht mehr mit meinen Augen und Händen beschirmen kann, da umschwebe ich es doch noch schützend mit meinen Wünschen. Aber was im schlichten Gewande der Prosa nur *himmlische Wünsche* des Menschen sind, das sind im Staate der Poesie *himmlische Mächte, himmlische Wesen:* Schutzgeister, Genien, Götter.

„Selbst die rohsten Völker glauben noch an eine Gottheit" – zum deutlichsten Beweise, daß der Mensch um so leichter „*übermenschliche*" Wesen annimmt, je *tiefer* er selbst noch *unter* dem Menschen steht, daß er *eher* zu Gott als *zu sich selbst*, eher zu „*Geistern*" als zu *Geist*, eher zum „*Übersinnlichen*" als zum *Sinnlichen*, eher zur *Religion* als zur *Humanität* kommt.

„Es ist so wahr, daß das Unbekannte der Kreis der Verehrung ist, daß in dem Zeitpunkte, in welchem der Mensch fast alle Tiere verehrt, er niemals (?) seinesgleichen Verehrung weiht. Der Mensch ist das, was er am besten kennt." Oder vielmehr zu kennen *sich einbildet;* denn da, wo der Mensch die Tiere verehrt, da steht er den Tieren noch näher als dem Menschen, ja, da ist ihm gerade das *entfernteste*, das seiner Vorstellung nach zwar *bekannteste*, in Wahrheit aber *unbekannteste* Wesen der *Mensch*.

Was ist das *Unsichtbare* der Religionen? Die aus Mangel an Erfahrung und Erkenntnis der Natur den Menschen *nicht gegenständliche*, aber gleichwohl *an sich* selber sinnliche Ursache sinnlicher Erscheinungen. Was das *Übersinnliche*? Das *Sinnliche, wie* es Gegenstand der *Phantasie* und des Gemüts ist. Daher wird der Mensch, wenigstens in der Regel, erst nach dem Tode, erst dann, wenn er aus einem sinnlichen Wesen ein übersinnliches, d. h. eben ein Wesen nur der Phantasie und des Gemüts, geworden ist, vergöttert, ein Gegenstand religiöser Verehrung. So ist das Grab der Menschen die Geburtsstätte der Götter.

Ihr sucht zur Bestätigung eures Glaubens an Unsterblichkeit die Spuren desselben selbst bei den Wilden auf. Auch sie glauben an ein „anderes Leben". Aber gibt es denn für die Wilden kein anderes Leben als das Leben nach dem Tode? Ist das gebildete menschliche Leben kein *andres* und *höheres* Leben als das der Wilden? Haben sie aber von *diesem* Leben eine Vorstellung oder Ahnung? Ist also nicht das, was *diesseits* des menschlichen Lebens und Wesens fällt, für sie das *wahre* Jenseits? Ist es aber nicht ebenso mit ihren Göttern? Ist der gebildete Mensch nicht ein *unendlich edleres und höheres Wesen als der Gott der Wilden?* Oh, ihr Kurzsichtigen, ihr sucht nach übermenschlichen Wesen und seht nicht, daß das Wesen, welches *über* euch und allen euren *übermenschlichen* religiösen Götzen steht, einzig – der *Mensch* ist. Blickt doch in die Geschichte! Wachsen die Kinder nicht ihren Vätern *über* den Kopf? Erheben sie sich nicht mit Lächeln selbst *über die Götter* derselben? Ist nicht überhaupt die Gegenwart das Jenseits der Vergangenheit? Bringt sie nicht Werke hervor, die nicht nur die physischen Kräfte, sondern selbst auch das Vorstellungs- und Ahnungsvermögen der Vergangenheit übersteigen? Fällt also nicht in die menschliche Gattung, das menschliche Wesen, was für die Menschheit eines bestimmten, wenn auch tausendjährigen, Zeitraums jenseits des Menschen liegt? Wißt ihr, was einst noch der Mensch sein und leisten wird? Glaubt ihr also, indem ihr über den gegenwärtigen und vergangnen Menschen hinausgeht, auch schon über die menschliche Natur, über den Menschen überhaupt, den Menschen der Zukunft hinauszusein? Ist der heutige Tag der Jüngste Tag der Menschheit? Oh, ihr Kurzsichtigen!

„Die *Religion* ist die Sehnsucht nach einer *besseren* Welt, und diese Sehnsucht regt sich in allen Menschen, selbst die rohsten, irreligiösesten Seelen verraten sie widerwillig durch ihre Unzufriedenheit mit dieser Welt, als in welcher kein *reines Glück* zu finden." Und dennoch scheiden die Menschen, wenn es wirklich zum Abschied kommen soll, so ungern von dieser schlechten Welt; dennoch scheuen und fliehen sie – abnorme Fälle abgerechnet – den Tod als das größte Übel. Wie erklärt sich dieser Widerspruch? Durch die ganz gemeine Erfahrung, daß wir den Wert der Dinge und Wesen erst dann erkennen, wenn wir sie verloren haben oder im Begriffe stehen, sie zu verlieren. Jedes Gut hat seine Übel, jede, auch die angenehmste, Existenz ihre Unannehmlichkeiten, jede Individualität, auch die edelste, Eigenschaften oder Eigenheiten, die einer andern Individualität zuwider sind. Aber diese Eigenheiten, Unannehmlichkeiten und Übel fallen uns gerade nur dann auf und zur Last, wenn wir im Genuß einer Person, eines Glücks, eines Gutes sind. Wir haben des Guten zuviel; der Überfluß macht uns heikel und übermütig; in diesem Übermute schütten wir das Kind mit dem Bade aus, vergessen und verwerfen über dem Üblen das Gute, über den Nebendingen die Hauptsache, d. h. über dem Unkraut unter unserm Weizen den Weizen, über den Blattläusen das Blatt, über den Sommersprossen und Leberflecken des Gesichts das Gesicht selbst, über den Schnacken und Bremsen des Sommers die Herrlichkeit der Sommerzeit. Wie anders ist es aber, wenn wir das, was wir im Übermute des Besitzes und Genusses verächtlich wegwerfen, wirklich verlieren sollen oder bereits verloren haben! Ach, dann verschwinden uns alle diese einst so anstößigen Nebendinge in nichts; dann vergessen wir über dem Wesen die Akzidenzen, über den Vollkommenheiten die Mängel; dann blicken wir sehnsuchtsvoll auf die Herrlichkeiten der Vergangenheit zurück und erkennen schmerzlich enttäuscht, daß die Gefühle der Unbehaglichkeit und Unzufriedenheit nur oberflächliche Schnacken- und Bremsenstiche, daß wir im Herzen, im Wesen vollkommen heil, einig und befriedigt mit dem entschwundnen Gegenstand waren, daß das verlorne Gut ein wahres, wirkliches Gut war. Oh, ihr „edlen", nach dem Jenseits schmachtenden Seelen, nehmt euch in Acht, daß es nicht euch mit der besseren Welt ebenso geht, daß nicht die bessere Welt, wenn sie *wirklich* geworden, euch als die schlechte und diese schlechte Welt, wenn sie *entschwunden*, als die bessere erscheint, daß also nicht dort die *Sehnsucht nach dieser Welt* euere Religion ist! Hütet euch, die Stimme der Sehnsucht und Unzufriedenheit für die Stimme der *Wahrheit* und *Natur* zu nehmen, aus den Äußerungen der gereizten und gekränkten Liebe auf Haß und Feindschaft zu schließen, wenn ihr euch einer bittern Enttäuschung in der besseren Welt überheben wollt!

Bewohner nördlicher, kalter, unfreundlicher Gegenden hoffen im Jenseits auf ein milderes Klima; Bewohner heißer, dürrer, wasserloser Länder dagegen hoffen im Jenseits auf kühlende Schatten, Winde und Quellen. So hebt der Mensch in der Vorstellung des Jenseits die örtlichen Schranken, Unannehmlichkeiten und Beschwerlichkeiten seiner Existenz auf. Weil aber der beschränkte Mensch, d. h. das Individuum, an diesem Orte seinen lokalen Standpunkt für den universalen, seinen Wohnort für die ganze Erde oder Welt nimmt, so versetzt er in ein *anderes* Leben, in eine *andere* Welt, was gleichwohl in diese Welt im ganzen fällt. So existiert das Jenseits der Kamtschadalen, wo es „weniger Sturmwinde, Regen und Schnee als auf Kamtschatka" gibt, an genug Orten dieser Erde, die aber freilich jenseits Kamtschatka liegen; so findet selbst der stets heitre Himmel des nordamerikanischen Jenseits und der ewige Tag, den so viele, selbst kultivierte Völker in das Jenseits versetzen, schon auf der Erde statt, wenn wir auch die *andere* Hälfte der Erde, wenn wir die *ganze* Erde überhaupt ins Auge fassen; so ist sogar die religiöse Idiosynkrasie und Antipathie der alten Perser gegen alles Dunkle, ihre Hoffnung auf eine Welt, wo die Körper der Menschen *ohne Schatten* sein werden, auch schon hier verwirklicht, indem bekanntlich die Bewohner der heißen Zone zwischen den Wendekreisen, an gewissen Tagen wenigstens, in senkrechter Stellung keinen Schatten werfen und deswegen ausdrücklich Unschattichte heißen. Aber wie der Mensch in eine andere Welt verlegt, was in diese Welt fällt, weil er einen Teil derselben zur ganzen Welt macht, ebenso versetzt der Mensch in ein *anderes Wesen*, was in sein eignes Wesen fällt, weil er *Teile* des Menschen zum *ganzen* Menschen, *bestimmte Arten* des menschlichen Wesens zur *Gattung* desselben, bestimmte Menschen zur Menschheit selbst macht. So machen die Menschen die unabsichtlichen und unwillkürlichen Äußerungen und Erscheinungen des menschlichen Wesens zu Wirkungen von Wesen einer *eignen*, vom Menschen *unterschiednen Gattung* – zu Gottes-, Geister-, Dämonen- oder Teufelswirkungen, weil sie das nur in bewußten, absichtlichen, willkürlichen Handlungen sich äußernde menschliche Wesen zum ganzen Wesen des Menschen machen, was gerade so ist, als wenn man nur die Organe der willkürlichen Bewegung, aber nicht den Magen, die Lunge, das Herz zu Gliedern des menschlichen Leibes, zu menschlichen Organen machen wollte. So haben die Protestanten die *willkürlichen* und absichtlichen politischen Satzungen des Papsttums, wie z. B. das Gebot des Zölibats, als eine „*menschliche*" Satzung bezeichnet und verworfen, die Ehe dagegen als ein „*göttliches*" Institut und Gebot gepriesen, als wäre nicht gerade das Zölibat ein *unmenschliches*, der menschlichen Natur widersprechendes, die Ehe dagegen als die Befriedigung der Geschlechtsliebe das wahrhaft menschliche Institut. So haben die Christen den religiösen und philosophischen Lehren und Vorstellungen der Griechen und Römer als den menschlichen Lehren ihre Lehre als die *göttliche*, als das Wort Gottes entgegengesetzt, als wenn das heidnische Wesen das *absolute Wesen* des Menschen gewesen wäre, als wenn die Griechen und Römer den unerschöpflichen Born der menschlichen Natur bis auf den letzten Tropfen erschöpft gehabt hätten, so daß nur vermittelst eines Mirakels, wie einst aus der Zahnhöhle eines Eselskinnbackenknochens, aus dem hohlen Kopf der Menschheit ein Quell neuen Lebens hätte entspringen können. So machen wir überhaupt, namentlich im Affekt – aber wie oft kommen wir nicht in Affekt! – lokale Zustände zu universellen, individuelle Fälle zu Kategorien, partikuläre, vorübergehende Zeiterscheinungen zu den bleibenden, klassischen Ausdrücken des Menschengeistes, unsere kurze Karriere zur Laufbahn der Menschheit – weiter als ich bringt es doch kein anderer auch –, unsern beschränkten Kreis von Lebenserfahrungen – und wessen, wenn auch noch so umfangreicher, Lebenskreis wäre nicht im Vergleich zur Menschheit ein beschränkter? – zur absoluten Norm des Menschlichen, die Eigenschaften dieser Individuen oder Menschenklassen zu Eigenschaften der ganzen „Rasse“ selbst – kein Wunder daher, daß wir über die Gattung des Menschen, d. h. über die menschliche Natur selbst, hinaussetzen, was doch in Wahrheit nur über diese Menschenklasse, diese Individuen, diesen Erfahrungskreis, diese Laufbahn, diese Zeit, diesen Ort hinausliegt.

Warum ging Rom, warum Griechenland zugrunde? Weil sie das Unendliche dem Endlichen, d. h. die Gattung der Art, den Menschen dem Römer und Griechen, subordinierten und aufopferten. Jeder Staat überhaupt beruht auf bestimmten Gesetzen und Maximen, Sitten und Gewohnheiten, d. i. auf gewissen, nur zeitlich notwendigen, aber *an sich* willkürlichen *Beschränkungen* des menschlichen Wesens, und steht nur so lange in voller Kraft da, als diese Beschränkungen nicht für Schranken, sondern vielmehr für die dem Menschen entsprechenden Bestimmungen gelten. Aber die Zeit des Verfalls, d. h. eben die Zeit, wo diese Beschränkungen als Schranken empfunden und folglich überschritten werden, tritt notwendig ein; denn der Mensch strebt unaufhaltsam nach unbeschränkter Entfaltung seines Wesens, nach Formen des Daseins, die seinem vollen Wesen entsprechen, und zerstört daher unerbittlich jede einseitige, beschränkte Existenz, jeden Weltzustand, der sich nur durch Unterdrückung irgendeines wesentlichen menschlichen Triebes behaupten kann, jeden Staat, der in dünkelhafter Beschränktheit die Grenzen seines Reichs zu Grenzen der Menschheit, die *Bedingungen seines Bestehens* zu *Gesetzen* der *menschlichen Natur* macht. Das Wesen *über* den Staaten und Völkern, das ihr Schicksal bestimmende und entscheidende Wesen – das ist das *eigne* Wesen des Menschen, aber das Wesen *hinter* seiner Willkür, *hinter* seinem absichtlichen Tun und Treiben – die *Natur* des Menschen. Was der menschlichen Natur entspricht, das bleibt; was ihr widerspricht oder nur unter gewissen Bedingungen entspricht, das vergeht. Aber die menschliche

Natur äußert sich nur in den menschlichen Bedürfnissen. Nur das menschliche Bedürfnis, nur die *menschliche Not* ist daher die *Macht*, welche das *Schicksal der Staaten* in ihren Händen hat. Die *Not gründet* die Staaten, und die *Not zerstört* die Staaten. Vor der Not weicht jede Macht. Wenn euch daher schlechterdings ein Wesen nottut, dem ihr fußfällig eure Verehrung darbringen könnt, oh, so fallt nur nieder vor der Macht der Not, der allernächsten und allergemeinsten, der allerempfindlichsten und allerwirksamsten Macht, und bedenkt, daß das höchste Attribut der göttlichen Majestät, das Privilegium, *alles zu binden und zu lösen*, Gesetze zu *geben* und *aufzuheben*, das Privilegium, *Wunder* zu tun, das *Privilegium der Not ist* – Wunder geschehen ja nur in den Fällen außerordentlicher Not –, und betrachtet daher die Stimme der Not als Gottesstimme und die *Stillung der menschlichen Not* als den einzig *wahren Gottesdienst*. „Res est sacra miser [etwas Heiliges ist der Unglückliche]", sagt ein römischer Philosoph und nach ihm ein deutscher Dichter:

„Auch ein verdienter Fall flöß' uns Erbarmung ein!
Ein Unglückseliger sollt' *unverletzlich* sein."

Als einst Melanchthon aus Betrübnis über seine Einwilligung zur Doppelehe eines deutschen Fürsten in Schwermut und Krankheit gefallen war, flößte ihm Luthers Kraft wieder Mut und Leben ein. „Alldar", sagte hernach Luther, „*mußte mir unser Herrgott herhalten*. Denn ich warf ihm den Sack für die Tür und riebe ihm die Ohren mit allen Verheißungen des Gebets, das da müßte erhöret werden, die ich in der H. Schrift zu erzählen wußte, daß er mich *erhören mußte*, wenn ich anders seinen Verheißungen trauen sollte." So weicht vor der Macht der Not selbst die göttliche Majestät und Macht. Kein Wunder, daß der Heide seine handgreiflichen Götter selbst prügelt und wegwirft, wenn sie ihm nicht helfen. Verwarfen doch auch die Juden und Christen deswegen die Götter der Heiden, ihre Bilder und Statuen, weil sie als leb- und machtlose Machwerke den Menschen nichts helfen könnten. „Sie können", heißt es in der Bibel, „einem Menschen *in der Not nicht helfen;* sie erbarmen sich der Witwen nicht und helfen den Waisen nicht, sie geben den Menschen nicht Regen, denn sie sind hölzern, mit Gold und Silber gezieret, den Steinen gleich, die man aus dem Berge hauet. Darum soll man sie nicht für *Götter* halten oder so heißen; denn sie können *weder strafen noch helfen.*" Was also hilft, *Not aufhebt,* das ist Gott; aber die Not geht der Hilfe voran; die Notwendigkeit der Hilfe ist ja eben die Not. Wollt ihr also noch leugnen, daß Gott nicht, wie ihr euch einbildet, das erste, unbedingte, nur durch sich selbst gesetzte und denkbare Wesen ist, sondern *etwas andres* voraussetzt, im *Gegensatz* zu dem er erst Gott ist? Allerdings muß schon Wasser sein, wenn ich Wassernot empfinde; aber das Wasser, das der Durst voraussetzt, ist nicht Wasser überhaupt, nicht mit unassimilierbaren, lebenfeindlichen Stoffen geschwängertes, sondern *trinkbares* Wasser. Sowie daher in der Entwicklung der Erde das Wasser trinkbar wurde, so entstanden auch sogleich pflanzliche Zellen und tierische Schläuche, die dieses Wasser begierig in sich aufsogen. Das trinkbare Wasser mündet direkt in den tierischen Schlauch, findet nur in ihm sein Bett und Gleichgewicht – *trinkbares* Wasser setzt durstige Seelen voraus.

Der unkultivierte Mensch verlangt von seinen Göttern unbeschränkte, unverzügliche Erfüllung aller seiner Wünsche; er fragt sich nicht, ob diese Wünsche recht oder unrecht, vernünftig oder töricht, ihre Erfüllung daher für ihn heilsam oder verderblich ist. Er berücksichtigt nur die Begierde, nicht die Vernunft, nur den Genuß, nicht die Folgen, nur die Gegenwart, nicht die Zukunft; er hat, wie das Kind, keine Geduld, keine beständige, ausdauernde Seele; er hat vielmehr, wie der Karaibe, so *viele Seelen,* als er *Pulsschläge* zählt, von denen also keine die Dauer eines Augenblicks überlebt, gleichwohl jede sein ganzes Wesen in sich verschlingt und um so ungestümer die Befriedigung ihrer Begierde verlangt, je kürzer ihre Dauer ist. Der unkultivierte Mensch wird daher seinen Göttern bös und ungetreu, sowie sie ihm etwas versagen, was *er selbst* sich nicht versagen kann. Der Mensch von Kultur oder Verstand dagegen weiß aus Erfahrung, daß, was für den Augenblick ein Übel oder Glück, in der Folge oft gerade das Gegenteil ist, und zieht daraus die Regel, daß man *sich nicht alles gewähren* dürfe, was man gerade wünscht und begehrt, daß man vielmehr, um glücklich zu sein, um also den Wunsch aller Wünsche zu erreichen, *diesen* oder *jenen speziellen* Wunsch *aufopfern*, daß man folglich *sich selbst oft böse* sein müsse, wenn man es wirklich gut mit sich meint, weil ja nur im Gegensatz gegen das Unangenehme das Angenehme als solches empfunden wird, nur der Hunger die Würze des Mahls, nur die Beschränkung die Bedingung der Freiheit, nur die Entsagung die Bedingung des Genusses ist. Wo aber der Mensch also denkt, da denkt natürlich auch sein Gott so; der Mensch wird daher hier seinem Gott nicht bös und ungetreu, er verliert nicht den Glauben an seine Güte, wenn er ihm *diesen* oder *jenen* Wunsch nicht erfüllt, *dieses* oder *jenes* Gut nicht gewährt, weil er die *göttliche Güte durch die göttliche Weisheit, d. h. seine Wünsche durch seinen Verstand, beschränkt*. Aber deswegen gibt doch auch hier nicht der Mensch die *Erfüllung der menschlichen Wünsche* als die *wesentliche Bedingung* und *Eigenschaft der Gottheit* auf; deswegen ist noch keineswegs, wie die spekulativen Träumer und theologischen Heuchler uns weismachen wollen, die Verzichtung auf das „*Endliche*" der Charakter der Religion auf diesem Standpunkt; denn der Mensch verzichtet auch hier, ebenso wie im Opfer der heidnischen Religionen, nur auf *dieses* Endliche, aber nicht auf *das Endliche überhaupt*, nur auf *diesen* speziellen Wunsch, aber nicht auf *andere* Wünsche, geschweige auf *den Wunsch aller Wünsche*. „*Es geschicht*", sagt Luther, „*was wir nur bitten*, ob wir gleich nicht wissen, auf was vor Art und Weise. Gott steckt uns in Unglück, das bisweilen größer ist, auf daß er eines *andern* Unglücks ein Ende mache. Und also erhöret er unsere Bitte." „Der Glaube zweifelt nicht, daß Gott *guten Willen* habe zur Person, wolle und gönne derselben *alles Gute*. Aber *dasjenige, was* der Glaube bittet und fürgibt, ist uns nicht bewußt, ob's uns gut und *nütze* sei." Der Gott des Wilden oder überhaupt Rohen ist ein *unveränderliches, launenhaftes* Wesen, heute gut, morgen böse, heute daher ein Gegenstand der Verehrung, morgen der Verachtung, denn das, was er gewähren soll, ist ein *bestimmter*, einzelner, vom Zufall abhängiger Gegenstand. Der kultivierte Mensch dagegen subordiniert seinem *Wohle*, dem Wesen und Endzweck aller Wünsche, die speziellen Wünsche; er reduziert seine Wünsche auf das *Allgemeine* und *Notwendige;* er verlangt nicht ein Kleid von diesem oder jenem kostbaren Stoffe, nicht diese oder jene Sorte Brot, nicht diese oder jene angenehme Lebensart; er ist zufrieden, wenn er nur das Leben, wenn er nur sein tägliches Brot, es sei nun schwarzes oder weißes, wenn er nur ein Kleid überhaupt hat. Das Allgemeine ist aber nicht so wie das Besondere und Einzelne der Laune des Zufalls preisgegeben. Dieses schöne weiße Brot kann mir freilich der liebe Gott nur an diesem Orte, nur vermittelst dieses Bäckers bescheren; aber Brot überhaupt, abgesehen von seinen besondern Eigenschaften, kann ich überall bekommen. Wo aber der Mensch nur das Allgemeine und Notwendige zum Gegenstand seiner Wünsche macht, seine *Wünsche* also selbst *allgemeine* und *notwendige* sind, da bekommt natürlich auch das diese *Wünsche erfüllende*, das göttliche Wesen den *Charakter* der *Allgemeinheit* und *Notwendigkeit*, da ist Gott nicht mehr nur aus Laune gut, nicht mehr ein Wesen, das man daher auch erst durch Geschenke, Opfer gut gelaunt *machen* muß, sondern ein wesentlich, notwendig, beständig und zuverlässig gutes Wesen, da ist er daher auch der Gegenstand einer beständigen, sich gleichbleibenden Verehrung, nicht mehr den injuriösen Vorwürfen getäuschter Hoffnungen und Erwartungen preisgegeben. Weil aber gleichwohl oft selbst nicht einmal die allgemeinsten und notwendigsten, die gerechtesten und billigsten Wünsche der Menschen erfüllt werden, also alle Anhaltspunkte und Gründe zu einer Rechtfertigung der göttlichen Güte und Weisheit in diesem Leben verschwinden, so hilft sich die Religion mit der Vorstellung eines *andern* Lebens, wo die hier unerfüllt gebliebenen Wünsche erfüllt, die *Widersprüche* also der *Erfahrung* mit dem *Glauben* an einen Gott gelöst werden sollen. Das Jenseits aufheben und doch Gott bestehenlassen, wie gewisse Spekulanten tun, das heißt den Namen ohne die Sache, das Wort ohne Sinn bestehenlassen.

Wer die Götter wie Sternschnuppen aus dem nächtlichen Himmel seiner bodenlosen Spekulation oder mystischen Träumerei auf die Erde herabfallen läßt und daher die Abkunft der notlosen Wesen von der menschlichen Not zu despektierlich oder gar unbegreiflich findet, der wisse, daß die Theisten der frühern Zeiten in dem „Ach, Gott!“-

oder „Hülf, Gott!"- Geschrei des notleidenden Menschen die Stimme Gottes selbst vernommen, d. h. den unmittelbaren, natürlichen Beweis von der Existenz eines den Menschen aus aller Not erretten könnenden und erretten wollenden allmächtigen und allgütigen Wesens gefunden, also aus der Not des Menschen die Notwendigkeit Gottes gefolgert haben. Hilft ihm auch diese Bemerkung nichts, so lasse er sich noch folgende Rezepte aus Luther verschreiben. „*Außer der Anfechtung*", sagt er in seinen Tischreden, „kann kein Gebet geschehen. Darum saget David wohl: *Rufe mich an in der Not,* sonst ohne die ist's ein *kalt Geplepper* und gehet nicht von Herzen, wie man sagt: *Not lehrt beten.*" Und über die *Allmacht* der Not in physischer Beziehung äußert er sich in seinen Werken an einer Stelle also: „Ein Mensch der von schwerer Anfechtung oder aber von großen Schrecken bestürzet ist, tut das wohl, was ihm sonst außerhalb der Anfechtung zu tun *unmöglich* ist"; über dieselbe in religiöser und moralischer Beziehung aber also: „*Liebe und Not meistern alle Gesetze*", „*heben alle Gesetze auf*" – auch die Naturgesetze – Wunder. Übrigens ist nicht zu vergessen, daß die Not als die Quelle aller Leiden zugleich auch die Quelle aller Freuden ist. Jeder Genuß setzt ja Mangel, Bedürfnis, Not voraus. Was ist qualvoller, als ein geliebtes Wesen leiden zu sehen und nicht helfen zu können; aber was ist seliger als die Gewißheit: Es ist gerettet! Das Gefühl der überstandnen Not ist daher ein ganz *andres* als das der bestehenden; dort *beziehe* ich *mich auf den Gegenstand,* hier beziehe ich *den Gegenstand auf mich;* dort singe ich *Lobgesänge,* hier *Klagelieder;* dort *danke,* hier *bitte* ich. Das Notgefühl ist praktisch, teleologisch, aber das Dankgefühl *poetisch, ästhetisch.* Das Notgefühl ist vorübergehend, aber das Dankgefühl dauernd; es knüpft die Bande der Liebe und Freundschaft. Das Notgefühl ist ein gemeines, das Dankgefühl ein edles Gefühl; jenes verehrt seinen Gegenstand nur im Unglück, dieses auch im Glück. „Um die Götter im Unglück zu Freunden zu haben, muß man sie auch im Glück verehren."

Wie kommt es, daß gerade Zeus, der höchste und mächtigste Gott der Griechen, der Gott der furchtbarsten Naturmächte, „der Leidenden Rächer" ist, „der Hort der Fremdlinge und Darbenden," welcher „am eifrigsten rächt die Gewalttat"? Was ist für ein Zusammenhang zwischen dem Donnergepolter und der Klage des Notleidenden, zwischen dem zerschmetternden Blitzstrahl und der Empfindung des Mitleids? Ein sehr natürlicher. Vor der höchsten Naturmacht verschwinden alle menschlichen Unterschiede und mit ihnen der menschliche (oder vielmehr unmenschliche) Übermut und Hochmut, womit der Reiche auf den Armen, der Mächtige auf den Schwachen, der Glückliche auf den Unglücklichen teilnahmlos herabblickt. Wenn ich daher als Unglücklicher hülfesuchend einem Glücklichen, Reichen, Mächtigen mich nahe, so erinnere ich ihn, um ihn weich und mürb zu machen, an die Macht, welche mit einem einzigen Blitzstrahl ihn samt allem seinem Glück und Reichtum zu nichts machen kann, an die Macht überhaupt, deren Vorstellung dem Bevorzugten das demütigende, d. i. religiöse, Bewußtsein oder Gefühl der Gleichheit aller Menschen einflößt. Aber woher hat denn nun eigentlich Vater Zeus seine Macht? Nur von der Macht der menschlichen Not und Furcht. Er ist das höchste und mächtigste, weil das allernötigste Wesen. Luxus ist Pallas Athene, Luxus Hephästos, Luxus Apollo; aber schlechterdings unentbehrlich ist Vater Zeus: Er ist der Gott, das Wesen der notwendigsten physikalischen Bedürfnisse, der notwendigsten menschlichen Bande, der Ausdruck und Sammelpunkt der höchsten menschlichen Not. An Gottes Segen ist *alles* gelegen. Aber diesen Segen hat eben Zeus als der Herr des Regens, des Himmels, der Atmosphäre überhaupt in seinen Händen. „Beregne", beteten die Athener, „beregne, guter Zeus, die Felder und Fluren der Athener!" Und die Erde war in Athen in einer den Zeus um Regen anflehenden Stellung abgebildet. „Erbarme dich meiner im Namen des Zeus" heißt daher: Erbarme dich meiner *im Namen des menschlichen Elends*, im Namen insbesondre des unsäglichen Unheils, das Wassermangel, Hagelschläge, Schneegestöber, Wolkenbrüche, Sturmwinde, Ungewitter über den Menschen verhängen und jeden Augenblick auch über dich verhängen können. Wie töricht ist darum die Besorgnis, daß mit den Göttern der Menschen auch die Bande der Menschheit verschwinden! Es ist nur Prahlerei, wenn Vater Zeus sagt, seine *goldene* Kette sei der Zusammenhang des Weltalls; es ist vielmehr nur die *eiserne* Kette der Not, die alle Dinge und Wesen, so auch die Menschen, zusammenbindet. Und dieses Bindemittel bleibt, wenn auch längst die goldene Kette der Götter zum Besten der notleidenden Menschheit in kurrente Münzen umgeschmelzt ist.

Vom politischen und sozialen Standpunkt aus betrachtet, gründet sich die Religion, gründet sich Gott nur auf die Schlechtigkeit der Menschen oder menschlichen Zustände und Verhältnisse. Weil die Tugend nicht immer belohnt wird und glücklich ist, weil es überhaupt soviel Widerspruch, Übel und Elend im menschlichen Leben gibt, darum muß ein Himmel, darum ein Gott sein. Aber das meiste und größte Elend der Menschen kommt von den Menschen selbst. Nur auf dem *Mangel* der menschlichen Gerechtigkeit, Liebe und Weisheit beruht also die Notwendigkeit und Existenz Gottes; Gott *ist,* was sich die Menschen *nicht* sind – wenigstens nicht alle, wenigstens nicht immer –, aber *sein sollen* – und an sich auch *sein können;* Gott nimmt die Sünden der Menschen auf sich; er ist ihr Stellvertreter; er überhebt sie der Pflicht, das *selbst* einander zu sein, was er an *ihrer Statt* ist; denn wenn ein Wesen ist, welches die Übel wiedergutmacht, die ich andern zufüge oder wenigstens im Vertrauen auf die göttliche Entschädigung bestehen lasse, warum soll *ich* aus meinen Mitteln diese Übel aufheben? Gott ist der Trost der Not, aber auch die Sicherheit des Überflusses, das Almosen der Darbenden, aber auch die Hypotheke der Wucherer, der Zufluchtsort der Unrecht Leidenden, aber auch der Ruhesitz der Unrecht Tuenden, mögen sie nun direkt oder indirekt, mit Unrecht oder von Rechts wegen andern Unrecht tun. Allerdings ist die Religion höchst tröstlich *für mich,* aber höchst untröstlich für andere, denn sie lehrt mich, nicht nur meine eignen Leiden, sondern auch die *Leiden anderer* mit christlicher Geduld zu ertragen, zumal wenn ich den christlichen Glauben habe, daß die Übel und Leiden der Menschen Schickungen, Willensbestimmungen Gottes sind, denn wie sollte ich das nicht wollen, nicht mir gefallen lassen, was Gott will? * Das schlechteste Kompli-

* Glücklicherweise negieren jedoch die Menschen in der Praxis ihre religiösen Meinungen und Glaubensartikel;

ment, das der Religion gemacht werden kann, machen ihr daher die Politiker, wenn sie behaupten, daß kein Staat noch ohne Religion bestanden habe und ohne sie bestehen könne; denn in dem bisherigen Staat, in dem Staat im Sinne der gewöhnlichen Politiker, welche den status quo [bisherigen Zustand] für das non plus ultra [Nicht-zu-Übertreffende] des menschlichen Wesens halten, stützte sich immer nur das Recht auf Unrecht, die Freiheit auf Knechtschaft, der Reichtum auf Elend, die Bildung auf Roheit, die Ehre des Bürgers auf die Infamie des Menschen, der Übermut der Fürsten auf die religiöse Demut der Völker.

Du anerkennst die Schlechtigkeit der Menschen, und doch willst du dich im Menschen befriedigen, willst nicht zu einem Gott deine Zuflucht nehmen? Nein, denn die Schlechtigkeit des einen Menschen macht die Tugend des andern wieder gut. Dieser beraubt mich aus Habsucht meines Vermögens, aber jener opfert dafür aus Freigebigkeit mir sein eignes Vermögen auf; jener strebt mir aus Bosheit nach dem Leben, aber dieser errettet aus Liebe mit Lebensgefahr mich vom Tode. Von *den* Menschen, von welchen wir den Spruch haben: „Homo homini lupus est [der Mensch ist dem Menschen ein Wolf]", der Mensch ist dem Menschen ein feindliches, verderbliches Wesen, von denselben haben wir den Spruch: „Homo homini Deus est [der Mensch ist dem Menschen Gott]", der Mensch ist dem Menschen ein wohltätiges, göttliches Wesen. Aber welcher von diesen beiden Sprüchen drückt die Ausnahme, welcher die Regel aus? Offenbar nur der letztre, denn wie wäre auch nur irgendein geselliger oder staatlicher Verband zwischen den

widrigenfalls würde sich die Religion nicht als das Band, wofür sie in der Einbildung gilt, sondern als die Auflösung aller menschlichen Verhältnisse erweisen. Denn wozu ist eine menschliche Gerechtigkeit, wenn eine göttliche ist, wozu eine menschliche Vorsorge und Vorsehung, wenn eine göttliche ist? So ist der Gottesglaube nur ein theoretischer Glauben; *in der Praxis sind alle Menschen* – ausgenommen die Schwärmer – zu ihrem eignen und anderer Glück *Atheisten;* sie *widerlegen* – freilich nicht für ihr Bewußtsein, für ihre Vorstellung – *durch die Tat* ihren Glauben.

Menschen möglich, wenn der entgegengesetzte Spruch die Regel ausdrückt? Aber überall können wir uns nur nach der Regel richten und urteilen, wenn anders unser Urteil nicht selbst ein regelwidriges, abnormes, verkehrtes sein soll.

„Gott regiert die Welt", jawohl, aber dieser die Welt regierende Gott ist nur das, was in der Meinung der Menschen für Gott, überhaupt für erlaubt, recht, heilig, gut, schicklich gilt – ist mit einem Worte nur *die Meinung*, welche die öffentliche, herrschende, geheiligte Meinung, *d. i. der Glaube* einer Zeit oder eines Volkes, ist. Wo der Mensch *meint* oder *glaubt*, daß sein Leben nicht von einer *Vorhersehung*, sondern von einer Vorbestimmung, einem blinden, unvermeidlichen Schicksal, abhänge, gleichgültig, ob nun dieses für sich oder als Willensbeschluß Gottes gedacht wird, da hängt auch *wirklich* sein Leben von keiner *Vorsehung* ab, denn er fragt nicht die Vernunft um Rat, ob er etwas tun oder lassen soll, er ergreift keine *Vorsichtsmaßregeln*, er stürzt sich *blindlings* in die Gefahr. Wo, wie im 17. Jahrhundert, „in den Burgen der Ritter, in den Palästen der Großen, in den Bibliotheken der Gelehrten, auf jedem Blatt in der Bibel, in den Kirchen, auf dem Rathaus, in den Stuben der Rechtsgelehrten, in den Offizinen der Ärzte und Naturlehrer, in dem Kuh- und Pferdestall, in der Schäferhütte, überall und überall der Teufel war, wo jedes Donnerwetter, jeder Hagel, jede Feuersbrunst, Dürre, Viehseuche dem Teufel und den Hexen Schuld gegeben wurden", da war wirklich der die Welt regierende, der über das Schicksal der Menschen entscheidende Gott – der *Teufel*, aber *dieser Teufel der Menschheit* war nur der *Glaube der Christenheit an den Teufel*. Wo, wie in den Zeiten der Barbarei und noch heute bei den rohen oder wilden Völkern, Gewalt für Recht, der Mann daher wegen seiner physischen Übermacht für den unumschränkten Herrn des Weibes, das Weib nur für seine Sklavin, sein Lasttier oder gar nur für eine Ware gilt, die er selbst für eine Blase Tran, wie der Einwohner von Unalaschka, verkauft oder gegen einen geringen Lohn oder auch umsonst, aus bloßer Gefälligkeit einem Gaste wie eine Pfeife Tabak zum Genuß anbietet und überläßt, da waltet auch über dem Weibe kein

liebendes Auge, da bestimmt sein Los nur die rohe, physische Macht. Und wo der Kindermord für ein religiöses Opfer gilt oder doch wenigstens, es sei nun aus welchen Gründen es wolle, in gewissen Fällen Sitte ist, wo die neugebornen weiblichen Kinder lebendig begraben werden, wie von den Guanas am Paraguay geschehen soll, wo man die Kinder dem Hungertod oder den wilden Tieren aussetzt, wie die Madegassen tun, wenn sie in nach ihrer Meinung unglücklichen Monaten, Tagen oder Stunden geboren wurden, wo man ihnen mit Kamtschadalischer Roheit und Grausamkeit schon im Mutterleib Arme und Beine zerbricht, wo die Geburt von Zwillingen für unnatürlich und schimpflich gilt wie in Guyana und daher immer *ein* Kind getötet wird, wo also kein menschlicher Verstand, kein menschliches Gesetz und Herz die Kinder beschützt, da beschirmt sie auch kein himmlischer Vater. Die *Vorsehung der Menschheit ist einzig die Kultur, die Bildung der Menschheit.* Weisheit, Güte, Gerechtigkeit regeln nur da das menschliche Leben, wo der Mensch selbst weise, gut und gerecht wird. „Die Vorsehung akkommodiert sich dem jedesmaligen Standpunkt und Bildungsgrad der Menschheit" – das heißt: Die Grenze der Bildung ist immer auch die Grenze der Vorsehung; wo die Kultur ausgeht, da geht auch die Vorsehung aus, da ist der Mensch wehr- und schutzlos den ungestümen Mächten der Natur und Leidenschaft preisgegeben. Daher kann man auch nur bei den Völkern, welche eine wirkliche Kulturgeschichte haben, auf den Gedanken einer Vorsehung verfallen; aber bei den kulturlosen Völkern verschwindet jeder Anlaß und Grund zu der für den Menschen so *schmeichelhaften* Vorstellung einer göttlichen Vorsehung.

Was ist die spezielle Vorsehung, die Vorsehung, die über mir, diesem Individuum, wacht? Der *wesentliche Charakter* meiner Individualität, welcher unwillkürlich alles nach seiner Art bestimmt und modelt, alles sich *assimiliert,* allen meinen Schicksalen, Leiden und Handlungen seine eigentümliche Farbe aufdrückt, alle Kleinigkeiten und Zufälligkeiten selbst noch in einen sinnvollen Zusammenhang bringt und dadurch meinem Leben den Anstrich eines durchdachten Planes gibt – mein instinktartiger Selbsterhaltungstrieb, wie wenn ich durch eine unwillkürliche Wendung und Stellung meines Körpers einem lebensgefährlichen Fall ausweiche –, kurz, mein *unwillkürlicher Egoismus*, der alles auf sich bezieht und deutet, alles meiner Individualität Widersprechende beseitigt, alles, selbst auch die unabänderlichen Übel und Widerwärtigkeiten, noch zu meinem Besten dreht und wendet. Insofern kann man allerdings sagen, daß nichts im Leben des Individuums Zufall ist, denn auch das Zufällige, das mir begegnet, ist immer durch die Art meiner Individualität bestimmt. Ein Ziegelstein schlägt mich tot; aber er hätte mich nicht totgeschlagen, wenn mich nicht irgendein individueller Grund, vielleicht nur eine Grille, eine Idiosynkrasie, die aber gleichwohl von meiner Individualität unabsonderlich ist, gerade zu dieser Zeit an diesen Ort hingeführt hätte. Aber gleichwohl gibt es genug Zufälle in unserm Leben, d. h. Vorfälle, die ihren Grund nur in dem Zusammentreffen von Dingen haben, die an sich in gar keinem Zusammenhang miteinander stehen, die weiter nichts miteinander gemein haben, als daß sie an demselben Orte und zur selben Zeit existieren, die daher zusammentreffen, ohne daß ein innerer Grund, eine Notwendigkeit dieses Zusammentreffens vorhanden ist, aber gerade um so mehr uns in Verwunderung versetzen, je weniger sich ein bestimmter Grund und Zusammenhang entdecken läßt. Allein wir bemerken gewöhnlich nur dann diese Zufälle in dem Tagebuch unsers Lebens, wenn unser Egoismus, unser Selbsterhaltungs- und Glückseligkeitstrieb dabei beteiligt ist, und betrachten sie daher als ganz *außerordentliche Fälle*, als *Wunder*, als sichtbare *Beweise* einer *göttlichen Vorsehung*. Wenn ein Rabe ein Stück Fleisch vor mich hinfallen läßt, wenn ich eben nach gesegneter Mahlzeit meinen Spaziergang mache, so gehe ich mit größter Gleichgültigkeit über diesen Fall hinweg, ob es gleich höchst merkwürdig ist, daß der Rabe gerade vor meiner Nase, gerade zu dieser Zeit, gerade an diesem Orte das Stück fallenließ; er hätte ja an unzähligen andern Orten es fallenlassen können. Wenn aber dem Raben das Fleisch entfällt in dem Moment, wo ich gerade Hungersnot leide, so ist natürlich dieser Fall kein gleichgültiger, kein grund- und sinnloser mehr; dieser Fall hatte die Absicht, den Zweck, meinen Hunger zu stillen, mich am Leben zu erhalten;

seine zufällige Folge für mich, der ich so gescheut war, diesen Fall mir zu Nutzen zu ziehen, war der Grund selbst, warum er geschah; dieser Fall ist daher ein Werk Gottes, der den verstand- und willenlosen Raben nur zum Mittel seiner wohlwollenden Absichten und Gesinnungen gegen mich gebraucht hat. Wenn, um ein andres Beispiel zu geben, ein vor vielen Jahren schon verlorner Gegenstand aus irgendeiner zufälligen Veranlassung uns plötzlich einmal wieder ins Gedächtnis kommt und in demselben Moment, wo er uns einfällt, jemand denselben uns bringt, wie es mir einmal begegnet ist, so nennen wir dennoch ohne Bedenken dieses seltsame, „wunderbare" Zusammentreffen des Gedankens mit dem wirklichen Ding einen puren Zufall, wenn uns nicht viel an diesem Dinge gelegen ist; wenn es aber eine Quittung ist oder sonst ein Dokument von höchster Wichtigkeit, ein Dokument, das uns oder die Unsrigen aus der Pein eines Kriminalprozesses erlöst, ja, dann ist *derselbe* Fall ein *ganz anderer*, ein *ganz besonderer*, ein *göttlicher* Fall. Wir sind *entzückt*, *außer uns* vor Freude über diesen glücklichen Fund; kein Wunder, daß, wenn uns kein sichtbares Wesen entgegentritt, das als die Ursache dieses Glücks unser Dankgefühl vergöttern kann, wir diesen *himmlischen Fall* auch einem *himmlischen Wesen* zuschreiben; kein Wunder, daß das *göttliche Gefühl*, erhalten, errettet zu sein, auch nur in einem *göttlichen Wesen* seinen entsprechenden Ausdruck und Gegenstand findet. So ist es also nur der Zusammenhang mit menschlicher Not, menschlichem Bedürfnis, der Zusammenhang mit unserm, übrigens vollkommen berechtigten, Selbsterhaltungstrieb, welcher einem von unzähligen andern, aber wegen ihrer Gleichgültigkeit für uns im Strome des Lebens unbemerkt verschwindenden Fällen an sich nicht unterschiednen Falle das Siegel einer göttlichen Schickung aufdrückt.

Eine wahrhaft fromme, nur dem lieben Gott ergebne Seele betrachtet alles als ein Geschenk des Herrn. „Erhalten durch die *Gnade* des Herrn", schrieb so eine fromme Seele in ihre Bücher, selbst solche, die sie sich *gekauft* hatte. Nicht gekauft, nein, geschenkt – geschenkt! –, und rate nur von wem, von dem König der Könige, von dem Herrn aller Dinge, von dem Allerhöchsten. Welch ein Glück, welche Gnade, welche Ehre! Oh, ihr unglückseligen Ungläubigen! Was seid ihr für Toren! Wie wenig versteht ihr euch auf euern Vorteil! Wie beraubt ihr euch durch euren Unglauben der süßesten, der *geistlichen* Vergnügungen, der erhebendsten, der *gottseligen Selbstgefühle!* Was für euch ein kalter, gefühlloser Sonnenstrahl ist, das ist für uns ein Liebesblick der Gottheit; was auf euch den Eindruck eines materiellen Stoßes macht, das empfinden wir als einen Kuß des himmlischen Bräutigams; was euch ein Joch der Notwendigkeit, das ist für uns das Gängelband des himmlischen Vaters; was für euch nur natürliches Wasser ist, das trinken wir für Traubensaft vom Weinberge des Herrn; was euern Sinnen für Mist, aber gleichwohl eurem Verstande für die Seele der Ökonomie gilt, das ist für uns der belebende und wohlriechende Odem des Herrn; was ihr für schweres Geld von den Bauern, Müllern und Bäckern als gemeines Kornbrot bezieht, das empfangen wir gratis von den lieben Engelein als himmlisches Manna; was ihr mit euren Händen mühselig aus dem Borne der Natur schöpft, das schüttet uns die Munifizenz unseres allerhöchsten Gönners aus goldenen Pokalen in den Mund; was bei euch ein Resultat langwieriger Prozesse und Untersuchungen ist, das tut bei uns ein einziger Gedankenstrich der göttlichen Gnade; worüber ihr euch die Köpfe zerbrecht, worüber ihr räsoniert, disputiert und peroriert, ohne am Ende doch ans Ziel zu kommen, das fertigen wir mit dem bloßen Kindergelall: „Abba, Abba, lieber Vater", ab. Ihr ungläubigen Toren! Ihr werft uns Erniedrigung des Menschen vor und seht nicht ein, daß wir dem Menschen die höchste Ehre antun, die nur immer denkbar ist. Wißt ihr denn nicht, daß der Günstling auf seinen Gönner, der Bediente auf seinen Herrn stolz ist? Wißt ihr nicht, daß mit dem Range des Herrn auch der Rang und das Selbstgefühl des Bedienten sich steigert? Nennen sich die Bedienten vornehmer Herr[e]n nicht untereinander selbst bei dem Namen ihrer Herr[e]n? Spiegelt sich nicht in der mit Gold und Silber gestickten Livrée des Bedienten der Glanz seines Herrn ab? Ist das Gefühl, ein königlicher Diener zu sein, nicht auch ein Königsgefühl? Spielt der königliche Diener dem Untergebnen oder gar dem blanken Menschen gegenüber nicht auch einen König? Steht er nicht ausdrücklich im Namen des Königs da? Oh, ihr Toren, ihr wollt dem Menschen die höchste Ehre erweisen und tut ihm den größten Schimpf an, indem ihr ihn seines himmlischen Staats entkleidet. Schlägt denn unter der nackten Brust des Menschen dasselbe Herz als unter einer von der königlichen Gnade mit Sternen dekorierten Brust? Ist das menschliche Herz nicht schwach? Nicht einer Unterstützung bedürftig? Ist aber nicht der stärkste Hebel desselben die *Eitelkeit*? Legt der Geistliche mit dem geistlichen Staat nicht auch die Geistlichkeit, der Soldat mit der glänzenden Uniform nicht auch seinen Soldatenmut ab? Oh, ihr ungläubigen Toren, ihr kennt die Menschen nicht; ihr wißt nicht, was sie bedürfen, und seht in eurem fanatischen Eifer wider die Religion nicht ein, daß gerade sie die mächtigste Stütze der menschlichen Eitelkeit und Schwachheit ist, daß das höchste Wesen nichts andres ist als die höchste Einbildung des Menschen von sich und seinem Wesen, daß die Elogen, die wir in tiefster Demut dem Allerhöchsten machen, nur *indirekte Komplimente gegen uns selbst*, die Geschenke, die wir von der Gnade unsers Herrn in alleruntertänigster Devotion empfangen, nur Opfer sind, die wir *unserer Eitelkeit* darbringen. Nein, ihr kennt die Menschen nicht; ihr seid hohle Theoretiker. Ihr erklärt aus der theoretischen Beschränktheit des Menschen, aus seiner Unwissenheit von der Natur, daß er seinen Ursprung nicht von der Natur, sondern von Gott ableitet. Ihr seht nicht, ihr Toren, daß dieser Genealogie ein praktisches Bedürfnis, ein aristokratisches Motiv, das Motiv der menschlichen Eitelkeit und Selbstliebe, zugrunde liegt, daß der Mensch nur deswegen von Gott sein Dasein ableitet, weil, um so *höher* und *vornehmer* das *Wesen* ist, von dem er *abstammt*, um so *höher* und *vornehmer er selbst ist*, daß er nur deswegen einen übernatürlichen Ursprung sich zuschreibt, um sich selbst ein übernatürliches, göttliches, unsterbliches Wesen und Leben zu vindizieren und garantieren; ihr seht also nicht, daß die Lehre von dem *ersten Ding* oder Wesen nur in der Lehre von den *letzten Dingen* ihren *Sinn* und *Aufschluß* findet, kurz, ihr seht nicht, daß nur die *Anthropologie* der *Schlüssel* zu den *verborgensten Geheimnissen* der *Theologie* ist.

In Athen war die Würde eines Staatsbeamten an „die Verehrung des Apollo als seines *Ahnherrn*", als des Stammvaters der Attiker, die häusliche Niederlassung an den Kultus des Zeus Herkeios, die Aufnahme in die Phratrien an den Kultus des Zeus Phratrios als notwendige Bedingung, somit „die Zivität an die vaterländische Gottesverehrung geknüpft, und indem man die äußere Verbindung des bürgerlichen Gemeinwesens in das unsichtbare, überweltliche (?!) Gebiet des religiösen Glaubens versetzte, wurde das politische Element durch ein geistiges Prinzip gesteigert und veredelt", „die irdischen, weltlichen Verhältnisse durch die Religion geheiligt". Aber nur deswegen, weil die Religion *selbst irdisch* gesinnt, die Götter *selbst weltliche* Wesen waren. Zeus Herkeios ist nichts andres als die Heiligkeit und Göttlichkeit des Hofraums, Zeus Hephestios nichts andres als die Heiligkeit und Göttlichkeit des Herdes, Zeus Phratrios nichts andres als die Heiligkeit und Göttlichkeit der Brüderschaft. „Religion und Politik waren innig verbunden", das heißt, das *Politische* hatte *selbst* die *Bedeutung des Religiösen,* die Religion keinen andern Inhalt und Zweck als einen politischen oder weltlichen. Dem Griechen – überhaupt dem Altertum – waren die im Sinne oder Munde der Christenheit irdischen Dinge und Verhältnisse gemütliche, schöne, himmlische, poetische oder, was eins ist, religiöse. Der Christ, der sein Gemüt, seine Phantasie, kurz, seine Seele bei Gott im Himmel, seinen Leib oder Kadaver aber bei den Menschen auf der Erde hat, erblickt in dem Feuer auf seinem Herde nichts weiter als sein Küchen- und Ofenfeuer, aber der Grieche, der mit *Leib und Seele* auf Erden war, erblickte in diesem Feuer zugleich ein sein Auge erleuchtendes, seine Phantasie erregendes, sein Herz erwärmendes, den Menschen zur Vertraulichkeit, Geselligkeit, Häuslichkeit und Friedfertigkeit entflammendes – ein leiblich und geistlich wohltätiges – ein *göttliches Wesen.* Und der Grieche sah richtiger als der Christ, der sich mit dem Glauben an ein übernatürliches Licht um das Licht der Natur betrügt, über dem blendenden Glanz seines himmlischen Staates seine irdische Sehkraft verliert.

Eine schwärmerische fromme Katholikin gab mir einmal ein „geistliches" und ein „weltliches" Buch in die Hände, um durch das Übergewicht von jenem über dieses mir die Kraft der Religion auf eine handgreifliche Weise fühlen zu lassen. Das „geistliche“ Buch wog auch wirklich bedeutend schwerer, aber aus dem natürlichen Grunde, den aber die fromme Törin übersah, weil es bedeutend größer und dicker war als das weltliche Buch. Ihr hochweisen Gottesgelehrten und Gottesgläubigen überhaupt, erkennt in dieser Schwärmerin euch selbst! Auch ihr macht zur *Kraft Gottes*, was nur *die Kraft der Natur* ist; auch ihr setzt auf Rechnung der Religion, was nur in materiellen, irreligiösen, wenigstens in euren *Augen*, aber deswegen natürlich noch nicht in eurem Herzen irreligiösen Motiven seinen Grund und Bestand hat; auch ihr glaubt, von Gott regiert zu werden, während ihr doch nur von eurem natürlichen Selbsterhaltungs- und Glückseligkeitstrieb, auf den ihr im Dünkel eurer frommen Illusion und theologischen Heuchelei so verächtlich herabblickt, regiert und beherrscht werdet. Glaubt nicht, daß eure frommen Vorstellungen und die an sie geknüpften Gefühle die Norm der Wahrheit und Natur sind; bedenkt, daß auf dem Auge des Menschen sich alle Gegenstände umgekehrt darstellen, daß die Vorstellung die *verkehrte* Welt ist, daß also das, was ihr in eurer Vorstellung zum *Wesen* macht, in Wahrheit nur *Schein*, wenn auch ein *heiliger*, ist, das, was ihr als die *Ursache*, als das *erste* Wesen vorstellt, in Wahrheit und Wirklichkeit das allerletzte Wesen ist.

Wer ehrlich und frei heraussagt: Ich bin ein Egoist – wenigstens ein Egoist in dem Sinne, in welchem es jedes lebendige, wirkliche, selbständige Wesen ist und *sein muß*, wenn es anders existieren, sich behaupten will, in welchem jedes Wesen das begehrt, was seiner Natur gemäß und folglich ihm gut und wohltuend ist, das aber vermeidet, was seiner Natur zuwider und deswegen für es ein Übel ist –, der ist in Wahrheit kein Egoist; wer aber es leugnet, wer sich und andern weismachen will, er sei kein Egoist, wie der religiöse Glaube, den gerade erkennt als den wahren Egoisten! Die Religion ist daher sowenig ein Besserungsmittel des Menschen, daß sie vielmehr ihn zur Verstellung vor sich selbst, zum Selbstbetrug, verführt, indem sie seinem Glauben und Handeln *andere* Motive unterlegt, als in Wahrheit zugrunde liegen. Es gibt nur *ein* Reinigungsmittel des menschlichen Herzens, und dieses ist die Taufe mit dem einfachen, lautern Wasser der Natur, aber nicht im Namen des Vaters, des Sohnes und des Heiligen Geistes, sondern *im Namen des Menschen*, in welchem wir offen bekennen, daß aus demselben Stoffe, woraus wir selbst zusammengesetzt sind, auch alle unsre Handlungen und Glaubensartikel bestehen, daß wir überall nicht aus göttlichen, sondern aus höchst menschlichen, nicht aus himmlischen, sondern irdischen Gründen glauben und handeln, daß also nicht nur die Menschen, sondern auch selbst die *Götter* der Menschen *sündigen Wesens* sind, dieweil sie aus menschlichem, d. i. sündlichem, Geblüt stammen, oder, mit andern, deutlicheren Worten, daß wir *in* und *mit* der Religion *dieselben* Sünder sind, die wir außer der Religion und ohne sie sind.

Der Christ will *nicht Mensch*, er will *unendlich mehr*, er will ein *göttliches*, ein *moralisch vollkommnes* Wesen, d. h. ein *ideales*, gedachtes, kein wirkliches, ein *abstraktes, kein sinnliches*, Wesen sein; denn das moralisch vollkommne Wesen, der Gott, den der Christ als sein Urbild, als das Ziel seines Strebens sich vorsetzt, ist nichts andres als das abgezogene Wesen der Moral, das Wesen des Menschen, inwiefern er ein moralisches Wesen ist, aber gedacht ohne alle „menschlichen Schwachheite[n]" und Mängel, gereinigt von den Blutflecken der Sinnlichkeit, befreit von den Schranken überhaupt, die den Menschen verhindern, ein vollkommen moralisches Wesen zu sein. Der Christ befindet sich daher deswegen auch in fortwährendem Zwiespalt und Widerspruch mit sich als Mensch, als sinnlichem Wesen und sieht sich daher zur Annahme eines andern Lebens genötigt, wo dieser Widerspruch gelöst, das Ideal realisiert, das Gedankenwesen wirkliches Wesen sein wird. Aber gerade dadurch, daß der Christ sich ein Ziel setzt, das er *nicht* erreichen kann – denn ein wirkliches, ein sinnliches Wesen kann unmöglich einem bloßen Gedankenwesen, einem moralischen ens rationis gleich werden – ,daß er *mehr als Mensch sein will*, gerade dadurch ist er *weniger*, als *er sein kann*, ist er kein wirklicher, ganzer, vollkommner, wahrer Mensch. Wie die übervernünftigen und übernatürlichen Lehren der Dogmatik nur zur Unvernunft und Unnatur, so führen auch die übernatürlichen und übermenschlichen Forderungen der Moral nur zur Unmenschlichkeit, Unnatur und Unwahrheit. Der Mensch wird ein aufgeblasnes, *affektiertes* Wesen, denn er studiert sich in eine Rolle ein, die für ihn nicht paßt; er ahmt einem Wesen nach, das seiner Natur widerspricht; er macht das wirkliche, nur sich selbst ausdrückende Wesen zu einer Metapher, einem bildlichen Ausdruck des moralischen Urbilds; er ist ein Schauspieler, der nicht sich, sondern ein andres Wesen vorstellt, im Namen und Sinne eines andern Wesens spricht und handelt und daher jede eigne, natürliche, menschliche Regung, die mit diesem Ideal der moralischen Vollkommenheit in Widerspruch steht, gewaltsam unterdrückt. Aber der Mensch läßt sich nicht verleugnen, die Natur nicht unterdrücken; sie macht sich trotz der Unterdrückung geltend, aber jetzt freilich nicht in natürlicher, sondern unnatürlicher Weise. So waren die Teufel, welche die christlichen Heiligen so peinigten, nichts andres als die von dem christlichen Ideal der moralischen Vollkommenheit unterdrückten sinnlichen Triebe der menschlichen Natur, die sich aber unter diesem Drucke nur in den häßlichsten, naturwidrigsten Gestalten Platz machen konnten. Der Protestantismus hat das Verdienst, die Rechte der „sündlichen Natur" des Menschen gegen die augenfällige, plumpe, schamlose Affektation und Heuchelei der katholischen Heiligkeit und Keuschheit geltend gemacht zu haben. Aber er hat nur das Symptom, nicht die Ursache des Übels, nur die sinnfällige, exoterische, aber nicht die geheime, innerliche Affektation des christlichen Moralprinzips aufgehoben; denn er hat dem Menschen dasselbe phantastische Ziel gesetzt wie der Katholizismus, nur daß er es nicht zu einem Gegenstand der Praxis in diesem Leben, sondern zu einem Gegenstande jenes Lebens, damit nur des Glaubens machte: Dort werden wir sein, was wir hier nur im Glauben sind, aber in der Tat nicht sein können. Wie der Katholik in der Praxis, so unterdrückt und verleugnet der Protestant im Glauben den Menschen. Aber wie sich im Katholizismus der unterdrückte Geschlechtstrieb in schrankenlosen, unnatürlichen Ausschweifungen, so macht sich im Protestantismus, im Christentum überhaupt die unterdrückte und verleugnete Natur des Menschen in dem ausschweifenden, alle Grenzen der Natur und Vernunft übersteigenden Verlangen himmlischer Seligkeit Luft.

„Im Himmel wird sich niemand kränken,
Im Himmel wird nur Wonne sein,
Im Himmel wird uns Jesus schenken
Freud ohne Leid, Lust ohne Pein.
Im Himmel ist kein Jammer mehr;
Ach, wann ich nur im Himmel wär!"

„Alle andere Liebe suchet etwas anders, denn den sie liebt; diese allein (die eheliche Liebe) will den Geliebten eigen selbst ganz haben. Wenn Adam nicht gefallen wäre, so wäre es das lieblichste Ding gewesen, Braut und Bräutigam. Aber nun ist die Liebe auch nicht rein. Denn wiewohl ein ehelich Gemahl das andere haben will, so sucht doch ein jegliches seine Lust an dem andern, und das fälscht diese Liebe." Warum nicht gar? Das macht sie gerade zu einer *wahren, wirklichen* Liebe; denn die wirkliche Liebe befriedigt ein wirkliches Bedürfnis, die Befriedigung eines Bedürfnisses ist aber mit dem Gefühl der Lust verbunden. Ich kann nicht lieben ohne Verlangen nach dem Gegenstand meiner Liebe, und ich kann ihn nicht erlangen, nicht erfassen, meine Liebe also nicht äußern, nicht bewahrheiten, ohne mein Verlangen zu stillen, also ohne Lust zu empfinden. Ich kann folglich die Geliebte nicht um ihrer selbst willen verlangen, ohne zugleich – nolens volens – die Befriedigung meines Verlangens zu verlangen, nicht suchen, ohne zugleich, selbst unwillkürlich, meine Lust zu suchen. Eine absolut reine und uninteressierte Liebe ist nichts weiter als eine *erheuchelte* Liebe. Was du liebst *ohne Bedürfnis* und folglich ohne Interesse, das liebst du, ohne daß ein *Grund* zu dieser Liebe in dir vorhanden ist, *ohne Drang, ohne Not,* das liebst du nur aus *Willkür* und *Eitelkeit,* das *bildest du dir nur ein* zu lieben, aber du liebst es *nicht wirklich.* Der reinen, d. i. bedürfnislosen, Liebe den Vorzug vor der unreinen, d. i. bedürfnisvollen, Liebe geben, das heißt dem *Konfekt* den Vorzug vor dem *Brote* geben. Wenn wir daher das Brot, dessen Heiligkeit bekanntlich in den heidnischen Mysterien gefeiert wurde, als das charakteristische Symbol der alten, naturgetreuen, nur an reelle natürliche Bedürfnisse sich anschließenden Religionen betrachten können, so haben wir dagegen an dem *Konfekt* das *charakteristische Symbol* der *christlichen Theologie*, denn das Brot ist der Gegenstand eines natürlichen Bedürfnisses, das Konfekt aber nur der Gegenstand eines überschwenglichen, *supranaturalistischen* Gelüstes; jenes esse ich, um meinen Hunger zu stillen, also aus Interesse, dieses aber nur aus Luxus, aus reiner, interesseloser Konfektliebhaberei.

Im Himmel der christlichen Theologie bekommen wir unsern Körper wieder, und zwar vollständig; denn der himmlische Körper ist der vollkommne Körper, also muß er alles haben, was der irdische: Haut und Haare, Magen und Leber, Nieren und Zeugungsorgane. Aber seine Zeugungsorgane sondern keinen Zeugungsstoff mehr ab, seine Nieren keinen Urin, seine Leber keine Galle, seine Haut keinen Schweiß, sein Magen keinen die Speisen zersetzenden Magensaft. Er hat also alle Organe, aber ohne ihre physiologischen Verrichtungen und Wirkungen, denn er ist ein *bedürfnisloser*, ein *göttlicher* Körper. Ist diese Vorstellung eine zufällige, partikuläre? Nein, in *diesem himmlischen Körper verkörpert, veranschaulicht sich das innerste und höchste Wesen der christlichen Theologie*. Wie hier die Theologie einem *phantastischen* Leibe den Vorzug vor dem *wirklichen* Leib gibt, einem Körper, der nur ein Körper zu sein *scheint*, aber *nicht* ist, den *wahren* Körper, der *eingebildeten* Vollkommenheit eines *übernatürlichen* Leibes die *wirkliche* Vollkommenheit des *natürlichen* Leibes aufopfert, so opfert die Theologie überhaupt dem *Himmel* die *Erde*, der *Gottheit* die *Menschheit, das heißt*: dem *Scheine* das *Wesen*, der *Einbildung* die *Wahrheit*, der *Vorstellung* die *Wirklichkeit*, auf. Wie der himmlische Körper *ein Körper* ist *ohne Körperlichkeit*, so ist das himmlische, göttliche Wesen ein *persönliches* Wesen *ohne Persönlichkeit*, ein *wirkliches ohne Wirklichkeit*, ein *lebendiges ohne Lebendigkeit*; wie der himmlische Körper alle Organe hat, aber ohne Zweck, Not und Grund, so hat das göttliche Wesen alle wesentliche[n] Eigenschaften des Menschen: Geist, Verstand, Wille, Liebe, aber ohne Geist, Verstand, Wille, Liebe nötig zu haben, denn Geist setzt Fleisch, Verstand Unverstand, Wollen Nichtwollen,

Liebe Mangel, Verlangen voraus – Voraussetzungen, die aber alle bei dem vollkommnen, nichts voraussetzenden Wesen wegfallen –; wie also der himmlische Körper ein bloßer Luxusartikel, ein überflüssiger Körper ist, so ist auch das himmlische Wesen der Theologie überhaupt das allerüberflüssigste Wesen von der Welt – ein Wesen, das daher auch nur *überflüssige, eingebildete* Bedürfnisse stillen kann. *Wirkliche* Bedürfnisse heilt *nur ein selbst bedürftiges* Wesen. Bedürfte das Weib des Mannes nicht, so könnte es auch nicht des Mannes Bedürfnis stillen. Nur dadurch befriedigt es den Mann, daß es in seiner Befriedigung *sich selbst* befriedigt. Wer kein Gefühl für sich, hat auch kein Gefühl für andres. Die Liebe beglückt ein andres Wesen, aber wie kann ich es beglücken, wenn ich ihm nicht das Gefühl, das Bewußtsein gebe, daß ich, indem ich in seinem Interesse, zugleich in meinem eigensten Interesse handle, indem ich ihm wohltue, mir selbst die größte Wohltat erweise? Vollkommenheit ist nicht Bedürfnislosigkeit – Vollkommenheit ist Befriedigung des Bedürfnisses. Die Vollkommenheit der Welt hat ihren Grund nicht in einem vollkommnen Wesen außer und über der Welt, welches nur in Gedanken, in der Einbildung oder Vorstellung existiert; sie hat ihren Grund darin, daß alle weltlichen, wirklichen Wesen *einander bedürfen* und *ergänzen.*

Sind wohl die Menschen, die keinen Gott, keine Unsterblichkeit glauben, auch aufopfernder Handlungen fähig? Oh, gewiß; aber nur solcher Opfer sind sie fähig, die aus Lust und Liebe entspringen, also *keine* Opfer sind. Was du aber nur tun kannst mit Selbstverleugnung, also mit Zwang, Widerwillen, Unnatur – wenngleich diese Unnatur dir zur andern Natur geworden sein mag, so daß du keinen Widerwillen mehr empfindest –, das unterlasse; denn es verfehlt doch seinen Zweck, wenn du es tust. Eine lustige Sünde ist besser – besser für dich und für andere – als eine unlustige Tugend. Ja, was den *Schein* der Liebe, aber nicht das *Wesen* der Liebe hat, das wirkt verderblicher als offenbarer Haß, weil seine Wirkungen nicht so in die Augen fallen und die Natur daher nicht zu energischer Reaktion aufreizen. Eine Frau z. B., die alles ihrem Manne tut, was nur immer die Liebe tun kann, aber nicht aus Liebe, wenigstens wirklicher Liebe – denn man kann sich sogar die Liebe anmoralisieren – ,sondern aus Pflicht, aus religiöser oder moralischer Selbstverleugnung, die mischt, auch ohne Wissen und Willen, in jeden Liebestrank, den sie ihrem Manne reicht, Gift. Handlungen der Liebe *ohne* Liebe, ohne Neigung, ohne Lust sind Handlungen der *Heuchelei*. Die Selbstverleugnung – wohl zu unterscheiden von Selbstbeherrschung – zum *Prinzip* der Moral machen heißt die theologische Heuchelei zum Prinzip der Moral machen.

Es gibt allerdings Gefühle, die wir im Unterschiede von den gewöhnlichen, alltäglichen *religiöse* nennen können. Es sind *die* Gefühle, die in uns entstehen z. B. bei der Vorstellung von unserm einstigen Nichtmehrsein, bei der Erinnerung an geliebte Tote, bei dem Gedanken an das Leben und die Taten großer Menschen, bei dem Blick in die Vergangenheit der Menschheit oder in die schauerlichen, totstillen Tiefen der Natur oder in den unbegrenzten Sternenhimmel. Aber es ist verkehrt, auf diese stillen, *anonymen*, anspruchlosen Gefühle die *weltberühmten Namen* eines Allah, Jehova, Jupiter, Christus gründen, mit diesen Gefühlen die *Sache* der Religion im geltenden, herrschenden Sinne verfechten zu wollen, da sie gerade unabhängig sind vom Glauben an einen Gott, ja, wie die angeführten Beispiele beweisen, sich auf Gegenstände beziehen, die im Sinne der eigentlichen Religiosität, der Gottesgläubigkeit, ungöttliche, unheilige sind.

„Die Griechen“, sagt Apulejus, „verehren ihre Götter durch Tänze, die Ägypter durch Wehklagen.“ Diese wenigen Worte geben uns mehr Aufschlüsse über die Religion der Griechen und Ägypter als dickleibige gelehrte Werke über ihre Mythologien. Der Kultus allein ist das *offenbare Wesen* einer Religion, eines Gottes. Nur was die Kraft hat, in die Sinne überzuströmen, nur was einer sinnlichen Darstellung und Äußerung fähig ist, nur das kann auf die Bedeutung eines wirklichen, wahren Wesens Anspruch machen – was jenseits der Sinne bleibt, das ist eine wesenlose Vorstellung oder wesenlose Abstraktion. Folgt den Sinnen auch auf den Gebieten, wo bisher die Sinnlosigkeit privilegiert war! Die Sinne sind untrügliche Lichter, und sie breiten ihr Licht überallhin, sie beleuchten selbst die tiefsten Tiefen der Religion und Gottheit. So werden in der katholischen Kirche, im katholischen Kultus *alle Sinne* des Menschen befriedigt, das Auge mit Bildern, das Ohr mit Wohlklängen, der Geruchsinn mit Wohlgerüchen, das Gefühl mit Besprengungen, Einsalbungen, Berührungen, der Gaumen mit der Hostie. Ist diese sinnliche Fülle nur Schein, Form, Mittel, Akzidenz? Nein, sie ist das offenbare, das realisierte Wesen selbst der katholischen Gottheit und Kirche, deren Haupt, deren Zentralpunkt der Papst ist. Der Papst ist der Stellvertreter Gottes oder Christi auf Erden, d. h., er ist der *irdische*, der *gegenwärtige, wirkliche* Gott. Aber der Papst ist nicht ein abstrakt, ein nur in der Vorstellung, sondern ein wirklich, ein unmittelbar und vollständig sinnliches Wesen. In der protestantischen Kirche dagegen ist zum Kultus, wenigstens zum wesentlichsten und charakteristischsten Akt desselben, nur *ein* Sinn erforderlich: das *Gehör*. Woher diese sinnliche Beschränktheit und Armut? Weil der wirkliche, reale Gott des Protestantismus die Heilige Schrift, das *Wort* Gottes, ist. Was die Bibel sagt, was der Geistliche im Namen und Geiste der Bibel sagt, das sagt Gott selbst. Aber das Wort vernehme ich nur durch das Ohr. Das Wesen des Wortes offenbart das Wesen des Protestantismus. Das Wesen im Worte ist nicht mehr das Wesen in Fleisch und Bein, sondern das Wesen in abstracto, das geistige Wesen. Wer für mich nur noch in seinen Worten und Taten lebt, die gleichfalls nur noch im Worte, folglich nicht für meine Sinne existieren, sich auch nicht gegenwärtig mehr vor meiner Anschauung in ähnlichen oder denselben Taten, wie in den Wunder[n] der katholischen Heiligen, wiederholen, der existiert für mich, obgleich an sich oder einst ein sinnliches Wesen, nur noch als Geist, nur noch als Objekt des Gedankens, des Glaubens, der Vorstellung, der Einbildung. Aber das Mark der Tat ist die Gegenwart. Die überlieferte Tat ist tot, hat nur historische Bedeutung und Kraft; lebendig, unvergänglich, ewig jung und sich selbst gleich ist nur das Wort, die Lehre. Über dem Wunder steht also die Lehre, über der Tat das Wort. Aber vom Worte ist nicht weit bis zum *Verstande* des Wortes, d. h. vom Protestantismus nicht weit bis zum Rationalismus, bis zu *dem* Gotte, der ein reines, vollkommen abstraktes und sinnloses Verstandeswesen ist. Aber ein Gott, der nicht einmal mehr durch den Donner des Wortes sein Dasein verkündet, keine Existenz für die Sinne, selbst nicht für den geistigsten Sinn, das Gehör, also überhaupt keine äußere, gegenständliche Existenz mehr hat, der hat bald gar *keine* Existenz mehr. Von einem Wesen, das nur ein Vernunftwesen, ist nicht weit bis zur *Vernunft selbst*, d. h. bis zum Schlusse aller, auch der Vernunfttheologie.

Wie hängt das *Priestertum* mit der Religion zusammen? So notwendig wie das Wort mit dem Gedanken, die Handlung mit der Gesinnung, die Erscheinung mit dem Wesen. Der Gegenstand der Religion ist ein Wesen *im Sinne* und *Interesse* des Menschen, ein Wesen, das ihn erhören soll und doch nicht erhört, ein Wesen, das im Glauben existiert und doch nicht in der Wirklichkeit existiert. Welch ein unerträglicher Widerspruch! Wer hebt ihn auf? Nur der Priester. Er ist „der Vermittler zwischen Gott und dem Menschen", das heißt: der Vermittler zwischen dem *Sein* Gottes *in der Vorstellung, im Glauben* und dem *Nichtsein* Gottes *in der Wirklichkeit* – er ist der *unwirkliche* Gott als *wirkliches* Wesen, der *Stellvertreter* Gottes. Der Priester ist ein wirklicher Mensch, aber er stellt nicht den Menschen, sondern den Gott vor; er repräsentiert, versinnlicht das Wesen Gottes, das Wesen der Religion. Wie der Inhalt der Religion ein nicht göttlicher, d. i. natürlicher oder menschlicher, ist, aber als ein göttlicher, d. i. übernatürlicher oder übermenschlicher, erscheint oder vorgestellt wird, *so scheint* der Priester ein *andres* Wesen zu sein, als er in Wahrheit ist. *Schein* ist das Wesen des Priesters. Er muß daher – und diese Notwendigkeit legt ihm nicht etwa die Klugheit nur auf, sondern die Religion selbst, der Glaube – selbst schon äußerlich, schon der Lebensart, der Kleidung, der Haltung, den Gebärden nach sich von den übrigen Menschen absondern und unterscheiden, um einen *heiligen Schein*, den Schein, daß er ein ganz besonderes, ein übernatürliches und übermenschliches Wesen ist, um sich zu verbreiten. Nur dadurch, daß er *nicht zu sein scheint*, was er *wirklich* ist, nur durch die *Verneinung* oder wenigstens *Verhüllung* seines Menschseins bekommt das Wesen, das *nicht ist*, den

Schein eines *wirklichen*. Fromme, unwillkürliche, unbewußte Illusion ist die Religion, politische, bewußte, raffinierte Illusion das Priester- und Pfaffentum, wenn auch nicht gleich im Anfang, doch immer im Verlaufe einer Religion. Die Religion *glaubt* Geister, aber der Priester oder Jongleur *beschwört* die Geister; die Religion *glaubt* Wunder, aber der Priester oder Jongleur *tut* Wunder. Was der Mensch einmal glaubt, das will er auch sehen; was einmal für ihn ein Wesen in der Vorstellung ist, das muß ihm auch als wirkliches Wesen vor die Augen treten.

Wie hängt die Religion mit der Politik zusammen? Ist sie der Freiheit oder dem Despotismus günstig? Die Religion ist ein sehr vieldeutiges, unbestimmtes, widerspruchvolles Wort und Ding, denn Gott ist der chaotische Inbegriff aller Realitäten oder wesentlichen Eigenschaften der Natur und Menschheit. Gott ist die Liebe, der Vater, die Einheit der Menschen; vor ihm sind alle gleich. Wie kann unter dem Schutze des alle Menschen mit gleicher Liebe umfassenden Vaterherzens der Despotismus gedeihen? Gewiß nicht. Aber Gott ist nicht nur Vater, sondern auch *Herr*, nicht nur Liebe, sondern auch Macht. Alle Macht und Gewalt, folglich auch die politische, ist also ein Ausfluß und Abdruck der Gottheit als der höchsten Macht. Wie sollte also der himmlische Herr nicht die irdischen Herren zu herrischen Gesinnungen und Maßregeln autorisieren[1]? Selbst wenn wir Gott auch nicht als den höchsten Potentaten oder Souverän uns denken, wenn wir bei der Vorstellung des Vaters bleiben, so gehört doch zum Vater die *väterliche Autorität*[2] *und Gewalt*, die patria potestas, der wir als folgsame Kinder unsern eignen Willen und Verstand unterwerfen müssen. Warum sollte also nicht unter dem heiligen Schutz und Vorwand der väterlichen Gewalt im Himmel, die ja keine unmittelbare ist, ein geistlicher Pater oder ein Landesvater sich meines Willens und Verstandes zu seinen Zwecken bemächtigen? Kann ich ein religiöses Kind und zugleich ein politischer Mann sein? Wenn ich einmal einem andern Wesen meinen

[1] *Im Original:* auctorisiren
[2] *Im Original:* Auctorität

Willen und Verstand unterwerfe und aufopfere, gebe ich mir nicht dadurch eine *Blöße*, die jeder Schlaukopf zu seinem Vorteil benutzen kann? Und sind denn alle Menschen gleich? Ist nicht der eine vor dem andern ausgezeichnet? Muß ich aber nicht aus diesen, sei es nun natürlichen Vorzügen oder politischen Vorrechten auf eine besondere Gunst, auf eine Vorliebe des himmlischen Vaters schließen? Warum sollte er nun aber seinen Günstlingen nicht auch seine väterliche Gewalt über mich anvertraut haben? Weiß ich die Absichten meines himmlischen Vaters? Muß ich nicht blindlings seinen Fügungen mich ergeben? Sieht nicht der Vater anstatt des Kindes? Wozu habe ich denn einen Willen, einen Verstand, ein Auge über mir im Himmel als dazu, daß *ich selbst* keinen Willen, keinen Verstand, kein Auge habe? Ist also nicht auch die süße Vorstellung eines himmlischen Vaters ein geschicktes Mittel, den Menschen zu entwaffnen, als ein willen- und verstandloses Werkzeug den Absichten des geistlichen und weltlichen Despotismus zu unterwerfen? Ist nicht der Heilige Vater in Rom eine Konsequenz von dem himmlischen Vater?

Bei den Israeliten durften nur die Priester das Allerheiligste sehen. Fünfzigtausendundsiebenzig* Bethsemiten kamen ums Leben, weil sie unglücklicherweise die Bundeslade angeschaut und angerührt hatten. Bei den Griechen traf der gräßlichste Fluch und die Todesstrafe selbst den in die Mysterien Eingeweihten, wenn er Uneingeweihten etwas von ihrem Inhalt mitgeteilt hatte. Bei den Germanen versenkte der Priester die bei dem Abwaschen ihres heiligen Götterbildes oder Symbols mitwirkenden Knechte in den See, damit sie nicht verraten könnten, was sie gesehen. So macht die Religion – die Religion, sage ich, nicht das Priestertum, denn die Macht des Priestertums beruht nur auf der Macht der Religion, wenn es gleich dieselbe nur zu seinem Vorteil gebrauchen mag – das Sichtbare nur da-

* Diese enorme Zahl wird übrigens von den Exegeten beanstandet. Schon Josephus sagt nur 70; andere 70 aus 50 000; neuere nehmen die Zahl voll an, lassen es aber unentschieden, ob sie diese Größe einem Irrtum oder der orientalischen Übertreibung verdanke.

durch zu etwas Unsichtbarem, daß sie es *nicht sehen läßt*, das an sich Gemeine nur dadurch zu einem Geheimnis, daß sie es *geheimhält, nicht gemein macht*, das an sich Profane nur dadurch zu einem Heiligtum, daß sie es *heiligspricht*, das an sich höchst Begreifliche oder gar Unvernünftige nur dadurch zum Übervernünftigen und Unbegreiflichen, daß sie es dem *Lichte der prüfenden Vernunft entzieht*, dem *Gewissen* als einen unantastbaren, unbezweifelbaren Glaubensartikel aufdringt. Die Religion macht es daher gerade so wie der willkürliche, formelle Staat. Die Religion sagt: „Heilig sei dir dieser Gegenstand", obgleich in ihm selbst kein Grund der Heiligkeit liegt; der Staat sagt: „Dein sei dieses, mein dieses", obgleich beides an sich ein Gleiches und Gemeines ist; jene sagt: „Dieses ist rein, dieses unrein, dieses religiös, dieses irreligiös", obgleich *an sich* kein Unterschied stattfindet; dieser sagt: „Dieses ist erlaubt, dieses verboten, dieses recht, dieses unrecht", obgleich *an sich* dieses ebensowenig unrecht, als das andere recht ist. Die Religion opfert ihren willkürlichen Glaubenssatzungen die natürliche Vernunft, und der Staat opfert dem willkürlichen positiven Recht – jus civile – das gemeine natürliche Recht – das jus gentium –; die Religion macht das ewige Heil von feierlichen Zeremonien und der Staat das zeitliche Heil von juristischen Formalitäten abhängig; die Religion setzt die Pflichten gegen die Götter und der Staat die Pflichten gegen die Fürsten über die Pflichten gegen den Menschen; die Religion rechtfertigt ihre Barbarei mit den unerforschlichen Gründen der göttlichen Weisheit und der Staat seine Brutalitäten mit unsagbaren Gründen von höchster politischer Wichtigkeit; die Religion straft den, der aus einem geheiligten Hain, und der Staat den, der aus einem Staatswald einen grünen Zweig abbricht; die Religion gibt ihren göttlichen Krokodilen, Schlangen und Stieren das Leben des Menschen und der Staat dem Wohl seiner Hasen, Hirsche und Schweine das Wohl seiner Untertanen preis. So mußten z. B. „unter dem frommen Herzog Wilhelm von Bayern die Bauern in den Zäunen ihrer Felder *vier Lücken* nach den vier Hauptwinden offen lassen, damit das Wild recht bequem auf den Feldern des Landmanns sein Futter suchen konnte". „Gegen *Menschen*", sagt mein Vater in Beziehung auf ein bayerisches Jagdgesetz, das erst im Jahr 1806 abgeschafft wurde, „gibt es ein Recht der Notwehr; gegen Hasen, Hirsche und Schweine ... nicht! Jedem andern als ihrem Jagdherrn gegenüber sind diese Tiere gleichsam *hochheilige* Geschöpfe (sacro sancti), denen bei schwerer Ahndung nicht Leides geschehen darf."

Die christlichen Kriminalisten haben mit Gott das Kriminalrecht begonnen, Gott an die Spitze der peinlichen Halsgerichtsordnung gestellt, das Verbrechen gegen Gott zum ersten, höchsten Verbrechen gemacht. Da aber Gott kein sinnliches Wesen, wenigstens kein individuell, handgreiflich sinnliches, also kein Wesen ist, an dem eine Verletzung seiner Freiheit oder seines Eigentums oder Lebens begangen werden kann, da er vielmehr nur ein im Glauben, in der Meinung existierendes Wesen ist, so bleibt für ihn kein andres Verbrechen als das der *Injurie* – der Blasphemie. Die spätern rationellen und humanisierten Kriminalisten dagegen behaupteten und erkannten, daß Gott auch nicht einmal als Gegenstand einer Ehrenverletzung gedacht, nicht beleidigt werden könne, und verwandelten daher die Injurie gegen Gott in eine Injurie gegen die *Gottesverehrer*. So haben wir selbst im Kriminalrecht die Bestätigung von dem Satze, daß, was zuerst in Gott, im Verlauf in den Menschen gesetzt, was zuerst für etwas Gegenständliches gilt, zuletzt für etwas Subjektives erkannt wird. Aber auch da, wo es für das Bewußtsein eine wirkliche Beleidigung Gottes gibt, wird die Blasphemie doch nur deswegen als ein Verbrechen bestimmt und bestraft, weil *unbewußt* die Beleidigung Gottes die *Beleidigung seiner Verehrer* ist; denn der Gegenstand der Verehrung ist eine Ehrensache. Wer Schimpfliches verehrt, beschimpft sich selbst. Was ich verehre, setze ich *über mich*, aber nur, weil ich in ihm den klassischen Ausdruck *meines eignen Wesens, mein Ideal*, mein Muster finde. Warum verehre ich Goethe als den höchsten Dichter? Weil ich in ihm meine Forderungen an den Dichter erfüllt finde, aber diese Forderungen hängen aufs innigste mit meinem ganzen Wesen zusammen, also nur, weil ich in ihm *mein eignes Wesen ausgesprochen* finde. Wer daher Goethen das Prädikat eines großen Dichters oder gar eines Dichters überhaupt abspricht, der beleidigt *mich*, weil er mir selbst dadurch dichterisches Gefühl und Urteil abspricht. Mit der Würde des *Gegenstands* meiner Verehrung steigt daher *meine eigne Würde*. Wer *Gott* als ein über Sonne, Mond und Sterne erhabnes Wesen verehrt, der erhebt *sich selbst* über Sonne, Mond und Sterne. Die Christen warfen darum den Heiden Erniedrigung des Menschen vor, weil sie der Natur, die doch *unter* dem *Menschen*, die nur zu seinem Nutzen und Gebrauch dawäre, göttliche Verehrung geweiht hatten. „Ich", sagt z. B. Clemens A[lexandrinus], „habe gelernt, die Erde *mit Füßen zu treten*, aber nicht, sie anzubeten." Was ich Gott zuschreibe, das schreibe ich indirekt, mittelbar mir selbst zu. Wer einen allmächtigen Gott glaubt, der glaubt auch ein *allmächtiges Gebet*, und wer einen ewigen Gott hat, der hat auch ein ewiges Leben. Wer daher die Ehre Gottes angreift, wer Gott etwas zuschreibt, was seinem Wesen, seiner Würde widerspricht, oder abspricht, was seinem Wesen, seiner Würde zukommt, der greift mich an *meiner eignen*, und zwar *höchsten*, *meiner göttlichen* Würde und Ehre an. Wer den Namen des christlichen Gottes verunglimpft, der verunglimpft *meinen eignen* Namen, und zwar meinen höchsten, teuersten Namen, *den* Namen, an den alle meine irdischen und himmlischen Rechte und Würden geknüpft sind, den Namen „Christ". Der Dieb nimmt mir nur ein äußerliches Gut, der Injuriant nur meine bürgerliche Ehre, der Plagiar nur meine Freiheit, der Mörder nur meinen Körper, aber der Blasphemist nimmt mir meinen Gott, meinen Himmel, meine Seele. Die Blasphemie ist das größte Verbrechen. Wie daher die Kirche nichts andres ist als der *realisierte*, der *wirkliche* Gott als gutes, gnädiges Wesen, der *realisierte Himmel* – denn die Kirche hat die Macht der Begnadigung, sie entbindet von der Sünde, sie spendet die Mittel der Seligkeit, schließt den Himmel auf –, so ist das christliche Kriminalrecht nichts andres als der *realisierte Gott* als *böses, zürnendes, strafendes* Wesen – die *realisierte christliche Hölle*. Der Himmel ist das Gefühl von der Seligkeit des Glaubens, der Religiosität, der Gottesfurcht, die Hölle das Gefühl von der Unseligkeit des Unglaubens, der Gottlosigkeit überhaupt. Aber die Seligkeit des Glaubens fühle ich selbst; die Unseligkeit des Unglaubens lasse ich [einen] andern –

den Ungläubigen nämlich – fühlen. Wie im Himmel der Kirche die Eigenschaften Gottes als des Schöpfers oder Wesens des *zweiten*, des himmlischen Adams, als Stifters des übernatürlichen Reichs der Gnade, als Herrn des *ewigen* Lebens, zu Eigenschaften des Menschen werden, d. h. sich erweisen als Eigenschaften des menschlichen Wesens, so werden in der Hölle des christlichen Staates die Eigenschaften Gottes als Schöpfers des *leiblichen*, *irdischen*, *weltlichen* Wesens, als *Gesetzgebers*, als *Richters*, als Herren über *Leben und Tod*, zu *Eigenschaften des Menschen*. Wenn daher in der Kirche, wenigstens ihrer ursprünglichen Idee nach, wornach sie nichts andres als die auf die Liebe gegründete Vereinigung der Menschen ist, sich der Mensch auf positive, wohltätige Weise als der Gott des Menschen erweist, so erweist er sich dagegen im Kriminalrecht als solcher auf *negative*, *peinliche* Weise, indem hier sich der Mensch auf Grund seiner Gott vertretenden, Gott verwirklichenden Würde, seiner göttlichen, über Leben und Tod gebietenden Willkür das Recht, die Macht vindiziert, den Gotteslästerer – den vorsätzlichen, wohlbedächtigen wenigstens – „mit glühenden Zangen zu zerreißen, Riemen aus seinem Leib zu schneiden, ihn zur Richtstatt zu schleifen, die Hand, welche er etwa hierzu gereicht, abzuhauen, die gotteslästerlichen Zungen, soweit sie aus dem Munde zu bringen, abzuschneiden und den Leib lebendig zu Staub und Asche zu verbrennen“, wie es „die unter glorwürdigster Regierung Leopoldi I. auf ein neues herausgegebne N. D. L. G. D. art. 59 klar statuiert“. So beweist der christliche Staat, daß das Feuer der Hölle kein Phantasma, die ewigen Höllenstrafen keine Illusion sind, denn denen, welche die Martern des christlichen Kriminalrechts ausstanden, dauerten sicherlich diese eine Ewigkeit. Kurz erscheinen ja überhaupt dem Menschen nur seine Lustgefühle, aber ewig dauernd seine Schmerzgefühle.

*Wider den Dualismus von Leib und Seele, Fleisch und Geist**

„Für unsere Erkenntnis ist das Psychische und Physische darin schon wesentlich voneinander unterschieden, daß die Quelle der Wahrnehmungen und Erfahrungen in der Körperlehre oder Physiologie durchaus eine andere ist als in der Geisteslehre oder Psychologie. Letztere hat es mit den Gegenständen des *innern Sinns*, die bloß die Zeit erfüllen, mit der Beobachtung der Vorstellung, Gefühle, Willensbestrebungen zu tun, die wir nie als Beschaffenheiten eines Körpers erkennen, da in ihnen von Raum und Raumerfüllung gar keine Spur ist. Die Physiologie des menschlichen Körpers geht dagegen von Belehrungen durch die *äußern Sinne* aus und beobachtet nur organische Gebilde aus beweglichen Materien, nur Beschaffenheiten des im Raume Gestalteten und Beweglichen. Solange bei den Untersuchungen, z. B. über die Empfindungen der Sinne, noch die Rede ist von Brechung der Lichtstrahlen, von dem Bilde auf der Netzhaut, von den Schwingungen der Luft, von Nervenknoten usw., solange befindet man sich noch in den Gebieten der Physik und Physiologie; die Psychologie hat es bloß mit dem, was im Innern vorhanden ist, zu tun; dort aber finden sich weder Nerven noch Affektionen derselben, sondern nur Anschauungen, Vorstellungen usw., mithin Erscheinungen von Kräften, die bloß in der Zeit wirken."** Allerdings gibt es in der Psychologie

* Erläuterungen zu den „Grundsätzen der Philosophie" [GW 9, S. 264–341], die aber weder auf quantitative noch qualitative Vollkommenheit Anspruch machen. Sie sind zu spät niedergeschrieben worden, zu einer Zeit, wo bereits das Feuer der ersten Konzeption erloschen, mein Sinn andern, dem Menschen näherliegenden Gegenständen zugekehrt war.

** Diese und mehrere folgende mit Anführungszeichen markeine Nerven, keine Hirnlappen und Hirnbalken, keine Galle, keinen Magen, kein Herz, kurz, nichts Raumerfüllendes. Aber dieser Mangel an aller Raumerfüllung, diese Abwesenheit alles physiologischen Materials, diese Leere hat einen *subjektiven* Grund. Im Verlangen und Genuß der Speise weiß ich nichts vom Magen, in der Empfindung als solcher, wie sie Gegenstand der Psychologie, nichts von Nerven, im Denken als solchem nichts vom Hirn. Aus dieser *subjektiven* Nerven- und Hirnlosigkeit aber auf ein *objektiv*, an und für sich hirn- und nervenloses, überhaupt unkörperliches Wesen schließen wollen, das ist gerade soviel, als wenn ich daraus, daß ich nicht aus mir selbst weiß und fühle, daß ich Eltern habe – jeder weiß ja nur von andern, daß er gezeugt ist – schließen wollte, daß ich von mir selbst bin, daß meine Existenz ihrem Ursprunge nach von keinem andern Wesen abhängt. In der Tat sind wir samt und sonders in der Psychologie Kasper Hauser, wissen wir nichts von der Genealogie unsrer Gefühle, Vorstellungen und Willensbestrebungen und wollen von ihr nichts wissen, wie jener österreichische Kaiser, der es sich verbat, zu tief seinem Ursprung nachzuforschen, weil man zuletzt auf einen Schneider oder Schweinehirten als den Stammvater des kaiserlichen Hauses stoßen könnte; wir halten uns daher für adlig, weil unser Ursprung aus plebejischem Blut jenseits unsers Bewußtseins liegt, für ewig, weil uns die data [Daten] der Zeitrechnung fehlen. In der Psychologie ist das Subjekt und Objekt identisch, in der Physiologie verschieden; psychologisches Objekt bin *ich mir selbst*, aber physiologisches bin ich einem *andern;* die Empfindung, die mein Magen während des Hungers, mein Hirn während des Denkens mir verursacht, ist nur mir selbst Objekt, aber Objekt der Physiologie und Anatomie; Objekt der Anschauung kann nun und nimmermehr mein Hirn oder Magen mir selbst, kann er nur einem andern werden. Allerdings ist also die Erkenntnisquelle der Psychologie eine andere als die der Physiologie; aber der Unterschied betrifft nicht den Gegenstand als solchen, sondern die Art

kierte Stellen sind der Ersch- und Gruberschen Enzyklopädie, Art. Dualismus, und andern bekannten Psychologien entnommen.

und Weise der Erkenntnis; dort ist sie eine unmittelbare, mit dem Gegenstand identische, *lebendige*, hier eine mittelbare, tote, historische. Der Frosch ist nur für sich ein lebendiges, empfindendes, vorstellendes Wesen, *Subjekt;* aber für mich ist er, selbst als Objekt der Vivisektion, nur ein materielles Wesen, *nur Objekt*, denn seine Empfindung als solche kann mir schlechterdings nicht Gegenstand werden. Leben, Empfinden, Vorstellen wird als solches nur unmittelbar durch sich selbst wahrgenommen, ist von dem lebendigen, empfindenden, vorstellenden Wesen, Subjekt oder Organ unabsonderlich, ununterscheidbar.

„Ich betrachte *mich* als das Unterscheidende, meinen Leib mit allen seinen Teilen als das von andern Körpern sowohl als von seinen eignen übrigen Teilen Unterschiedene, welches ebendarum auch von mir, der ich die Unterscheidung vornehme, unterschieden wird." Allerdings unterscheide ich, wenigstens theoretisch, meinen Leib, als Gegenstand meiner äußern Sinne, von andern Leibern nicht nur, sondern auch von mir selbst; aber von meinem innern Organismus, insbesondere von dem innern Denkorgan, dem Hirn, kann ich mich nicht unterscheiden. Ich kann mir allerdings in der Einbildungskraft mein Hirn als Objekt vorstellen und mich so von ihm unterscheiden, aber diese Unterscheidung ist nur eine logische oder vielmehr imaginäre, keine reale; denn ich kann ja nicht denken, nicht unterscheiden ohne Hirntätigkeit; das Hirn, von dem ich mich unterscheide, ist nur ein gedachtes, vorgestelltes, nicht das wirkliche Hirn; ich hebe nur meinen vorgestellten, bewußten, aber nicht meinen *unbewußten* Zusammenhang mit dem Hirn auf. Psychologisch, d. h. für mich als Vorstellenden, Denkenden, ist an und für sich das Vorstellen, das Denken kein Hirnakt; ich kann denken, ohne nur zu wissen, daß ich ein Hirn habe; in der Psychologie fliegen uns die Tauben gebraten ins Maul; in unser Bewußtsein und Gefühl fallen nur die Schlußsätze, aber nicht die Prämissen, nur die Resultate, aber nicht die Prozesse des Organismus; es ist daher ganz natürlich, daß ich das Denken vom Hirnakt unterscheide und für sich selbst denke. Aber daraus, daß das Denken für mich kein Hirnakt, sondern ein vom Hirn unterschiedener und unabhängiger Akt ist, folgt nicht, daß es *an sich* auch kein Hirnakt ist. Nein, im Gegenteil: Was *für mich* oder *subjektiv* ein rein geistiger, immaterieller, unsinnlicher Akt, ist *an sich* oder *objektiv* ein materieller, sinnlicher.* Die Identität von Subjekt und Objekt, die wir soeben als das Wesen der Psychologie bezeichneten, gilt insbesondere von dem Hirn- und Denkakt. Der Hirnakt ist der höchste, der unser Selbst begründende oder bedingende Akt – ein Akt, der daher nicht mehr als ein von uns unterschiedener wahrgenommen werden kann. In andern organischen Prozessen, so im Assimilationsprozeß, folgt auf die subjektive, die mit mir identische, die mir selbst zugeschriebene Tätigkeit die objektive, von mir unterschiedene Tätigkeit des Organismus; ich ergreife die Speisen, schmecke, genieße, zerkaue, verschlinge sie; sowie sie aber verschlungen sind, sind sie außer der Sphäre meiner Tätigkeit, meines Bewußtseins und Willens, gehören sie gleichsam einer innern Welt an. Dagegen im Hirnakte als dem höchsten Akt sind die willkürliche, subjektive, geistige und die unwillkürliche, objektive, materielle Tätigkeit identisch, ununterscheidbar. Selbst für unser Bewußtsein ist das Denken eine ebenso willkürliche als unwillkürliche Tätigkeit. Aber ebendeswegen, weil in ihm der Gegensatz zwischen subjektiver und objektiver Tätigkeit verschwindet, ist es für uns eine absolut subjektive. Den Magen, den ich bald voll, bald leer, das Herz, das ich schlagen höre und fühle, den Kopf, als Objekt der äußern Sinne, kurz, meinen Leib nehme ich nur durch den Hirnakt wahr, den Hirnakt aber nur *durch sich selbst*, er ist daher für mich, wenigstens unmittelbar, nichts Objektives mehr, nichts von mir Unterscheidbares. Aus dieser Unfühlbarkeit und Ungegenständlichkeit des Hirnakts erklärt sich auch der psychologische Götzendienst der alten Völker und aller ungebildeten Menschen, welche die „Seele“, den „Geist“ statt in den Hirnakt in den Herzschlag oder den Respirationsakt versetzen.

„Die allen Menschen“, sagt *Kant* in seiner „Anthropologie“, „natürliche Furcht vor dem Tode ist nicht ein

* Gleichwie *für mich* mein Körper in die Klasse der Imponderabilien gehört, keine Schwere hat, ob er gleich an sich oder für andere ein schwerer Körper ist.

Grauen vor dem Sterben, sondern, wie Montaigne richtig sagt, vor dem Gedanken, *gestorben* (d. i. tot) zu sein; den also der Kandidat des Todes nach dem Sterben noch zu haben vermeint, indem er das Kadaver, was nicht mehr er selbst ist, doch als sich selbst im düstern Grabe oder irgendwo sonst denkt." Dieselbe Bewandtnis hat es mit der Scheu des Menschen vor dem Materialismus oder richtiger Organismus, mit der Scheu insbesondere, den Denkakt als einen Hirnakt zu denken.* Die Kenntnis des menschlichen Gehirns und Körpers überhaupt hat der Mensch aus der Anatomie menschlicher Leichname geschöpft; indem er daher sein Hirn denkt, so denkt er das Leben unwillkürlich unter dem Bilde des Todes, das Hirn als ein anatomisches Objekt – als ein Objekt folglich, mit dem es ihm ebenso unmöglich ist, den Denkakt zu verbinden, als mit dem Leichnam das Leben. Von seiner Einbildungskraft hintergangen, sieht er nicht ein, daß das Hirn als *Subjekt*, als lebendiges ein ganz *anderes* Wesen ist denn als *Objekt*, daß das Hirn, wie überhaupt das Innere des Organismus, nur im Tode in die Kategorie des eigentlichen Materialismus verfällt, nur im Tode ein äußerliches, tastbares, sichtbares, riech- und schmeckbares Objekt wird, im Leben aber nur ein Objekt des *innern* Sinns, d. i. Selbstgefühls, ist. Allerdings kann auch im Leben das Hirn, wie jeder innere Teil, sich Blößen geben, aber werden die innersten oder wesentlichsten Teile oder wird es vollständig entblößt, so steht auf dieser Profanation des Lebensgeheimnisses die Todesstrafe.**

* Hieher gehört auch die merkwürdige *religiöse* Scheu des Menschen vor der Anatomie. Der Blick in das Innere demütigt; darum scheut sich der Mensch, einwärts zu schauen; freilich hat er auch nicht seine Augen zu diesem Schauspiel; der geöffnete Leib ist die *Blöße* des Menschen.

** Den superstitiösen Psychologen, welche aus solchen abnormen Erscheinungen, wo bei „zerstörtem" Gehirn sich keine Geistesstörung zeigte, den Schluß ziehen, daß der Mensch ohne Hirn denken könne, halte ich eine andere Erscheinung entgegen, nämlich die, daß man bei Phthisikern die Lunge oft in solchem zerstörten Zustande gefunden hat, daß man nicht begreifen kann, wie sie mit einer solchen Lunge noch atmen und leben konnten, und folgre also mit ihnen hieraus, daß der Mensch auch ohne Lunge atmen und leben kann.

Wenn der Psycholog sagt: Ich unterscheide mich von meinem Leibe, so ist damit ebensoviel gesagt, als wenn der Philosoph in der Logik oder in der „Metaphysik der Sitten“ sagt: „Ich abstrahiere von der menschlichen Natur.“ Ist es möglich, daß du von deinem Wesen abstrahierst? Abstrahierst du denn nicht als Mensch? Denkst du ohne Kopf? Ist aber dein Kopf nicht ein menschlicher Kopf? Die Gedanken sind „abgeschiedene Seelen“. Gut; aber ist nicht auch die abgeschiedene Seele noch ein treues Bild des weiland leibhaften Menschen? Ändern sich nicht selbst die allgemeinsten metaphysischen Begriffe, die Begriffe von Sein und Wesen, sowie sich das wirkliche Sein und Wesen der Menschen ändert? Was heißt also: Ich abstrahiere von der menschlichen Natur? Nichts weiter als: Ich abstrahiere vom Menschen, wie er Gegenstand meines Bewußtseins und Denkens ist, aber nimmermehr vom Menschen, der hinter meinem Bewußtsein liegt, d. h. von meiner Natur, an die nolens volens unauflöslich meine Abstraktion gebunden ist. So abstrahierst du denn auch als Psycholog in *Gedanken* von deinem Leibe*, aber gleichwohl bist du im *Wesen* aufs innigste mit ihm verbunden, d. h., du *denkst* dich unterschieden von ihm, aber du *bist* deswegen noch lange nicht von ihm wirklich unterschieden. Der Unterschied zwischen *Denken* und *Sein* ist in der Psychologie nicht aufgehoben. Selbst in betreff des Denkens hast du wohl zu unterscheiden zwischen dem Denken des Denkens und dem Denken an sich. Du denkst das Denken als eine lediglich subjektive Tätigkeit; du sagst: Ich denke. Hat aber nicht auch *Lichtenberg* recht, wenn er behauptet: „Man sollte eigentlich nicht sagen: Ich denke, sondern: Es denkt“? Wenn also auch gleich das „Ich denke“ sich vom Leibe unterscheidet, folgt daraus, daß auch das „Es denkt“, das Unwillkürliche in unserm Denken, die Wurzel und Basis des „Ich denke“, vom Leibe unterschieden ist? Woher kommt es denn, daß wir nicht zu jeder Zeit denken können, daß uns nicht die Gedanken nach Belieben zu Gebote stehen, daß wir oft mitten in einer geistigen Arbeit trotz der ange-

* Aber kann nicht der Mensch auch in der Tat von seinem Leibe abstrahieren, kann er ihn nicht töten? Ja, aber indem er den Leib tötet, tötet er *sich selbst* und beweist ebendadurch, daß er *nicht* von seinem Leibe abstrahieren kann.

strengtesten Willensbestrebungen nicht von der Stelle kommen, bis irgendeine äußere Veranlassung, oft nur eine Witterungsveränderung die Gedanken wieder flottmacht? Daher, daß auch die Denktätigkeit eine organische Tätigkeit ist. Warum müssen wir oft jahrelang Gedanken mit uns herumtragen, ehe sie uns klar und deutlich werden? Darum, weil auch die Gedanken einer organischen Entwicklung unterworfen sind, auch die Gedanken reifen, *zeitigen* müssen, sogut als die Früchte auf dem Felde und die Kinder im Mutterleibe.

Welche Bewandtnis hat es mit dem Unterschied zwischen dem „subjektiven" und „objektiven" Geiste? Diese: Der schreibende Schiller ist der subjektive, der gedruckte Schiller der objektive Geist. Während des Schreibens haften die Gedanken noch an mir, an meinem Gehirne, sind sie mit allerlei pathologischen Zuständen verknüpft, mit Schweiß und Blut besudelt; aber wenn sie außer mir fertig, niedergeschrieben, gedruckt sind, so sind alle Spuren von den schmach- und leidensvollen Bedingungen, unter denen sie entstanden, verschwunden, alle Anthropopathismen von ihnen abgestreift; sie erscheinen als göttliche, aus sich selbst entsprungene Wesen; sie flößen jetzt nur die Gefühle der Seligkeit, Mühelosigkeit und Vollkommenheit ein. Ein ähnlicher Unterschied wie zwischen dem Werk als Objekt des schaffenden Autors und dem Werk als Objekt des genießenden Lesers findet in uns selbst statt. Unserm Bewußtsein gegenüber verleugnen freilich die Gedanken ihren materiellen, d. i. organischen, Ursprung, sind sie losgerissen von ihrem Zusammenhang mit Fleisch und Blut, erscheinen sie als ipse fecit [selbsterschaffen], als Produkte einer generatio spontanea [Entstehung von selbst, Urzeugung], aber unser Ich, unser Bewußtsein ist auch nicht der eigentliche Autor, sondern nur der Leser, das *Publikum* in uns.

Die Seele ist ebensowenig als die Gottheit ein Gegenstand der „Erfahrung" und „unmittelbarer Gewißheit", wie viele vorgeben; sie verdankt vielmehr ihre Existenz nur einem *Schlusse,* und die Basis dieses Schlusses, die Prämisse, ist hauptsächlich die Identität oder „Einfachheit" unsers Selbstgefühls, unseres Bewußtseins. So sagt z. B. *Bonnet:*

„Sooft ich mich selbst erforschet, sooft habe ich mir von der Einfachheit meines Ichs bei der Voraussetzung, daß die Seele materiell sei, keinen Grund angeben können. Ich habe geglaubt, deutlich einzusehen, daß dieses Ich jederzeit eins, jederzeit einfach, jederzeit unteilbar sei und folglich weder eine bloße Modifikation der ausgedehnten Substanz noch die unmittelbare Folge irgendeiner Bewegung sein könne. Daher habe ich das *Dasein* einer *immateriellen Seele zugeben* müssen, um die Erscheinungen zu *erklären*, die mir ohne das unerklärbar geschienen hätten." Allein diese Identität oder Einfachheit unsers Bewußtseins oder Ichs, *wie* sie der Psycholog zum Ausgangspunkt seines Schlusses auf eine Seele oder vielmehr als tatsächlichen Beweis einer solchen annimmt, ist selbst keine unmittelbare Tatsache, sondern ein Produkt der *Abstraktion* und *Reflexion*. Unser Ich, unser Bewußtsein ist in der Wirklichkeit so verschieden als der Inhalt desselben. Ich bin ein anderes Ich im Gram als in der Freude, ein anderes Ich im Zustande der Leidenschaft als der Besonnenheit, ein anderes in der Glut der Empfindung als in der Kälte des Denkens, ein anderes mit leerem als vollem Magen, ein anderes im Freien als in der Stube, ein anderes auf Reisen als zu Hause. Das Gefühl meiner selbst ist stets das Gefühl eines bestimmten Ich, eines bestimmten Zustandes meines Seins und Wesens; nie habe ich ein isoliertes, abstraktes Selbstgefühl, nie das Gefühl meiner als eines immateriellen, vom Leibe unterschiednen, einfachen Wesens oder Ichs; nie habe ich gedacht ohne Kopf, nie gefühlt ohne Herz; nur in der Reflexion über mich trenne ich die Gedanken vom Kopfe, die Empfindungen vom Herzen, verselbständige sie für sich selbst in einem vom Leibe unterschiedenen, denkenden, empfindenden, wollenden Subjekt oder Wesen. Das Ich, woraus der Psycholog das Dasein einer immateriellen Seele gründet, ist daher nichts weniger als unser wahres, objektives Wesen; es ist nur ein *Gedankenwesen*, nur eine Kopie, die er aber für das Original nimmt, nur eine *Interpretation* unsers Wesens, die er aber in den *Text* hineinträgt.* Schon *Tetens*, obwohl ein in den Abstraktionen

* Mit Ausnahme natürlich der Theologie, welche ja so nichts anderes ist als eine hyperbolische Psychologie, hat keine

der Psychologie und Metaphysik seiner Zeit befangner, übrigens sehr beachtungswerter, gründlicher Denker und Beobachter, bemerkt richtig: „Was ist das Ich, welches empfindet, denket, will? – Es ist ein Mensch, das empfindende, denkende und wollende Ganze, das beseelte Gehirn ... die *eingekörperte* Seele ... Mehr lehret die Beobachtung unmittelbar nicht." „Das ganze wirkliche Objekt, was gefühlt wird, ist also eine Seelenbeschaffenheit und Gehirnsbeschaffenheit zugleich, oder es ist *der Mensch*, der von *dem Menschen* gefühlt wird."

„Ich bin derselbe, den die Mutter geboren, derselbe, der als Kind gespielt, als Jüngling gestrebt, als Mann gewirkt. Der Leib in allen seinen Elementen und Säften und Fasern starb in jedem Augenblick und erzeugte sich wieder; er ist, seitdem ich weiß, daß ich bin, mehr als ein- und mehr als zehnmal ein ganz neues Gebäu und Gefüge von leiblichen Stoffen geworden; ich aber bin noch, der ich war." * Mag sein, daß du noch derselbe als Mann bist, der du als Kind warst; ich aber weise, gewiß mit der Zustimmung aller denkender Männer, diese Identität meiner Mannheit mit meiner Kindheit von mir. Wie ich ein Kind war, dachte und fühlte ich als ein Kind, seitdem ich aber Mann bin, denke und fühle ich auch als Mann, d. h., in meinem kindlichen Leibe hatte ich auch einen kindlichen Geist und Sinn, in meinem männlichen Leibe habe ich aber auch jetzt einen männlichen Geist und Sinn. Ich bin sowenig noch derselbe meinem Geiste nach, als ich noch derselbe meinem Leibe nach bin; mit der Veränderung meines Leibes ist auch mein Ich, mein Bewußtsein ein anderes geworden. Was ich einst bewunderte, belächle ich jetzt; was mich einst entzückte, ekelt jetzt mich an; was ich einst liebte, einst so mit mir selbst identifizierte, daß ich mich ohne dasselbe gar nicht denken konnte, das ist mir jetzt gänzlich aus dem Herzen entschwunden. Wohl hat sich mein Grundwesen nicht geändert, aber hat sich denn auch das Grundwesen, der

Wissenschaft mehr den Menschen an der Nase herumgeführt und ihre Chimären zu Wesen gemacht als die Psychologie.

* Worte des gläubigen Schubert in seiner „Geschichte der Seele".

Typus, der Bau, die Konstitution, die Form, kurz, die *Individualität* meines Leibes geändert? Ist also die Identität meines Wesens unterschieden und unabhängig von der Identität meines Leibes? Nein, ich bin derselbe nur in demselben Leibe.

„Während alles Materielle als zusammengesetzt gedacht werden muß, wird die Seele als *einfach* vorgestellt; sie ist nur *ein* Ding (ein singularis), der Leib eine Menge von vereinigten Dingen, von Teilen, die voneinander wirklich gesondert sind und nicht ineinander fortlaufen, wenngleich oft dicht aneinander anliegen. Daher kann wohl der Leib in Teile real zerlegt werden, die selbst eine Zeit lang das Merkmal des Lebens, die Reizbarkeit, behalten, aber durchaus nicht die Seele. Daher läßt sich einsehen und wahrnehmen, wie der Leib durch eine solche Zerteilung real untergeht, verschwindet; aber es läßt sich nicht einmal nur denken, daß etwas Geistiges, ein Gedanke, eine Idee durch Zerlegung zerstört, getötet werden könne." Wenn man den organischen Leib auf abstrakte materialistische Bestimmungen, wie hier auf die Bestimmung eines zusammengesetzten, teilbaren Dings, reduziert, so ist es freilich notwendig, die dieser Bestimmung und Vorstellung widersprechenden Erscheinungen des organischen Leibes aus einem besondern fingierten Wesen von entgegengesetzten Eigenschaften zu erklären. Aber diese Eigenschaften hat schon der organische Leib als Leib in sich. Er ist trotz der Vielheit seiner Teile „ein Ding", eine individuelle, organische Einheit. Diese *organische Einheit* ist das Prinzip der Vorstellung und Empfindung. Allerdings kann er zerlegt werden, aber mit dieser Zerlegung hört er auf, organischer, lebendiger Leib zu sein, ist er nicht mehr, was er war. Nur mit dem Tode versinkt er in die Kategorie eines zusammengesetzten, teilbaren Dings. Wenn man daher den Leichnam zum Original des organischen Leibes macht, so versteht es sich freilich von selbst, daß das Leben nicht in dem Leichnam, sondern in einem von ihm unterschiedenen Wesen seinen Grund haben müsse.

„Das Leben muß in einem vom Leibe unterschiedenen Prinzip seinen Grund haben, denn nach dem Tode ist noch der Leib mit allen seinen Gliedern in derselben Gestalt da wie im Leben." Aber die Glieder sind nicht mehr Glieder, denn sie beziehen sich nicht mehr aufeinander, das Herz strömt kein Blut mehr in die Lunge, die Lunge keine Luft mehr in das Blut; es ist keine Bewegung mehr da; kein flüssiges Kommunikationsmittel, kein Mittelpunkt, kein Zusammenhang außer nur dem Scheine nach. Die Pflanze im Herbarium hat auch noch dieselben Teile, dieselbe Gestalt, die sie draußen im Garten der Natur hatte; aber gleichwohl welch ein Unterschied! Wirst du zur Erklärung dieses Unterschieds zu einem von dem Organismus der Pflanze unterschiedenen Wesen deine Zuflucht nehmen? Kannst du das Wesen der Pflanze von ihrem Organismus unterscheiden und absondern? Freilich kannst du es; aber dann befindest du dich auf dem Gebiete der Dryaden und Hamadryaden, dann kannst du dir auch mit vollem Rechte einbilden, daß die Pflanzen lieben und seufzen, leben und sterben wie die Menschen.

Der Gegensatz zwischen Leib und Seele ist selbst logisch kein haltbarer. Gegensätze fallen, logisch ausgedrückt, in ein und dieselbe Wesensgattung. Das Gute ist dem Bösen entgegengesetzt, die Gattung ist das Moralische, der Wille; das Wohl dem Übel, die Gattung ist die Empfindung; das Süße dem Sauern, die Gattung ist der Geschmack; der Mann dem Weibe, die Gattung ist der Mensch; das Unendliche dem Endlichen, die Gattung ist die Quantität. Sind also Leib und Seele Gegensätze, so fallen sie als Arten unter ein und dieselbe Gattung. Ist z. B. der Leib das Räumliche, so ist die Seele das Zeitliche, aber die Gattung ist die Sinnlichkeit; ist der Leib das Zusammengesetzte, so ist die Seele das Einfache, aber die Gattung ist, je nachdem das Zusammengesetzte bestimmt wird, die Größe – der Leib das Diskrete, die Seele das Kontinuum* – oder die Qualität, der Leib das Viel-, die Seele das Einartige. Aber wird denn nicht mit den Bestimmungen der Seele ausdrücklich die Gattung der Sinnlichkeit und Leiblichkeit aufgehoben? Mit der Einfachheit die Teilbarkeit? Mit der Unsichtbarkeit

* Trotz ihrer Einfachheit und Unteilbarkeit schrieben doch manche Psychologen der Seele wenigstens eine „ideelle Ausdehnung" aus – eine Bestimmung, unter der sich freilich nichts denken läßt.

die Sichtbarkeit? Ist damit nicht alle Gemeinschaftlichkeit ausgeschlossen? Allein alle diese Prädikate: Unkörperlichkeit, Immaterialität, Einfachheit, d. i. Unteilbarkeit, Nichtzusammengesetztheit, sind nur negative oder vielmehr, weil sie nichts Gegenständliches, Positives aussagen, nur *subjektive* Prädikate – Prädikate, Ausdrücke meiner Phantasie und Unwissenheit. Abstrahiere ich aber von diesen nichtssagenden, phantastischen Prädikaten, bestimme ich die Seele positiv, z. B. als das Empfindende, Vorstellende, so ist der positive, logische, spezifische Gegensatz nicht das Empfindungslose überhaupt – denn dieses ist auch das Wasser, der Stein, aber der organische Leib unterscheidet sich augenfällig vom Unorganischen –, sondern das Vegetierende, und ich habe daher statt des hohlen Dualismus von Leib und Seele den reellen physiologischen Gegensatz zwischen dem Sensitiven oder Animalischen und dem Vegetativen, aber die Gattung des Pflanzlichen und Animalischen ist das Leben, der Organismus.

„Die Vorstellung des hohen Tons einer Saite von bestimmter Länge hat nicht das Geringste, wodurch die Seele belehrt würde, daß diese Saite innerhalb einer Sekunde fünftausend Schwingungen erlitten habe. Auch der Geschmack unterrichtet uns nicht, daß die Kristalle des Kochsalzes viereckicht sind. Es ist zwar wahr: Die Bewegung, welche ein äußerer Körper den Sinnen mitteilt, wird bis ins Gehirn fortgepflanzt, allein diese Bewegung selbst, diese Schwingungen des Schalles, diese Brechung der Lichtstrahlen sind das nicht, was sich die Seele vorstellt, ihr Begriff ist etwas von dieser Bewegung ganz Verschiedenes." Ganz natürlich; solange du bei den Schwingungen des Schalls, bei der Brechung der Lichtstrahlen dich aufhältst, solange bist du noch nicht ans Ende vom Liede, ans Ziel gekommen. Dieses ist der Nerve oder vielmehr das Hirn als der Zentralpunkt des Nervensystems; hier wird die Bewegung abgebrochen; hier, wo der Anfang des Sehens, ist das Ende der Optik oder Dioptrik; hier, wo das Hören beginnt, geht der Akustik der Verstand aus; denn der Nerve ist etwas anderes als sein Organ, der Nervenakt, die Empfindung folglich etwas von ihren organischen Voraussetzungen, Bedingungen, Vermittlungen Verschiedenes. Das Organ ist eine künstlich gebaute Rede, aber der langen Rede kurzer Sinn ist der Nerve. Das Organ ist die Beziehung auf das Objekt, aber der Nerve die Beziehung auf sich, auf das Subjekt; das Organ bereitet die Speise zu, aber der Nerve genießt sie; im Organ unterwerfe ich mich den Gesetzen der Physik, aber nur, um im Nerven zu meinem Besten über sie zu verfügen. Natura non vincitur nisi parendo [die Natur wird nur dadurch besiegt, daß man ihr gehorcht]; dieser gehorsame Diener der Natur ist eben das Organ, aber der Herr und Sieger der Natur der Nerve. Wenn dir daher der Verstand ausgeht, wenn du über das Organ hinaus an den Nerven kommst, so hat das nur darin seinen Grund, daß du die Grenzen der Physik und Physiologie verkennst, daß du nicht einsiehst, daß man den Standpunkt der Erkenntnis, der Theorie durch den Standpunkt des Lebens ergänzen und berichtigen muß. Das Auge als ein physikalisches Werkzeug kannst du nach dem Tode erkennen, aber der Nervenakt des Auges, das Sehen, ist ein Lebensakt, den du als solchen, wenigstens unmittelbar, sowenig zum Objekt der Physiologie machen kannst, als du den Geschmack eines andern schmecken kannst. „Die Physiologie kann nur Erscheinungen, aber nimmermehr das Wesen des Lebens erkennen"; ganz richtig, denn das Leben ist wesentlich nur sich auf sich selbst beziehend, nur subjektiv, also ist es ein Widerspruch mit ihm, daß es Objekt für anderes sei. Der Physiolog muß daher *Gewalt* anwenden, um das Leben als Objekt seinen Untersuchungen und Beobachtungen unterwerfen zu können; aber welche Verkehrtheit, auf eine dem Wesen des Lebens absolut widersprechende, ja, feindliche Weise das Wesen desselben erforschen, durch Torturwerkzeuge das Geständnis der Wahrheit erzwingen, durch das Messer das Rätsel des Lebens auflösen zu wollen! Jeder Gegenstand setzt, um verstanden zu werden, voraus, daß man sich erst mit ihm befreunde, erst bei ihm insinuiere, und nur das Leben allein sollte davon eine Ausnahme machen? Nur sein Erzfeind, der Tod, sollte sein Interpret und Ausleger sein? Bist du aber nicht dem Leben gegenüber der leibhafte Tod, wenn du es der Tortur deiner Vivisektionen unterwirfst?

Das Leben ist der „Standpunkt des Absoluten", die Wissenschaft, die Theorie der Standpunkt des Endlichen.

Das Leben eint, das Wissen trennt. Die Wissenschaft trennt den Nerven vom Blute, aber Leben ist nur da, wo diese Trennung aufgehoben, wo Blut und Nerve *identisch* ist. Ein andres Wesen bin ich daher als lebendiges Subjekt denn als Objekt des Verstandes, gleichwie ein ganz anderes Wesen ist das Buch, welches ich schaffe, und das Buch, welches ich, wenngleich selbst der Verfasser, lese; denn im Schaffen befinde ich mich in der Identität von Subjekt und Objekt, im Lesen in der Trennung; das Schaffen ist die Lust der Zeugung, das Lesen der Ekel der Kritik; das Schaffen der Rausch der Begeisterung, das Lesen der nüchterne, bedenkliche Akt der Reflexion. Das Leben ist kein „erzwungener Zustand", wie ein Physiolog sagt; es ist ein exaltierter Zustand, es ist der im Schaffen begriffene Autor. Im exaltierten Zustande vermag man, was einem außerdem schlechterdings unmöglich ist. Affekte tun Wunder, d. h. Wirkungen, welche die Kräfte eines Organs im gewöhnlichen, affektlosen Zustande übersteigen. Der Nerve empfindet nun aber nur im Zustande der Aufregung – die Nervenpapillen der Zunge z. B. schwellen an, richten sich auf im Schmecken – das Empfindungsorgan wird von dem Objekt erregt, gereizt, entzündet sich – Blut strömt darin in reichlicher Fülle den Empfindungsorganen zu – das Produkt dieser Entzündung ist die Empfindung. Wenn es dir daher unbegreiflich ist, wie das Auge zur Empfindung des Sehens kommt, so verwechselst du den Zustand des kritischen Lesers mit dem Zustand des begeisterten Autors, das Auge, das gesehen wird, mit dem Auge, das sieht, das Zeugungsorgan im Zustande der Indifferenz mit dem Zeugungsorgan im Zustande der Erregung, des turgor vitalis [der vitalen Schwellung].

Wahrheit ist weder der Materialismus noch der Idealismus, weder die Physiologie noch die Psychologie; Wahrheit ist nur die *Anthropologie*, Wahrheit nur der Standpunkt der Sinnlichkeit, der Anschauung, denn nur dieser Standpunkt gibt mir *Totalität* und *Individualität*. Weder die Seele denkt und empfindet – denn die Seele ist nur die personifizierte und hypostasierte, in ein Wesen verwandelte Funktion oder Erscheinung des Denkens, Empfindens und Wollens –, noch das Hirn denkt und empfindet, denn das Hirn ist eine *physiologische Abstraktion*, ein aus der Totalität herausgerissenes, vom Schädel, vom Gesicht, vom Leibe überhaupt abgesondertes, für sich selbst fixiertes Organ. Das Hirn ist aber nur so lange Denkorgan, als es mit einem menschlichen Kopf und Leibe verbunden ist. Das Äußere setzt das Innere voraus, aber nur in seiner Äußerung verwirklicht sich das Innere. Das Wesen des Lebens ist die *Lebensäußerung*. Die Lebensäußerung des Gehirns ist aber der Kopf. Zwischen dem Hirn des Menschen und des Affen ist kein merklicher Unterschied, aber welch ein Unterschied zwischen dem Schädel oder Gesicht des Menschen und des Affen! Dem Affen fehlt es eigentlich nicht an den innern Bedingungen des Denkens, am Hirn; es fehlt ihm nur an den gehörigen äußern Verhältnissen desselben; es ist nur der schiefe Gesichtswinkel, nur die ungünstige Lage und Stellung schuld, daß sich sein Hirn nicht zum Denkorgan entfaltet. In einem Palast denkt man anders als in einer Hütte, deren niedrige Decke uns einen Druck auf das Hirn auszuüben scheint. Wir sind andere Menschen im Freien als in der Stube; enge Räume beklemmen, weite erweitern Herz und Kopf. Wo die Gelegenheit, Talent zu äußern, fehlt, da fehlt auch das Talent; wo kein Raum zur Tat, da ist auch kein Trieb, wenigstens wahrer Trieb, zur Tat. Raum ist die Grundbedingung des Lebens und Geistes. „Gib mir einen Standpunkt – und ich bewege die Erde." Der Affe denkt nicht, weil sein Hirn einen falschen Standpunkt hat; der Standpunkt entscheidet; aber der Standpunkt ist etwas Äußerliches, Räumliches. Aber haben nicht viele Menschen den ungünstigsten äußern Verhältnissen zum Trotz Außerordentliches geleistet? Nicht zu leugnen; aber was würden sie erst unter andern Verhältnissen geleistet haben? Übrigens muß man hierin nicht nach dem Schein urteilen – denn häufig sind scheinbar ungünstige Verhältnisse in Beziehung auf eine bestimmte Individualität in Wahrheit günstige – und nicht das Mittel übersehen, womit sich die Natur hilft. Können wir z. B. nicht körperlich dem engen Raum eines Gefängnisses entfliehen, so suchen wir im Geiste, in der Phantasie das Weite. So entbindet der Geist, was den Leib fesselt. So heben wir die äußere Wirkung durch eine entgegengesetzte von innen auf. Aber gerade dadurch, daß wir zu dem desperaten

Mittel greifen, uns geistig zu geben, was wir in der Wirklichkeit nicht haben, bestätigen wir die Notwendigkeit und Wahrheit entsprechender äußerer Verhältnisse. Kurz, es bleibt dabei: Wo der Raum fehlt, eine Fähigkeit zu äußern, da fehlt auch die Fähigkeit selbst. Der Raum des Hirns ist aber der Kopf. Im Kopf ist daher das Innere Äußeres, der Geist sichtbar. Wo kein Geist im Gesicht, ist auch keiner im Kopf, wo keine Seele in den Augen oder auf den Lippen, auch keine im Leibe. Was innen ist, muß heraus. Was nicht aussieht wie ein Mensch, ist auch kein Mensch. Wo ein Wesen nach außen sich abgrenzt, dahin konzentriert sich auch sein Geist und Wesen. Die feinste Empfindlichkeit ist über die Oberfläche des Körpers, über die Haut ausgebreitet*, und den Sinn des Hirns findest du nur da, wo es als Sinnennerve aus dem Innern des Schädels an die Oberfläche des Kopfs hervortritt.** Und wie dein eignes Wahrnehmungs- und Empfindungsvermögen sich auf die Oberfläche hindrängt, so hast du auch das Wesen der Dinge nur da, wo es sich unmittelbar so, wie es im Leben ist, deinen Sinnen offenbart. Die Wissenschaft, wenigstens die analytische, ist daher direkt dem Leben entgegengesetzt; sie geht von außen nach innen, aber das Leben von innen nach außen; sie sucht das Leben in der Tiefe, und das Leben existiert doch nur auf der Oberfläche; sie sucht das Wesen *hinter* den Sinnen, und es liegt doch *vor* den Sinnen da.

„Was der Verstand der Verständ'gen nicht sieht,
Das fühlet mit Händen ein sinnlich Gemüt."

Jawohl; du bist dem Wesen des Lebens, z. B. des Tieres, weit näher, wenn du es in seiner Totalität mit deinen Händen begreifst, als wenn du ihm vermittelst der psychologischen Abstraktion die Seele aus dem Leibe reißest oder vermittelst der physiologischen Schinderei widernatürlich den Schädel öffnest und sein Hirn deinen willkürlichen,

* Je tiefer daher eine Wunde geht, desto weniger schmerzt sie. *Bell*, „Die menschliche Hand", S. 101.

** Das edelste Sinnesorgan, das Auge, „auf der Haut *frei den Objekten geöffnet*, ist durch einen großen, mit *fast allen Hirnteilen* verbundenen Nerven ein *fast unmittelbarer Fortsatz* dieses Organs".

raffinierten Experimenten unterwirfst. Die Seele oder das Wesen des Tieres ist nichts anderes als die *Individualität* des Tieres, und zu dieser Individualität gehört ebenso der Knochen, der Muskel, die Haut als das Hirn im Schädel, gehört überhaupt alles, was ein Wesen zu diesem bestimmten, individuellen Wesen macht. Was ein Wesen in seiner Gestalt, Bewegung und Lebensart deinen Sinnen offenbart, das allein ist seine Seele und sein Wesen. Die Individualität, der Geist eines Menschen offenbart sich sogar nicht nur in seinem sichtbaren, sondern auch hörbaren Gange. Wir kennen eine Person an ihren bloßen Tritten, noch ehe wir sie sehen. Und der Mensch teilt freiwillig dem Menschen durch das Organ der Rede seine innersten Gedanken, Gefühle und Verlangen mit. Was ist nun wohl im Unterschiede von diesem sinnlich ausgesprochenen Wesen die Seele, das Innere, das Wesen an sich? Was anderes als ein Gespenst der Phantasie oder ein Produkt der Abstraktion? Die Sinnlichkeit ist die ultima ratio, die summa summarum, die Lehre von den Sinnen die Lehre von den letzten Dingen, wo alle Geheimnisse offenbar werden. Das Äußere ist das *befriedigte* Innere. So kam die Erde nicht eher geologisch zur Ruhe, als bis sie ihr innerstes Wesen auf ihrer Oberfläche im organischen, namentlich menschlichen Leben geäußert hatte; und der Mensch hat nicht eher Friede im Kopfe und im Herzen, als bis er etwas *außer* seinem Kopfe und Herzen hat. Warum ist mir aber ein Gedanke, den ich nicht aussprechen, ein Gefühl, das ich nicht ausdrücken kann, zur Qual? Warum drängt sich mein Inneres nach außen? Weil ich da erst am Ziele bin und ich überhaupt nirgends erst Ruhe habe, als bis ich an die letzte Grenze, den äußersten Termin gekommen bin. Das Innere hat das Äußere *vor sich;* es ist noch nicht, was es sein kann, noch nicht ausgesprochen, noch nicht sinnlich, noch nicht wirklich; ist es aber geäußert, so kann und will es nicht mehr sein, als es ist; es ist vollendet. Der Tod selbst ist nichts anderes als die letzte Äußerung des Lebens, das vollendete Leben. Im Tode „haucht der Mensch seine Seele aus“, aber auch im Leben; der Unterschied ist nur, daß der Todesakt der letzte Hauch ist. Der Hauch war den alten Völkern der Geist, die Seele des Menschen. In der Tat ist in dem Hauche unendlich mehr Leben und Wahrheit als in der Seele der

Psychologen, die nur ein ens rationis, ein Gedankending, ein Produkt der Abstraktion ist. Das Atmen ist nicht nur Bedingung des Lebens, es ist selbst ein positiver, wesentlicher, genußvoller Lebensakt. Und das Organ der Luft ist das Organ der Stimme und Sprache, das Organ, wodurch du deine Empfindungen und Gedanken äußerst. Ist aber die Äußerung deinen Gedanken und Empfindungen gleichgiltig? Nein, die Empfindung, die du hörst, die du durch den Ton zu einem Gegenstand des Sinnes machst, ist eine ganz andere als die taubstumme Empfindung. Indem du den Mund öffnest, um der Welt außer dir dein Dasein zu verkünden, eröffnet sich dir eine Quelle neuer, unbekannter Gefühle. Leben heißt Leben, empfinden Empfindungen *äußern*. Und je energischer deine Empfindung, desto notwendiger ist die Äußerung; je wahrer, intensiver, wesentlicher überhaupt deine Empfindung und Gesinnung ist, desto mehr spricht sie sich auch *äußerlich sinnlich* aus. Ja, was du nicht *sinnlich* bist, das *bist* du auch nicht. Besondere Gedanken, Absichten, Gesinnungen, Affekte kann man verstecken, zurückhalten, aber nicht sein *Wesen*. Dein Wesen fällt ohne, ja, wider dein Wissen und Willen in die Sinne. Eine Tugend, eine Freiheit, die nicht den Sinnen wohltut, sich nicht schon äußerlich im Gang, in der Haltung, in der Gebärde, im Blick, kurz, im ganzen sinnlichen Wesen des Menschen ausspricht, ist auch nur eine verschrobene oder erheuchelte oder eingebildete Tugend und Freiheit. *Sinnlichkeit* ist *Wirklichkeit*. Im Innern entspringen und wachsen wohl die Früchte des Lebens, aber *reif* sind sie erst, wenn sie in die Sinne fallen. Das Wesen, das kein Gegenstand der Sinne, ist das Kind im Mutterleibe; erst das sinnfällige, sichtbare Wesen ist das vollendete Wesen. *Sinnlichkeit* ist *Vollkommenheit*. Wenn du daher über den Standpunkt der Sinnlichkeit, der Lebensanschauung hinausgehst, so machst du aus einem vollkommenen Wesen ein unvollkommenes; du verstümmelst und zerstückelst es, lösest es in seine Elemente, seine Bestandteile auf; aber die Elemente eines Wesens, magst du sie nun als Materialist als Atome oder als Idealist als Monaden oder als empirischer Psycholog als Leib und Seele bestimmen, sind noch nicht das Wesen selbst. Der Verstand, wenigstens der abstrakte, ist der Tod, der Sinn das Leben der Dinge; der

Verstand zertrennt sie, wie der Tod, in ihre Elemente; aber sie sind nur, was sie sind, solange ihre Elemente in den *Bund* der Sinne aufgenommen sind.

Die Trennung des Menschen in Leib und Seele, in ein sinnliches und ein nicht-sinnliches Wesen, ist nur eine theoretische; in der Praxis, im Leben verneinen wir sie. Wenn uns z. B. ein geistiges Werk Verehrung für seinen Verfasser eingeflößt, so wünschen wir ihn persönlich kennenzulernen; wir glauben nur dann erst *ihn selbst* zu kennen, wenn wir ihn gesehen und gehört haben; wenn wir ein geliebtes Wesen umarmen, so sind wir überzeugt, nicht sein Organ oder seine Erscheinung, sondern *das Wesen selbst* zu umarmen, überzeugt also, daß die Hände transzendentale Bedeutung haben, auf dem Gebiete der Praxis weiter reichen als auf dem Gebiete der Theorie und Abstraktion, wo wir nur dem religiösen Glauben oder metaphysischen Begriff das Wesen, das Ding an sich vindizieren; wenn wir ein Weib sehen, das ohne Seele, d. h. ohne Neigung, ihren Leib hingibt oder gar feilbietet, so wenden wir uns mit Verachtung von ihr und erklären dadurch faktisch den Dualismus von Leib und Seele für eine abnorme, widerliche, ekelhafte Erscheinung; wenn wir dagegen sehen, wie das schamhafte Weib selbst bis auf seinen Leichnam sein Schamgefühl ausdehnt, selbst im Moment des Selbstmordes noch die größte Vorsicht anwendet, daß nach dem Tode seine Geschlechtsteile nicht profanen Augen sichtbar werden, so haben wir daran ein augenfälliges Beispiel, daß das Schamgefühl den Satz des Psychologen: „Ich unterscheide mich von meinem Leibe", als eine unverschämte Behauptung von sich weist. Ist es nun aber nicht ein himmelschreiender Widerspruch, in der Theorie zu verneinen, was wir im Leben, in der Praxis bejahen? In der Theorie für eine bloße Erscheinung zu erklären, was uns in der Praxis das Wesen, in zwei heterogene Wesen zu zerspalten, was uns im Leben ein identisches Wesen ist? Ist es möglich, daß das Wesen zu einer ganz andern Gattung gehört als die Erscheinung? Reimt sich eine sinnliche Erscheinung, eine sinnliche Existenz auf ein unsinnliches Wesen? Der Unterschied von Leib und Seele ist nämlich nichts anderes als der metaphysische Unterschied von Existenz und Wesen als psychologischer. Der Leib ist die Existenz des Menschen; den Leib nehmen heißt die Existenz nehmen; wer nicht mehr sinnlich ist, *ist nicht mehr*. Kannst du nun aber von der Existenz das Wesen abtrennen? In Gedanken allerdings, aber nicht in der Wirklichkeit. Die Aufhebung meiner Existenz ist die Aufhebung meiner selbst – darum eben eine schmerzhafte. Der Schmerz, die „Empfindung" überhaupt ist nichts anderes als die laute, sehr verständliche Protestation gegen die Unterscheidung und Trennung von Leib und Seele, Existenz und Wesen, die der abstrakte Gedanke macht. Vox populi vox Dei [Volkesstimme – Gottesstimme], aber der populus [das Volk] im Menschen ist eben die Empfindung.

„Welch ein Unterschied zwischen dem Gefühl des Guten oder Schönen und dem Gefühl des Süßen oder Sauern auf der Zunge!" Allerdings ein großer Unterschied, aber soll ich deswegen das eine Gefühl einem sinnlichen, das andere einem unsinnlichen Wesen zuschreiben? Verträgt sich aber ästhetischer Geschmack mit Geschmack an Eicheln und rohem Fleisch? Ist nicht der Magen selbst des gebildeten Menschen ein anderer als der des rohen? Floriert nicht da auch die Kochkunst, wo die bildenden Künste florieren? Gedeiht da der Wein der Dithyramben, wo nur Wasser getrunken wird?* Wird da die Schönheit als Gottheit empfunden, verehrt und dargestellt, wo nicht auch der Schönheit einer Phryne gehuldigt wird? Da die Idee des olympischen Zeus gefaßt und verwirklicht, wo nicht auch der Mensch eine Gestalt wie Perikles, der Olympier, hat? Gehört zum griechischen Geist nicht auch der griechische Leib? Zur orientalischen Glut nicht auch orientalisches Blut? Zum weiblichen Gemüt nicht auch ein weiblicher Körper? Hat das zarter und feiner fühlende Weib nicht auch eine zartere, empfindlichere Haut, feinere Knochen, größere Nerven im Verhältnis zu seinem Gehirn als der Mann? Hat die Jungfrau nicht ganz andere Gefühle, Wünsche und Gedanken als das Kind, bei dem die Geschlechts-

* Der griechische Dichter Kratinus behauptete bekanntlich ausdrücklich, daß ein Wassertrinker kein guter Dichter sein könne.

differenz noch nicht Fleisch und Blut geworden ist? Kannst du die jungfräuliche Seele, d. h. die Qualität, die Art und Weise des jungfräulichen Fühlens, Wollens und Denkens, von der Qualität des jungfräulichen Körpers abtrennen?

Wir machen, wie schon Bacon bemerkt, überall das Partikuläre zum Allgemeinen, den Modus zur Substanz, die Art zur Gattung. Kommen wir dann auf Erscheinungen, die nicht mit dieser zur Gattung erhobnen Art zusammenstimmen, so erklären wir sie dadurch, daß wir unsre Zuflucht zu eingebildeten Wesen, zu Wesen einer ganz andern Gattung nehmen. So ist es auch mit der Leiblichkeit oder Sinnlichkeit. Bestimmte Erscheinungen oder Arten derselben machen wir zu ihrem ganzen, absoluten Wesen*, kein Wunder daher, daß wir aus einem der Sinnlichkeit absolut entgegengesetzten Wesen ableiten, was doch nur in einem entgegengesetzten sinnlichen Wesen oder in der Sinnlichkeit einer entgegengesetzten Art und Tätigkeit seinen Grund hat. So ist der Gegensatz zwischen Geist und Fleisch nichts anderes als der Gegensatz zwischen *Kopf* und *Leib*, Unterleib, Bauch. Selbst im Leben sagen wir sinnvoll „Kopf“ statt „Mensch“, „Seele“, „Leib“ statt „Rumpf“ oder „Unterleib“. Geistige Menschen sind Kopfsinnliche, Kopfmenschen, sinnliche Menschen Bauchsinnliche, Bauchmenschen. Der geistige Mensch macht den Bauch zum Mittel des Kopfs, der sinnliche den Kopf zum Mittel des Bauchs. Ich esse, um zu leben, sagt der Kopfmensch; ich lebe, um zu essen, der Bauchmensch. Ich liebe, um zu leben, sagt der Mann; ich lebe, um zu lieben, sagt das Weib; aber der Schwerpunkt der Liebe liegt im Bauche. Das Weib repräsentiert das Fleisch, der Mann den Geist, d. h., der Mann ist der Kopf, das Weib der Bauch der Menschheit.

* So machte es auch die griechische Philosophie. Erst machte sie bestimmte Erscheinungen der Natur zu ihrem absoluten Wesen, beschränkte sinnliche Prinzipien: Luft, Wasser, Feuer, zu Universalprinzipien; als sie aber hernach von der Unzulänglichkeit dieser Prinzipien sich überzeugte, nahm sie, statt ihre beschränkten sinnlichen Anschauungen und Erfahrungen zu berichtigen und erweitern, erbittert über den vermeintlichen Betrug der Sinne, zu bloßem Gedankenwesen ihre Zuflucht.

Im Manne tritt der Bauch zurück, im Weibe hervor – der weibliche Bauch ist anatomisch ausgebildeter, vollkommner als der männliche –, im Manne hat der Bauch eine untergeordnete, nur teleologische, im Weibe zugleich eine selbständige, ästhetische Bedeutung; im Mann ist er nur ein Restaurationsgebäude, aber im Weibe erhebt er sich zum Tempel der Liebe. Das Gefühl, der Geruch, der Geschmack sind Materialisten, sind Fleisch, das Gesicht und Gehör sind Idealisten, sind Geist. Aber Augen und Ohren vertreten den Kopf, die übrigen Sinne den Bauch. Der Geschmack hat selbst seine Existenz unmittelbar am Eingang in den Bauch. Wenn ich im Streite mit mir bin, ob ich eine Frucht pflücken soll, weil sie so appetitlich, oder hängen lassen soll, weil sie so lieblich aussieht, so befinde ich mich im Streite von Geist und Fleisch, d. h. im Streite meines interesselosen Auges mit meinem interessierten, habsüchtigen Geschmack. Der Mensch ist „halb Tier, halb Engel", aber dieses Tier ist eben die dem Bauch untergeordnete Sinnlichkeit; aber die Engel, die Schutzgeister des Menschen, die stofflosen, die nur in Luft und Licht lebenden und webenden Wesen, sind Augen und Ohren.*

„Der Mensch hat die Empfindung mit dem Vieh gemein"; aber wenn sich der Mensch nicht in der Empfindung, so unterscheidet er sich auch nicht im Denken vom Vieh. Auf einen viehischen Leib paßt nur ein viehischer Kopf. Aber hat denn der Mensch wirklich nur die Empfindung, hat er nicht auch das Gedächtnis, auch die Einbildungskraft, auch die Unterscheidungskraft, also Verstand mit den Tieren gemein? Wodurch unterscheidet sich also der Mensch von den Tieren? Dadurch, daß er etwas hat, was das Tier nicht hat? Nein, dadurch eben, daß er als Mensch hat und ist, was das Tier als Tier hat und ist. Die Empfindung des Tiers ist eine tierische, die des Menschen eine menschliche.

Der Mensch unterscheidet sich nur dadurch von den Tieren, daß er der lebendige Superlativ des Sensualismus,

* Diese Entgegensetzung der Sinne soll nichts weiter sein als ein populäres, augenfälliges *Beispiel*, wie der Dualismus von Geist und Fleisch schon innerhalb der Sinnlichkeit seine Auflösung findet.

das allersinnlichste und allerempfindlichste Wesen von der Welt ist. Er hat die Sinne mit dem Tiere gemein, aber nur in ihm wird die Sinnenempfindung aus einem relativen, den niedern Lebenszwecken untergeordneten Wesen ein absolutes Wesen, Selbstzweck, Selbstgenuß. Nur er ist es, der aus dem zwecklosen Anblick der Sterne himmlische Wonne einsaugt, der an dem Glanze der Edelsteine, an dem Spiegel des Wassers, an den Farben der Blumen und Schmetterlinge aus bloßer Augenlust sich nicht satt sehen kann; nur er ist es, der sein Ohr an den Stimmen der Vögel, an dem Klang der Metalle, an dem Geplätscher der Quellen, an dem Sausen des Windes ergötzt; nur er, der der „entbehrlichen" Empfindung des Geruchs als einem göttlichen Wesen Weihrauch streut, nur er, der aus der bloßen Berührung mit der Hand, „der reizenden Gefährtin süßer Schmeicheleien", unendliche Genüsse schöpft. Nur dadurch also ist der Mensch *Mensch*, daß er nicht wie das Tier ein beschränkter*, sondern ein absoluter Sensualist ist, daß nicht dieses oder jenes Sinnliche, daß alles Sinnliche, daß die Welt, das Unendliche, und zwar rein um seiner selbst, d. h. um des ästhetischen Genusses willen, Gegenstand seiner Sinne, seiner Empfindungen ist.

Ist das Wesen des Menschen, die Sinnlichkeit, nicht ein gespenstisches abstractum, der „Geist", so sind alle Philosophien, alle Religionen, alle Institute, die diesem Prinzip widersprechen, nicht nur irrtümliche, sondern auch grundverderbliche. Wollt ihr die Menschen bessern, so macht sie glücklich; wollt ihr sie aber glücklich machen, so geht an die Quellen alles Glücks, aller Freuden – an die Sinne. Die Verneinung der Sinne ist die Quelle aller Verrücktheit und Bosheit und Krankheit im Menschenleben, die Bejahung der Sinne die Quelle der physischen, moralischen und theoretischen Gesundheit. Die Entsagung, die Resignation, die

* Diese Beschränktheit und Einseitigkeit, folglich Geistlosigkeit des Tiers zeigt sich ebendarin, daß bei ihm gewöhnlich nur *ein* oder einige Sinne vorherrschend ausgebildet sind, während die Universalität, folglich Geistigkeit des Menschen darin sich augenscheinlich zeigt, daß er „alle andern Tiere hinsichtlich der *vollkommnen* und *gleichmäßigen Entwickelung aller seiner Sinnesorgane* übertrifft".

„Selbstverleugnung", die Abstraktion macht den Menschen finster, verdrießlich, schmutzig, geil, feig, geizig, neidisch, tückisch, boshaft, aber der Sinnengenuß heiter, mutig, nobel, offen, mitteilend, mitfühlend, frei, gut. Alle Menschen sind gut in der Freude, böse in der Traurigkeit; aber die Quelle der Traurigkeit ist eben die, sei's nun freiwillige oder unfreiwillige, Abstraktion von den Sinnen.

Der Mensch verdankt seine Existenz nur der Sinnlichkeit. Die Vernunft, der Geist macht *Bücher*, aber keine Menschen. Wenn die Vernunft, wenn der Geist Herr der Welt wäre, so existierte höchstens *ein* Menschenpaar, denn die Vernunft kann ihren Erkenntnistrieb mit einem Paar Individuen befriedigen, oder vielmehr – denn das Paar ist nur zur Paarung, zur Vermehrung da – es existierte nur *der* Mensch in abstracto, der geschlechtslose Begriffsmensch, aber es existierten keine Menschen im Plural. Mehrheit ist Sinnlichkeit. Wo Vielheit ist, da ist, sagten schon die Aristoteliker, Materie – die abstrakte Basis oder vielmehr Vorstellung der Sinnlichkeit. Ein Glück für uns alle ist es daher, daß der Mensch außer dem Einheitstrieb auch einen Vermehrungstrieb, außer dem Erkenntnistrieb auch Geschlechtstrieb hat. Aber wie der Mensch heute noch nicht der Vernunft, sondern der Sinnlichkeit seine Existenz verdankt, so verdankt er auch seine erste ursprüngliche Entstehung keinem Gotte, d. h. keinem abstrakten Wesen, keinem Verstandes- oder Geisteswesen, sondern nur der sinnlichen Natur. Ihr schließt von euch auf Gott, von euerm Kopfe auf ein dem Wesen eures Kopfs analoges, ähnliches Wesen. Gut; aber ihr zeugt mit dem Kopfe keine Kinder, also müßt ihr konsequent auch schließen, daß das nach der Analogie mit eurem Kopfe gedachte Wesen, das Wesen, welches gar nichts anderes ausdrückt als eben das Wesen dieses euren Kopfes, auch keine Menschen, keine Wesen von Fleisch und Blut machen kann, daß ihr, wie ihr jetzt der Sinnlichkeit des Menschen, so einst der Sinnlichkeit der Natur eure Entstehung zu verdanken habt. Wenn aber die Sinnlichkeit der Ursprung des Menschen ist, so verleugnet auch nicht in euren den Menschen betreffenden Lehren, Gesetzen und Einrichtungen diesen Ursprung, bedenkt, daß der Apfel nicht weit vom Stamme fällt, daß der

Kopf, obwohl das höchste Wesen, das être suprême der Natur und Sinnlichkeit, doch durch das Band des Bluts und der Nerven mit seiner Basis unzertrennlich zusammenhängt.

Der Mensch kann und soll die Sinne nicht negieren; negiert er sie gleichwohl im Widerspruch mit seiner Natur, so muß er sie doch wieder bejahen, aber er kann sie nun nicht anders bejahen als auf eine negative, sich selbst widersprechende, verrückte, phantastische Weise. Das unendliche Wesen, dem der Mensch seine Sinne in der Religion aufopfert, ist nichts anderes als das Wesen der Welt als unweltliches, das Wesen der Sinnlichkeit als unsinnliches Wesen, als Objekt der Phantasie oder auch des Verstandes. Gott ist der Inbegriff aller Güter, aller Wesenheiten, d. h. aller Sinnenrealitäten. So sagt z. B. Anselmus, einer der größten Denker des Christentums: „Noch bist du, Herr, meiner Seele in deiner Klarheit und Seligkeit verborgen, und deswegen wandelt sie noch in Finsternis und Elend. Sie blickt um sich und *sieht nicht deine Schönheit*. Sie horcht und hört nicht deine Harmonie. Sie riecht und vernimmt nicht deinen Geruch. Sie schmeckt und kennt nicht deinen Geschmack. Sie tastet und fühlt nicht deine Glätte. Denn du hast, Herr Gott, *alles dieses* auf deine unaussprechliche Weise in dir, weil du es den von dir geschaffenen Dingen auf ihre sinnliche Weise gegeben hast." „Das göttliche Wesen", heißt es in der natürlichen Theologie eines berühmten Weltweisen und Metaphysikers des vorigen Jahrhunderts, „ist gleichsam das *vollständigste Alphabet* aller möglichen Realitäten, und die Wesen aller übrigen möglichen Dinge sind alle mögliche[n] Wörter, welche daraus ihren Ursprung nehmen." „In Gott ist eine *unendliche Menge verschiedener Realitäten*, die auf eine reelle Art voneinander unterschieden sind." „In Gott ist die *mannigfaltigste* und *zusammengesetzteste Ordnung*." „Es ist daher ein jeder Wurm, ein jedes Kraut, ein jedes Sonnenstäubchen eine mathematische Demonstration des wahren Gottes." Natürlich; denn dieser Gott, dieses Wesen, in dem alles ist, was in dieser sinnlichen Welt ist, in dem alle Realitäten und Wahrheiten der Sinne in schönster Ordnung und Fülle enthalten sind, ist nichts anderes als das sinnliche Wesen, das Wesen der Welt, aber als ein abstraktes, von den wirklichen, sinnlichen Wesen abgesondert und unterschieden gedachtes Wesen. Doch lassen wir die Metaphysik! Seligkeit ist das letzte Wort der Religion und Theologie. Aber was ist Seligkeit? Sinnlichkeit als Objekt der Phantasie und des Gemüts. Die Behauptung, daß das Christentum nur eine geistige Seligkeit wolle, ist eine schamlose Lüge der modernen Heuchler oder Ignoranten. Das Christentum unterschied sich gerade dadurch von dem philosophischen Heidentume, welches nur eine Unsterblichkeit des Geistes und der Vernunft, also nur eine abstrakte, unpersönliche Unsterblichkeit kannte, daß es eine fleischliche, d. i. sinnliche, Seligkeit und Unsterblichkeit als letztes Ziel und Wesen des Menschen aussprach. So sagt z. B. derselbe Anselmus: „Oh, wer dieses Gut (nämlich Gott oder Seligkeit, was eins ist) genießen wird! ... Wahrlich, was er nur immer wünschen wird, das wird sein; was er nur immer nicht wünschen wird, das wird nicht sein. Dort werden nämlich sein die *Güter des Leibes und der Seele*, wie sie kein Auge sah ... Liebe das *eine* Gut, in dem *alle Güter* sind, und du hast genug ... Was liebst du denn, *mein Fleisch*, was verlangst du, meine Seele? Dort ist, dort ist alles, was ihr liebt, was ihr verlangt. Wollt ihr *Schönheit*, dort leuchten die Gerechten wie die Sonne. Wollt ihr *Schnelligkeit* oder *Stärke* oder *Freiheit des Körpers*, der nichts im Wege stehen kann, dort werden sie gleich sein den Engeln des Herrn" usw. Aber wie mit der Religion und Theologie, ist es mit der Philosophie. Sosehr sie sich von den Sinnen entfernt, sosehr sie sich brüstet mit ihren Übersinnlichkeiten – ihre Übersinnlichkeiten sind nur abstrakte Sinnlichkeiten. Was sind denn z. B. Sein, Qualität, Quantität, die Grundkategorien des ersten Teils der Hegelschen „Logik", anders als Bestimmungen der Sinnlichkeit? Was die Reflexionsformen anders als die Verhältnisse, in denen wir die sinnlichen Dinge aufeinander beziehen? Und wird nicht im Empyreum der „Logik", gerade wie im Himmel der Theologie der *Leib* Christi in den Schoß der Gottheit, ausdrücklich der Organismus, das Leben in den Schoß der absoluten Idee aufgenommen? Ist aber das Geheimnis des Lebens nicht die Sinnlichkeit? Ist es nun aber nicht vernünftiger und heilsamer, statt auf indirekte, verkehrte Weise, sei sie nun eine mystische, phantastische wie die der

Religion oder eine logische, abstrakte wie die der Philosophie, auf direkte, auf selbst sinnliche Weise das Sinnliche anzuerkennen? Statt die Sinnlichkeit der Gottheit die Gottheit der Sinnlichkeit zu genießen? Statt des Organismus der Logik den Organismus der Wirklichkeit und Sinnlichkeit zu erkennen?

Was ist der „Geist"? Wie verhält er sich zu den Sinnen? Wie die Gattung zu den Arten. Der Sinn ist universell und unendlich, aber nur auf seinem Gebiete, in seiner Art; der Geist dagegen ist auf kein bestimmtes Gebiet eingeschränkt, schlechtweg universell; er ist die Zusammenfassung, die Einheit der Sinne, der Inbegriff aller Realitäten, während die Sinne nur Inbegriffe bestimmter, exklusiver Realitäten sind. Der Geist ist daher un- und übersinnlich, inwiefern er über die Partikularität und Beschränktheit der Sinne hinaus ist, ihren Provinzialgeist zum Gemeingeist verschmilzt; aber er ist doch zugleich nur das *Wesen der Sinnlichkeit*, inwiefern er eben nichts anderes ist als die allgemeine Einheit der Sinne. Die Pflanzen im Plural verdanke ich den Sinnen, *die* Pflanze im Singular dem Geiste; aber sowenig *die* Pflanze, ob sie gleich kein Gegenstand der Sinne ist, ein übersinnliches Wesen ist in dem Sinne, welchen die spekulative Imagination mit diesen Worten verbindet, so wenig ist es der Geist, obgleich er keine Sinnentätigkeit ist. Er ist nur deswegen nichts Sinnliches, d. h. nichts bestimmtes Sinnliches, um *alles* Sinnliche in sich zu fassen.*

Die Erinnerung (Einbildungskraft) ist der sicherste Führer aus dem Reich des Lebens in das Schattenreich des

* Das Dasein eines von den Sinnesnerven und Organen unterschiedenen Zentralorgans, dessen Funktion eben ist, die Sinne zu konzentrieren, ihre data zu sammeln, zu vergleichen, zu unterscheiden, zu klassifizieren – eine Funktion oder Tätigkeit, welche der sprachliche und logische Unfug unter dem Namen „Geist" zu einem Substantiv, einem vom Menschen unterschiedenen, selbständigen Wesen gemacht –, das Dasein eines Denkorgans also ist gleichfalls nicht nur eine anatomisch-physiologisch konstatierte, sondern auch unmittelbar sinnliche Tatsache. Ein Schafskopf und ein denkender Kopf – welch' ein augenfälliger. Unterschied!

Geistes. In der Erinnerung ist das Sinnenwesen Gedankenwesen, das leiblich Abwesende Gegenwärtiges; das Bild des Gegenstandes ersetzt oder vertritt mir den Gegenstand selbst. Was ich gesehen, brauche ich nicht wieder zu sehen; einmal genügt. Die Erinnerung ist daher das erste Mittel, Zeit und Raum zu ersparen, d. h. zu gewinnen, das erste Mittel, wodurch der Mensch die Welt zu seinem Vorteil ausbeutet und sich in den Besitz aller Dinge setzt. Was ich gesehen, das bleibt mein, ohne daß ich genötigt bin, an Ort und Stelle zu bleiben. Durch das Mittel der Erinnerung kann ich also, von Ort zu Ort wandernd, die Anschauung der Scholle, auf der ich geboren, zur Anschauung des Universums erweitern und mich aus der Rolle eines beschränkten Spießbürgers zur Würde eines kosmopolitischen und ebendamit geistvollen Wesens emporschwingen; denn erst wo der Mensch sich über die Schranke seines Lokalstandpunkts zur Anschauung der Welt erhebt, erhebt er sich auch zu Geist. Was ist denn nun aber dieser mein Geist? Nichts anderes als der Repräsentant der Welt, des Universums. Wenn ich daher von meiner Reise um die Welt zu meinen Landsleuten wieder zurückkomme, so spreche ich zu ihnen im Namen der fremden Völker und Länder also: „Ihr habt die Berge, die euern Horizont begrenzen, für die Grenzen der Welt gehalten, und in diesem Wahne auf die Beschränktheit der Sinne geschimpft und ihnen zum Trotz euch eine bessere Welt in Gedanken konstruiert; was ihr den Sinnen schuld gebt, das ist nur die Schuld eurer eignen Faulheit und Beschränktheit; was jenseits *eurer* Sinne, liegt deswegen noch lange nicht jenseits der *Sinne überhaupt;* ich bin mit meinen Beinen weitergekommen als ihr mit eurer Phantasie und Spekulation; ich habe Dinge gesehen, die euern Jongleurs, Somnambulanten und Spekulanten nie in den Kopf gekommen wären. Hört mich an! Ich will euch das Jenseits eurer Sinne offenbaren; ich will euch die Welt, die ich euch gegenüber vertrete, durch das Teleskop meiner Einbildungskraft sehen lassen."

„Die Sonne auf dem Standpunkt der Astronomie ist etwas ganz anderes als die Sonne auf dem Standpunkt der Sinnlichkeit, jene ist (relativ wenigstens) unbeweglich, diese beweglich, jene eine Kugel, diese eine kreisrunde

Scheibe, jene von ungeheurer Größe, diese von verächtlicher Kleinheit, jene ein Gegenstand der Vernunft, diese des Sinns, jene die wahre, diese die scheinbare Sonne." Fasse ich diesen Gegensatz roh auf, so komme ich zu dem Resultat: Der Sinn gibt mir nur Schein, aber das Denken, die Vernunft Wahrheit, also ist das Sinnenwesen nur ein Scheinwesen, das Vernunftwesen aber das wahre Wesen. Allein obgleich die wahre Sonne *für mich* oder subjektiv nur ein Gegenstand der Intelligenz, ein ens rationis, ein geistiges Wesen ist, so ist sie doch *an sich* oder objektiv ein sinnliches Wesen. Die gedachte, geistige Sonne als Vernunftobjekt ist kein selbständiges Wesen, nicht Selbstzweck; sie ist nur das Mittel, nur der terminus medius zwischen der *scheinbaren* sinnlichen und der *wahren* sinnlichen Sonne. Die Vernunft ist ein Schluß, aber ebensowohl die Prämissen als die Konklusionen dieses Schlusses sind sinnlichen Wesens; die Sache der Vernunft ist nur, sie zu vermitteln, Wesen zu *kopulieren*, aber nicht, *Wesen zu erzeugen*. „Mit den Sinnen lesen wir das Buch der Natur, aber wir verstehen es nicht durch die Sinne." Ganz richtig, aber wir tragen durch den Verstand keinen Sinn erst in die Natur hinein; wir übersetzen und interpretieren nur das Buch der Natur; die Worte, die wir mit den Sinnen darin lesen, sind keine leeren, willkürlichen Zeichen, sondern bestimmte, sachgemäße, charakteristische Ausdrücke. So stellt das Auge die Sonne vollkommen der Wahrheit gemäß dar; in dieser Entfernung kann dir die Sonne nicht größer erscheinen, als sie das Auge dir zeigt; wenn du aber hieraus sogleich nun folgerst, daß die Sonne auch wirklich nicht größer ist, als du sie siehst, so trägt die Schuld dieses falschen Schlusses nicht das Auge, sondern du selbst, der du diese Erscheinung isolierst, mit andern höchst klaren und deutlichen Aussprüchen deiner Sinne, welche dich über die wahre und scheinbare Größe eines Gegenstandes belehren, nicht in Zusammenhang bringst. Alles sagen die Sinne, aber um ihre Aussagen zu verstehen, muß man sie verbinden. Die Evangelien der Sinne im Zusammenhang lesen heißt *denken*.

Fragmente zur Charakteristik meines philosophischen curriculum vitae [Lebenslaufes]*

1822
Ansbach

„Wer die Begier weltlicher Sachen ablegt und an dasjenige denkt, was nicht sterblich ist, der liegt so feste zu Anker, daß ihn kein Sturm und Ungewitter zum mindesten beweget."

Opitz

„Plus labora celare virtutes, quam vitia [arbeite mehr daran, deine Tugenden zu verbergen als deine Fehler]!"

Bernhard

„Contemne te, cum laudaris. Ille in te laudetur, qui per te operatur. [Verachte dich, wenn du gelobt wirst. In dir soll der gelobt werden, der durch dich wirkt.]"

„Noli ergo ad laudem tuam operari, quod bonum est, sed ad laudem illius, a quo habes, ut bonum agas. Abaste habes male agere, a Deo habes bene agere. [Nicht also zu deinem Lobe bewirke, was gut ist, sondern zum Lobe dessen, von dem du das gute Handeln hast. Von dir hast du das Schlechthandeln, von Gott das Guthandeln.]"

Augustin

* Nur Fragmente! Also nichts Ganzes, nichts Vollständiges. Warum? Teils aus Mangel an Zeit, Lust und Interesse an meiner Vergangenheit, teils aber auch aus Mangel an Dokumenten, i. e. Denkzetteln, die entweder in fremden Händen oder verlorengegangen sind. So sind z. B. gleich die nächstfolgenden Exzerpte die einzigen Überbleibsel aus meiner, freilich gleichgiltigsten, Lebensperiode, aus der Gymnasialperiode, deren Schlußjahr 1822 ist. Es finden sich daher sehr einflußreiche Momente in dieser Fragmentensammlung nicht repräsentiert, andere sind nur ganz leise angedeutet.

1824

Heidelberg

Lieber Vater! ... Ich wünsche, zu Ostern die Universität Berlin als den geeignetsten Ort für meine theologische und allgemeine Geistesbildung zu beziehen. Du weißt schon aus meinen frühern Briefen, daß Daub hier der einzige Mann ist, der mich ganz befriedigt. Allein ich habe bereits seine Hauptkollegien gehört: im vorigen Semester, außer der theologischen Moral, sein geistvolles Kollegium über den Ursprung des Bösen, in diesem die Dogmatik, die der Zentralpunkt und Inbegriff seines ganzen geistigen Wesens, gleichsam die Essenz seiner Vernunft ist. Was soll ich aber hier treiben, wenn ich nun Daub, den einzigen Haltpunkt meines hiesigen Lebens, verloren habe? Denn Paulus ist, wie ich dir schon schrieb, in seiner Exegese unausstehlich, in seiner Kirchengeschichte aber nicht weniger. Auch in ihr kann er es nicht unterlassen, *seine* Weisheit, seine subjektiven Meinungen aufzutischen und großartige Gedanken aus gemeinen psychologischen Gründen abzuleiten. Wenn ich aber eine Vorlesung über Kirchengeschichte besuche, so will ich eben Kirchengeschichte hören, nicht die Meinungen und Hypothesen dieses oder jenes Herrn, der sie vorträgt. Man stelle doch nur rein objektiv die facta, seien es nun Handlungen oder Gedanken, hin, wie sie sich aus sich selbst ergeben, wie sie sich gegenseitig notwendig bedingen und Tod oder Leben bringen, dann erklärt die Geschichte sich durch sich selbst und zeigt, was wahr und unwahr ist; sie bedarf keines Kommentators. Um die Größe und Erhabenheit des Kölner Doms einzusehen, dazu braucht man wahrlich keinen modernen Baurat an seiner Seite zu haben.

Ferner: Der einzige Philosoph hier ist Erhardt, aber dieser ist ein Philosoph dem Namen, aber nicht der Tat nach. Er hat zwar oft gute und schöne Gedanken, aber sie stehen bei ihm so verlassen da wie Waisenkinder und grinzen sich an wie Hunde und Katzen, statt daß sie in eine Liebesflamme zusammenlodern und *einem* Grundgedanken sich aufopfern sollten.

Wie vorteilhaft wäre es daher für mich, nachdem ich das Vorzüglichste bei dem herrlichen Daub gehört habe, gehört nicht bloß mit den äußern Ohren, sondern mit Geist und Seele, meine Laufbahn in Berlin fortzusetzen – dort, wo nicht, wie hier, ein einziger Baum steht, von dem ich die Früchte der Erkenntnis und Wissenschaft pflücken kann, sondern ein ganzer Garten voll blühender und fruchttragender Bäume ist, dort, wo jede Wissenschaft, ja, fast jeder einzelne Teil derselben von ausgezeichneten, berühmten Männern vertreten wird, dort, wo ich das lebendige Wort des Geistes nicht allein vom Katheder, sondern auch [von] der Kanzel herab aus dem Munde eines Schleiermachers, anerkannt des größten geistlichen Redners unsrer Zeit, vernehmen kann! Wo kann ich wohl eine bessere Exegese und Kirchengeschichte hören als dort, wo jene der große Schleiermacher, diese der bekannte und geschätzte Neander vorträgt? Kollegien, die dem Theologen äußerst notwendig sind und nach denen mich auch schon längst sehnlichst verlangte. Die Philosophie ist in Berlin wahrhaftig auch in andern Händen als hier. Abgesehen davon, daß ich es selbst von ganzem Herzen wünsche, in das Studium der Philosophie gründlichst eingeweiht zu werden, so ist es ja sogar auch von der bayerischen Regierung vorgeschrieben, philosophische Kollegien zu besuchen, und wenn es einmal sein muß, so ist es gewiß besser, wahre, nicht bloß sogenannte philosophische Kollegien zu besuchen, damit man doch nicht an einen inhaltslosen Namen seine Zeit verschwendet. [Vgl. GW 17, S. 38f.]

Berlin

Lieber Vater! Vier Wochen dauern zwar erst meine Kollegien, aber sie waren mir bereits von unendlichem Nutzen. Was mir bei Daub noch dunkel und unverständlich war oder wenigstens unbegründet erschien, das habe ich allein schon infolge der wenigen Vorlesungen, die ich bis jetzt bei Hegel hörte, klar durchschaut und in seiner Notwendigkeit erkannt; was nur als Zunder in mir glimmte, das sehe ich bereits in helle Flammen auflodern. Glaube nicht, daß ich mich täusche. Es ist ja ganz natürlich, daß einer, der, beseelt vom Erkenntnistrieb und von einem Manne wie Daub vorbereitet und im Denken geübt, zu Hegel kommt, schon in wenigen Stunden den mächtigen Einfluß seiner Gedankenfülle und Tiefe verspürt. Auch ist Hegel in seinen Vorlesungen nicht so undeutlich wie in seinen Schriften, vielmehr klar und leicht verständlich, denn er nimmt sehr viel Rücksicht auf die Fassungskraft seiner Zuhörer. Aber das Herrliche von ihm ist, daß er, wenn er auch den Begriff einer Sache nicht streng philosophisch entwickelt, sondern auf die gewöhnlichen Vorstellungen sich einläßt, doch immer im Mittelpunkt der Sache bleibt. [Vgl. GW 17, S. 45f.]

1825

Lieber Bruder! Ich hätte Dir unendlich viel zu schreiben; aber es fehlt Zeit und Lust zum Schreiben. Nur dies: Ich habe die Theologie gegen die Philosophie vertauscht. Extra philosophiam nulla salus [außerhalb der Philosophie ist kein Heil]. – Der Mensch befriedigt nur da andere, wo er sich selbst befriedigt, leistet nur da etwas, wo er etwas zu leisten das Vertrauen hat. Die Lust zur Philosophie bürgt mir aber für meine Fähigkeit zur Philosophie. Ich bin auch bereits hier in Berlin im Denken unendlich gegen früher fortgeschritten. Nirgends kommt man aber auch rascher vorwärts als im Denken. Einmal seinen Schranken entlassen, ist der Gedanke ein Strom, der uns unaufhaltsam immer weiter mit sich fortreißt. [Vgl. GW 17, S. 87.]

Lieber Vater! Ja, so ist es: Ich habe die Theologie aufgegeben, aber ich habe sie nicht mutwillig oder leichtsinnig aufgegeben, nicht, weil sie mir nicht gefällt, sondern weil sie mich nicht befriedigt, weil sie mir nicht gibt, was ich fordere, was ich notwendig bedarf. – Mein Geist findet sich nun einmal nicht in die Schranken des Heiligen Landes; mein Sinn steht in die weite Welt; meine hab- und herrschsüchtige Seele will alles in sich verschlingen, mein Verlangen ist schlechthin unbegrenzt, ich will die Natur, vor deren Tiefe der feige Theologe zurückbebt, ich will den Menschen, aber den ganzen Menschen, der nicht dem Theologen, dem Anatomen oder Juristen, der nur dem Philosophen Gegenstand ist, an mein Herz drücken. – Freue Dich mit mir, daß ein neues Leben, eine neue Zeit in mir begonnen hat, freue Dich, daß ich der Gesellschaft der Theologen entronnen bin und Geister wie Aristoteles, Spinoza, Kant und Hegel zu meinen Freunden habe. – Mich in die Theologie wieder zurückweisen wollen hieße einen unsterblichen Geist in seine abgestorbene Hülle, einen Schmetterling in seinen Puppenzustand wieder zurückbannen wollen. [Vgl. GW 17, S. 68ff.]

1826

Ich bin nun fertig mit Hegel; ich habe mit Ausnahme der Ästhetik alle seine Vorlesungen, seine Logik sogar zweimal, gehört. Aber Hegels Logik ist gleichsam das corpus juris, die Pandekten der Philosophie; sie enthält die gesamte, sowohl alte als neuere, Philosophie ihren Gedankenprinzipien nach; sie ist überdem die Darstellung seiner Methode. Das Wichtigste ist aber eben, sich nicht nur des Inhalts, sondern auch der Methode einer Philosophie zu bemächtigen.

1827–28

Zweifel

Wie verhält sich das Denken zum Sein, wie die „Logik" zur Natur? Ist der Übergang von jener zu dieser begründet? Wo ist die Notwendigkeit, wo das Prinzip dieses Übergangs? Wir sehen wohl innerhalb der „Logik" einfache Bestimmungen wie Sein, Nichts, Etwas, Anderes, Endliches, Unendliches, Wesen, Erscheinung ineinander übergehen und sich aufheben, aber sie sind an sich selbst abstrakte, einseitige, negative Bestimmungen; allein wie kann denn die Idee, als die alle diese Bestimmungen zusammenfassende Totalität, in gleiche Kategorie mit ebendiesen ihren endlichen Bestimmungen gesetzt werden? Die Notwendigkeit des logischen Fortgangs ist die eigne Negativität der logischen Bestimmungen. Was ist denn nun aber das Negative in der absoluten, vollkommenen Idee? Daß sie *nur* noch im Elemente des Denkens ist? Woher weißt du nun aber, daß es noch ein *andres* Element gibt? Aus der „Logik“? Nimmermehr; denn eben die „Logik“ weiß aus sich selbst nur von sich, nur vom Denken. Also wird das Andre der „Logik“ nicht aus der „Logik“, nicht logisch, sondern unlogisch deduziert, d. h., die „Logik“ geht nur deswegen in die Natur über, weil das denkende Subjekt außer der „Logik“ ein unmittelbares Dasein, eine Natur vorfindet und vermöge seines unmittelbaren, d. i. natürlichen, Standpunkts dieselbe anzuerkennen gezwungen ist. Gäbe es keine Natur, nimmermehr brächte die unbefleckte Jungfer „Logik“ eine aus sich hervor.

Wie verhält sich die Philosophie zur Religion? – Hegel dringt sehr auf die Übereinstimmung der Philosophie mit der Religion, namentlich mit den *Lehren* der christlichen, gleichwohl faßt er die Religion nur als eine *Stufe* des Geistes. Die bestehenden Religionen enthalten allerdings unzählig Widerliches und mit der Wahrheit Unverträgliches, aber sollte die Religion selbst nicht allgemeiner gefaßt und die Übereinstimmung der Philosophie mit ihr nur in die Anerkennung und Rechtfertigung bestimmter Lehren gesetzt werden? Gibt es keine andere Übereinstimmung?

Wie verhält sich die Hegelsche Philosophie zur Gegenwart und Zukunft? Ist sie nicht die vergangene Welt als Gedankenwelt? Ist sie mehr als eine Erinnerung der Menschheit an das, was sie war, aber nicht mehr ist?

1828

Dissertation „De *ratione*, una, universali, infinita [Über die eine, allgemeine, unendliche Vernunft]“[1]

Alle Menschen stimmen darin mit sich überein, daß sie denken; das Denken ist nichts Besonderes, das einigen zukommt, andern mangelt; es gehört wesentlich zum Menschen, daß er denkt; es ist daher etwas Gemeinschaftliches, Allgemeines; die Vernunft ist die *Menschheit* der Menschen, ist ihre Gattung, inwiefern sie denkende sind. Aber wie verhält sich nun hier die Gattung zum Individuum, das Wesen zur Existenz, die Vernunft zu den denkenden Subjekten? Etwa so, wie sich überhaupt das All-

[1] *Vgl. GW 1, S. 5–173.*

gemeine zum Individuellen, z. B. die Nase zu den einzelnen, existierenden Nasen, verhält? Jede Nase ist eine einzelne und besonders bestimmte. Das Wesen derselben ist aber nicht die Besonderheit, nicht, daß sie kurz oder lang, spitz oder stumpf, nicht, daß sie diese einzelne, sondern lediglich, daß sie *Nase* ist. Abgesehen von der besondern Beschaffenheit und ihrer Einzelheit ist diese Nase vor der des andern nicht unterschieden, das Wesen ist in allen sich gleich. Aber *die* Nase existiert nicht; sie ist ein abstractum; es *sind* nur die vielen verschiedenen Nasen; das mit sich gleiche Wesen ist hier *nur* Idee, nur Gedanke. Hat nun aber wohl jeder Mensch, wie er eine einzelne und besondere Nase hat, auch eine einzelne und besondere Vernunft?* Ist die Vernunft auch nur ein abstractum? Nein, indem ich denke, denkendes Subjekt bin, ist das Allgemeine als Allgemeines, ist die Vernunft unmittelbar als Vernunft in mir wirklich und gegenwärtig. Es ist notwendig, daß das Wesen und die Existenz hier ungetrennt eins ist, daß ich als Denkender, im actus des Denkens mich nicht *so* als Individuum zur Vernunft als meinem Wesen verhalte, wie ich als sinnliches Individuum zur Gattung mich verhalte. Im Denken bin ich *reines Wesen*, im Denken ist der Unterschied zwischen Allgemeinheit und Einzelheit aufgehoben. Die Vernunft existiert im Individuum *in sich selbst*. Wäre es nicht so, so wäre sie eben nicht mehr Vernunft; sie fiele in die Kategorie der sinnlichen Wesen. Von der Vernunft läßt sich kein allgemeiner Begriff abstrahieren und als Gattung fixieren; sie ist unablöslich von sich, die Gattung ihrer selbst, reine Einheit mit sich selbst; ihr Wesen ist ihr Dasein, ihr Dasein ihr Wesen. Was Plotin von der Seele sagt: „Bei ihr kann die Seele überhaupt und das

* Allerdings hat der Mensch ebensogut eine eigne Vernunft, als er *eine eigne Nase*, einen *eignen Kopf* überhaupt hat. Die Identität der Vernunft ist nur die Identität der Organisation – eine Identität, die wir im Denken und Sprechen notwendig – denn das Wort ist allgemein – als Gattung für sich fixieren, verselbständigen, aber bei der wir nicht vergessen dürfen, daß sie nur ein Produkt unsers Denkens ist. Übrigens ist es unnötig, die hier ausgesprochenen Gedanken einer besondern Kritik zu unterwerfen, da sie, indirekt wenigstens, in meinen spätern Schriften enthalten ist.

Wesen der Seele nicht unterschieden werden; die Seele ist nur reine Form", was die Theologen von Gott sagen, das gilt von der Vernunft. Die Vernunft ist nicht sinnlichen Wesens; sie existiert nicht in der Form der Sinnlichkeit, sondern in sich selbst, in der Form übersinnlicher Wesentlichkeit und Allgemeinheit; sie existiert nur identisch mit sich selbst; ihr Verhältnis zum Dasein ist ihr Verhältnis zu sich selbst. Im Denken als dem Verwirklichungsakt der Vernunft oder als Denkender bin ich darum nicht dieser oder jener, sondern keiner, niemand, nicht ein Mensch, sondern der Mensch schlechtweg, nicht außer den andern, nicht unterschieden und getrennt von ihnen – so bin ich nur als sinnliches Wesen –, sondern *eins mit allen, alle* Menschen, eben weil die Vernunft als die Einheit ihrer selbst oder als absolute Identität die Einheit aller, weil, wie ihr Wesen, so ihre Existenz Einheit ist. Die sinnliche Erscheinung von der unendlichen Einheit und Allgemeinheit der Vernunft ist die Sprache. Die Sprache *macht* den Gedanken nicht allgemein, sie zeigt, sie verwirklicht nur, was er an sich selbst ist: nicht *mein* Gedanke, sondern Gedanke aller, wenigstens der Möglichkeit nach.

1829–31/32

„Vorlesungen über Logik und Metaphysik". In Erlangen (sit venia verbo [mit Verlaubzu sagen]!)

Meine Herren! Ich trage Ihnen die Logik vor, aber nicht in der Weise, wie sie gewöhnlich gelehrt wird, obwohl ich Sie auch mit dieser der Vollständigkeit wegen historisch bekannt machen werde; ich trage die Denklehre als Erkenntnislehre, als Metaphysik vor; ich trage sie also so vor, wie sie Hegel erfaßt und dargestellt hat; ich trage sie jedoch nicht in und mit seinen Worten, sondern nur in seinem Geiste, nicht als Philolog, sondern als Philosoph vor; ich trage sie aber gleichwohl nicht wie Hegel in der Bedeutung der absoluten, der höchsten und letzten Philosophie vor, sondern nur in der Bedeutung des Organs der Philosophie; aber eben das Organ der Philosophie muß selbst Philosophie, das Organ der Erkenntnis selbst Erkenntnis sein oder gewähren. Die Logik in der Bedeutung der Metaphysik ist ein notwendiges Resultat der bisherigen Geschichte der Philosophie. Die angemessenste Einleitung in die Logik ist daher eine Darstellung der Geschichte der Philosophie.

1830

„Gedanken über Tod und Unsterblichkeit"

Jetzt gilt es vor allem, den alten Zwiespalt zwischen Diesseits und Jenseits aufzuheben, damit die Menschheit mit *ganzer* Seele, mit ganzem Herzen auf sich selbst, auf ihre Welt und Gegenwart sich konzentriere, denn nur diese ungeteilte Konzentration auf die wirkliche Welt wird neues Leben, wird wieder große Menschen, große Gesinnungen und Taten zeugen. Statt unsterblicher Individuen hat die „neue Religion" vielmehr tüchtige, geistig und leiblich gesunde Menschen zu postulieren. Die Gesundheit hat für sie mehr Wert als die Unsterblichkeit.

Nur für den Erbärmlichen ist die Welt erbärmlich, nur für den Leeren leer. Das Herz, wenigstens das gesunde Herz, hat schon hier seine volle Befriedigung. Eine „neue Religion", wenn sie wieder eine Zukunft, ein Jenseits den Menschen als Ziel setzt, ist ebenso falsch als das Christentum; sie ist nicht die Religion der Tat und des Gedankens, der nur in der ewigen Gegenwart lebt, sondern des Gemüts und der Phantasie, denn nur die Phantasie ist das Organ der Zukunft, sie ist nicht ein Fortschritt, sondern ein Rückschritt, denn schon der Protestantismus versöhnte auf seine Weise die Religion mit der wirklichen Welt.

Der Wagen der Weltgeschichte ist ein enger Wagen. Wie man nicht mehr in ihn hineinkommt, wenn man den rechten Zeitpunkt übersieht, so kann man auch nur einen Platz in ihm bekommen, wenn man von den Kommoditäten des alten historischen Hausrats abstrahiert – nur das Unveräußerliche, das Notwendigste und Wesentlichste mit sich nimmt. Denen, die mit Bias aus Priene auswanderten, aber ihr Hausgeräte mit fortschleppten, mußte gewiß auch Bias sehr „abstrakt und negativ" erscheinen. Aber die Philosophie wandert nun einmal nicht anders aus dem Christentum aus als wie Bias aus Priene. Wer sich nicht dazu verstehen kann, wer das positive Christentum aufgeben, aber gleichwohl die Vorstellungen des christlichen Jenseits, wenngleich mit Modifikationen, retten will, der bleibe lieber ganz im Christentum. [Vgl. GW 18, S. 433f.]

1834

„Humoristisch-philosophische Aphorismen"[1]

Hand in Hand mit meinen abstrakteren wissenschaftlichen Arbeiten sollen – so der Geist will – immer zugleich Schriften erscheinen, welche die Philosophie der Menschheit sozusagen ans Herz legen, welche, aus dem Leben gegriffen, unmittelbar wieder ins Leben eingreifen. Ein eigentümliches Genre schwebt mir dabei vor. Eine zum Teil mißlungene Probe liefert diese Schrift.

1834–36*

Tagebuch

Die Religion ist die erste Liebe, die Liebe des Jünglings – *die* Liebe, die ihren Gegenstand durch die *Erkenntnis* zu profanieren glaubt. Die Philosophie dagegen ist die eheliche Liebe, die Liebe des Mannes, die sich in den Besitz und Genuß ihres Gegenstandes versetzt, aber freilich auch dadurch alle die Reize und Illusionen zerstört, die mit der Geheimniskrämerei der ersten Liebe verbunden sind.

An Christum glauben heißt sich durch die Fehler eines Menschen nicht an seinem guten Wesen, noch durch die traurigen Erfahrungen, die wir an einzelnen menschlichen Individuen machen, an dem Menschen überhaupt irremachen lassen. Christus war der Mensch als ein Mensch. Der Glaube an Christus ist der Glaube an den Menschen.

[1] *Vgl. GW 1, S. 535.*

* Einige der folgenden Sätze sind aus späterer Zeit, aber sie gehören dem Standpunkt nach, den sie bezeichnen, hierher. Zur Bezeichnung dieses Standpunktes wählte ich auch den Ausdruck „Tagebuch".

Der Mensch hat Fehler, nur um an ihnen, als ihrem Gegensatze, seine Tugenden erkennen und bilden zu können.

Die Fehler der Menschen sind nur fehlgeschlagne Projekte der Tugend; sie sind nur die Gewissensbisse der Tugend, die sie sich selbst aus überspannten Forderungen schafft.

Das Geheimnis der Tugend ist die – Gewohnheit.

Du tadelst meine Fehler? Armseliger Krittler! Nimmst du mir meine Fehler, so nimmst du mir auch meine Tugenden.

Die Fehler der Menschen sind nur die Inkognitos ihrer Tugenden. Hinter diesem Fehler steckt auch nur diese Tugend.

Der bekannte Satz: „Das Bessere ist der Feind des Guten", gilt insbesondre auch von unsern religiösen und moralischen Vervollkommnungstheorien. Immer vollkommner, d. h. in Wahrheit immer unvollkommner, sollen wir werden. Zur Vollkommenheit des Menschen gehört ebendiese Fehlerhaftigkeit. Was in deinem Sinne Mangel, ist im Sinne der Natur Vollkommenheit. In der Tugend spricht sich der Mensch, im Fehler die Natur aus.

Der Fehler ist die Reaktion der Natur gegen die steife Regel der Moral.

Die Fehler der Menschen sind oft besser als ihre Tugenden.

Ich sage dir: Der größte Fehler in deinem Leben war der, daß du nie gefehlt, nie gesündigt hast.

Es gibt Naturen, die nur die *„Sünde"* erlöst und frei macht.

Schuld und Sünde sind nun einmal so unabtrennbar vom Menschen, so verflochten in den Begriff des Lebens, daß Wesen, die wir von ihnen befreit denken, auch nur Wesen der Einbildung sind. Der Baum des Lebens ist zwar nicht in der Bibel, aber in der Wirklichkeit auch zugleich der Baum der Erkenntnis des Guten und Bösen.

Gräme dich nicht über deine Fehler! Fehler sind *unglückliche* Tugenden – Tugenden, denen nur die Gelegenheit fehlt, sich als Tugenden auszusprechen.

Redet soviel, als ihr wollt, von der Eitelkeit des Menschen; die menschliche Natur zeigt auch ihr widersprechende, edlere Erscheinungen, wie die, daß wir den andern uns besser und vollkommner denken als uns selbst, wenigstens in den Momenten, wo wir seine guten Eigenschaften in vollem Lichte sehen. Wir werden da so ergriffen und erschüttert, daß wir uns als nichts erscheinen; es kommt uns vor, als habe er alles Gute in sich verschlungen und uns nichts übriggelassen als das Gefühl der eignen Mängel.

Über nichts sind wir unzuverlässigere Richter als über unsre eignen Fehler. Von den Gewissensvorwürfen über begangene Fehler machen wir uns daher nur dadurch frei, daß wir sie unsern Freunden eingestehen. Ihnen erscheint als eine Mücke, was auf uns mit dem Gewicht eines Elefanten lastet.

Die Vernunft existiert im Leben als wirklicher Mensch; das Du ist die Vernunft des Ich. Aus dem andern, nicht aus unserm eignen, in sich befangenen Selbst spricht die Wahrheit zu uns. Die Liebe des andern sagt dir, was du bist; der Liebende allein hat des Geliebten wahres Wesen in Augen und Händen. Um den Menschen zu *erkennen*, muß man ihn *lieben*.

Während die Liebe bei den alten Philosophen ein außereheliches Kind war, gezeugt mit dem Kebsweib der Natur, ist sie dagegen bei den neuern die rechtmäßige Tochter ihrer Philosophie. Das Weib ist aufgenommen in die Gemeinschaft des Geistes; es ist das lebendige Kompendium der Moralphilosophie.

Die Pflicht geböte die Entsagung? Wie töricht! Die Pflicht gebietet den Genuß. Wir *sollen* genießen. Die Entsagung ist nur eine traurige Ausnahme von der Regel, die nur dann stattfinden soll, wenn sie die Not gebietet. In diesem Falle ist es freilich gut und klug, aus der Not eine Tugend zu machen.

Folge unverzagt deinen Trieben und Neigungen, aber *allen*! Dann wirst du keiner einzigen zum Opfer fallen.

Zum Glück ist kein Wesen bestimmt, aber was lebt, ist, eben weil es lebt, zum Leben bestimmt. Das Leben des Lebens ist aber die Liebe.

„Ob ich mit dir glücklich sein werde?" Ich weiß es nicht, ich weiß nur soviel, daß ich jetzt ohne dich unglücklich bin. Wie töricht ist es aber, aus Furcht vor einem nur möglichen, ungewissen Übel ein gegenwärtiges, handgreifliches Übel bestehen zu lassen!

Was du einmal begonnen, das mußt du auch vollenden, gleichgiltig, ob das Ende zum Glück oder Unglück, zum Himmel oder zur Hölle dich führt. Glück ist Luxus, aber Vollendung Notwendigkeit.

Laß den Baum nicht sich äußern in Blättern, Blüten und Früchten – und er verdorrt. Laß die Liebe sich nicht äußern – und sie erstickt in ihrem eignen Blute.

Glauben kannst du, ohne ein Bekenntnis deines Glaubens durch die Tat abzulegen, denn den Glauben hast du nur für dich, aber lieben kannst du nicht, ohne deine Liebe zu bekennen, zu äußern, zu betätigen, denn die Liebe hast du nicht für dich, sondern für den andern.

Was du verleugnest pro forma, aus Rücksicht vor andern – fahre nur fort, es zu verleugnen; am Ende wirst du in Wahrheit, wirst du vor dir selbst verleugnen, was du anfangs nur zum Scheine, nur vor andern verleugnet hast.

Ohne Gegenstand ist der Mensch nichts. Es ist besser, auch den eitelsten, unwürdigsten Gegenstand mit Liebe zu umfassen, als sich lieblos in sein eignes Selbst zu verschließen. Aber nur der Gegenstand der wahren Liebe entwickelt und offenbart auch erst das wahre Wesen des Menschen.

Glauben sollst du, ja, glauben, aber glauben, daß es auch unter Menschen eine *wahre* Liebe gibt, auch das menschliche Herz unendlicher, allverzeihender Liebe fähig ist, auch die menschliche Liebe die Eigenschaften der göttlichen Liebe haben kann.

Es gibt nur *ein* Böses – es ist der Egoismus; und ein Gutes – es ist die Liebe.

Liebe, aber wahrhaft! – und es fallen dir alle andern Tugenden von selber zu.

Was ist die Liebe? Die Einheit von Denken und Sein. Sein ist das Weib, Denken der Mann.

Das Verlangen des Wiedersehens geliebter Toten, wer wäre so unmenschlich, es nicht zu empfinden? Aber ist es ein Beweis für die Realität des Jenseits? Ist es nicht die Äußerung schon hier gesättigter und befriedigter Liebe, nicht ein indirektes Zeugnis also, daß *hier* unser *alles* ist?

Ich liebe dich ewig! D. h., meine Liebe zu dir endet nur mit meinem Bewußtsein.

Ewig ist, dessen Ende mein eignes Ende ist.

Die Liebe allein löst dir das Rätsel der Unsterblichkeit.

Sowenig die Wohlbehaglichkeit des Gedankens unserer Unsterblichkeit ein Beweis seiner Wahrheit ist, sowenig ist die Schmerzlichkeit des entgegengesetzten Gedankens ein Beweis seiner Unwahrheit. Übrigens ist der Gedanke unserer Endlichkeit nur solange ein schmerzlicher, solange wir ihn noch nicht gewohnt, noch nicht vertraut mit ihm geworden sind.

Ist es nicht eine entsetzliche Schwäche, die sinnliche Hinwegnahme geliebter Wesen schmerzlichst zu empfinden? Nein, Schwäche ist es, die Qualen der Liebe, die Schmerzen des Lebens überhaupt nicht empfinden zu wollen. Darum schäme ich mich nicht, euch, Qualen der Liebe und Sehnsucht, empfunden zu haben, und glaube doch, im Wesen ein Philosoph zu sein; denn der Philosoph muß die Dinge nicht bloß erkennen, er muß sie vor allem *erleben*.

Der Unsterblichkeitsglaube ist wohl im Weibe ein weiblicher, aber im Manne ein weibischer Glaube.

Jedes Wesen in seiner Art, d. h. in der Art, die seine *Natur* ist, zu erfassen und daher die Philosophie ihm nur in der Weise beizubringen, die sich für dieses bestimmte Wesen eignet, das ist die Methode, die ich ebensowohl im Leben als in der Schrift befolge. Der wahre Philosoph ist ein Arzt, aber ein solcher, der es seinen Patienten gar nicht merken läßt, daß er ihr Arzt ist, indem er sie *ihrer Natur* gemäß behandelt, sie also aus und durch sich selbst kuriert.

Wer einen Menschen auch nur über die ihm nächsten Dinge aufklärt, zündet in ihm doch ein allgemeines Licht an, denn eben das Licht hat die Eigenschaft, daß es auch *entfernte* Gegenstände beleuchtet.

Die wahre humane Lehrmethode, wenigstens in empfindlichen Materien, besteht darin, nur die Prämissen auszusprechen, die Konklusionen aber dem eignen Verstand des Lesers oder Zuhörers zu überlassen.

Wie verhält sich das Denken zum Wissen? Das Denken ist die Prämisse, das Wissen die Konklusion, das Denken der Grund, das Wissen das Resultat.

Es ist besser, sich zuwenig als zuviel zuzutrauen.

De gustibus non est disputandum [über Geschmacksfragen läßt sich nicht streiten]. Der eine hat seine Freude daran, mehr zu scheinen, als er ist, der andere aber daran, mehr zu sein, als er zu sein scheint.

Die Zukunft muß man nie direkt zum Gegenstand seines Denkens und Sorgens machen. Der *vernünftige* Genuß der Gegenwart ist die einzige vernünftige Sorge für die Zukunft.

Die Eltern begehen die größten Fehler dadurch, daß sie durch ihre Vernunft der Naturentwicklung ihrer Kinder vorgreifen, ihr Leben *a priori konstruieren* wollen.

Fasse nicht eher einen Entschluß, als es Zeit ist, dich zu entschließen. Die Entschlüsse zur Unzeit sind Produkte deines willkürlichen, hin- und herratenden und ebendeswegen fehlschließenden Wesens, aber die Entschlüsse, die du im Drange der Not fassest, sind Produkte deines notwendigen und – relativ wenigstens – unfehlbaren Wesens.

Weg mit der Klage über die Kürze des Lebens! Sie ist eine Finte der Gottheit, durch die sie sich den Weg zu unserm Geist und Herzen bahnt, um uns die besten Säfte zum Nutzen anderer Wesen abzuzapfen. Die besten? Nein, die Säfte, die schon nahe an der Fäulnis sind und uns Gift zu werden drohen, wenn ihnen nicht schleunigst ein Abfluß eröffnet wird. Je kürzer unser Leben ist, je weniger wir Zeit haben, gerade desto mehr haben wir Zeit; denn der Mangel an Zeit verdoppelt unsre Kräfte, konzentriert uns nur auf das Notwendige und Wesentliche, flößt uns Geistesgegenwart, Unternehmungsgeist, Takt, Entschlossenheit ein. Es gibt darum keine schlechtere Entschuldigung als die mit dem Mangel an Zeit. Über nichts kann der Mensch mehr disponieren als über die Zeit. Was man insgemein Mangel an Zeit nennt, ist Mangel an Lust, an Kraft, an Gewandtheit, seinen gewohnten Schlendrian zu unterbrechen.

„Alles überwindet der Mensch"; aber nur, wenn die Überwindung für ihn eine *Notwendigkeit* ist – alles vermag er, wenn er *muß*. Oh, heilige Notwendigkeit! Ich will gerne unfrei sein, wenn *du* mir nur den Segen deiner Kraft gibst!

Warum schwindet uns in den reifern Jahren die Zeit schneller dahin als in der Jugend? In der Jugend leben wir im Zwiespalt zwischen Neigung und Gesetz. Wir müssen in die Schule, müssen dort wider Willen sitzen und schwitzen. Wir sehnen uns nach den freien Zwischenviertelstunden, nach dem Sonntag, nach dem Ende der Schulzeit.

Was wir erwarten, das kann nicht schnell genug kommen; unser Verlangen schweift über die Grenzen der Gegenwart in die Ferne; wir sind nicht da, wo wir sein möchten; die Zeit liegt dazwischen, sie wird uns daher unausstehlich lang. In reifern Jahren dagegen verschwinden die Sonntage, die Ferien, die dies academici [akademischen Feiertage] und dergleichen Epoche machende Momente aus unserm Leben; Gedanke reiht sich an Gedanke, Tat an Tat, und wenn wir auch Pausen machen, wenn wir auch unsrer Neigung widersprechende Geschäfte und Arbeiten haben, so kommt uns doch die Feierstunde nicht eher in den Sinn, als sie wirklich schlägt, weil wir keine Zeit haben, an die Zeit zu denken, sie kommt uns daher fast immer zu früh, wenn auch nicht dem Wunsche, doch der Rechnung nach, während sie uns in der Jugend immer zu spät kommt.

Die Zeit ist die Quelle der Poesie. Der Blick in die Vergangenheit ist ein Stich ins Herz, der die poetische Ader öffnet. Die vergangene Zeit ist per se [schon als solche] die schöne Zeit; sie glänzt im Mondschein der Erinnerung; sie ist schon idealisiert, eben weil sie nur noch ein Gegenstand der Einbildungskraft ist. Die älteste Geschichte ist überall Poesie, und die ersten Lieder eines Volks gelten nur Zeiten und Menschen, die *nicht mehr* sind.

Im Raume ist der Teil kleiner als das Ganze, in der Zeit dagegen, subjektiv wenigstens, größer, weil hier nur der Teil wirklich, das Ganze aber nur ein Objekt der Einbildungskraft ist und die Sekunde in der Wirklichkeit für uns ein größerer Zeitraum ist, länger dauert als ein Dezennium in der Einbildung.

Es ist sonderbar, obwohl leicht erklärlich, daß gerade die Menschen, die am wenigstens an den Fortschritten der Menschheit teilnehmen, ja, ihnen feindlich entgegentreten, die in ihrer religiösen und intellektuellen Bildung noch heute auf dem Standpunkt längst vergangener Jahrhunderte stehen, die also am allerwenigsten in diesem Leben einen Vervollkommnungstrieb beurkunden – ich meine die geistlichen Herren und Theologen –, am meisten die Befriedigung dieses Triebes als Grund der Notwendigkeit eines andern Lebens hervorheben.

Woher der Kampf der Gegenwart? Woher unsre Empörung gegen die, welche uns auf Vergangenes, in der Religion auf die Bibel, in der Politik auf das historische Recht, verweisen? Die Menschheit verlangt jetzt ihren Arbeitslohn; sie will nicht *umsonst* gedacht, gestrebt, gekämpft und gelitten haben; sie will genießen, was sie erworben. Die Arbeit hat man nicht wehren können, ja, man hat sie begünstigt, und doch will man uns jetzt den Arbeitslohn vorenthalten.

Das Interessanteste von der Schriftstellerei ist nicht, daß man durch sie der Welt bekannt wird, sondern durch sie die Welt, wenn auch nicht von ihrer vorteilhaftesten Seite, kennenlernt.

Man schreibt für andere, nicht für sich. Ich wenigstens kann nichts für mich selbst niederschreiben. Was ich schreibe, muß unmittelbar an eine bestimmte Person oder an die Menschheit gerichtet sein. Darum schreibe ich auch so klar und lichtvoll als möglich. Ich will andern Menschen keine Plage machen.

Ihr nennt Schelling einen „Wiedergebornen"! Ich habe nichts dagegen, aber seht euch vor, daß es ihm nicht in seiner Bildungsgeschichte ebenso gegangen ist, wie es der lepas anatifera [Napfschnecke] in ihrer Entwicklungsgeschichte ergeht – daß ihm nicht an der alten Haut zugleich die *Augen* hängengeblieben sind! (Burmeister, „Naturgeschichte der Rankenfüßer", 1834).

Der pietistische Gott macht es gerade so wie jener Chirurg im „Diable boiteux [hinkenden Teufel]", der, um sich *Kunden* zu verschaffen, die Leute selbst erst verwundete und dann kurierte.

Vorlesung über Geschichte der neuern Philosophie

Die Menschheit muß, wenn sie eine neue Epoche begründen will, rücksichtslos mit der Vergangenheit brechen; sie muß voraussetzen, das bisher Gewesene sei nichts. Nur durch diese Voraussetzung gewinnt sie Kraft und Lust zu neuen Schöpfungen. Alle Anknüpfungen an das Vorhandne würden den Flug ihrer Tatkraft lähmen. Sie muß daher von Zeit zu Zeit das Kind mit dem Bade ausschütten; sie muß ungerecht, parteiisch sein. Gerechtigkeit ist ein Akt der Kritik; aber die Kritik folgt nur der Tat, kommt aber nicht selbst zur Tat.

Katholischerseits hat man die neuere Zeit als einen Sündenfall bezeichnet. Allerdings war sie es, wie überhaupt jede Zeit, die ein neues Prinzip hervortrieb; denn das Alte, das Bestehende gilt immer für das Heilige, Unverletzliche, aber nicht nur ein „in seinen Folgen durch Gottes gnädige Verfügung“, sondern an und für sich selbst wohltätiger, weil notwendiger, Sündenfall. Und die Eva, die den Menschen um das Paradies der katholischen Einfalt brachte, die ihn verführte, die verbotne Frucht vom Baume der Erkenntnis zu pflücken, war nichts anderes als die Sinnlichkeit oder Materie. Die neuere Zeit unterscheidet sich nur dadurch von der mittelalterlichen, daß sie die Materie, die Natur, die Welt zu einer göttlichen Realität oder Wahrheit erhob, das göttliche, das absolute Wesen nicht als ein von der Welt unterschiedenes, jenseitiges, himmlisches, sondern als ein wirkliches, mit der Welt identisches Wesen erfaßte und geltend machte. *Mono*theismus ist das Wesen des Mittelalters, *Pan*theismus das Wesen der neuern Zeit und Philosophie.* Nur der pantheistischen Anschauung von der Welt verdanken wir alle großen

* Den Pantheismus bezeichnete ich natürlich nur im allgemeinen als das Wesen der neuern Philosophie und Zeit. Die nähern Bestimmungen und Einschränkungen dieses unbestimmten, allgemeinen Ausdrucks folgten erst bei der Darstellung des Idealismus.

Entdeckungen und Leistungen der neuern Zeit in Künsten und Wissenschaften; denn wie kann der Mensch sich für die Welt begeistern, wenn sie ein von Gott unterschiedenes, ausgeschlossenes, also ungöttliches Wesen ist? Alle Begeisterung ist ja Vergötterung.

1836–41
Bruckberg

Einst in Berlin und jetzt auf einem Dorfe! Welch ein Unsinn! Nicht doch, mein teurer Freund! Siehe, den Sand, den mir die Berliner Staatsphilosophie in die Zirbeldrüse, wohin er gehört, aber leider auch in die Augen streute, wasche ich mir hier an dem Quell der Natur vollends aus. Logik lernte ich auf einer deutschen Universität, aber Optik – die Kunst zu *sehen* – lernte ich erst auf einem deutschen Dorfe.

Der Philosoph, wenigstens wie ich ihn erfasse, muß die Natur zu seiner Freundin haben; er muß sie nicht nur aus Büchern, sondern von Angesicht zu Angesicht kennen. Längst sehnte ich mich nach ihrer persönlichen Bekanntschaft; wie glücklich bin ich, daß ich endlich dieses Verlangen stillen kann! Zwar ist die Natur hier beschränkt, arm; aber ist nicht vollkommen wahr, was Leibniz sagt: „On donne mal des limites ... à la richesse et beauté de la nature, lorsqu'on ... ne reconnoît pas *l'infinien tout* et l'exacte expression du *plus grand dans le plus petit* [man setzt dem Reichtum und der Schönheit der Natur schlecht Grenzen, erkennt man nicht das Unendliche in allem und den exakten Ausdruck des Größten im Kleinsten]".

Die Natur knüpft überall das Schönste und Tiefste an das im Sinne des Menschen Gemeine. Der nur denkt daher im Einklang mit der Natur, der nur befolgt ihre Methode, welcher an die gemeinsten Bedürfnisse und Erscheinungen der Natur die höchsten Gegenstände des Denkens anknüpft, selbst in den Gedärmen der Tiere noch „nutrimentum spiritus [Nahrung des Geistes]" und Stoff zur Spekulation findet.

Alle abstrakten Wissenschaften verstümmeln den Menschen; die Naturwissenschaft allein ist es, die ihn in integrum restituiert [in den ursprünglichen Zustand zurückführt], die den ganzen Menschen, alle seine Kräfte und Sinne in Anspruch nimmt.

Die alten Völker unternahmen nichts ohne ein sinnliches Zeichen, welches nach ihrer Meinung ihr Unternehmen bestätigte. Ein tiefer Sinn liegt diesem heidnischen Aberglauben zugrunde. Wir müssen in allen, wenigstens kritischen, Handlungen nicht nur das eigne ego [Ich], sondern auch das alter ego [andere Ich], die Außenwelt überhaupt zu Rate ziehen. Nur dann sind wir des Erfolgs einer Handlung gewiß, wenn sie eine berechtigte ist; aber berechtigt ist sie nur, wenn Innres und Äußres, Wille und Schicksal, Neigung und äußre Notwendigkeit zusammenfällt. Ich habe mich daher von hier aus (1836) zum letzten Mal um eine Professur gemeldet, aber, wie vorauszusehen war, – umsonst. Traun ein auspicium liquidum [klares Vorzeichen]! Jetzt beginnt eine neue Periode in meinem Leben; jetzt bin ich berechtigt, wozu ich mich berufen fühle, jetzt ist mein innerster Wille mir zu äußerlicher Notwendigkeit gemacht, jetzt kann ich meinem Genius huldigen, jetzt unbeschränkt, frei, rücksichtslos „der Entfaltung des eignen Wesens" mich weihen.

Leib und Seele müssen stets beisammen sein; was man geistig verneint, muß man auch sinnlich verneinen; sonst ist das Leben ein Widerspruch, eine Unwahrheit. Wäre aber eine Existenz an einer Universität nicht eine deinem Wesen widersprechende Existenz, also eine offenbare Lüge? Verträgt sich deine Philosophie mit der Theologie? Ist aber die Philosophie auf unsern Universitäten nicht ex officio [von Amts wegen] eine Betschwester der Theologie?

Laß mich in Frieden! Ich bin nur solange *etwas*, solange ich *nichts* bin.

Wie einst von der Kirche, so muß sich jetzt der Geist vom Staate frei machen. Der *bürgerliche Tod* ist allein der

Preis, um den du dir jetzt die *Unsterblichkeit des Geistes* erwerben kannst.

„Wesen des Christentums"[1]

Freundchen! Ich sage dir: Wenn irgendeiner berufen und berechtigt war, über die Religion ein Urteil zu fällen, so war ich es; denn ich habe die Religion nicht nur aus Büchern studiert, ich habe sie aus dem Leben, und zwar nicht nur aus dem Leben anderer, welche mir die Ursachen und Wirkungen der Religion sowohl von ihrer guten als schlimmen Seite ad oculos [augenscheinlich] demonstrierten, sondern auch aus meinem eignen Leben, kennengelernt. Die Religion war für mich ein Objekt der Praxis, ehe sie mir zu einem Objekt der Theorie wurde.

Was man nur im Kopfe hat, das wird zur fixen Idee, das bringt man nimmer von sich los; was man aber wahrhaft mit sich identifiziert[2], was man in Fleisch und Blut verwandelt, das vergeht und wird nur seiner Substanz nach noch erhalten; denn das Blut verändert und erneuert sich immer, duldet nichts Fixes. So existieren noch heute die Teufelsfinger, die Ammonshörner und unzählige monstra im Kopfe der Gelehrten, nachdem sie längst aus dem Leben verschwunden, von anderen, edleren Tiergeschlechtern in succum et sanguinem [Fleisch und Blut] vertiert sind.

„Vor Gott sind alle Menschen gleich." Jawohl; in der Religion unterscheiden sich, wie die Geschichte beweist, die zivilisierten Völker nicht von den wilden, die Weisen nicht von Toren, die Gebildeten nicht von dem Pöbel. Darum hüte dich, die Geheimnisse der Religion zu exponieren, wenn du dich nicht den *Injurien* des gemeinen wie vornehmen, des gelehrten wie ungelehrten Pöbels aussetzen willst.

Oh, die scharfsinnigen Kritiker! Sie wollen das Wesen meiner Schriften beurteilen und kennen nicht einmal ihre

[1] *Vgl. GW* 5. [2] *Im Original*: indentifiziert

formellen Eigenschaften; sehen nicht, daß ich in der Behandlung meiner Patienten die *homöopathische* Kurmethode befolge, daß ich aber die Grundsätze, die mich leiten, nicht in Worten, sondern in Handlungen, nur in der Anwendung derselben ausspreche, sehen nicht, daß ich sehr häufig das Positive negativ, mich überhaupt uneigentlich, änigmatisch, ironisch ausdrücke und meinen höchsten Triumph gerade dareinsetze, zum Ärger aller philosophischen Pedanten und gelehrten Philister den Ernst der Notwendigkeit in das Spiel des Zufalls einzukleiden und den Stoff von Folianten in den Duft eines Epigramms zu verflüchtigen.

Wie verhält sich mein früherer Standpunkt, der Standpunkt von „Philosophie und Christentum", zum „Wesen des Christentums"? Dort nahm ich das Christentum nur in dem Sinne, in welchem es sich selbst nimmt, hier nehme ich es wohl auch in diesem seinem eignen, aber zugleich auch in meinem Sinne, d. h. im Sinne der Anthropologie. Einen andern Sinn hat aber *der* Christus, welcher nur die Gottheit dieses Menschen ausschließlich und allein bedeutet, einen andern Sinn *der* Christus, welcher die Gottheit des Menschen überhaupt, jedes Menschen, bedeutet. Wer diesen Unterschied nicht bemerkt und berücksichtigt, dem bleibt freilich meine Schrift ein unauflöslicher Widerspruch.

Ist die Schrift „Das Wesen des Glaubens im Sinne Luthers" *für* oder *gegen* Luther? Sie ist ebensoviel für als gegen Luther. Aber ist denn das kein Widerspruch? Gewiß; aber ein Widerspruch, der notwendig ist, der in der Natur des Gegenstandes liegt.

Welche Gesinnung, welche Religion ist die Religion der Liebe? Die, wo der Mensch in der Liebe zum Menschen sein Gemüt befriedigt, das Rätsel seines Lebens gelöst, den Endzweck seines Daseins erreicht findet, in der Liebe also findet, was der Christ außer der Liebe im Glauben sucht.

„Du sollst Gott, deinen Herrn, lieben von ganzem Herzen, von ganzer Seele, von ganzem Gemüte und von allen deinen Kräften. Das ist das vornehmste Gebot. Und das andere ist ihm gleich: Du sollst deinen Nächsten lieben als dich selbst." Aber wie kann denn das zweite Gebot dem ersten gleich sein, wenn dieses schon mein ganzes Gemüt und alle meine Kräfte in Anspruch nimmt? Was bleibt von meinem Herzen für den Menschen übrig, wenn ich mit ganzem Herzen Gott lieben soll?

„Wer seinen Bruder nicht liebet, den er sieht, wie kann er Gott lieben, den er nicht siehet?" So fragt die Bibel. Ich aber frage: Wer seinen Bruder liebet, den *er siehet*, wie kann er Gott lieben, den er *nicht siehet*? Wie kann die Liebe zu einem sinnlichen, „endlichen" und die Liebe zu einem unsinnlichen, „unendlichen" Wesen in einem und demselben Herzen Platz haben?

Nur ein wirkliches Wesen, nur was Gegenstand der Sinne, ist auch Gegenstand einer wirklichen Liebe. Einem Wesen, das nur im Glauben, in der Einbildungskraft existiert, sein Herz opfern heißt einer eingebildeten, imaginären Liebe die wirkliche Liebe aufopfern.

Das Christentum ist das Mittelalter der Menschheit. Wir leben daher heute noch in der Barbarei des Mittelalters. Aber die Geburtswehen der neuen Zeit beginnen in unsrer Zeit.

„Was kann von Nazareth Gutes kommen?" So denken immer die Hochweisen und Altklugen. Allein das Gute, das Neue kommt gerade immer daher, *woher man es nicht erwartet*, und ist immer *anders*, als man es erwartet.

Alles Neue wird mit Verachtung aufgenommen, denn es beginnt in obscuro [im Dunkeln]. Diese Obskurität ist sein Schutzgeist. Unbemerkt wird es eine Macht. Würde es gleich von Anfang an den Augen imponieren, so würde das Alte alle seine noch vorhandnen Kräfte dagegen aufbieten und das Neue in der Geburt ersticken.

Den Regierungen geht es, aber zum Glück der Menschheit, wie den Ärzten leider zum Unglück der Menschheit. Solange ein Übel – und jede tiefgehende Neuerung ist in ihrem Sinne ein Übel – im Entstehen ist, so entgeht es ihren Blicken; wenn sie es aber bemerken, so ist es auch schon bereits ein unheilbares.

Was ist das sicherste Zeichen, daß eine Religion keine innere Lebenskraft mehr besitzt? Wenn ihr die Fürsten der Welt ihren Arm bieten, um sie wieder auf die Beine zu bringen.

Die wahren Eigenschaften eines Menschen zeigen sich erst dann, wann es Zeit ist, sie zu zeigen, zu betätigen. Wer als Student die Rolle eines deutschen Kaisers spielte, würde sicherlich als Kaiser die Rolle eines Studenten gespielt haben.

„Luther wollte anfangs nicht so weit gehen, als er ging." Gerade dieser Gang ist der richtige. Wer schon am Anfang sich als Zweck vorsetzt, was nur absichtslose, unwillkürliche Folge der Entwicklung sein kann, verfehlt sein Ziel.

Die wahren geschichtlichen Taten sind nur die, denen das Bewußtsein nicht vorangeht, sondern nachfolgt, deren Zweck und Sinn erst in die Augen fällt, wenn sie bereits geschehen sind.

„So weit dürft ihr gehen, aber keinen Schritt weiter!" Welche törichte Vorsicht! Laß uns nur gehen, und du kannst sicher sein, daß wir nicht immer gehen, sondern uns auch setzen werden. Deine Sache ist es nur, die Bewegung zu gewähren; aber dieser Bewegung Grenzen zu setzen, das ist die Sache des Lebens, der Geschichte.

Nichts ist törichter, als die Notwendigkeit einer Reformation anzuerkennen, aber das Recht zur Reformation auf das corpus juris civilis [Gesamtwerk des Zivilrechts] oder canonici [Kirchenrechts] zu gründen. „Seine Lehre möchte ich wohl leiden", sagte ein Kardinal von Luther, „aber aus dem *Winkel* sich reformieren lassen, das ist nicht zu dulden." Allein, mein lieber Herr Kardinal, aus einem Kardinalskollegium gehen nur Päpste, aber keine Reformatoren hervor. Eine Reformation kommt nie in optima juris forma [in bester Rechtsform], sondern stets nur auf originelle, extraordinäre, illegitime Weise zustande. Wer den Geist und Mut zu einem Reformator hat, der nur hat das Recht dazu. Jeder Reformator ist notwendig ein Usurpator, jede Reformation eine Gewalttat des Geistes.

Der Verstand schreibt, aber die Leidenschaft macht Geschichte. Alles Neue ist daher ungerecht gegen das Alte. Der Geschichtschreiber hat die Muße und Aufgabe, auch dem Alten Gerechtigkeit widerfahren zu lassen, aber nicht der Geschichtmacher. Der „reine", unparteiische Verstand, das historische Gewissen erwacht erst, wenn längst die Tat vorbei ist. Denken kann man, ohne jemandem unrecht und wehe zu tun, denn es gehört dazu nichts weiter als der Kopf; aber handeln kann man nicht, ohne mit dem ganzen Leibe zu agieren, ohne also nach allen Seiten hin, selbst wider Willen verletzend anzustoßen.

Die Gegenwart erkennst du nicht aus der Geschichte; denn die Geschichte zeigt dir nur die Ähnlichkeit einer Erscheinung mit einer bereits dagewesenen, aber nicht ihren Unterschied, ihre Individualität, ihre Originalität; die Gegenwart kann nur unmittelbar durch sich selbst erfaßt werden. Und du verstehst sie nur, wenn du selbst nicht bereits zur Vergangenheit, sondern zur Gegenwart, nicht zu den Toten, sondern zu den Lebendigen gehörst.

„Der Glaube ist der Menschheit notwendig." Jawohl; aber nur nicht gerade euer Glaube. Auch wir Ungläubige[n] glauben, aber das direkte Gegenteil von dem, was ihr Gläubige[n] glaubt.

Die Menschheit wird immer nur durch sich selbst bestimmt, schöpft immer nur aus sich selbst ihre theoretischen und praktischen Grundsätze. Wie kannst du dir daher einbilden, an der Bibel etwas „Positives, Bleibendes, Unveränderliches" zu besitzen? Der Buchstabe der Bibel ist freilich unveränderlich; aber ihr Sinn ist so veränderlich als der Sinn der Menschheit. Jede Zeit liest nur sich selbst in der Bibel; jede Zeit hat ihre eigne, selbstgemachte Bibel.

„Die neue Lehre ist wahr, aber nicht praktisch, nicht für das Volk." Wenn du so sprichst, so beweist du nur, daß du selbst dich noch im Zwiespalt mit der neuen Lehre befindest, daß sie für dich selbst nur eine theoretische, unpopuläre Wahrheit ist, daß sie sich nicht deines ganzen Wesens bemeistert hat. Was Sache deines Wesens ist, das flößt dir auch die Gewißheit ein, daß es einst auch, freilich auf seine Weise, Sache des Volks wird.

„Was Menschentum! Deutschtum ist unser Losungswort. Deutsche sind wir und wollen wir sein." Ich habe nichts dawider; aber warum ereifert sich denn euer Patriotismus nur gegen die Konsequenz des Christentums, das Menschentum, nicht gegen das Christentum selbst? Das Christentum lehrt aber nicht: Gott und der deutsche Michel ist eins, sondern: Gott und der Mensch ist eins.

Die Menschen sind insgemein in der Praxis so sehr das Gegenteil von dem, was sie in der Theorie sind, daß es vielleicht besser wäre, statt der Menschenliebe den Menschenhaß zum Lehr- und Glaubensartikel zu erheben. Während jetzt die Menschen in der Religion, d. h. in der Theorie, sich lieben, aber in der Praxis sich hassen, so würden sie dann vielleicht umgekehrt wohl in der Theorie sich hassen, aber im Leben sich lieben.

Die sinnliche Tat ist das Wesen des Heidentums, der „Geist", d. h. das abstrakte *Wort*, das Wesen des Christentums. Das Wort Gottes bedeutet zuletzt nichts anderes als die Gottheit des Wortes, die Heilige Schrift nichts anderes als die *Heiligkeit* der Schrift. Dieses „Wesen des Christentums" haben aber nur die „tief christlichen" Deutschen erfaßt und realisiert. Darum sind und haben die Deutschen alles im Wort, aber nichts in der Tat, alles in Gedanken, aber nichts in den Sinnen, alles im Geiste, aber nichts im Fleische, d. h. alles auf dem Papier, aber nichts in der Wirklichkeit.

1843–44

„Grundsätze der Philosophie"[1]

Gott war mein erster Gedanke, die Vernunft mein zweiter, der Mensch mein dritter und letzter Gedanke. Das Subjekt der Gottheit ist die Vernunft, aber das Subjekt der Vernunft der Mensch.

„Die Gottesfurcht ist der *Anfang* der Weisheit", aber nicht ihr *Ende*.

„Objektiver Geist!" Was ist er? Mein Geist, wie er für andere da ist, der Geist in meinen Werken. Aber ist dieser objektive Geist nicht der subjektive Geist, nicht mein, dieses Menschen, Geist? Erkenne ich den Menschen nicht aus seinen Werken? Lese ich nicht Goethe, wenn ich Goethes Schriften lese?

Woher ist denn der Mensch? Frage erst: *Was* ist der Mensch? Ist dir sein Wesen klar, so ist dir es auch sein Ursprung. „Was?" fragt der Mann, „woher?" das Kind.

„Der Mensch kann nicht aus der Natur abgeleitet werden." Nein, aber der Mensch, der unmittelbar aus der Natur entsprang, war auch nur noch ein reines Naturwesen, kein Mensch. Der Mensch ist ein Produkt des Menschen, der Kultur, der Geschichte. Viele Pflanzen und Tiere sogar haben sich unter der Pflege der menschlichen Hand so verändert, daß wir ihre Originale gar nicht mehr in der Natur nachweisen können. Willst du zur Erklärung ihres Ursprungs zu einem deus ex machina [Gott aus der ⟨Theater-⟩Maschine] deine Zuflucht nehmen?

Woher kommen die Lücken und Schranken unseres Wissens von der Natur? Daher, daß Wissen weder der Grund noch der Zweck der Natur ist.

„Die Wissenschaft löst nicht das Rätsel des Lebens." Meinetwegen; aber was folgt daraus? Daß du zum Glauben überläufst? Das hieße vom Regen in die Traufe kommen. Daß du zum Leben, zur Praxis übergehst. *Die* Zweifel, die die Theorie nicht löst, löst dir die Praxis.

[1] *Vgl. GW 9, S. 264 ff.*

„Wie kann der Mensch aus der Natur, d. h. der Geist aus der Materie, entspringen?“ Beantworte mir vor allem erst *die* Frage: Wie kann aus dem Geiste die Materie entspringen? Findest du auf diese Frage keine, wenigstens vernünftige, Antwort, so wirst du einsehen, daß nur die entgegengesetzte Frage dich zum Ziele führt.

„Der Mensch ist das höchste Wesen der Natur, vom Wesen des Menschen muß ich also ausgehen, dasselbe zugrunde legen, wenn ich mir den Ursprung und Gang der Natur klarmachen will.“ Ganz richtig, aber eben im Menschen „kommt der Verstand nicht vor den Jahren“, geht die Materie dem Geiste, die Bewußtlosigkeit dem Bewußtsein, die Zwecklosigkeit dem Zwecke, die Sinnlichkeit der Vernunft, die Leidenschaft dem Willen voraus.

„Du setzest ohne weiteres den Menschen voraus.“ Wie kannst du mir diesen Vorwurf machen? Ich bin leider erst durch die Negation des Menschen auf den Menschen gekommen; ich setze ihn erst, nachdem ich erkannt und gezeigt habe, daß das im Unterschiede von der Natur dem Menschen vorausgesetzte Wesen sich in ihn als seine Quelle und Voraussetzung auflöst; meine Position des Menschen ist also nichts weniger als eine assertorische, sondern durch die „Negation der Negation“ vermittelte.

Weißt du, wann du allein ohne Voraussetzungen philosophierst? Dann, wann du der Philosophie die Empirie, dem Denken die Anschauung voraussetzest, aber nicht nur imaginär, illusorisch wie die spekulative Philosophie, sondern in der *Tat* und *Wahrheit*.

Wer mit Bewußtsein und Absicht nichts voraussetzt, setzt unbewußt gerade das als wahr voraus, was er uns erst beweisen soll. Der nur ist ein wahrhaft genetischer Denker, dessen Resultat in direktem Widerspruch steht mit seinem *bewußten* Anfang.

Das erste muß auch das letzte sein; ganz richtig, aber ebendeswegen mußt du, wenn du mit der Anschauung wahrhaft, nicht bloß pro forma beginnst, zuletzt auch wieder auf die Anschauung zurückkommen.

Die wahre Philosophie besteht darin, nicht Bücher, sondern Menschen zu machen.

Keine Religion – ist meine Religion, *keine* Philosophie – meine Philosophie.

Was ich bin, fragst du mich? Warte, bis ich nicht mehr bin.

Worin besteht denn meine „Methode"? Darin, alles Übernatürliche vermittelst des Menschen auf die Natur und alles Übermenschliche vermittelst der Natur auf den Menschen zu reduzieren, aber stets nur auf Grund anschaulicher, historischer, empirischer Tatsachen und Exempel.

Was mein Prinzip ist? Ego *und* alter ego, *„Egoismus"* und *„Kommunismus"*, denn beide sind so unzertrennlich als *Kopf* und *Herz*. Ohne Egoismus hast du *keinen Kopf* und ohne Kommunismus *kein Herz*.

Deine erste Pflicht ist, *dich selbst* glücklich zu machen. Bist du glücklich, so machst du auch andere glücklich. Der Glückliche kann nur Glückliche um sich sehen.

Wenn du den „Egoismus", d. h. die Selbstliebe, schlechtweg verdammst, so mußt du konsequent auch die Liebe zu andern verdammen. Lieben heißt andern wohlwollen und wohltun, also die Selbstliebe anderer als berechtigt anerkennen. Warum willst du aber an dir verleugnen, was du an andern anerkennst?

Die Philosophie zur *Sache der Menschheit* zu machen, das war mein erstes Bestreben. Aber wer einmal diesen Weg einschlägt, kommt notwendig zuletzt dahin, den Menschen zur Sache der Philosophie zu machen und die Philosophie selbst aufzuheben, denn sie wird nur dadurch Sache der Menschheit, daß sie eben aufhört, Philosophie zu sein.

Einst war mir das Denken Zweck des Lebens, aber jetzt ist mir das Leben Zweck des Denkens.

Vorwort

[zu L. Feuerbach: Sämtliche Werke, Bd. I]

Indem ich hiemit die Gesamtausgabe meiner Schriften eröffne, muß ich vor allem bemerken, daß diese Antiquitätensammlung nicht mir, sondern meinem Verleger ihre Entstehung verdankt.

„Je ferme à jamais / Ce livre à ma pensée étranger désormais, / Je n'écouterai pas ce qu'en dira la foule, / Car qu'importe à la source où son onde s'ecoule? [Ich schliese für immer dieses meinem Denken seither fremdgewordene Buch. Ich werde nicht hinhören auf das, was die Menge darüber sagen wird, denn was macht es der Quelle aus, wohin ihre Welle verfließt?]"

So dachte ich nicht nur bei einer kleinen Broschur, bei welcher ich ausdrücklich diese Worte eines französischen Dichters anführte [vgl. GW 1, S. 535f.], so dachte ich bei jeder Schrift von mir. Jeder fertigen Schrift sagte ich für immer Adieu; jede hatte mir nur meine Fehler und Mängel zu Bewußtsein gebracht und daher nichts andres in mir zurückgelassen als das dringende Verlangen, ihr Andenken durch eine neue Schrift auszulöschen. Und nun wurde mir auf einmal zugemutet, meinen unzufriednen, schriftwidrigen, unbiblischen Geist auf alle meine längst meinem Sinn entschwundnen Schriften zu richten. Welche Zumutung! Wider den Strom des Lebens soll ich schwimmen? Wider den Lauf der Natur statt vorwärts rückwärts gehen? Wider den guten Geschmack längst Verdautes widerkäuen? Wider den Trieb des Fleisches statt Kinder zeugen Tote beleben? Nein, mein lieber Herr Wigand, das geht wider meine Natur, wider mein Gefühl.

Indes, wie es so oft im Leben geht, die Reflexion siegte endlich über das widerstrebende Gefühl. Ich räsonierte und disputierte nämlich also mit mir. Allerdings ist der

Blick in deine, namentlich frühern, Schriften für dich nur ein unerfreulicher Blick in eine dir längst entfremdete Vergangenheit; aber ist denn, was für dich vergangen ist, deswegen auch für andere vergangen? Sind nicht die Schuppen, die dir von den Augen gefallen, noch heute die Panzer deiner Gegner? Sind die Philosophen, welche in ihrem Kopfe kein Hirn haben, keine sinnliche, materielle Grundlage ihrer Gedanken, welche bei dem Worte „Fleisch" nur an eine Gänseleberpastete, bei den Sinnen als Zeugen der Wahrheit nur an ihre testes [Hoden], bei dem thalamus nervorum opticorum [der Bettkammer der Sehnerven] nur an ein Hochzeitbette denken, weiter als du weiland als Student und Dozent der Hegelschen, Cartesischen, Spinozischen Philosophie? Hast du nicht gerade durch deine spätern Schriften, die – leider nur noch sehr unvollkommen – deine jetzige Gesinnung und Denkart aussprechen, dich um deinen Kredit gebracht? Hast du nicht durch sie die Hoffnungen vereitelt, die man, freilich nur aus Kurzsichtigkeit, auf deine frühern Schriften gründete? Ist aber nicht selbst auch deine obskure, im Rücken deines schriftstellerischen curriculum vitae [Lebenslaufes] liegende Vergangenheit noch heute an der Tagesordnung? Sind die rechtchristgläubigen und die denkchristgläubigen Theologen, welche dich heute als reifen Mann schulmeistern wollen, weiter, als du als christgläubiger Gymnasiast warst? War dir nicht damals die Bibel die höchste Autorität[1], die Quelle der Wahrheit, das Wort Gottes? Demonstriertest du aber nicht zugleich, weil dir doch schon unbewußt auch die Vernunft eine Autorität[1] war, den theanthropos [Gottmensch], der dir jetzt nur noch ein Kind der Liebe übernatürlicher und übermenschlicher Seligkeit ist, deinen zweifelnden Schulkameraden als ein objektives, wirkliches Wesen? Bezogst du nicht selbst schmählichen Andenkens als ein scholastischer Theolog, d. h. als ein Theolog, der die Glaubensvorstellungen als Vernunftwahrheiten erkennen will, die Universität? Glaubtest du nicht einst, daß, wenn du deinen Glauben verlörest, du auch das Band, das Leib und Seele zusammenhält, den Grund und Halt deines Lebens verlieren würdest? Ist aber nicht dieser Glaube noch heute allgemeiner Glaube? Hast

[1] *Im Original:* Auctorität

du nicht selbst aus dem Munde von Ministern und Volksvertretern vernommen, daß der religiöse Glaube die Grundlage der menschlichen Existenz und Wohlfahrt ist? Oh, was wärst du für ein großer Denker, wenn du heute noch dächtest wie weiland als christlicher Schulknabe!

Nicht zu leugnen; aber ist die Gegenwart das Maß der Wahrheit und Menschheit? Ist sie die Gesetzgeberin der Zukunft? Ist nicht vielleicht schon in der nächsten Zukunft Wahrheit, was jetzt für Irrtum, Praxis, was jetzt für Theorie nur gilt? Soll also die Rücksicht auf den heutigen Tag deinen rastlos vorwärtsstrebenden Geist fesseln? Nimmermehr; nur dann, wenn du dich selbst mit deiner Vergangenheit versöhnen, wenn du sie mit deiner eignen Gegenwart, deinem gegenwärtigen Standpunkt zusammenreimen kannst, nur dann darfst du sie wieder aufleben lassen.

Wirf also einen unparteiischen Blick auf deine Vergangenheit, um zu sehen, ob und wie sie mit deiner Gegenwart im Einklang steht. Betrachte erstlich die Art und Weise, wie du dich in deinen Schriften, selbst schon in den frühsten, ausgesprochen hast. Sprachst du dich als abstrakter Philosoph aus? Nein, du dachtest als Philosoph, aber du schriebst nicht als Philosoph; du verwandeltest stets das Gedankenwesen, sowie du es aussprachst, in ein Wesen von Fleisch und Blut. Du stelltest an das Objekt des Denkens die Forderung, daß es zugleich ein Objekt der Ästhetik sei; du wußtest, daß die Philosophie als solche, die bloße Vernunft, der reine Gedanke, nichts für den Menschen ist, nichts über ihn vermag, daß man nur dann den Menschen von einer Wahrheit überzeugen kann, wenn man sie aus einem Vernunftwesen, einem ens rationis, zu einem dem Menschen gleichen, einem sinnlichen Wesen macht. Deswegen – freilich nicht bloß aus diesem bewußten Grund, sondern aus innrer Notwendigkeit zugleich – sprachst du schon in deiner ersten, anonymen Schrift, deine[n] „Gedanken über Tod und Unsterblichkeit", dich in poetischer, d. i. sinnlicher, Sprache aus. Die Prosa dieser Schrift ist nur Vorwort, der Text derselben sind die Reime; was dort nur als eine philosophische Wahrheit, wird hier als eine religiöse, d. i. anthropologische, Wahrheit, als eine Sache der Empfindung, der unmittelbaren Gewißheit ausgesprochen. Hierin allein liegt auch die Bedeutung dieser Schrift und ihr Unterschied von andern fast gleichzeitig mit ihr erschienenen Schriften gegen die Unsterblichkeit; hierin, daß sie – wenigstens in diesem, aber höchst empfindlichen Punkte – die erste scharfe Grenzscheide zwischen der christlichen und nichtchristlichen Lebensanschauung bildet; denn nur da entstehen in der Geschichte der Menschheit Absätze und Ansätze zu neuem Leben, wo der Unglaube an die Götter der alten Welt als kategorische Überzeugung, als persönliche Wahrheit, als sinnliche Gewißheit sich ausspricht.

Denselben Gegenstand behandelst du später wieder, aber nicht mehr vom Standpunkt der pantheistischen Identität aus, sondern vom Standpunkt der polytheistischen Differenz, des Leibnizschen Prinzips, des Unterschieds der Bestimmtheit in deinen „humoristisch-philosophischen Aphorismen". Der Gedanke dieser Schrift ist kürzlich der: Der Geist, die Seele des Menschen ist nicht jenes unbestimmte, immaterielle, einfache, abstrakte Wesen, worüber die Psychologen sich den Kopf zerbrechen, sie ist nichts weiter als die wesentliche Bestimmtheit des Menschen, die ihn zu dem macht, was er ist, die charakteristische Art, die epigrammatische Spitze seiner Individualität. Aber wie sprachst du diesen Gedanken nebst seinen Konsequenzen aus? Symbolisch, bildlich, d. h. in concreto [in konkreter Gestalt], faktisch in einem bestimmten, aber gleichwohl diesen allgemeinen Gedanken vollständig verwirklichenden und veranschaulichenden Exempel.* Diese sinnliche, konkrete Anschauungs- und Darstellungsweise hast du aber überall, selbst auf dem Gebiete der Kritik und Geschichte der Philosophie, geltend gemacht, überall das Abstrakte an das Konkrete, das Unsinnliche an das Sinnliche, das Logische an das Anthropologische angeknüpft. Der Unterschied zwischen jetzt und einst bei dir ist daher nur dieser, daß

* Übrigens hatte auch auf diese meine keineswegs den Gedanken nur veranschaulichende, sondern oft auch verhüllende Schreibart, wie überhaupt auf die Form und selbst den Inhalt meiner Schriftstellerei, einen großen, aber nichts weniger als erfreulichen Einfluß der politische Zustand Deutschlands. Doch ich beschränke mich hier nur auf eine flüchtige Skizze meines Gedankengangs.

du zum Wesen gemacht hast, was dir früher nur Bild, zur Sache, zum Inhalt, was dir früher nur Form war, daß du jetzt bewußt, direkt aussprichst, was du einst indirekt, unbewußt ausgesprochen. Früher sagtest oder dachtest du wenigstens im Gegensatz zur Formularphilosophie: Die wahre Philosophie ist die Philosophie, die sich selbst verleugnet, die sich nicht als Philosophie ausspricht, die der Form, dem Ansehn nach keine Philosophie; jetzt sagst du geradezu: Die wahre Philosophie ist die Negation der Philosophie, ist *keine* Philosophie. Früher dachtest du und sprachst es auch, wenngleich nicht förmlich, wörtlich, doch faktisch aus: Das Wahre muß gegenwärtig, wirklich, sinnlich, anschaulich, menschlich sein; jetzt sagst du konsequent umgekehrt: Nur das Wirkliche, Sinnliche, Menschliche ist das Wahre.

Nun wirf einen Blick auf den Inhalt deiner Schriften, besonders der historischen, worin du unter fremden Namen deine eignen Gedanken ausgesprochen hast. Der Zusammenhang deines „Bayle", den du jedoch, treu deinem Gegenstande, nur auf dem Standpunkt des Rationalismus geschrieben hast und der sich ebendadurch wesentlich von deinem „Wesen des Christentums" unterscheidet, obgleich jener Standpunkt, aber nur im Widerspruch mit ihrem wahren Geiste, auch auf diese Schrift influiert hat, ebenso deines „Leibniz", worin du im Gegensatz gegen das in deinen „Todesgedanken" ausgesprochne, auch noch im ersten Bande deiner „Geschichte" vorherrschende Prinzip der Identität das Prinzip des Unterschieds, der Individualität, somit der Sinnlichkeit, aber selbst nur noch auf nominalistische, abstrakte, unsinnliche, ja, der Sinnlichkeit opponierende Weise erfaßt und geltend gemacht und worin du zugleich eine, wiewohl nur einseitige, weil vom Gesichtspunkt der Metaphysik aus gefällte, Kritik der Theologie gegeben hast, der Zusammenhang, sage ich, dieser Schriften mit den deinen gegenwärtigen Standpunkt bezeichnenden Schriften fällt in die Augen. Es bleibt also nur der erste Band deiner „Geschichte" noch im Rückstande. Hier spielt eine besondere Rolle das Verhältnis des Seins zum Denken, veranlaßt durch den Cartesischen Satz „Ich denke, also bin ich" und den sogenannten ontologischen Beweis der Existenz Gottes, des höchsten Denkwesens.

Die Gläubigen aller Art haben sich von jeher über die Beweise vom Dasein Gottes geärgert und behauptet, das Dasein Gottes lasse sich nicht beweisen und brauche auch nicht bewiesen zu werden; es sei unmittelbar gewiß. Aber dieser Behauptung widerspricht ebenso die Geschichte als die Vernunft. Unmittelbar gewiß ist im Unterschiede von der Selbstgewißheit des Menschen nur das *Dasein der Natur*, aber nicht das Dasein eines Gottes, d. h. eines von der Natur und vom Menschen unterschiednen Wesens. Dieses Wesen stützt sich vielmehr, wenigstens ursprünglich, nur auf einen Schluß – den Schluß nämlich, daß die Natur nicht von sich selbst sein könne, also ein anderes Wesen voraussetze –, ist also nichts weniger als ein unbezweifelbares Wesen. Mit Recht hast du daher die Frage von der Existenz Gottes nicht auf die leichte Achsel genommen. Besonders beschäftigte dich aber die Frage nach der Natur, der Beschaffenheit dieser Existenz. Gott ist ein Wesen, das nur der Vernunft, dem Denken, der Abstraktion von der Sinnlichkeit gegeben ist; alle Eigenschaften eines sinnlichen Wesens fehlen ihm. Was ist also das Sein dieses Wesens? Kann die Existenz eines unsinnlichen Wesens eine sinnliche sein? Wie ist das möglich? Das Sein ist ja nichts vom Wesen Unterschiedenes. „Wie sein Wesen", sagtest du also, „so fällt auch seine Existenz in die Vernunft." „Von Gottes Wesen ist seine Existenz nicht zu unterscheiden, d. h. doch wohl, seine Existenz ist eine *wesentliche, keine sinnliche,* so daß ich, um von seinem Dasein mich zu überzeugen, eines andern Organs als der Vernunft bedürfte." Was heißt das aber nun anders als: Das Vernunftwesen hat nur eine Vernunftexistenz? Und welchen andern Sinn hat dieser Satz wieder als: Gott – als das unsinnliche, nur denkbare Wesen – existiert nicht außer der Vernunft? Denn eine von der Vernunft unterschiedne Existenz oder eine Existenz außer der Vernunft ist ja nur eine Existenz in den Sinnen. Wie leicht ist nun von hier aus der Übergang zum ersten Kapitel vom „Wesen des Christentums", wo es heißt: Gott als unsinnliches, abstraktes, anthropomorphismenloses Wesen ist nichts andres als das Wesen der Vernunft! Gleichwohl kamst du erst nach Verlauf von sieben oder acht Jahren, wenigstens mit voller Klarheit und Entschiedenheit, zu diesem Resultat. Was hielt dich so lange auf und zurück? Warum schlossest du nicht von dem Mangel an sinnlicher Existenz auf den Mangel an Existenz überhaupt? Warum war dir ein bloßes Gedankenwesen ein reales, wirkliches Wesen? Weil dir der Gedanke überhaupt Wesen, das Gedachte als solches Wirkliches, das Subjektive Objektives, das Denken Sein war. Wo der Gedanke als solcher für Wahrheit und Realität gilt, ist es natürlich, daß an der Wahrheit und Realität eines Wesens, das gar nichts andres ausdrückt als das Wesen des Denkens, nichts andres ist als der Kulminations- und Zentralpunkt der Abstraktion, nicht gezweifelt wird. Warum galt dir aber das Denkwesen überhaupt für ein reales Wesen? Weil du die Bedeutung und Wahrheit des sinnlichen Wesens noch nicht erfaßt hattest, weil dir das wahrhaft wirkliche, das sinnliche Wesen nur für ein endliches, eitles, nichtiges Wesen galt. Wo das Wirkliche für das Unwirkliche gilt, da gilt notwendig das Unwirkliche für das Wirkliche. Was also deinen frühern Standpunkt vom jetzigen trennte, war einzig der Mangel an der Erkenntnis von der Wahrheit und Wesenhaftigkeit der Sinnlichkeit. Wie kamst du zu dieser Einsicht? Wie entstand sie in dir – durch eine generatio aequivoca [Urzeugung] oder durch organische Zeugung? Durch diese. Schon in diesem deinem ersten Bande liegen die Keime zu ihr. Sosehr du gegen die Väter der Empirie, Bacon, Hobbes, Gassendi, in der Lehre vom Ursprung der Ideen und andern Punkten polemisiertest, so hast du sie doch, vor allen den Bacon, mit besonderer Liebe behandelt und die Empirie bereits für eine „Sache der Philosophie" erklärt. Wenn du nicht alsbald zu den Konsequenzen der Bedeutung gelangtest, die du der Empirie einräumtest, so geschah das nur, weil die Natur der Gegenstände, die du behandeltest, daran dich verhinderte. Du bedurftest daher nur Raum und Zeit – die du glücklicherweise fandest –, dich sinnlich mit den sinnlichen Dingen und Wesen zu beschäftigen, um die wissenschaftliche Überzeugung von der Realität der Sinnlichkeit zu gewinnen. Aber gleichwohl war diese Überzeugung selbst zunächst nur noch eine naturwissenschaftliche. Und man kann auf dem Gebiete der Naturwissenschaft die Wahrheit der Sinnlichkeit anerkennen, aber sie gleichwohl auf dem Gebiete der Philosophie und Religion verleugnen, man kann sogar zugleich Materialist und Spiritualist, zugleich ein weltlicher Freigeist und geistlicher Obskurant, zugleich ein praktischer Atheist und doch in der Theorie ein vollgläubiger Theist sein. Baco, Cartesius, Leibniz, Bayle, die neuere und neueste Zeit überhaupt ist ein glänzendes Beispiel dieses Zwiespalts. Wie überwandest du nun diesen Zwiespalt? Wie kamst du von der naturwissenschaftlichen Realität der Sinnlichkeit zur absoluten Realität derselben? Nur dadurch, daß du erkanntest, daß das Wesen, welches man als ein heterogenes Wesen der Sinnlichkeit entgegensetzt, selbst nichts andres ist als das abstrakte oder idealisierte Wesen der Sinnlichkeit. Diese Einsicht gewannst du zuerst auf dem Gebiete der Religion. Du polemisiertest daher gegen die Philosophie, welche behauptet, sie habe denselben Inhalt mit der Religion, nur streife sie die Form der Sinnlichkeit ab, in welche ihn die Religion versenke; du entgegnetest: Diese Form läßt sich nicht vom Inhalt der Religion absondern, ohne sie selbst aufzuheben; sie ist der Religion absolut wesentlich. Aber was du als das Wesentliche der Religion erkanntest, das war anfangs noch immer nicht *dein* Wesentliches, wenigstens theoretisch, für dein Bewußtsein, deine Erkenntnis; es spukte dir noch das abstrakte Vernunftwesen, das Wesen der Philosophie im Unterschiede vom wirklichen, sinnlichen Wesen der Natur und Menschheit, im – Kopfe. In diesem Widerspruch ist selbst noch, wenigstens teilweise, dein „Wesen des Christentums" geschrieben; erst in deinem „Luther", der daher keineswegs nur ein „Beitrag" ist, wie es auf dem Titel heißt, sondern zugleich selbständige Bedeutung hat, ist er wahrhaft überwunden; erst in ihm hast du den Philosophen vollständig „abgeschüttelt", den Philosophen vollständig im Menschen aufgehen lassen.

So hängen also deine Schriften zusammen; sie enthalten nichts als die Geschichte, die unwillkürliche Entstehung und Entwicklung, folglich Rechtfertigung deines gegenwärtigen Standpunkts.

Aber ist denn dieser dein gegenwärtiger Standpunkt nicht vielleicht schon ein antiquierter? Du hast gesagt, die Rücksicht auf die Gegenwart bestimme dich nicht, aber offenbar hast du hier nur einer synekdoche [Vertauschung] dich bedient, einen Teil der Gegenwart für das Ganze gesetzt, jenen Teil, der nur auf die Konservation oder gar Restauration des Alten versessen ist. Also audiatur et altera pars [werde auch der andere Teil gehört]! Was will dieser? Politische und soziale Reformen; aber um religiöse, geschweige um philosophische Dinge kümmert er sich nicht im geringsten. Die Religion ist diesen andern eine rein indifferente oder längst schon abgetane Sache. Es handelt sich gegenwärtig, sagen sie, nicht mehr um das Sein oder Nichtsein Gottes, sondern um das Sein oder Nichtsein von Menschen; nicht darum, ob Gott mit uns eines oder andern Wesens ist, sondern darum, ob wir Menschen einander gleich oder ungleich sind; nicht darum, wie der Mensch vor Gott, sondern wie er vor Menschen Gerechtigkeit finde; nicht darum, ob und wie wir im Brote den Leib des Herrn genießen, sondern darum, daß wir Brot für unsre eignen Leiber haben; nicht darum, daß wir Gott geben, was Gottes ist, und dem Kaiser, was des Kaisers ist, sondern darum, daß wir endlich dem Menschen geben, was des Menschen ist; nicht darum, daß und ob wir Christen oder Heiden, Theisten oder Atheisten sind, sondern darum, daß wir Menschen, und zwar an Leib und Seel' gesunde, freie, tat- und lebenskräftige Menschen, sind oder werden. Concedo [zugegeben], meine Herren! Das eben will ich auch. Wer von mir nichts weiter sagt und weiß als: Ich bin Atheist, der sagt und weiß soviel von mir als wie *nichts*. Die Frage, ob ein Gott ist oder nicht ist, der Gegensatz von Theismus und Atheismus, gehört dem achtzehnten und siebenzehnten, aber nicht mehr dem neunzehnten Jahrhundert an. Ich negiere Gott, das heißt bei mir: Ich negiere die Negation des Menschen, ich setze an die Stelle der illusorischen, phantastischen, himmlischen Position des Menschen, welche im wirklichen Leben notwendig zur Negation des Menschen wird, die sinnliche, wirkliche, folglich notwendig auch politische und soziale Position des Menschen. Die Frage nach dem Sein oder Nichtsein Gottes ist eben bei mir nur die Frage nach dem Sein oder Nichtsein des Menschen.

Gut; aber dein Thema ist doch immer noch nur eine Sache des Kopfes und Herzens. Das Übel sitzt aber nicht im Kopf oder Herzen, sondern im Magen der Menschheit. Was hilft aber alle Klarheit und Gesundheit des Kopfes und

Herzens, wenn der Magen krank, wenn die Grundlage der menschlichen Existenz verdorben ist? Ich fühlte es, sagte eine Verbrecherin, wie mir die bösen Gedanken aus dem Magen aufstiegen. Diese Verbrecherin ist das Bild der heutigen menschlichen Gesellschaft. Die einen haben alles, was nur immer ihr lüsterner Gaumen begehrt, die andern haben nichts, selbst nicht das Notwendigste in ihrem Magen. Daher kommen alle Übel und Leiden, selbst die Kopf- und Herzkrankheiten der Menschheit. Was daher nicht unmittelbar auf die Erkenntnis und Hebung dieses Grundübels eingeht, ist nutzloser Kram. Und in diesen Kram gehören deine Schriften samt und sonders. Leider, leider! Indes gibt es doch auch viele Übel, selbst Magenübel, die nur im Kopfe ihren Grund haben. Und ich habe mir nun einmal, bestimmt durch innere und äußere Veranlassungen, die Ergründung und Heilung der Kopf-, auch Herzkrankheiten der Menschheit zur Aufgabe gemacht. Was man aber sich vorgesetzt, das muß man auch tenax propositi [zäh am Vorsatz festhaltend] ausführen, was man begonnen, auch gründlich, sich selbst treu, vollenden. Ich habe mich daher auch zu dieser Gesamtausgabe nur unter der Bedingung verstanden, daß ich nicht nur meinen eignen, wenngleich kritischen, Antiquar machte, sondern den Bücherstaub meiner Vergangenheit zugleich als Dünger zu neuem, mein Thema, wenigstens seinen Grundzügen nach, vollendenden Erzeugnisse benützte. Deswegen beginne ich mit diesen – nach der Majorität des Inhalts dieses Bandes – also benannten „Erläuterungen und Ergänzungen zum ‚Wesen des Christentums'“, welche sowohl die wesentlichen Konsequenzen als Prämissen dieser Schrift enthalten.

Vorwort

[zu L. Feuerbach: Sämtliche Werke, Bd. II]

Das Vorwort zum ersten Bande überhebt mich der Notwendigkeit, diesen Band zu bevormunden, um so mehr, als ich das, was allein der teilnehmende Leser hier von mir erwarten könnte – Angaben über mein philosophisches curriculum vitae [Lebenslauf] – in die Schrift selbst, wenn auch nur auf eine höchst fragmentarische Weise, verarbeitet habe.

Also nur ein Wort über den Plan, den ich bei der Herausgabe meiner Schriften befolge. Da meine Schrift „Das Wesen des Christentums" mich am meisten „in das Geschrei" gebracht hat, so glaubte ich es nicht nur mir selbst, sondern auch dem Publikum schuldig zu sein, nur mit den auf diesen Gegenstand unmittelbar sich beziehenden Arbeiten die Gesamtausgabe zu eröffnen. Ich gab also zuerst meine religionsphilosophischen Kritiken und Abhandlungen. In diesem Bande gebe ich meine eigentlich- oder allgemeinphilosophischen Kritiken und Gedanken. Nur habe ich das im ersten Bande ausgelassene Vorwort zu „Philosophie und Christentum" hier aufgenommen, weil sonst eine Hauptrichtung von mir nicht vertreten gewesen wäre. Jetzt erst, nachdem ich dem Leser eine kurze, Vergangenheit und Gegenwart verknüpfende Übersicht über mich in die Hände gegeben habe, kehre ich zu den Inkunabeln meiner Schriftstellerei zurück. Der nächste Band bringt meine „Gedanken über Tod und Unsterblichkeit", aber geläutert durch das Purgatorium der Kritik und mit neuen Gedanken bereichert, die darauffolgenden Baco, Leibniz, Bayle, der letzte Band[1] das abermals kastigierte „Wesen des Christentums".

[1] *Tatsächlich folgten diesem siebenten Band im Rahmen der „Sämtlichen Werke" bis 1866 noch drei weitere Bände.*

Die Unsterblichkeitsfrage vom Standpunkt der Anthropologie

Der allgemeine Unsterblichkeitsglaube

„Der Unsterblichkeitsglaube ist wie der Gottesglaube ein allgemeiner Glaube der Menschheit; was alle oder wenigstens fast alle Menschen – denn es gibt allerdings auch hier traurige Ausnahmen – glauben, ist in der Natur des Menschen begründet, ist notwendig, wahr, sowohl subjektiv als objektiv; also ist ein Mensch, der diesen Glauben nicht hat oder gar bekämpft, ein Unmensch oder doch ein abnormer, defekter Mensch, denn es fehlt ihm ein wesentlicher Bestandteil des menschlichen Bewußtseins." Dieser von der Übereinstimmung der Völker oder Menschen hergenommene Beweisgrund ist, obgleich er theoretisch für den schwächsten erklärt und daher gewöhnlich nur ganz verschämt nebenbei angeführt wird, in praxi, d. h. in der Tat und Wahrheit, selbst bei denen, die, im Dunkel ihrer Vernunftgründe für die Unsterblichkeit befangen, denselben kaum der Erwähnung wert finden, der allermächtigste Beweisgrund. Er verdient daher vor allem, beleuchtet zu werden.

Es ist richtig, fast bei den meisten Völkern findet sich – um dieses Wort beizubehalten – der Unsterblichkeitsglaube, aber es kommt, ebenso wie bei dem Gottesglauben, darauf an, zu *sehen, was* dieser Glaube denn eigentlich ausdrückt. Alle Menschen glauben an Unsterblichkeit, *das heißt,* sie schließen nicht mit dem Tode eines Menschen dessen Existenz, aus dem einfachen Grunde, weil damit, daß ein Mensch aufgehört hat, wirklich, sinnlich zu existieren, er noch nicht aufgehört hat, geistig, d. h. im Andenken, im Herzen der Überlebenden, zu existieren. Der Tote ist für den Lebenden nicht nichts geworden, nicht absolut vernichtet, er hat gleichsam nur die Form seiner Existenz verändert; er ist nur aus einem leiblichen Wesen ein geistiges, d. h. aus einem wirklichen ein vorgestelltes Wesen geworden. Der Tote macht zwar keine materiellen Eindrücke mehr; aber seine Persönlichkeit behauptet sich, imponiert auch in der Erinnerung noch. Der ungebildete Mensch unterscheidet aber nicht zwischen subjektiv und objektiv, d. h. zwischen Gedanke und Gegenstand, Vorstellung und Wirklichkeit, Einbildung, Vision und Anschauung. Er reflektiert nicht auf und über sich; was er tut, das geschieht ihm; das Aktiv ist für ihn ein Passiv, der Traum Wahrheit, Wirklichkeit, die Empfindung Eigenschaft des Empfundnen, die Vorstellung des Gegenstands Erscheinung des Gegenstands selbst. Der Tote ist für ihn daher, obwohl nur noch ein Wesen der Vorstellung, ein wirklich existierendes Wesen, folglich auch das Reich der Erinnerung, der Vorstellung ein wirklich existierendes Reich. Natürlich schreibt sich nun auch der Lebende nach dem Tode dieses Sein der Toten zu; denn wie sollte er sich von den Seinigen trennen können? Er war im Leben mit ihnen vereint; er wird und muß es also auch nach dem Tode sein. Der Unsterblichkeitsglaube, wie er ein notwendiger, unverfälschter und unverkünstelter Ausdruck der menschlichen Natur, drückt daher nichts andres aus als die auch von dem Ungläubigen innigst anerkannte Wahrheit und Tatsache, daß der Mensch mit seiner leiblichen Existenz nicht auch seine Existenz im Geiste, in der Erinnerung, im Gemüte verliert.

Zum Beweise, daß die „unsterbliche Seele" ursprünglich nichts andres bedeutet als das Bild des Toten, mögen folgende mit einigen kritischen Bemerkungen begleitete Beispiele dienen. Als Patroklos dem Achilleus im Traume erschienen, ruft dieser aus:

„Götter, so ist denn fürwahr auch noch in Aides Wohnung
Seel' und Schattengebild, doch ganz der Besinnung entbehrt sie.
Diese Nacht ja stand des jammervollen Patroklos
Seele bei mir am Lager, die klagende, herzlich betrübte,
Und sie gebot mir manches und *glich zum Erstaunen ihm selber*."

Und als Odysseus in der Unterwelt die Seele der abgeschiednen Mutter erblickt, da will er sehnsuchtsvoll sie umarmen, aber umsonst:

„Dreimal hinweg aus den Händen wie nichtiger *Schatten* und *Traumbild* / Flog sie."

Und die Mutter antwortet ihm darauf:

„... So will's der Gebrauch der Sterblichen, wann sie verblüht sind,
Denn nicht mehr wird Fleisch und Gebein durch Sehnen verbunden,
Sondern jenes vertilgt die gewaltige Flamme des Feuers,
Nur die Seel' entfliegt, wie *ein Traum*, von dannen und schwebet."

Was ist diese Seele anders denn das als ein selbständiges, existierendes Wesen vorgestellte Bild des Toten, welches im Unterschied von dem einst sichtbaren, leiblichen Wesen noch in der Phantasie fortexistiert? Die Griechen und Römer nannten daher ausdrücklich die Seele, deren physiologischer, vom Leben abgezogener Name bei ihnen der Hauch, der Atem ist, daher sie mit dem Hauch des Sterbenden die Seele desselben in sich aufzufangen glaubten, Schattenbild, *εἴδωλον*, imago, oder geradezu den Schatten des Körpers, umbra. Dieselbe Bezeichnung für die Seele: Bild, Schatten, findet sich bei mehreren wilden Völkern. Die alten Hebräer glaubten sogar ausdrücklich, daß sie nicht unsterblich wären. „Wende dich, Herr, und errette meine Seele, denn *im Tode gedenket man deiner nicht;* wer will dir in der Hölle (im Grabe) danken?" (Ps. 6, 6). „Laß von mir ab, daß ich mich erquicke, ehe denn ich hinfahre und nicht mehr hier sei (nach neueren Theologen: nicht mehr bin)" (Ps. 39, 14). „Wer will den Höchsten loben in der Hölle? Denn allein die Lebenden können loben; die *Toten,* als *die nicht mehr sind, können nicht loben*" (Sirach 17, 25–27). Aber gleichwohl hatten sie ein Reich der Schatten, der „Seelen ohne Kraft und Tätigkeit", zum deutlichen Beweis, daß die Vorstellung von einer Existenz des Menschen nach dem Tode – nämlich als Schatte, Bild –, welche man gewöhnlich mit dem Unsterblichkeitsglauben verwechselt, mit diesem nichts gemein hat. Auch den Chinesen kann man keinen eigentlichen, wirklichen Unsterblichkeitsglauben zuschreiben. „Feierlichkeiten solcherart, daß ihrer von ihren Nachkommen ehrenvoll gedacht werde, sind dem Wesen nach das Hauptsächlichste, worauf die Chinesen nach ihrem erfolgten Tode hoffen." Aber gleichwohl feiern sie das Andenken der Toten, ihrer Vorfahren, mit solchen Zeremonien, „als wenn die Verstorbenen noch lebendig wären". Die Madegassen glauben, daß die Menschen nach dem Tode böse Geister werden, die ihnen manchmal erscheinen und im Traume mit ihnen reden. „Diese sehen also", bemerkt hierzu richtig, ohne jedoch natürlich die gehörigen Folgen daraus zu ziehen, ein rationalistischer Schriftsteller*, „ihre Träume für etwas Wirkliches außer ihnen an. Sie glauben fest, daß es die Verstorbenen sind, die zurückkommen, und mit ihnen des Nachts reden. Dies kann aber mit gutem Grunde von allen andern Völkern gelten." „Die Einwohner von Guayra in Paraguay glauben, daß sich die Seele, wenn sie aus dem Körper scheidet, nicht weit von demselben entferne und wohl gar bei ihm in dem Grabe zur Gesellschaft bleibe, weshalb man auch einen leeren Raum daselbst läßt, damit sie Platz haben möge. Die ersten Indianer, die das Christentum annahmen, konnte man mit vieler Mühe kaum von diesem Gebrauch abbringen. Man erwischte sogar einige christliche Weiber, welche heimlich an den Begräbnisort ihrer Kinder und Männer gegangen waren und die Erde, womit sie bedeckt waren, durch ein Sieb laufen ließen, um ihren Seelen eine Erleichterung zu verschaffen, die, wie sie sagten, ohne diese gebrauchte Vorsicht gar zu sehr gedrückt werden würden. Hieraus erhellt", bemerkt der eben angeführte Schriftsteller, „daß diese Indianer glauben, daß die Seele sowohl ein von dem Körper verschiedenes Wesen sei, als daß sie nach dem Tode des Körpers noch fortdauern." Wie falsch geschlossen! Hieraus, wie aus unzähligen andern Gebräuchen und Vorstellungen der Völker, welche die theistischen Unsterblichkeitsgläubigen samt und sonders in ihren Reisebeschreibungen oder in sonstigen Werken immer nur in ihrem Sinne auslegen, erhellt vielmehr nur dieses, daß sie die Leiche des Menschen noch für den Menschen selbst halten, zugleich aber auch, weil sie noch das Bild des Lebendigen in der Erinnerung haben, dieses von der Leiche unterscheiden und als ein selbständiges Wesen personifizieren, doch aber wegen der Ähnlichkeit der Leiche mit dem Original, mit dieser, wenigstens solange sie existiert, in inniger Verbindung denken. Daher glauben die Karaïben,

* Bastholm, „Historische Nachrichten zur Kenntnis des Menschen in seinem wilden und rohen Zustande", IV. T.

daß die Toten solange mit Nahrung bedient werden müßten, solange noch Fleisch an ihnen ist, daß sie nicht eher in das *Land der Seelen* gehen, als sie gänzlich *entfleischt* sind.* Wenn das Fleisch verschwunden ist, so ist ja auch der letzte Anhaltspunkt der sinnlichen Anschauung des Toten verschwunden; er ist jetzt ganz und gar in das Reich der Seelen, d. h. das Reich der Erinnerung, übergegangen. Die Siamer glauben fest, daß nach dem Tode des Menschen „etwas von demselben übrigbleibe, welches für sich bestehe, von seinem Körper unabhängig existiere und unsterblich sei; allein sie legen dem, was übrigbleibt, die nämlichen Glieder und die nämlichen festen und flüssigen Substanzen bei, aus welchen der gröbere Körper zusammengesetzt ist. Sie nehmen dabei bloß an, daß die Seele aus einer sehr feinen Materie bestehe, um sich dem Gesicht und der Berührung zu entziehen." Wir haben in dieser dem Gesicht und der Berührung sich entziehenden, vom Körper unterschiednen, gleichwohl mit den nämlichen Gliedern versehnen Seele nichts als eine getreue Beschreibung von dem Bilde des Toten. „Daß die Hottentotten ein künftiges Leben glauben, erhellt daraus, daß sie fürchten, die Toten möchten wiederkommen und sie beunruhigen. Daher ziehen alle Einwohner eines Dorfs anderswohin, wenn jemand bei ihnen gestorben ist, denn sie glauben, daß sich die Verstorbenen da aufhalten, wo sie gestorben sind." Wie verkehrt! Wir haben in diesem angeblichen Glauben der Hottentotten und andrer Völker an ein künftiges Leben nichts als ein psychologisches oder anthropologisches Exempel von den Wirkungen der Furcht, welche der Anblick und das Bild des Toten erweckt. Nichts verwandelt ja mehr Bilder, Vorstellungen, Einbildungen in Wesen als die Furcht. Die Hottentotten glauben, daß sich die Verstorbenen da aufhalten, wo sie gestorben sind, d. h., das Bild des Toten und die Furcht vor ihm haftet hauptsächlich an dem Orte, wo er gestorben oder begraben ist; daher die allgemeine heilige Scheu oder Furcht der Völker vor den Gräbern, den Wohnungen der Toten.

* S. Baumgarten, „Allg. Geschichte der Länder und Völker von Amerika", I. T., S. 484, u. Meiners' „Allg. kritische Geschichte der Religionen", II. Bd., S. 731.

Der Unglaube der Bildung an die Unsterblichkeit unterscheidet sich also von dem angeblichen Glauben der noch unverdorbnen, einfachen Völker an die Unsterblichkeit nur dadurch, daß jener das Bild des Toten als Bild weiß, dieser aber als Wesen sich vorstellt, also nur dadurch, wodurch sich überhaupt der gebildete oder gereifte Mensch von dem ungebildeten oder noch kindlichen Menschen unterscheidet, nämlich daß dieser das Unpersönliche personifiziert, das Leblose belebt, während jener zwischen Person und Ding, lebendig und leblos unterscheidet. Es ist daher nichts verkehrter, als wenn man die Vorstellungen der Völker von den Toten aus dem Zusammenhang mit ihrer übrigen Vorstellungsweise losreißt und nun in dieser Losgerissenheit als ein Zeugnis für die Unsterblichkeit anführt. Wenn wir deswegen an die Unsterblichkeit glauben sollen, weil alle Völker daran glauben, so müssen wir auch glauben, daß es Gespenster gibt, glauben, daß Statuen und Bilder reden, empfinden, essen, trinken ebensogut wie ihre lebendigen Originale, denn mit derselben Notwendigkeit, mit welcher das Volk das Bild als das Original denkt, mit derselben denkt es den Toten als lebendig.* Aber dieses Leben, welches das Volk dem Toten zuschreibt, hat, ursprünglich wenigstens, keine positive Bedeutung; es denkt sich den Toten nur als lebendig, weil es sich vermöge seiner Vorstellungsweise ihn nicht als tot denken kann. Dem Inhalt nach unterscheidet sich das Leben des Toten nicht von dem Tode; es ist nur ein, aber unwillkürlicher, Euphemismus, nur ein lebhafter, sinnlicher, poetischer Ausdruck des Totseins. Die Toten leben, aber sie leben nur als Tote, d. h., sie leben und leben nicht; ihrem Leben fehlt die Wahrheit des Lebens; ihr Leben ist nur eine Allegorie des Todes. Der Unsterblichkeitsglaube im eigentlichen Sinne ist daher weniger als ein unmittelbarer Ausspruch der mensch-

* In der Tat ist der Unsterblichkeitsglaube nichts andres ursprünglich als Gespensterglaube, nur muß man das Wort „Gespenst“ nicht in einem zu engen Sinn nehmen. Wenn daher der Gottesglaube ein integrierender Bestandteil des menschlichen Bewußtseins ist, so ist es auch, ja, noch mehr der Gespensterglaube. Aus demselben Grund, aus welchem wir an einen Gott, müssen wir auch an das Gespenst glauben.

lichen Natur; er ist nur von der Reflexion in sie hineingelegt; er beruht nur auf einem Mißverstand der menschlichen Natur. Die wahre Meinung der menschlichen Natur über diesen Gegenstand haben wir ausgesprochen in der tiefen Betrauerung und Verehrung der Toten, die wir fast ohne Ausnahme bei allen Völkern finden. Die Klage um den Toten stützt sich ja nur darauf, daß er des Glücks des Lebens beraubt, den Gegenständen seiner Liebe und Freude entrissen ist. Wie konnte aber der Mensch die Toten beklagen und betrauern, und zwar so, wie sie die alten Völker betrauerten und heute noch viele rohe Völker betrauern, wenn er wirklich überzeugt wäre, daß der Tote noch lebe, und zwar ein besseres Leben. Was wäre die menschliche Natur für eine schändliche Heuchlerin, wenn sie in ihrem Herzen, in ihrem Wesen glaubte, daß der Tote lebe, und doch zugleich den Toten eben wegen des Verlustes des Lebens beklagte! Freude, nicht Trauer wäre der Ausdruck der menschlichen Natur bei Todesfällen, wenn der Glaube an ein anderes Leben ein wirklicher Bestandteil des menschlichen Wesens wäre. Die Trauer um den Toten wäre höchstens nur eine Trauer wie um einen Verreisten.

Und was sagt die selbst religiöse Verehrung der Toten aus? Nichts andres, als daß die Toten nur noch Wesen der Einbildung und des Gemüts, nur noch Wesen für die Lebendigen, aber nicht mehr für oder an sich selbst sind. Heilig ist das Andenken der Toten, eben weil sie nicht mehr sind, das Andenken allein der Ort ihrer Existenz ist. Der Lebende bedarf nicht des Schutzes der Religion; er behauptet sich selbst; es ist sein eignes Interesse zu existieren; aber der selbstlose Tote muß heiliggesprochen werden; nur dadurch wird seine Fortdauer gesichert. Je weniger der Tote für seine Existenz tut, desto mehr bietet der Lebende alle ihm nur immer zu Gebote stehenden Mittel auf, um den Toten am Leben zu erhalten. Der Lebende vertritt daher den Toten; der Tote bedeckt nicht mehr seine Blöße, der Lebende tut es statt seiner; der Tote nimmt nicht mehr Speise und Trank zu sich, der Lebende setzt sie ihm daher vor oder schüttet sie ihm sogar in den Mund ein. Aber das einzige, was zuletzt der Lebende dem Toten erweisen kann und selbst durch die Darreichung von Speise und Trank beweisen will, ist, daß er das Andenken des Toten ehrt und heilighält, den Toten zu einem Gegenstand religiöser Verehrung erhebt. Durch den Genuß der höchsten Ehre sucht der Mensch den Toten wegen des Verlustes des höchsten Gutes, des Lebens, zu entschädigen. Je weniger du für dich selbst bist, so spricht gleichsam der Lebende zu dem Toten, desto mehr sollst du für mich sein; dein Lebenslicht ist erloschen, aber um so herrlicher soll dein teures Bild ewig in der Erinnerung mir vorleuchten. Du bist leiblich tot; aber dafür soll deinem Namen die Ehre der Unsterblichkeit zuteil werden. Du bist kein Mensch mehr, dafür sollst du mir ein Gott sein.

Wenn daher der Unsterblichkeitsglaube wirklich in der menschlichen Natur selbst begründet wäre, wie käme der Mensch dazu, den Toten ewige Wohnungen, wie die Römer die Grabmäler, wenigstens die Mausoleen, nannten, zu errichten und jährliche Feste zur Erneuerung ihres Andenkens zu feiern – Feste, die, wie die Grabmäler und alle sonstigen Formen und Gebräuche des Totendienstes, zuletzt, d. h. abgesehen von den Zusätzen abergläubischer Furcht, eben keinen andern Zweck haben, als dem Menschen auch noch nach dem Tode eine Existenz zu verschaffen, den leider nur zu fühlbaren Mangel der wirklichen Existenz durch die freiwillige Gabe einer geistigen Existenz zu ergänzen. Sowenig sich ein Vater um die Seinigen kümmert, ist er gleich von ihnen leiblich getrennt, wenn er sie nur geborgen und versorgt weiß, sowenig würde der Mensch sich um die Toten bekümmern, wenn er im Innersten seines Wesens ihnen eine selbständige Existenz zuschriebe. Die ängstliche Sorge der Völker für ihre Toten ist darum nur ein Ausdruck von dem Gefühl, daß die Existenz derselben von den Lebenden abhängt. Der augenfällige historische Beweis, daß die Ehre, welche den Toten erwiesen wird, keinen andern Sinn als den angegebenen hat, ist, daß gerade die Völker, welchen selbst die Unsterblichkeitsgläubigen eigentlichen Unsterblichkeitsglauben zuzuschreiben Bedenken tragen oder geradezu absprechen, wie z. B. die Chinesen, am meisten für ihre Toten sorgen, dagegen die Völker, welche ihren Toten eine wirkliche unsterbliche Existenz zuschreiben, wie die christlichen, sich nicht mehr um ihre Existenz, wenigstens auf der Erde, bekümmern; sie wissen sie geborgen und versorgt; sie brauchen sich also ihretwegen kein graues Haar mehr wachsen zu lassen; sie denken nur noch an sich selbst, aber nicht mehr an ihre Toten. Die Heiden sind Kommunisten, sie teilen das Eigentum des Lebens brüderlich mit dem Tode; die Christen sind Egoisten, sie lassen den Toten nichts übrig, sie brauchen und verzehren alles für sich selbst; sie fertigen die Toten mit dem Himmel ab.

Cicero führt als eine Autorität für den Unsterblichkeitsglauben die alten Römer an, weil diese nach seiner Meinung nicht ihre Toten würden mit solcher Religiosität verehrt haben, wenn sie nicht geglaubt hätten, daß die Toten noch existierten. Allein Cicero hat selbst diese oberflächliche Auslegung des Totendienstes seiner Vorfahren faktisch bei dem Todesfall seiner geliebten Tochter Tullia widerlegt. Er wollte sie auf alle mögliche Art verherrlichen, ihr einen Tempel weihen, sie als einen Gegenstand religiöser Verehrung der Nachwelt überliefern. Nur in diesem Gedanken fand er Trost. Wozu aber ein Wesen unsterblich *machen*, wenn es wirklich unsterblich *ist*? Wozu die Fackel der irdischen, menschlichen Unsterblichkeit, wenn der Tote schon am oder im Himmel als ein ewiger Stern leuchtet? Allerdings glaubten die Römer wie alle andern Völker, daß die Toten noch existierten; aber es ist eine sehr oberflächliche Psychologie oder Anthropologie, welche die bewußten Vorstellungen, Einbildungen und Glaubensmeinungen der Völker zum Maß und Wesen der menschlichen Natur macht. Was die Völker mit Bewußtsein glauben, das widerlegen sie mit der Tat, das glauben sie unbewußt nicht. Das Bewußtsein ist ein Spiegel, in welchem der Mensch das Gegenteil von dem erblickt, was er in Wahrheit ist, will und denkt, in welchem er alle Aussprüche seiner Natur im entgegengesetzten Sinne auslegt, die bittersten Wahrheiten selbst, die sie ihm sagt, für Schmeicheleien nimmt. Wäre das Bewußtsein, die Vorstellung, die Einbildung das Maß des Wesens, wie viele Heuchler wären dann Gläubige, wie viele Ungebildete Gebildete, wie viele Schurken Heilige, wie viele Tropfen Helden, wie viele Eitelkeiten Notwendigkeiten, wie viele Niedrigkeiten Hoheiten, wie viele Kleinigkeiten Wichtigkeiten, wie viele Obskuritäten Zelebritäten, wie viele Pedanten Genies, wie viele Träumer Denker! Jeder hält sich im Bewußtsein für das, was er in Wahrheit nicht ist, und gerade auf das, was er am wenigsten ist, bildet er sich das meiste ein. Wie viele vergessen über einem eingebildeten Talent ihre wirklichen Talente! Ein Glückskind ist *der* Mensch, bei dem Bewußtsein und Sein, Wesen, Natur zusammenstimmen; aber es gibt keinen, bei dem Bewußtsein und Wesen vollkommen sich deckten, keinen, der sich wenigstens nicht etwas einbildete zu sein, was er nicht, oder auch umgekehrt: etwas nicht zu sein, was er in Wahrheit ist. So ist es denn auch mit den Glaubensvorstellungen der Völker. Die Unsterblichkeit existiert für ihr Bewußtsein, der Tod für ihr Wesen; bewußt halten sie die Toten für lebendig, unbewußt für tot. In den Tränen und Blutstropfen selbst, die im Schmerz der Mensch über den Toten vergißt, spricht sich die menschliche Natur, in den Opfern, Gebeten, Wünschen für den Toten die menschliche Einbildung aus. Aber gleichwohl ist wenigstens bei den Völkern, die sich schon auf einen gewissen Grad geistiger Bildung erhoben, aber sich noch nicht durch die Theologie mit der menschlichen Natur entzweit haben, wie z. B. bei Homer, dieser Bibel der Anthropologie, die Einbildung noch insofern ein getreuer Ausdruck der menschlichen Natur, als seinem Inhalt nach das Leben, das sie dem Mensen noch nach dem Tode vorspiegelt, nur ein poetisches Bild des Todes ist.

Da das den Tod überlebende, von der Leiche unterschiedne, unsterbliche Wesen des Menschen in dem allgemeinen Unsterblichkeitsglauben der Völker nichts andres ist als das nach dem Tode übrigbleibende Bild des Menschen, die Menschen aber im Leben nicht einander gleich sind, so ist eine natürliche Folge, daß auch die Toten sich unterscheiden und folglich, da sie die Phantasie als existierend vorstellt – sie existieren ja auch wirklich in der Erinnerung und Einbildung –, ihr Zustand, die Beschaffenheit und Lokalität ihrer Existenz verschieden vorgestellt wird. Die unsterblichen Seelen unterscheiden sich daher wie die sterblichen Menschen in Reiche und Arme, Vornehme und Niedrige, Starke und Schwache, Tapfre und Feige, Schöne und Häßliche und, da sich an diese Unterschiede nicht nur in der Vorstellung, sondern auch in der Wirklichkeit der Unterschied von Glück und Unglück knüpft, in Glückliche und

Unglückliche, gesellen sich moralische Vorstellungen hinzu, in Gute und Böse, Selige und Unselige. Hieraus erklärt sich auch, warum bei allen sinnlichen Völkern, welche unmittelbar ihre Vorstellungen in Handlungen umsetzen, sinnlich verwirklichen, verleiblichen*, der Tote alles, was er im Leben hatte, mit sich in das Grab oder Feuer bekommt, warum mit dem Manne sein Weib, mit dem Herrn seine Dienerschaft, mit dem Jäger seine Jagdgeräte und Jagdhunde, mit dem Weibe Nadel und Faden, mit dem Krieger seine Waffen, mit dem Künstler seine Werkzeuge, mit dem Kinde seine Spielzeuge begraben oder verbrannt werden. „Alles", bemerkt schon Cäsar von den Galliern, „wovon sie glauben, daß es ihnen im Leben am Herzen lag, werfen sie mit dem Toten ins Feuer." Mit vollem Rechte. Was ist der Mensch ohne das, was er liebt und treibt? Was er liebt und treibt, bestimmt ja sein ganzes, sein innerstes Wesen. Wer kann dem Kinde seine Spielzeuge, dem Krieger seine Waffen nehmen, ohne ihm sein Leben, seine Seele zu nehmen? Was ist wohl die Seele eines Germanen, der nur in der kriegerischen Kraftäußerung seine Seligkeit und Gottheit findet, nur in voller Rüstung sein volles Selbstgefühl hat, wenn du ihm seinen Waffenschmuck nimmst? Wenn man daher aus dem Unsterblichkeitsglauben, wie er sich fast bei allen Völkern findet, auf die Unsterblichkeit des Menschen schließt, so folgt auch aus ebendiesem Glauben die Unsterblichkeit der Tiere**, Kleider, Schuhe, Waffen, Ge-

* Es versteht sich von selbst, daß zur Erklärung dieses Gebrauchs auch die Motive der Furcht und Liebe gehören, aber diese Affekte gehören ja an und für sich zur Vorstellung des Toten. Der Tote ist ebensowohl nach dem Eindrucke seiner einstigen Persönlichkeit ein Gegenstand der Liebe, als er nach seinem letzten Eindruck, nach dem Eindruck der Leiche, ein Gegenstand der Furcht, des Schreckens, des Abscheus ist. Daher die widersprechenden Gebräuche und Vorstellungen der, namentlich wilden, Völker.

** Wirklich glauben auch die meisten Völker, wenigstens in demselben Sinne, in welchem sie an die Unsterblichkeit des Menschen glauben, an die Unsterblichkeit der Tiere. Die Lappen bezweifelten sogar ihre eigne Wiederauferstehung, während sie an die des Bären glaubten. Haben doch selbst viele räsonierende Sachwalter der unsterblichen Seele die schirre, Werk- und Spielzeuge, die den Toten mit ins Jenseits nachfolgen. Wenn ich in der Erinnerung ein Wesen lebendighalten will, so muß ich es in dieser Bestimmtheit, in dieser Tracht, dieser Beschäftigung, dieser Lebensweise, die seine Individualität bezeichnete, festhalten. Auch der phantastische christliche Spiritualist kann sich keine Fortdauer der Seele oder des Geistes eines Menschen anders denken als in der individuellen Gestalt, die er im Leben hatte, kann überhaupt nichts von dem, was im Leben zu ihm gehörte, weglassen, wenn er nicht aus der Erinnerung seine Existenz vertilgen will. So notwendig daher die Völker infolge ihrer unkritischen, ungebildeten, nicht unterscheidenden Denkweise das vorgestellte, subjektive Wesen für ein wirkliches, existierendes Wesen ansehen, so notwendig denken sie die vom Toten unzertrennlichen Dinge, selbst wenn sie dieselben von den Flammen verzehren lassen, als existierend. Wenn ihr euch darüber nicht wundert, daß die Menschen glauben können, daß die Toten noch leben, daß die noch existieren, die vor ihren Augen die Existenz verloren und kein einziges gegenständliches, allein gültiges Zeichen ihrer Existenz mehr von sich geben, wie wollt ihr euch darüber wundern, daß die vom Toten unabtrennbaren Dinge, selbst wenn sie vor ihren Augen das Feuer vernichtet hat, in ihrer ehemaligen Gestalt und Brauchbarkeit noch fortexistieren?

Der angebliche Glaube der Völker an ein „*anderes*“ Leben ist nichts andres als der Glaube an *dieses* Leben. Sogut *dieser* verstorbene Mensch noch nach dem Tode derselbe ist, sogut ist und muß notwendig das Leben nach dem Tode noch *dieses* Leben sein. Der Mensch ist im allgemeinen, wenigstens in seinem Wesen, wenn auch nicht in

Unzertrennlichkeit der tierischen und menschlichen Unsterblichkeit anerkannt. In der Tat sprechen auch die nämlichen physiologischen und psychologischen Beweise, welche für die Unsterblichkeit des Menschen sprechen, für die der Tiere. Was aber die Unsterblichkeit der Kleider betrifft, so erinnere ich insbesondere nur an die alten Deutschen, welche glaubten, daß ein unbekleideter Toter auch in Walhall ewiger Nacktheit und allgemeinem Gelächter ausgesetzt wäre. So gilt also auch noch im Jenseits der profane Spruch „Kleider machen Leute“.

seiner Einbildung, mit dieser Welt trotz ihrer mannigfachen Leiden und Beschwerlichkeiten vollkommen befriedigt; er liebt das Leben, und zwar so, daß er sich gar kein Ende, kein Gegenteil desselben denken kann. Gleichwohl macht ihm wider alles Erwarten der Tod einen Strich durch die Rechnung. Aber er versteht den Tod nicht; er ist zu sehr vom Leben eingenommen, als daß er auch der altera pars [anderen Seite] recht geben könnte; er macht es wie der Theolog und Spekulant, welche den evidentesten Gegenbeweisen undurchdringlich sind; er betrachtet den Tod nur als einen „kräftigen Irrtum", einen Geniestreich, einen zufälligen aphoristischen Einfall eines bösen Geistes oder einer üblen Laune* – von der strengen Konsequenz und Notwendigkeit des Todes hat er ja keine Ahnung –; er setzt daher ohne Unterbrechung nach dem Tode sein Leben vor dem Tode fort, wie der Theolog und Spekulant seine Beweise vom Dasein Gottes auch nach den augenfälligsten Beweisen von seinem Nichtsein. Aber das Leben nach dem Tode setzt der Mensch auf seine eigne Faust fort; es ist bloß ein Leben in seiner Vorstellung; als ein bloßes Objekt der Vorstellung steht es daher unter der Botmäßigkeit der menschlichen Reflexion, Phantasie und Willkür und bekommt so durch ihre Zusätze und Weglassungen den Schein eines *andern* Lebens. Aber gleichwohl sind diese Verände-

* Der Mensch erklärt sich nämlich alles Unbegreifliche *aus sich*, sei es nun aus rein logischen oder persönlichen Gründen. So legt er denn auch dem Tode, solange er ihn noch nicht als eine Naturnotwendigkeit erkannt, solange er ihm folglich unbegreiflich ist, einen *menschlichen Grund* unter. Warum hast du uns denn verlassen? Was hat dir denn gefehlt? So fragt der Mensch auf diesem Standpunkt den Toten, setzt also voraus, daß er nicht gestorben wäre, wenn er nicht aus irgendeinem besondern Grund hätte sterben wollen. So denkt er alles sub specie libertatis [unter dem Aspekt der Freiheit], unter der Form der menschlichen Willkür und Vernunft. Der Unterschied zwischen dem Standpunkte der Kultur, auf dem gegenwärtig die Menschheit noch in Religion und Philosophie steht, und dem Standpunkt der Unkultur besteht nur darin, daß diese das menschliche Blut, Herz, Fleisch, jene das menschliche Hirn zum Grundstoff aller Dinge macht.

rungen der Phantasie nur oberflächliche; es ist dem wesentlichen Inhalte nach dasselbe wie *dieses*.

Gewöhnlich erklärt man sich die Vorstellungen der Völker vom Jenseits also. Alle oder wenigstens fast alle Menschen stimmen darin überein, daß sie ein anderes Leben glauben, aber sie machen sich davon, je nach Verschiedenheit ihres Charakters, Landes, Lebens und Treibens, verschiedene Vorstellungen. Daß ein Leben nach dem Tode ist, das ist gewiß, das bezeugt dieser allgemeine Glaube; was und wie es ist, das wissen wir nicht; aber ebendeswegen machen sich die Menschen davon so verschiedne Vorstellungen; denn der Mensch ist neu- und wißbegierig; er nimmt daher das Bekannte zum Maßstab des Unbekannten; er will mit endlichen Begriffen das Unbegreifliche in den Kot der Erde herabziehen. So füllt er das dunkle Jenseits mit den Gestalten des Diesseits aus. Es ist mit der Unsterblichkeit wie mit der Gottheit; beide Ideen „sind ja im Grunde identisch". Alle Menschen, sagt man, glauben an Gott; nur in den Vorstellungen, in den Begriffen, die sie sich davon machen, weichen sie voneinander ab. Allein die Theisten beweisen sich als sehr willkürliche und befangne Exegeten, wenn sie dem Glauben der Völker ihren Glauben unterschieben, den Gott des Theismus zu dem gemeinschaftlichen Gegenstand machen, woran alle Menschen, nur unter verschiednen Vorstellungen, glauben. So verschieden die Namen der Götter, so verschieden sind die Götter selbst. Wer dem Griechen seinen Zeus, dem Deutschen seinen Odin, dem Slawen seinen Swantowit, dem Juden seinen Jehova, dem Christen seinen Christus nimmt, der nimmt ihm den Gott überhaupt. Gott ist ursprünglich kein Eigen-, sondern Gattungsname, kein Wesen, sondern Eigenschaft, kein Subjekt oder Substantiv, sondern Prädikat oder Adjektiv: furchtbar, schrecklich, mächtig, groß, ungewöhnlich, außerordentlich, herrlich, gut, wohltätig. Das Hauptwort oder Subjekt liefert die *Natur*, das Eigenschaftswort oder Prädikat der *Mensch*, denn das Prädikat ist nichts andres als der Ausdruck der menschlichen Phantasie und Empfindung, womit er den Gegenstand der Natur bezeichnet, welcher auf seine Sinne, sein Gemüt, seine Phantasie eben den mächtigsten, schrecklichsten oder wohltätigsten Eindruck macht. Die Götter sind daher so verschieden, als die Eindrücke der Natur auf den Menschen verschieden sind*, aber diese Verschiedenheit der Eindrücke richtet sich selbst wieder nach der Verschiedenheit der Menschen. Der in der wesentlichen, charakteristischen Bestimmtheit des Menschen begründete, bleibende, herrschende Eindruck von der Natur ist der Gott des Menschen. Wer daher dem bestimmten Menschen die Bestimmtheit der Gottheit nimmt, der nimmt ihm nicht etwas, sondern alles, nicht ein Prädikat, sondern das Wesen selbst; denn nicht die Gottheit als solche, sondern die *Bestimmtheit* derselben ist seine wahre Gottheit. Mit der Unsterblichkeit ist es nun geradeso. Wer einem Menschen dieses bestimmte Leben nach dem Tode nimmt, der nimmt ihm das Leben überhaupt nach dem Tode; er weiß und will von keinem andern Leben etwas wissen; er hat keinen Sinn dafür; es existiert gar nicht für ihn. Der Germane will nur in Walhall, der Muhamedaner nur im muhamedanischen Paradies fortleben; in dem christlichen Jenseits würde er nicht seine Rechnung finden.

Die alten Germanen glaubten, daß nach dem Tode der Bräutigam die Braut, der Gatte die Gattin wiederfinden und umarmen werde. Wie lächerlich wäre es, diesem lebensvollen, fleischlichen Jenseits, diesem ehrlichen altdeutschen Bekenntnis der Sinnlichkeit die hinterlistige theologische Ausrede des leeren, unbekannten Jenseits des modernen Christentums unterlegen zu wollen! So notwendig der Germane glaubte, daß er nach dem Tode leben werde, so notwendig glaubte er, daß er nach dem Tode auch noch das Kriegs- und Liebeshandwerk treiben werde. Nimmst du ihm die Kriegs- und Liebelust, so nimmst du ihm die

* Allerdings liegt den verschiedenen Göttern und Religionen – so auch den verschiedenen Vorstellungen des Jenseits – ein gemeinschaftliches Wesen zugrunde, aber dieses Grundwesen, das als der Urgott hinter allen Göttern steckt, ist einerseits (subjektiv) die menschliche, andererseits (objektiv) die un- oder nichtmenschliche Natur, denn der allen Menschen gemeinschaftliche Gegenstand ist ja die Natur. Die Dieselbigkeit der Natur ist jedoch ein Gedankending, in der Wirklichkeit ist sie unendlich verschieden. Das Eins der Religionen ist daher nicht weniger, aber auch nicht mehr eins als das Eins der menschlichen und äußern Natur.

Lebenslust, dort wie hier. Er will vom Jenseits nichts andres, als was ihm der Tod genommen hat. Der Tod nimmt dieses Leben; aber die Phantasie stellt es wieder her; sie gibt dem Gatten wieder die Gattin, dem Krieger seine Waffen, dem Kinde seine Spielwerkzeuge. Das Jenseits ist nichts andres als die sinnliche, wirkliche Welt als Welt der Phantasie. Aber diese Welt schließt dem Menschen zuerst nur der Tod auf. Die Macht der Phantasie lernt der Mensch erst kennen und schätzen, nachdem ihm ein geliebter Gegenstand aus der Anschauung entschwunden. Selbst die rohsten Völker erhebt der Schmerz über die, sei es nun zeitliche oder ewige, räumliche oder tödliche, Trennung von dem, was sie lieben, zur Poesie. Die Phantasie (Einbildung, Erinnerung – Unterschiede, die hier gleichgültig –) ist das Jenseits der Anschauung, worin der Mensch zu seiner größten Überraschung und Entzückung wiederfindet, was er diesseits, d. h. in der sinnlichen, wirklichen Welt, verloren. Die Phantasie ersetzt und erfüllt die Lücken und Mängel der Anschauung; die Anschauung gibt Wesen, Wahrheit, Wirklichkeit, aber ebendeswegen ist sie zeit- und ortbeschränkt. Die Anschauung ist gründlich, materiell, sachgetreu, wortkarg, feind allem Floskelwesen; ihre Werke sind gehaltvoll, gediegen; sie gelingen ihr darum nur unter besondern Bedingungen; aber ebendeswegen kann sie die ungebührlichen Forderungen nicht befriedigen, die der Mensch an sie stellt. Die Phantasie dagegen ist quantitativ unbeschränkt; sie kann alles ohne Unterschied, zu jeder Zeit und an jedem Ort; sie schreibt auf Verlangen Folianten über Dinge, wovon sie nicht das Geringste weiß, kurz, sie ist *allmächtig, allwissend, allgegenwärtig;* sie erfüllt daher alle Wünsche des Menschen; aber sie gibt auch dafür statt der baren Münze der Anschauung nur Anweisungen auf das Jenseits, nur Scheine, Schatten, Bilder – Bilder, die aber gleichwohl für den Menschen mehr Wert und Realität haben als die Wirklichkeit, die nicht mehr die geliebten Gegenstände enthält. Die Phantasie oder Einbildung ist aber ursprünglich nichts als das *geistige Sehen;* mit der Erinnerung an das Verlorne, mit der Wiederherstellung desselben in der Phantasie, mit diesem geistigen *Wiedersehen* verknüpft daher sich unmittelbar der Wille und die Hoffnung des wirklichen Wiedersehens. Die

Vergegenwärtigung des Abwesenden in der Vorstellung, die Erinnerung, ist ja selbst nichts weiter als das Bestreben, den Sinnen zum Trotz das zu *sehen*, was *man nicht sieht*. Es ist daher ganz natürlich, daß den Völkern das Wesen der Einbildung für ein wirkliches Wesen, die Phantasiewelt für eine existierende Welt gilt. Aber gleichwohl ist der Inhalt, der Gegestand, das Wesen dieser „übersinnlichen" Welt nur der Inhalt dieser sinnlichen Welt, für den bestimmten Menschen daher nur der Inhalt dieser seiner bestimmten Welt, seines Vaterlands. Wenn es daher euch Christen und Theisten für unmenschlich gilt, dem Menschen das Jenseits zu nehmen, so seid vor allem ihr selbst so menschlich, den Heiden nicht ihr heidnisches Jenseits, dem Germanen nicht sein Walhall, dem Indianer nicht das Land seiner geliebten Vorfahren zu nehmen! Er kennt und will keine andere Unsterblichkeit als die *seinige*, als die eben, die ihr ihm ableugnen wollt. Er zieht den Tod der christlichen Unsterblichkeit vor.

Die sinnlichen Vorstellungen von der „Glückseligkeit des künftigen Lebens", d. h. auf deutsch: von der Unendlichkeit der Glückseligkeit des gegenwärtigen irdischen Lebens, von der Unendlichkeit z. B. der Freuden des Tanzes, der Musik, der Liebe und Freundschaft, der Jagd und anderer ritterlicher Künste, der Mahlzeiten und Trinkgelage, sind bei vielen Völkern so mächtig gewesen, daß sie freiwillig dem Jenseits, d. h. dem eingebildeten Diesseits, das wirkliche Diesseits aufopferten. So stürzten sich die Nordgermanen freiwillig in das Schwert, ihre Weiber freiwillig in die Flammen des Scheiterhaufens – entleibten sich, um die Phantasie des Jenseits zu verleiblichen, zu verwirklichen. So „ließen sich auch die Kamtschadalen sonst lebendig von Hunden zerreißen, ertränken, erhenken und legten sogar, wenn Trübsale sie beugten, Hand an sich selbst. Solche Wirkung kann auf die Menschen die Einbildung haben, daß sie den Zustand des künftigen Lebens kennen und, durch Vergleichung mit dem des gegenwärtigen, jenen besser als diesen finden. Die Menschen wünschen so sehr die Decke aufzuheben, die uns die Zukunft verhüllt. . . . Wenn dieser Blick über das Grab hinaus möglich, wenn er untrüglich hell und vollständig wäre . . ., würde uns dann nicht diese Welt weit weniger interessieren? Unsere gegenwärtigen Freuden würden uns anekeln, unsre Beschäftigungen kindisch werden. ... Es ist folglich Weisheit, daß ein undurchdringlicher Schleier den Zustand des künftigen Lebens sterblichen Augen verhüllt." Ja, es ist Weisheit, aber auch hier, wie anderwärts, ist diese Weisheit, die ihr als Weisheit eines von euch unterschiednen Wesens, als göttliche Weisheit, bewundert, nur eure eigne Weisheit oder vielmehr Klugheit, die es euch verwehrt, der Phantasie die Wirklichkeit, der Einbildung die Wahrheit, den zehn Sperlingen auf dem Dach, wie es im Sprüchwort heißt, den einen Sperling in der Hand aufzuopfern. Allerdings würde uns, wenn wir die Aussicht in ein anderes, besseres, ewiges Leben hätten, das gegenwärtige Leben in nichts verschwinden, wie es denn wirklich dem Menschen in nichts verschwindet, wo der Glaube an das Jenseits noch eine praktische Wahrheit ist, wo ihm seine Einbildung noch für Wirklichkeit gilt; aber wie sonderbar: Auf die verschwindende Kürze, Eitelkeit und Nichtigkeit dieses Lebens gründet sich ja gerade die Annahme eines andern Lebens. Warum nehmt ihr also die Beschäftigungen und Freuden, d. h. die Eitelkeiten und Miserabilitäten, dieses Lebens gegen die Übergriffe des Jenseits in Schutz? Ihr wißt nicht, wie euer Sein dort beschaffen ist, aber das wißt ihr doch unbezweifelbar gewiß, daß es ewig währt, daß es kein Ende, keine Grenze eures lieben Ichs und Lebens gibt, d. h., ihr wißt die Hauptsache, das, was ihr wissen *wollt*, aber die Nebensache wißt ihr nicht, weil sie euch gleichgültig ist. Allein ebendiese Gewißheit und Vorstellung eines ewigen Lebens, wenn auch die Beschaffenheit desselben in Zweifel gestellt wird, ist allein schon hinreichend, mir dieses Leben zu verleiden. Wozu ist denn überhaupt dieses Leben, wenn es noch ein *anderes* gibt? Wozu ein zeitliches, sterbliches Leben, wenn ein ewiges ist? Wozu bin ich denn ein Taglöhner dieser Erde, wenn ich im Himmel ein Rothschild, ein Millionär werde? Welchen Wert haben für mich die paar Pfennige, die ich als irdischer Proletarier im Vermögen habe, wenn mir Millionen gewiß sind, wenn ich gleich nicht weiß, in welcher Geldsorte mir diese Millionen ausbezahlt werden? Warum soll mir nicht über der Gewißheit dieses unerschöpflichen Lebensreichtums im Jenseits der Bettel dieses

Lebens mit seinem paar[1] Jährchen in nichts verschwinden? Und wenn uns wirklich ein anderes Leben bevorsteht, warum soll es denn nicht der einzige Gegenstand unseres Denkens, Sinnens und Trachtens in diesem erbärmlichen Leben sein? Und wenn es wirklich in unsrer Natur begründet, wenn es eine notwendige Folge und Fortentwicklung unsres Lebens und Wesens ist, warum soll es für uns kein Gegenstand des Wissens sein? Warum ist die irdische Zukunft mir ungewiß, weil tausend und abermal tausend zufällige unvorhergesehene Ereignisse und Vorfälle mir einen Strich durch die Rechnung machen, weil meine zukünftige Existenz keine notwendige Folge der gegenwärtigen, mein Leben überhaupt kein vorausbestimmtes, vorausberechnetes und berechenbares ist? Aber die himmlische Zukunft ist eine mathematische Gewißheit – wie viele haben dies ausdrücklich behauptet! –; sie kann uns nicht entrissen werden; sie ist eine notwendige Konsequenz unseres Wesens. Wir können daher aus unsrer Gegenwart unsre Zukunft so gut herauswickeln und zu einem Gegenstand des Wissens erheben, als der Naturforscher aus der Raupe den Schmetterling vor unsern Augen herauszieht. Und gründet ihr denn nicht ausdrücklich auf den Schmetterling den Beweis des himmlischen Jenseits? Warum protestiert ihr also gegen die Ansprüche, welche das Jenseits von Rechts wegen schon auf dieses Leben zu machen hat? Warum sträubt ihr euch mit den schalsten Ausflüchten gegen seine notwendigen Wirkungen und Folgen? Warum laßt ihr euch durch dasselbe nicht in den Genüssen und Beschäftigungen dieses Lebens stören? Warum? Weil, was euch bewußt für eine Wahrheit gilt, unbewußt, tatsächlich eine bloße Einbildung, eine bloße Täuschung ist.

Die subjektive Notwendigkeit des Unsterblichkeitsglaubens

Die wesentliche Bedeutung des Lebens nach dem Tode in dem allgemeinen oder volkstümlichen Glauben an die

[1] *Im Original Großschreibung, obwohl natürlich mehr als nur zwei Jahre gemeint sind.*

Unsterblichkeit ist nur die, daß es die ununterbrochne Fortsetzung dieses Lebens oder dieses Leben, als *endlos* vorgestellt, ist. Nicht der Vervollkommnungstrieb, sondern der Selbsterhaltungstrieb ist der Grund des Glaubens. Der Mensch will, was er gern hat, ist, treibt, nicht fahrenlassen, will es ewig haben, sein und treiben. Und diese Ewigkeit ist eine subjektiv notwendige Vorstellung. „Wir können", sagt Fichte, „keinen Gegenstand lieben, ohne ihn für ewig zu halten." Richtig; aber wir können überhaupt nichts unternehmen, ohne die Vorstellung der Dauer damit zu verbinden. Wenn ich den möglichen Fall, daß das Haus, das ich heute aufbaue, morgen einstürzt oder ein Raub der Flammen wird, mir als wirklich denke, so vergeht mir die Baulust. Wenn ich denke, ich werfe die Kunst oder Wissenschaft, die ich jetzt treibe, einst zum Teufel, so bin ich ein Tor, wenn ich sie nicht jetzt schon wegwerfe; ja, ich kann sie gar nicht treiben, wenigstens mit Eifer und Erfolg, wenn ich nicht denke, daß ich ihr nie untreu werde. Alles, auch das Endlichste, treibt der Mensch im Sinne der Unendlichkeit. Aber diese Unendlichkeit oder Ewigkeit ist nur ein negativer, unbestimmter Ausdruck, ich denke mir etwas ewig, d. h., ich denke mir keinen Zeitpunkt seines Endes. Erst der Mißverstand der Reflexion oder Spekulation und Abstraktion, welche den Ursprung der menschlichen Vorstellungen nicht untersucht und kennt, verwandelt diese verneinende Vorstellung in eine bejahende, diesen Ausdruck des Affekts – denn nur im Affekt des Eifers, der Lust, der Liebe denkt sich der Mensch das Vergängliche als ewig – in eine Vernunftbestimmung oder Vernunftidee. Und sie ist mir nur eine Notwendigkeit im Gegensatze gegen eine unzeitige, voreilige Vorstellung. Wenn ich denke, daß das, was mir jetzt das Höchste und Heiligste ist, einst mir nichts ist, so ist dieser Gedanke für mich ein ebenso vernichtender, erschrecklicher, unerträglicher als der Gedanke meines Todes in der Fülle meiner Lebenslust und Lebenskraft. Ich muß daher dieses in der Vorstellung vorausgenommene Ende durch die entgegengesetzte Vorstellung, die Ewigkeit, niederschlagen. Gleichwohl kommt im Leben der Zeitpunkt, wo diese Ewigkeit sich als Vergänglichkeit erweist, wo sich zeigt, daß nur da die Vorstellung der Ewigkeit ein Bedürfnis, wo die Vorstellung der Endlichkeit eine vorwitzige, unzeitige Vorstellung war; denn alle die schrecklichen Folgen, die sich für unser Gemüt an das *vorgestellte* Ende einer Sache, einer Liebe, einer Wissenschaft, eines Glaubens knüpften und denen wir eben durch den Gedanken der Ewigkeit auszuweichen suchten, erweisen sich bei dem *wirklichen*, im Laufe des Lebens erfolgten Ende derselben als nichtig. Wir glaubten, das Ende nicht überleben zu können, wir identifizierten den Gegenstand so mit uns, daß wir uns gar keine Existenz ohne denselben denken konnten, und dennoch sind wir mit heiler Haut davongekommen. So ist das wirkliche Ende ein ganz andres als das vorgestellte; dieses steht im Widerspruch mit unserm dermaligen Wesen und Standpunkt; es ist ein herzzerschneidender Mißton in der Harmonie, in der wir mit dem Gegenstand stehen, ein gewaltsamer Einbruch in unser Eigentum; jenes aber ist organisch begründet, vorbereitet, eingeleitet; es bricht den Gegenstand nicht in der Mitte ab; es schließt ihn da, wo nur noch der Schluß, aber nicht mehr die Fortsetzung Vernunft gibt, da, wo der Gegenstand, wenigstens für uns, erschöpft ist und daher keinen Wert, keine Bedeutung mehr hat. Das Ende in der Vorstellung ist ein un- und widernatürliches, das Ende in der Wirklichkeit ein natürliches, allmähliches, darum unmerkliches. Ist auch der letzte Akt des Bruches ein barscher, so ist er es doch nur dem Ausdruck, der Form, aber nicht dem Wesen nach. Die Leibnizschen Monaden können wohl nur durch Schöpfung anfangen und durch Vernichtung enden, aber alle natürliche[n] Dinge und Wesen vergehen und entstehen nur allmählich, denn sie sind sehr zusammengesetzte Wesen; und sie entstehen, indem sich Faden an Faden ansetzt, und vergehen, indem sich wieder Faden für Faden das Gewebe auflöst.

So wie es nun eine Notwendigkeit für den Menschen ist, die Bündnisse der Liebe, die er während des Lebens, sei es nun mit Göttern oder Menschen, mit Personen oder Dingen, schließt, als unauflöslich sich zu denken, wenn sie auch gleich mit der Zeit sich auflösen, so ist es auch für ihn eine Notwendigkeit, sich sein Leben überhaupt ewig vorzustellen; denn er verliert alle Lebenslust, es erscheint ihm alles, was ihm das Leben wert und teuer macht, eitel, umsonst, zwecklos, wenn er sich vorstellt: Morgen ist alles, wenigstens für mich, nichts. Aber aus dieser Notwendigkeit des Gedankens einer ewigen Existenz, d. h. einer unbegrenzten Lebensdauer, folgt nichts weniger als die gegenständliche Notwendigkeit und Wirklichkeit derselben. Denn warum ist mir dieser Gedanke notwendig? Weil ich ohne Notwendigkeit, ohne Grund, weil ich voreilig, unzeitig an mein Ende denke. Natürlich erscheint mir so mein Ende als eine gewaltsame Vernichtung, als ein unerträglicher Gedanke; ich muß also die Vorstellung meines Endes aufgeben, mich wieder als seiend denken. Wie anders ist dagegen das wirkliche Lebensende! Es kommt, wenn es wenigstens ein normales ist, allmählich; es kommt, wenn bereits das Lebensfeuer erloschen, das Leben für uns höchstens nur noch den Wert und Reiz einer alten Gewohnheit hat, wo also der Tod nichts weniger als eine gewaltsame, brutale, unmotivierte Vernichtung, sondern der Schluß des vollendeten Lebens ist. Selbst wenn der Gedanke an meinen Tod, d. h. an mein Nichtsein, ein der Zeit nach begründeter ist, so ist er doch immer noch logisch ein unbegründeter; und wenn ich mich daher genötigt sehe, den unerträglichen Gedanken meines Nichtseins durch den Gedanken eines nach dem Tode fortgesetzten Seins zu überwinden, so bestätige ich dadurch nur die Wahrheit der naturgemäßen, freilich nicht christlichen, spekulativen, Logik, daß es ein unvernünftiger Widerspruch ist, mit dem Sein den Gedanken des Nichtseins zu verbinden, seiend sich als *nicht*seiend, lebend sich als tot zu denken. Die Unsterblichkeit ist daher eigentlich nur eine Angelegenheit für Träumer und Müßiggänger. Der tätige, mit den Gegenständen des menschlichen Lebens beschäftigte Mensch hat keine Zeit, an den Tod zu denken, und folglich kein Bedürfnis der Unsterblichkeit; denkt er ja an den Tod, so erblickt er in ihm nur die Mahnung, das ihm zuteil gewordne Lebenskapital weise anzulegen, die kostbare Zeit nicht an nichtswürdige Dinge zu verschwenden, sondern nur auf Vollendung der Lebensaufgabe, die er sich gesetzt, zu verwenden. Wer dagegen seine Zeit nur dazu verwendet, um an sein Nichtsein zu denken, wer über diesem nichtsnutzigen Gedanken das wirkliche Sein vergißt und verliert, der muß freilich sein vorgestelltes Nichtsein durch ein wieder vorgestelltes, erträumtes Sein ergänzen, sein Leben, sei's nun als gläubiger oder spekulativer Tor, nicht mit Beweisen wirklichen Lebens, sondern mit Beweisen des zukünftigen Lebens hinbringen.

Nirgends zeigt sich daher die Unvernunft und Verderblichkeit des Christentums deutlicher als darin, daß es die Unsterblichkeit, die selbst den träumerischsten Weisen des Altertums immer etwas Zweifelhaftes, Ungewisses blieb, für etwas Gewisses, ja, das Allergewisseste ausgegeben und so den Gedanken an ein künftiges, besseres Leben zum angelegentlichsten Gedanken der Menschheit gemacht hat. Der Mensch soll allerdings nicht, wenigstens wenn ihm dieser Gedanke das Leben verbittert, an sein Ende, sein Nichtsein denken; aber töricht, ja, verderblich ist es, dem Menschen ein besseres Leben nach dem Tode zu versprechen; denn „das Bessere ist der größte Feind des Guten". Genießt das Gute des Lebens und verringert nach Kräften die Übel desselben! Glaubt, daß es besser sein kann auf der Erde, als es ist; dann wird es auch besser werden. Erwartet das Bessere nicht von dem Tode, sondern von euch selbst! Nicht den Tod schafft aus der Welt; die Übel schafft weg– *die* Übel, die aufhebbar sind, *die* Übel, die nur in der Faulheit, Schlechtigkeit und Unwissenheit der Menschen ihren Grund haben, und gerade diese Übel sind die schrecklichsten. Der naturgemäße Tod, *der* Tod, der das Resultat der vollendeten Lebensentwicklung, ist kein Übel; aber wohl der Tod, der eine Folge der Not, des Lasters, des Verbrechens, der Unwissenheit, der Roheit. Diesen Tod schafft aus der Welt, oder sucht ihn wenigstens soviel als möglich zu beschränken! So spricht die Vernunft zum Menschen; anders das Christentum, welches, um ein *eingebildetes* Übel zu beseitigen, die *wirklichen* Übel des Lebens unangefochten bestehenließ, welches, um den Tod zum Leben zu machen, das Leben uns zum Tode gemacht hat, welches, um *übernatürliche, phantastische, luxuriöse* Wünsche des Menschen zu befriedigen, den Menschen gegen die Befriedigung der nächsten, notwendigsten natürlichen Bedürfnisse und Wünsche gleichgültig gemacht hat. Das Christentum hat dem Menschen *mehr* geben wollen, als er selber *in Wahrheit* verlangt; es hat sich die Erfüllung der unerreichbaren Wünsche zum Ziel gesetzt, aber ebendeswegen nicht die erreichbaren Wünsche erfüllt. Das Christentum ist so wenig der klassische, vollendete Ausdruck der menschlichen Natur, daß es vielmehr nur auf den *Schein* derselben, nur auf den *Widerspruch des menschlichen Bewußtseins mit dem menschlichen Wesen* gegründet ist. Die Unsterblichkeit ist ein Wunsch der menschlichen Einbildung, aber nicht des menschlichen Wesens. Das Christentum hat mit der Unsterblichkeit dem Menschen eine *Schmeichelei* gesagt, an die – abnorme[1] Fälle und solche Menschen abgerechnet, bei welchen die Macht der Einbildung die Stimme der menschlichen Natur übertäubt hat – im Grunde seines Wesens, d. h. in der Tat und Wahrheit, kein Mensch glaubt*, wie unter anderm die Tatsache beweist, daß die Unsterblichkeitsgläubigen ebenso ungern sterben als die Todesgläubigen, dieses Leben solange als möglich zu behaupten und festzuhalten sich bestreben. Es gibt Wünsche, deren geheimer Wunsch ist, nicht erfüllt zu werden, denn die Erfüllung würde sie kompromittieren, sie entlarven, zeigen, daß sie bloß auf Täuschung beruhen, Wünsche also, die nichts anderes sein und bleiben wollen als Wünsche. Ein solcher Wunsch ist vor allen der Wunsch eines ewigen Lebens. Es hat nur Wert in der Einbildung; würde es wirklich, so würde der Mensch innewerden, daß er es nur im Widerspruch mit seiner wahren Natur verlangt, daß er sich in und über sich getäuscht, daß er sich selbst mißverstanden hat; denn er würde das ewige Leben, wenn es auch von anderer Beschaffenheit wäre als dieses, endlich satt bekommen; es ist daher nur eingebildeter, illusorischer, kein ernstlich gemeinter Wunsch.

Lediglich in Beziehung auf die Zeit gedacht, ist die Vorstellung des ewigen Lebens dem Menschen ein Bedürfnis im Gegensatz gegen die Vorstellung der *Kürze* dieses Lebens. Aber auch diese Vorstellung steht mit der Wahrheit

1 *Im Original:* abnormen

* Höchst merkwürdig sind auch in dieser Beziehung die Selbstbekenntnisse Luthers, dieses christlich-germanischen Glaubenshelden. Er bekennt an unzähligen Stellen, daß eigentlich kein Mensch die Verheißungen des Christentums glaubt und glauben kann, weil sie für ihn zu hoch, zu überschwenglich, d. h., mit andern Worten, weil sie nicht wahr, weil sie übertriebene Schmeicheleien sind. So sich selbst widersprechend ist das Christentum! Während es einerseits,

und Wirklichkeit im Widerspruch. Das Leben *ist* lang, aber *erscheint* uns in der Vorstellung kurz. Warum? Weil wir die Vergangenheit nicht mehr zu uns rechnen, vergangnes Sein gleich Nichtsein anschlagen. Unsere[1] Selbstliebe interessiert nur die Zukunft, nicht die Vergangenheit. Wir machen es mit unsrer Lebenszeit wie der Geizhals, der, während er in der Wirklichkeit die Kästen voll Geld, in seiner Vorstellung doch nichts hat; denn die Vorstellung ist unbeschränkt; in der Vorstellung kann ich immer noch mehr haben, als ich wirklich habe; die Wirklichkeit bleibt immer hinter ihr zurück. So ist auch das wirkliche Leben immer kurz, gegen die Vorstellung gehalten; wir können es uns unbegrenzt denken; wir vergessen über dem Möglichen das Wirkliche. Wenn daher auch dem Menschen sein Wunsch gewährt würde, wenn er Jahrtausende, ja, ewig fortlebte, so würde er doch damit nichts gewinnen; Jahrtausende würden in seiner Erinnerung in Tage, in Stunden, in Minuten zusammenschmelzen; er würde die Vergangenheit immer als verloren betrachten, sich selbst ebenso wie jetzt als eine Ephemere, als ein Tagsgeschöpf, erscheinen. Wie wir der Natur der Abstraktion, des Geistes gemäß alles abbrevieren, verkürzen, verallgemeinern, das Wirkliche mit Weglassung seiner unendlichen Einzelheiten und Verschiedenheiten in *ein* Bild, *eine* Vorstellung, *einen* Begriff zusammenfassen, so fassen wir auch in der Vorstellung das unendliche, reiche, langwierige und oft sehr langweilige Leben in ein verschwindendes Nu zusammen und ergänzen daher diese eingebildete Kürze durch eine ebenso eingebildete Dauer.

Wenn wir in unsre Vergangenheit zurückblicken und sie gehörig überdenken, so können wir uns auch überzeugen, wie roh und oberflächlich der denkt, welcher den Tod, wenn er als wirkliches Ende des Menschen gedacht wird, als eine krasse, despotische Vernichtung sich vorstellt. Sowenig unsre teilweise Vergänglichkeit eine rohe, gewaltsame Ver-

d. h. in der Wirklichkeit, dem Menschen alles nimmt und abspricht, den Menschen aufs tiefste erniedrigt und entwürdigt, verspricht es ihm andrerseits, d. h. im Himmel der Einbildung, Seligkeit, Unsterblichkeit, Gottheit.

[1] *Im Original:* Unserer

nichtung ist, sowenig ist es unsre vollständige, obgleich sie nicht einmal eine vollständige ist; denn wenn ich sterbe, so stirbt ja nur das, was ich jetzt noch bin; ich sterbe ja, wenn mein Tod ein normaler – und dieser kommt nur hier in Betracht, denn der Unsterblichkeitsglaube beanstandet nicht den gewaltsamen, sondern natürlichen Tod, den Tod als Tod –, nicht als Jüngling, nicht als Mann, nicht in der Blüte, sondern als Greis. Der Tod fällt nicht mit der Tür in das Haus; er wird eingeleitet, bevorwortet, begründet. Er ist eine *vermittelte* Verneinung; diese Vermittlung nimmt aber der Verneinung ihren Stachel. Und diese Vermittlung des Todes ist das Leben selbst. Jede neue Lebensstufe ist der Tod der frühern. Wo ist die Seele meiner Kindheit, meiner Jugend? Bei Gott im Himmel oder auf einem Stern? Nein, sie ist so wenig mehr, als ich selbst einst nach meinem Tode noch sein werde. Der Tod ist nicht mehr negativ, vernichtend gegen mich, als ich als Mann vernichtend bin gegen mich als Kind und Jüngling. Das Kind hält nur *sein* Leben für Leben, ebenso der Jüngling. Nimm dem Kinde seine Spiele, und du nimmst ihm sein Leben. Nimm dem Jüngling sein Burschenband, seine Turnhose, seinen Arndt und Jahn, seinen deutschen Kaiser, und das Nichtsein dieses seines jetzigen Seins und Wesens ist für ihn eine ebenso schreckliche Vernichtung als für dich der Tod. Gleichwohl verneint der Jüngling das Kind, der Mann den Jüngling; es ist ihm *nichts* mehr, was ihm einst *alles* war. So natürlich es nun ist, daß wir als Jünglinge, als Kinder vergehen, sowenig wir über diese Vergänglichkeit uns entsetzen, sowenig haben wir Grund, deswegen die Hände über dem Kopf zusammenzuschlagen, daß wir endlich sterben. Sowenig bösartig die Vergänglichkeit überhaupt, sowenig ist es der Tod. Oder: So gleichgültig es uns ist, daß wir nicht mehr sind, was wir einst mit allem Jugendfeuer waren und nota bene immer sein wollten, so gleichgültig, so wohlbegründet, so wenig schrecklich und empörend ist unser einstiges Nichtmehrsein. Freilich lassen wir aus Egoismus diesen Schluß nicht gelten, sowenig als überhaupt die Schlüsse von der Historie auf die Gegenwart, wenngleich derselbe Fall vorliegt; denn die Anerkennung einer Wahrheit in der Vergangenheit geht uns nicht zu Leibe, während ihre Anwendung auf den gegenwärtigen Fall uns höchst empfindlich und lästig ist. Darum haben wir nichts dagegen, daß das Herz des Kindes, das Herz des Jünglings mit dem Traume seiner Unsterblichkeit zugrunde gegangen ist; aber daß es unserm jetzigen alten, verstockten Philisterherz mit der Einbildung seiner Unsterblichkeit ebenso ergehen soll, das können wir uns nicht gefallen lassen, das ist ein anderer casus [Fall]. Wo unser Egoismus beginnt, da gelten die Gesetze der Logik nicht mehr.

Die phantastischen Vorstellungen des Christentums haben seit Jahrhunderten die Menschen so sehr des Gebrauchs ihrer fünf Sinne entwöhnt, daß sie, wenn man sie aus ihren Träumen aufweckt und ihnen die Augen öffnet, wie die Blinden, wenn sie sehend werden, in dem Lichte der wirklichen Welt *nichts* sehen, daß ihnen die Zurückführung des Menschen auf die Reichtümer der Wirklichkeit für Pauperismus, für Nihilismus gilt. So erscheint ihnen auch, wenn man sie aus dem Traume ihres ewigen Lebens und himmlischen Jenseits aufschreckt, das Leben auf den elenden Tropfen des gegenwärtigen Augenblicks zusammengeschwunden, die Verneinung des Jenseits daher als eine unpraktische, namentlich für die Jugend verderbliche, den Menschen alles Schwungs, aller ihm doch so notwendigen Erhebung über die engen Schranken der Gegenwart beraubende Lehre. Sie sehen nicht, die Toren, daß das Jenseits der Gegenwart schon in das Diesseits fällt, daß der Mensch nur[1] über ihre Schranken sich zu erheben, nicht nötig hat, sich ein himmlisches Jenseits zu erträumen, nur einen Blick in seine eigne, in die menschliche Zukunft zu werfen braucht, daß der Gedanke der menschlich-geschichtlichen Fortdauer und Unsterblichkeit unendlich mehr geeignet ist, den Menschen zu großen Gesinnungen und Taten zu begeistern, als der Traum der theologischen himmlischen Unsterblichkeit. Ja, es ist nicht einmal notwendig, über den Lebenskreis des Individuums in das Gebiet der Geschichte auszuschweifen – das Leben des einen und selben Individuums ist selbst schon so reichhaltig, daß in seine eigne Zukunft die Verneinung der Schranken seiner Gegen-

[1] *Im Original:* Mensch, nur *Müßte sinnvoll entweder:* Mensch nur *oder:* Mensch, um *heißen.*

wart fällt. Was der Mensch noch einst im Laufe seines Lebens wird, das ist ebensogut ein Gegenstand der Einbildung, der Ahnung, der Poesie, liegt ebenso, ja, noch mehr jenseits seines gegenwärtigen Bewußtseins und Gesichtskreises als das himmlische Jenseits; denn eben weil unsre irdische Zukunft unbekannt und ungewiß ist, weil wir [uns] jeden Moment als unsren letzten vorstellen können und, nach den Lehren des wahren Christentums, vorstellen sollen, setzen wir an die Stelle dieser dunklen Zukunft die gemalte Zukunft des Jenseits.

Das Jenseits ist daher in dieser Beziehung seiner psychologischen Genesis und Notwendigkeit nach nichts anderes als die Vorstellung der Zukunft, die aber der Mensch als einen von der wirklichen Zukunft unterschiednen Zustand hypostasiert, verselbständigt, gleichwie er die von der Natur abgezognen und aus ihrem Zusammenhang mit der Materie herausgerissnen Verstandesgesetze in einem von der Natur unterschiednen Verstandeswesen verselbständigt. Eben hieraus, weil das Jenseits nichts anderes ausdrückt als die Vorstellung der Zukunft, ergibt sich auch, warum der Mensch es sich schöner denkt als das Diesseits, die Wirklichkeit. Die Übel der Gegenwart fühle ich, aber nicht die der Zukunft; die Zukunft hängt von meinen Wünschen ab; sie ist ganz in der Gewalt meiner Phantasie; sie leistet ihr keinen Widerstand wie die materielle Gegenwart; sie beschränkt mich nicht; in ihr ist alles möglich, in ihr der Bettler Millionär, der Korporal Kaiser, der Mensch Gott.

Aber wie, wenn nun der Mensch wirklich keine Zukunft mehr vor sich hat, gleichwohl noch sich eine vorstellt, ist diese Vorstellung nicht der Beweis noch eines jenseitigen Jenseits oder wenigstens seiner Notwendigkeit? Für den allerdings, der seine Vorstellungen zum Maßstab des Seins macht, der aus dem Gedanken, dem Worte, dem Geiste die Welt erschafft, hat es keinen Anstand, aus dieser Vorstellung künftige Welten zu erbauen. Aber für den, der kein gläubiger oder spekulativer Wundertäter, ist diese Vorstellung nur ein Beweis und Ausdruck der Natur der Vorstellungstätigkeit. Ich kann in der Vorstellung, wenn ich anders noch zu leben wünsche, mein Leben unbeschränkt und ungehindert bis in alle Ewigkeit hin ausdehnen, aber es ist eben wegen dieser Unbeschränktheit auch nur ein vorgestelltes. Übrigens ist gerade da, wo der Mensch keine Zukunft mehr vor sich hat, wo er sich seinem Lebensende nähert, wo also gerade der meiste Grund zur Vorstellung der Zukunft vorhanden wäre, diese ihm am wenigsten Bedürfnis*; denn seinem Ende nähert sich der Mensch gewöhnlich durch Krankheiten und Leiden, aber in Leiden, wenigstens in schweren, vergehen dem Menschen alle poetischen, oder vielmehr: scheinbar poetischen, Vorstellungen der Zukunft, hat er keinen andern Wunsch, als von seinen Leiden erlöst zu werden, und sollte er auch diese Erlösung um den Preis des Nichtseins erkaufen. Es ist daher nur ein eitler Vorwand, wenn man das Jenseits lediglich nur um der Armen, der Leidenden, der Unglücklichen willen nicht angefochten wissen will. Der Unglückliche will nichts als das Ende seines Unglücks. Der Tod aber ist das Ende aller Leiden; der Tod ist daher der Wunsch der Not, des Elends, die Unsterblichkeit aber der Wunsch der Üppigkeit, des Luxus. Die Not ist ein *Materialist*, der Luxus ein Idealist. Die Not verlangt tatsächliche, materielle, *zeitige* Hülfe; kann ihr diese nicht gewährt werden, so ist ihr Wunsch nicht der geile Wunsch himmlischer Wollüste[1], sondern nur der bescheidene, negative Wunsch, nicht zu sein, aufzuhören. Der Unglückliche hat kein anderes Bewußtsein mehr als das Bewußtsein seines Unglücks. Er

* Übrigens gibt es bekanntlich auch Krankheiten, wo gerade die Vorstellung und Hoffnung einer bessern Zukunft, d. h. hier der Genesung, ein Symptom des nahen Todes ist – eine Erscheinung, die, wie andere verwandte, die superstitiösen Psychologen zu ihrem Besten ausgebeutet haben, die Physiologie aber ganz einfach erklärt. Mit dem Gesagten widerspricht auch nicht eine andere psychologische Erscheinung, die ich wenigstens an mir erfahren und in folgendem ungedruckten Aphorismus niedergelegt habe: „Je mehr sich der Mensch der Zeit nach dem Tode nähert, desto ferner stellt er ihn vor, desto mehr schiebt er ihn hinaus; je ferner er dagegen wirklich dem Tode steht, wie in der Jugend, desto näher denkt er sich ihn.“ Denn diese Erscheinung hat nur darin ihren Grund, daß die Jugend sich gern mit bloßen Möglichkeiten, Vorstellungen, Träumen beschäftigt, während das reife Alter nur der Gegenwart lebt.

[1] *Im Original:* Wohllüste

erblickt daher in dem Tode einen Wohltäter, indem er ihm mit seinem Selbstbewußtsein nichts anderes nimmt als das Bewußtsein seines Unglücks.

Das Jenseits hat aber nicht nur zeitliche, sondern auch räumliche Bedeutung. Das Jenseits ist das Jenseits *dieses* Orts; es ist die *räumliche Ferne*. Der Glaube an das Jenseits ist insofern ein ganz natürlicher, notwendiger, allgemeiner Glaube, denn er ergänzt die Beschränktheit des örtlichen Standpunktes, an den jede menschliche Existenz gebunden ist; er hat also zunächst keine andere als geographische Bedeutung. Wenn rohe Völker ihr Jenseits in Sonne, Mond und Sterne versetzen, so verlassen sie damit nicht die Erde, denn sie wissen ja nichts von ihrer wahren Entfernung; sie gehören für sie in denselben Raum, den sie bewohnen, nur daß jene oben, nicht mit den Händen erreichbar, sie aber unten sind. Die Frage, wie der Mensch zur Vorstellung eines Jenseits kommt, beantwortet sich also einfach dadurch, daß es jenseits seines Orts noch andere Orte gibt. Aber die Sinnlichkeit, die Anschauung gibt ihm nur den Raum: Er sieht, daß es immer weitergeht, oder sein Auge reicht wenigstens weiter als sein örtlicher Standpunkt; er ist da mit dem Auge, wo er nicht mit dem Leibe ist; als ein bloßes Objekt des Auges ist es daher für ihn ein bloßes Objekt der Vorstellung, der Phantasie, der Poesie, als dieses ein schönerer Ort als der Ort seiner wirklichen, leiblichen Existenz. Sowenig der christliche Rationalist bedenkt, daß, wenn die Sterne lebensfähige Körper sind, sie auch bereits von lebenden, ihrer Individualität entsprechenden Wesen erfüllt sind, also kein Platz für fremde Gäste da ist, sowenig bedenkt oder weiß der Unkultivierte, daß diese fernen Gegenden ihre eignen Bewohner schon haben, die, ebenso wie sie Wesen von Fleisch und Bein, vielleicht ihr Jenseits gerade an den Ort setzen, der für sie das traurige Diesseits ist. So macht der Mensch die Ferne zum Tummelplatz seiner Wünsche und Phantasien. Was jenseits seiner nächsten Umgebung und ihrer fühlbaren Mängel liegt – und welcher Ort, welches Klima ist frei von Unannehmlichkeiten? –, hält er für etwas Besseres; aber, wohlgemerkt, nur in der Einbildung, denn in der wirklichen Entfernung von seinem Heimatland ergreift den Menschen gewöhnlich das Heimweh; in der Ferne erblickt er nur die Lichtseiten seiner Heimat, wie in der Nähe nur ihre Schattenseiten.

Wie kommt nun aber der Mensch dazu, in diese Ferne auch seine Toten und folglich, da er sich mit seinen Toten identifiziert, auch seine eigne ferne Zukunft zu verlegen? Der Mensch weiß, wie schon oben bemerkt wurde, ursprünglich nichts von einem Grunde, einer Notwendigkeit des Todes; er kann sich nicht erklären, warum der Mensch gestorben ist; er hatte ja alles, was er wünschte. Die Toten haben sich für ihn daher nur verreist, nur entfernt. Wohin sollten sie aber gegangen sein als eben dorthin in die Ferne, jenseits der Berge oder des Meeres, oder dort hinauf zu den Sternen? Die Toten sind ja nur noch Wesen der Vorstellung, der Phantasie; wo sollten sie also noch sein als an jenem Ort, der zwar seinem Dasein nach ein Gegenstand des Sinns, seinem Wesen nach aber nur ein Gegenstand der Vorstellung, der Phantasie ist? Der Ort, der nur der sinnliche Ausdruck der menschlichen Unwissenheit, ist der geeignetste Ort für die Wesen, die der Tod aus dem Gebiete der Handgreiflichkeit in das Gebiet der Unwissenheit versetzt hat. Der Ort der Unwissenheit ist ein leerer Raum. Aber der Mensch hat weit mehr als die Natur einen horror vacui, einen Abscheu der Leere; er will allwissend sein und weiß doch nichts. So füllt er den leeren Raum seiner Unwissenheit mit den Gestalten seiner Phantasie aus. Aber was sind die ersten reinen Wesen der Phantasie für den Menschen? Die Toten. Der Tod, als die für den noch ungebildeten Naturmenschen unbegreiflichste und zugleich erschrecklichste Erscheinung der Natur, ist daher eigentlich erst die Geburtsstätte der Phantasie und folglich der Religion; denn die Religion ist nichts anderes als die Ergänzung oder vielmehr Vergötterung der menschlichen Unwissenheit durch die Einbildungskraft. Wo das gewisse Wesen aufhört, fängt das vorgestellte, eingebildete Wesen – das Wesen der Religion – an. Wie das göttliche Wesen, seinem theoretischen Ursprung nach, nichts anderes ist als die von der Phantasie vergötterte unbekannte Ursache einer natürlichen Erscheinung, so ist das Jenseits nichts anderes als die von der Phantasie vergötterte unbekannte Ferne.

Diese Bedeutung und Entstehung des Jenseits zeigt sich selbst noch in der philosophischen Vorstellung der Griechen und Römer, welche die Toten nicht mehr in ein irdisches oder unterirdisches Schattenreich, sondern in den Himmel, in die Sterne versetzte. Die Sterne sind für den Menschen, ehe er sich auf den Standpunkt der empirischen, wissenschaftlichen Anschauung der Natur erhebt, als unantastbare, unfühlbare, nur optische, nur als Licht dem Auge sich offenbarende Wesen rein geistige, übermenschliche, göttliche Wesen, d. h. Wesen der Phantasie. Wie die Gegenstände dem Menschen erscheinen, so *sind* sie für ihn; wie sie für ihn, so sind sie an sich; das Subjektive gilt ihm unbedenklich für das Objektive. Die Sterne sind aber *für ihn* unkörperliche Wesen; sie sind den groben, materiellen Sinnen entrückt; sie schweben über der Erde, über dem Gebiete der Handgreiflichkeit; sie entziehen sich also den Experimenten der profanen Kritik des Tastsinns; sie sind darum – für ihn scilicet [versteht sich] – an sich selbst unkörperliche, höhere, überirdische, himmlische, göttliche Wesen, d. h. eben Wesen der Illusion, Wesen der Phantasie.* Als solche sinnlich-geistig[en] oder geistig-sinnliche[n]

* Sonne, Mond und Sterne sich als höhere, überirdische, übermenschliche, himmlische, geistige Wesen zu denken, das ist der Menschheit auf dem Standpunkt der kindlich ästhetischen Anschauung *so notwendig*, als es ihr auf dem Standpunkt des christlichen Egoismus, welcher, wie vor allem die lehrreiche Geschichte der menschlichen Vorstellungen von den Sternen deutlich zeigt, in bezug auf die Natur der rohste, gemeinste Materialismus, die Welt samt Sonne, Mond und Sterne zu einem Wohnhaus des Menschen erniedrigt hat, *notwendig* ist, sich einen persönlichen, absichtlichen Schöpfer der Natur zu denken, aus dem Standpunkt des abstrakten, spekulativen, der Natur entfremdeten, sich selbst überlassnen Denkens *notwendig* ist, die Logik oder sonst ein spekulatives Gedankending der Natur als Grund vorauszusetzen. Nichts ist daher törichter, als aus der Denknotwendigkeit auf die Seinsnotwendigkeit zu schließen. Wenn deswegen ein Gott *ist*, weil der Mensch auf einem gewissen Standpunkt ihn als notwendig denkt, so *ist* auch die Bewegung der Planeten die kreisförmige, nicht die elliptische, denn die menschliche Vernunft *denkt notwendig*, ehe sie sich durch die *Anschauung* von dem *Gegenteil* über-

Wesen sind sie aber die entsprechendsten Orte, Ausdrücke, Bilder für die Toten, welche ja von gleicher Natur und Beschaffenheit mit den Sternen sind. Sie sind ja, wie die Sterne, entrückt den materiellen Sinnen, entledigt aller groben Bestandteile, entkörpert; sie schweben nur noch im Äther der Phantasie, sind nur noch dem geistigen Auge sichtbar.

Es liegt übrigens dieser Versetzung der Toten in den Himmel zugleich der Trieb zugrunde, sie zu verherrlichen, daher sie zuerst auch nur besonders ausgezeichneten Menschen zuteil wird.* Die Bewunderung, die Verehrung, die Dankbarkeit, die Liebe – und welchen Wesen gelten diese Empfindungen mehr als ausgezeichneten, um das Wohl der Menschheit verdienten Menschen? – sind poetische Affekte, sind die Homere und Hesiode im Menschen, die seine Götter, wenigstens die Götter, die nicht bloß Furcht und Schrecken ausdrücken, geschaffen haben; denn sie halten nicht Maß und Ziel in ihren Lobpreisungen; sie sind unerschöpflich an Superlativen, sind nur befriedigt, wenn sie die Eigenschaften ihres Gegenstandes auf den höchsten denkbaren, das Maß der menschlichen Natur übersteigenden Grad steigern. Und sie sind gerade um so überschwenglicher und unmäßiger, je weniger sie noch imstande sind, dem verherrlichten Wesen wirkliche Dienste zu leisten – also dann, wenn der Mensch gestorben ist. Solange überhaupt der Mensch am Leben ist, so ist er ja, sei er auch noch so ausgezeichnet, ein gemeines, empirisches Wesen; jeder dünkt sich ihm gleich; er hat ja alles mit uns gemein, er ist ja unser Landsmann sogut wie ich, Mensch, Jude, Grieche; was soll ich mich ihm unterordnen? Der Prophet gilt nichts in seinem Vaterlande, d. h. der Lebende nichts unter den Lebenden. Aber der Tod entrückt ihn der Gemein-

zeugt, die Kreisbewegung als die vollkommenste, naturgemäßeste. Man vergleiche hierzu, was Lichtenberg in seinem „Nikolaus Kopernikus" sagt.

* So bei den Griechen den Heroen, den Helden. Vom Herakles heißt es bekanntlich bei Homer, daß sein Schatte in der Unterwelt, er selbst aber im Kreis der unsterblichen Götter weilt. Was ist dieser autos [Selbst]? „Sein Geist". Was ist aber dieser Geist? Der durch seine Taten berühmte, geschichtliche oder mystische, im Himmel der Phantasie noch lebende Herakles; der andre aber ist Schatte, d.i. tot.

schaft mit uns und folglich der Gemeinheit. Jetzt erst gehen mir daher die Augen auf; jetzt erst kann ich, ungehindert von meiner Eitelkeit und Selbstsucht, ihn fassen und würdigen; mit seiner Individualität, d. h. seiner Wirklichkeit, ist die Scheidewand zwischen mir und ihm, seinem Wesen, seinen Werken, seinen Worten, gehalten. Was ich dem Lebenden versagte, das räume ich im Übermaße dem Toten ein. Lebendige sind immer aufeinander pikiert; sie stoßen sich gegenseitig an den Ecken und Kanten ihrer scharf ausgeprägten Individualität; der Tod aber schleift diese Ecken ab; der Tod stiftet Frieden und Versöhnung. Der Tote hat keine Leidenschaften, keine persönlichen Interessen, keinen Egoismus mehr; er regt daher auch unsere Galle nicht mehr auf; er ist für uns nicht mehr Anlaß und Gegenstand egoistischer Leidenschaften; er ist nur noch Objekt der reinsten menschlichen Gefühle, d. h. eben nur noch Gegenstand der Religion – Religion im besten, im menschlichen, allein wahren Sinn. Der Tod läßt uns nur das reine Wesen, das Gute übrig; die Schattenseiten, die Mängel, die Schranken des Individuums vergessen wir. Kurz, im Tode stirbt der Mensch als Mensch, als ein Wesen der gemeinen, sinnlichen, ungläubigen Anschauung, um im Geiste, im Gemüt und Andenken der Menschen als Gott, Genius, Schutzgeist – er umschwebt uns ja wirklich noch schützend durch Lehre und Beispiel – wiederaufzu[er]stehen.

Wo wir einem Wesen nichts mehr tun *können*, da *wollen* wir ihm gerade alles tun. Das Unvermögen, dem Toten wirkliche Wohltaten erweisen zu können, entschädigt sich nur in seiner Apotheose. Je drückender für uns das Gefühl des Mangels ist, daß wir dem Toten nichts mehr sein und tun können, desto höher schwingen wir uns mit der Phantasie, um die Last von unserm Herzen hinwegzuwälzen. Und je mehr wir den Tod als eine Verneinung empfinden, je tiefer wir den Toten beklagen, daß er sich nicht mehr des Lebenslichtes erfreuen kann, desto heller sehen wir gerade seine Verdienste und Eigenschaften strahlen. Je weniger der Tote selbst empfindet, desto mehr empfinden wir für ihn. Wie natürlich ist es *nun*, daß das Licht, in dem der Tote in der Phantasie strahlt, in dem Sternenlichte seinen sinnlichen, gegenständlichen Ausdruck findet; wie natürlich, daß im Verherrlichungsdrang seiner Empfindung der Mensch zu dem Höchsten und Herrlichsten, was er außer sich kennt, seine Zuflucht nimmt, um darin seiner vergötterten Liebe und Verehrung den entsprechenden genugtuenden Ausdruck zu geben!

Diese himmlische, religiöse Bedeutung kommt aber nur den Sternen zu, solange sie Gegenstände der Phantasie sind. Es erhellt daher hieraus, wie oberflächlich, sich selbst widersprechend und töricht das moderne rationalistische Christentum ist, wenn es jetzt noch die Sterne, nachdem sie aus nur optischen und phantastischen Wesen zu mittelbar tastbaren, d. i. wägbaren, körperlichen, irdischen, empirischen, Wesen degradiert sind, zur Basis, zum Stütz- und Anhaltspunkt seines phantastischen Jenseits macht. Auf die Sterne, wie sie Gegenstände der Empirie, das Jenseits gründen, das heißt den Unglauben zum Fundament des Glaubens, den Zweifel zum Anker der Hoffnung, die sinnliche Wahrheit des Todes, folglich Unwahrheit der Unsterblichkeit, zum Beweisgrund ihrer Wahrheit machen; denn derselbe Standpunkt, der mir die Wahrheit der modernen Astronomie verbürgt, der Standpunkt der Empirie, verbürgt mir auch die Wahrheit des Todes; derselbe Standpunkt, der den Sternen ihre jenseitige, himmlische Natur, spricht auch den Menschen ihr jenseitiges, unsterbliches Wesen und Leben ab.

Die Vorstellung des Jenseits in der bisher entwickelten Bedeutung, die allein seine wahre, ist nur da am Platze, notwendig, gerechtfertigt, wo der Mensch noch lediglich auf einen bestimmten Ort, eine bestimmte Zeit beschränkt ist und beschränkt sich fühlt. Sowie sich der Gesichtskreis des Menschen erweitert, so tritt an die Stelle des Seins im Jenseits das Sein mit der Erinnerung in der Vergangenheit oder mit der Hoffnung in der geschichtlichen Zukunft, an die Stelle der andern Welt die übrige bisher unbekannte Welt. Das Jenseits findet daher seine wahre Realisation in der Kultur. Die Kultur hebt die Schranken der Zeit und des Raumes auf, sie erhebt mich über die Gegenwart, versetzt mich in die Zeiten der fernsten Vergangenheit, befähigt mich, die Jahrtausende, die ich mit Nichtstun, Nichtswissen und Nichtssein verdämmerte, nachträglich kursorisch durchzuleben, und die kommenden Jahrtausende, wo ich gleichfalls nichts mehr bin, auf Grund der Analogie kompendiarisch zu antizipieren; ebenso versetzt sie die Genüsse der fernsten Länder in meine Heimat, klärt mir nicht nur den Kopf, sondern auch den Himmel über meinem Kopfe auf, indem sie durch Ausrottung von Wäldern und Morästen die Wolken- und Regenbildung vermindert, tilgt so die Schranken meines Aufenthaltsortes, die in mir eben das Verlangen nach einem Jenseits hervorrufen; kurz, die Kultur realisiert die Wünsche und Phantasien eines andern, bessern Seins. Aber freilich kann der Mensch immer noch mehr sich wünschen, als er hat, und alles noch tausendmal schöner und herrlicher sich einbilden, als es wirklich ist. Er träumt sich daher auch jetzt noch ein Jenseits. Aber wenn der Mensch ursprünglich aus Not, Armut, Beschränktheit an ein Jenseits glaubte, so glaubt er jetzt daran ohne Not und Grund, nur aus Luxus; denn er hat ja das Jenseits schon auf Erden, materiell in den Genüssen des Lebens, geistig in den Schätzen der Künste und Wissenschaften. Der Mensch bewahrt überhaupt auch im Fortgang der Kultur die Reste seiner Unkultur, macht sich ein Gewissen daraus, sie aufzugeben. Dieser heilige Rest, dieses von Geschlecht zu Geschlecht sich forterbende Fideikommiß der ursprünglichen Roheit, Barbarei und Abergläubischkeit des Menschengeschlechts ist – die *Religion*, welche, wie die Geschichte augenfällig zeigt, bei allen Völkern in den Zeiten der Kultur nichts anderes ist als der Götzendienst der Vergangenheit, die Pietät gegen die Vorstellungen und Gebäude des Altertums – ein deutlicher Beweis, daß die Religion nur in der Gefühls- und Vorstellungsweise der unkultivierten Menschheit ihren Ursprung und ihr Wesen hat. Der Fortschritt der Kultur in betreff der Religion, freilich auch anderer Dinge, bestand immer, wenigstens bis jetzt, nur darin, daß man die religiösen Vorstellungen und Gebräuche der Bildung akkommodierte, sie polierte, das augenfällig Rohe, den gebildeten Menschen Beleidigende abzog, aber den Grund, die Sache, das Wesen unangefochten bestehen ließ. So hat das Christentum das blutige Menschenopfer abgeschafft, aber es hat an dessen Stelle das *psychologische Menschenopfer* gesetzt. Der Christ opfert seinem Gotte nicht den menschlichen Leib – wenigstens direkt, gewaltsam –, aber er opfert ihm dafür die Seele, d. h. die menschlichen Triebe und Neigungen, das menschliche Gefühl, den menschlichen Verstand. So haben die modernen Christen längst ihrem Gotte alle sogenannten unmittelbaren Wirkungen, alle Wunder, d. h. alle augenfällig die Vernunft beleidigenden Zeichen und Beweise seiner Existenz, abgesprochen, aber sie haben ihm dessenungeachtet nicht die Existenz selbst abgesprochen; sie haben sie nur in die Ferne hinausgeschoben, an den Anfang der Welt, d. h. an den Anfang der menschlichen Kultur, das Gebiet der menschlichen Unkultur, Unwissenheit und Gedankenlosigkeit. So haben sie denn auch längst die augenfällig der Astronomie und überhaupt [der] fortgeschrittenen Kultur widersprechenden Beschaffenheiten des alten religiösen Jenseits aufgegeben – Beschaffenheiten, die übrigens gerade die richtigen sind, wie denn überhaupt immer nur die *alten* religiösen Vorstellungen die wahren scilicet religiösen Vorstellungen sind, eben weil die Religion nur in der Denk- und Gefühlsweise des Altertums, d. h. des Menschen in seiner Kindheit oder Roheit, wurzelt –, aber gleichwohl haben sie nicht das Jenseits aufgegeben. Es ist zwar nur noch eine *bodenlose* Vorstellung; die Kultur hat ja den Grund desselben hinweggeräumt; es existiert nur noch, wie einst das Jenseits der Griechen, nachdem es infolge der Erweiterung ihrer geographischen Kenntnisse seine irdische, d. h. wirkliche, Existenz verloren, im blauen Dunst des Himmels der Phantasie; aber gleichwohl ist es noch heilig als eine Reliquie aus der guten alten Zeit. Manche Menschen heben bis in ihr spätes Alter die Kleider und Spielzeuge ihrer Kindheit auf; sie können nicht von dem sich trennen, was einst für sie Wert und Bedeutung hatte, wenn es gleich längst für sie unbrauchbar geworden. So macht es die Menschheit mit ihren religiösen Vorstellungen und Gebräuchen. Die Kultur dringt überhaupt bei den meisten *sogenannten Gebildeten* nur bis auf die Oberfläche; sie räumen ihr nur soviel Platz ein, daß immer noch die gemütliche Roheit und Unwissenheit neben ihr hinlänglich Raum hat; sie lassen sie nur soweit gelten, als sie nicht ihrem Egoismus, ihren persönlichen Interessen widerspricht; sie halten sie daher fern von ihren religiösen Vorstellungen, denn diese hängen aufs tiefste mit ihrem Egoismus zusammen, der aber natürlich nur unter dem heiligen Schutze der Religion das Privilegium hat, nicht für Egoismus zu gelten, indem er seine Furcht vor dem Verlust seines lieben Ichs und Lebens als *Gottesfurcht* vergegenständlicht und vergöttert. Ja, gerade je weniger Grund und Notwendigkeit zu einem Glauben noch vorhanden ist, je mehr er nur noch Sache der Einbildung, nur Gespenst, nur Ausdruck luxuriöser Rokokoliebhaberei ist, desto mehr flüchtet er sich hinter den Nimbus der Heiligkeit, desto mehr gilt er in der Meinung für das Palladium der Menschheit, desto empfindlicher werden seine Vertreter, wenn man ihr Luftgebilde angreift. So sind auch die Menschen oft weit empfindlicher, wenn man ihnen *eingebildete* Verdienste und Talente, als wenn man ihnen ihre *wirklichen* Verdienste und Talente abspricht oder herabsetzt.

Der kritische Unsterblichkeitsglaube

Die Christen lächeln über die Einfalt der „wilden“ oder rohen Völker, wenn sie diese ihren geliebten Toten Speise und Trank bringen sehen und daher hieraus schließen oder aus ihrem eignen Munde vernehmen, daß sie sich nach dem Tode keine Existenz ohne Nahrung denken können; sie sehen nicht, daß dieser rohe, d. h. unkritische, Glaube, nach welchem der Mensch noch ganz derselbe nach dem Tode ist, nach welchem also gar kein Tod existiert, gar kein Unterschied zwischen dem Lebenden und Toten stattfindet, der einzig wahre und natürliche Unsterblichkeitsglaube ist. Sowie man einmal dem Tode einräumt, daß er eine Verneinung ist, daß in ihm Freien, Essen, Trinken aufhört, so ist jede Grenze der Verneinung, die ihm gesetzt wird, eine willkürliche und folglich notwendig, daß der konsequente Denker endlich zu dem Schluß kommt, daß der Tod nicht ein teilweises, sondern ganzes Ende ist. Entweder – Oder heißt es auch hier. Entweder mußt du nichts oder alles dem Tode einräumen. Wenn du einmal so gefällig, so liberal gegen den Tod bist, daß du dir von ihm deine Gurgel, deinen Gaumen, deinen Magen, deine Leber und Nieren, deine Geschlechtsorgane, folglich auch Lunge und Herz nehmen lässest, warum willst du dir von ihm nicht auch das übrige, nicht deine Existenz überhaupt nehmen lassen?

Kannst du ohne die Verrichtung der genannten Organe existieren? „Leiblich freilich nicht, aber geistig." So, geistig. Aber was ist denn eine geistige Existenz? Eine abstrakte, nur gedachte, vorgestellte Existenz, eine Existenz, aus der der Tod alles genommen hat, was zur wirklichen Existenz gehört. Wie kannst du also diese negative, abstrakte Existenz noch für Existenz halten? Eine geistige Existenz, die zugleich eine wirkliche, ist eine Existenz mit *Kopf*. Geist haben heißt Kopf haben. Aber kannst du dir einen Kopf allein für sich denken? Gehört zum Kopf nicht notwendig der Leib? Hängt nicht der Magen durch das Band der Nerven aufs innigste mit dem Kopf zusammen? Beweisen dir nicht ad oculos [augenscheinlich] die Geschmacks- und Geruchsnerven, die doch in engster Beziehung zur Funktion des Essens stehen, durch ihre Abstammung aus dem Hirn ihre hohe geistige Bedeutung? Bist du nicht, wo du, wie z. B. im Schnupfen, geschmack- und geruchlos bist, auch geistig stumpf? Entnimmt die Sprache ohne Grund diesen Sinnen Bezeichnungen für geistige Fähigkeiten? Setzt ästhetischer Geschmack nicht physischen Geschmack voraus? Liebt der feine Geist nicht auch feine Speisen? Kannst du den Kopf eines Denkers oder Dichters auf einen Bauernmagen setzen? Kannst du von einem Eskimo, der nichts Besseres kennt als seinen Seehundstran, ästhetisches Gefühl erwarten? Ist das, was der Mensch *ist*, unabhängig von dem, was er *ißt*? Ändert sich mit unserm Wesen nicht auch unser Geschmack und umgekehrt? Ist die Lieblingsspeise des Knaben die des Mannes? Nein, andere Speisen, andere Weisen, andere sapores*, andere mores [Sitten], und umgekehrt. Schon die alten Indier behaupteten, daß der Charakter des Menschen aus den Speisen, die er besonders liebe, erkannt werde, die Qualität seiner Speisen die Qualität des Menschen bezeichne. Wie töricht ist es darum, dem Menschen noch eine Existenz nach dem Tode einräumen zu wollen und doch die so wichtige, ja, notwendige, wesentliche, mit dem Zentralpunkt des menschlichen Wesens, dem Hirn, so innig zu-

* Sapor bedeutet nicht den Geschmack in mir, den Sinn, aber wenn sich der gustus, der Geschmack in mir, verändert, so verändert sich ja eben auch der Geschmack des Dings.

sammenhängende Funktion des Essens aufzugeben – eine Funktion, welche bei unzähligen Menschen sogar ihr höchster Lebensgenuß ist, trotz ihrer Geistlichkeit und Gottesgläubigkeit, welche bei allen Völkern, solange sie der menschlichen Natur getreu bleiben, noch nicht der Phantastik, Heuchelei und Verstellung des Supranaturalismus verfallen sind, ein wesentlicher Akt selbst ihrer Religion ist, welche sie ohne Anstand selbst ihren Göttern beilegen! Statt daß daher die christlichen Unsterblichkeitsgläubigen den Ungläubigen oder Todesgläubigen den allgemeinen Unsterblichkeitsglauben als einen Beweis von der Unmenschlichkeit und Unwahrheit ihres Unglaubens entgegenhalten, mögen sie vielmehr daraus die Unwahrheit *ihres* Glaubens folgern und erkennen, daß der wahre, unschuldige, unverstellte Glaube an eine Existenz des Menschen nach dem Tode der Glaube ist, daß der Mensch auch nach dem Tode *ißt und trinkt*. Eine Existenz des Menschen ohne die wesentlichen Bedingungen und Verrichtungen der menschlichen Existenz ist eine eingebildete, eine erlogne, erheuchelte Existenz. Glauben, daß der Mensch noch existiere nach dem Tode, und doch *nicht* glauben, daß er so existiere, wie er jetzt existiere, glauben, daß er *mit Verneinungen* existiere, heißt in die Bejahung des Menschen nach dem Tode die Verneinung desselben durch den Tod hineintragen, heißt zweifeln, daß er existiere. Denn eine Existenz ohne Magen, ohne Blut, ohne Herz, folglich zuletzt auch ohne Kopf ist eine höchst zweifelhafte Existenz, eine Existenz, die mir nicht die Gewißheit *meiner* Existenz gibt, in der ich nicht mich erkenne und finde, eine Existenz, die nichts andres ist als meine als Existenz gedachte Nicht-Existenz, eine Existenz, die, bei Lichte besehen, sich in nichts auflöst. Der Zweifel, daß ich so existiere wie hier, endet daher notwendig in dem Zweifel, daß ich überhaupt existiere; denn meine Existenz ist eine bestimmte, diese menschliche Existenz; mit der Bestimmtheit meiner Existenz nimmst du mir daher die Existenz selbst.

Wo der Unsterblichkeitsglaube aus seiner kindlichen Unschuld und Einfalt heraustritt, worin er, strenggenommen, weder ein positiver noch negativer Glaube, weder der Glaube an Unsterblichkeit noch der Glaube an den Tod ist, weil er nicht weiß, was Tod ist, wo er ein Glaube der Abstraktion und Reflexion, also ein *kritischer* Glaube, wird, da wird er notwendig ein *an sich selbst* zweifelhafter, zwischen sich und seinem Gegenteil, dem Unglauben oder dem Glauben, daß der Mensch nicht unsterblich ist, hin- und herschwankender Glaube. Wenn das Christentum den Unsterblichkeitsglauben zu unbedingter Alleinherrschaft gebracht hat, so liegt der Grund hiervon nur in der Pöbelhaftigkeit, mit welcher das Christentum überhaupt seine Meinungen dem Gewissen der Menschen als heilige Glaubensartikel aufgedrungen und das Gegenteil derselben gewaltsam unterdrückt hat. So wurde die Behauptung von der Sterblichkeit der „menschlichen Seele" ausdrücklich von der katholischen Kirche verflucht. Der protestantischen Kirche stehen zwar keine päpstlichen Bannstrahlen und Scheiterhaufen mehr zu Gebote; aber sie hat dafür andere, ebenso wirksame Mittel zur ausschließlichen Geltendmachung ihrer Meinungen angewandt. So hat sie die Lehre von der Sterblichkeit des Menschen so angeschwärzt, so in Verruf gebracht, daß man fast noch jetzt seinem Namen einen Schandfleck anhängt, wenn man ihrem Glauben an die Unsterblichkeit widerspricht.

Wo nämlich der Unsterblichkeitsglaube ein Glaube der Abstraktion und Reflexion oder Spekulation wird, da unterscheidet der Mensch einen sterblichen und unsterblichen Teil von sich, einen Teil, der dem Tod unterliegt, einen andern, der ihm entgeht und widersteht; er anerkennt also einesteils den Tod, andererseits verleugnet, verneint er ihn. Aber ebendiese Trennung in zwei wesentlich verschiedene Teile widerspricht dem unmittelbaren Einheitsgefühl; der Mensch ist Mensch, ist er selbst nur in der Vereinigung des sterblichen und unsterblichen Teils, hat nur in dieser Einheit sein Selbstgefühl. Wasser ist nur Wasser, solange Sauer- und Wasserstoff verbunden sind; nach der Trennung existieren noch beide Stoffe; aber es existiert nicht mehr Wasser. So können auch die Teile, die Elemente des Menschen unsterblich sein, wenigstens das eine Element: die „Seele"; aber diese Fortdauer der Seele schließt noch lange nicht *meine* Fortdauer ein. Im Schlafe ist auch die „Seele" tätig und wirksam, selbst innerhalb der Sphäre meiner bewußten Vorstellungen und

Tätigkeiten; aber gleichwohl „zeichnen wir die Stunden, die wir verschlafen oder verträumt haben, nicht in dem Tagebuch unsers Lebens auf, rechnen sie nicht zu den Stunden, die wir erlebt haben". Ich habe mein Selbstbewußtsein, *das* Bewußtsein, wornach ich allein den Wert und die Dauer meiner Existenz schätze und berechne, nur mit *offnen, wachen Sinnen*, nur da, wo ich auf meinen *eignen* Beinen stehe, wo ich in aufrechter Stellung die Würde des menschlichen Wesens darstelle und behaupte. Im Schlafe trennen sich die im Wachen verbundnen Elemente der „Seele" und des Bewußtseins, aber ebendeswegen verliere ich im Schlaf *die* Existenz, um die es mir allein zu tun ist, die ich allein als *meine*, wenigstens meine wahre, Existenz anerkenne. Die Elemente meiner geistigen, sozialen, geschichtlichen Existenz sind meine wesentlichen Gedanken, denn was bin ich in dieser Beziehung, wenn ich von diesen meinen verruchten Gedanken mich absondere? Sie sind meine Seele, mein Geist; aber dieser Geist existiert auch noch nach meinem Tode fort, wenngleich ich nicht mehr existiere; ich existiere nur, solange ich diese meine Elemente in diesem meinem Kopfe zusammenfasse. Die Speisen sind nur solange Gegenstand meines Bewußtseins und Selbstgefühls, solange sie Gegenstand des Genusses sind; aber dieses sind sie nur, solange sie noch nicht in ihre Elemente zerlegt werden; diese Zerlegung geht in einer Welt vor, die jenseits meines Bewußtseins und Selbstgefühls liegt; wo aber mein Selbstgefühl, mein Bewußtsein ausgeht, da schließt sich auch mein Sein. Sowenig daher einem Menschen, der sich über die Kürze des Genusses des Essens beklagte und nach einer Fortdauer desselben sich sehnte, damit gedient wäre, wenn ich ihm aus der Physiologie nachwiese, daß die Tätigkeit der Assimilation nicht mit dem Genuß der Speisen geschlossen ist, daß in dem Bauche die Fortsetzung von ihr folgt und diese noch stundenlang, also im Vergleich zu der Flüchtigkeit des Genusses der Speisen auf der Zunge eine Ewigkeit, dauert, sowenig ist mir damit gedient, wenn man mir aus der Psychologie, etwa gar aus allerlei obskuren und zweifelhaften oder krankhaften, abnormen, noch nicht erklärten Erscheinungen, beweist oder beweisen will, daß meine Seele, dieses von meinem Leibe unterschiedne und abgesonderte Wesen oder vielmehr Unwesen, welches gänzlich jenseits meines Selbst- und Lebensgefühls liegt, welches aller der Bestimmungen und Eigenschaften beraubt ist, in denen ich allein die Gewißheit meines Daseins habe, nach meinem Tode noch fortexistiert.

Überdem beweisen alle aus der Natur der „Seele" oder des „Geistes" geschöpften Beweise der Unsterblichkeit – und eben auf dem Standpunkt, wo die Unsterblichkeit ein Gegenstand der Reflexion und Abstraktion ist, tritt zum Beweise ihrer Ungewißheit das Bedürfnis eines Beweises ein – zuviel, aber gerade ebendeswegen beweisen sie das nicht, was sie beweisen sollen und wollen. Denn aus *denselben* Gründen, aus welchen sich die *Endlosigkeit* der Seele ergibt, ergibt sich ihre *Anfanglosigkeit* – eine Konsequenz, welche selbst geschichtlich verbürgt ist. Merkwürdiger- und verhängnisvollerweise ist gleich der erste splendide spekulative Beweis von der Unsterblichkeit der menschlichen Seele, der platonische, welcher im wesentlichen das Fundament aller nachfolgenden Beweise geblieben ist, sogar mit Bewußtsein mit dem Beweis von ihrer Anfanglosigkeit, ihrer Existenz vor diesem Leben aufgetreten. Nun hat aber der Mensch offenbar angefangen zu existieren, oder wenn er auch schon vor diesem Leben existierte, so ist doch diese Existenz so gleichgültig für ihn, als wenn er nicht existiert hätte, denn sie liegt jenseits seiner Erfahrung, seines Bewußtseins, und wenn er daher in demselben Sinne nicht endet, in welchem er nicht angefangen hat, in demselben Sinne nach dem Tode existiert, in welchem er vor diesem Leben existierte, so ist diese Existenz nach dem Tode für ihn eine absolut gleichgültige, sich nicht vom Nichtsein unterscheidende. Die christlichen Klügler haben, einzelne ausgenommen, aus ihren Beweisen von der Unsterblichkeit der menschlichen Seele den Beweis ihrer Präexistenz gestrichen, weil diese ein offenbares Phantasma sei. Warum ist ihnen denn aber die Existenz der Seele, des Menschen *vor* diesem Leben eine Phantasie, die Existenz desselben *nach diesem* Leben keine Phantasie, sondern Wahrheit? Darum, weil die Vergangenheit überhaupt uns gleichgültig ist, die Zukunft aber mit unserm Interesse, unserm Egoismus zusammenhängt. Der Beweis unsrer zukünftigen Existenz ist daher ein wahrer, unumstößlicher, weil er sich auf unsern Egoismus stützt, aber der Beweis unsrer *vergangnen* Existenz, ob er gleich *dieselbe* theoretische Gültigkeit hat, ist ein durchaus haltloser, phantastischer, weil er in unserm Egoismus keine Unterstützung findet. Die christlichen Theologen und Philosophen haben die Unsterblichkeit, die bei den heidnischen Philosophen eine theoretische, darum freie, dem Zweifel preisgegebene Sache war, dem Wesen des Christentums gemäß zu einer *Sache der Religion, d. h. der menschlichen Selbstliebe,* zu einer Heilsangelegenheit gemacht; deswegen haben sie den Unsterblichkeitsbeweis halbiert, alle ihre Vernunft, Zeit und Kraft nur auf den Teil konzentriert, welcher den menschlichen Egoismus interessiert. Aber es gereicht dem Plato nur zur Ehre, daß er mit jener edlen Freisinnigkeit, mit welcher das noch nicht durch das Gift des Supranaturalismus verdorbene Heidentum, namentlich Griechentum, überhaupt seine Schwächen und Fehler den Augen der Welt darlegte*, auch die *Blößen* des Unsterblichkeitsbeweises uns offen zeigte, nicht mit den Ausnahmen und Ausreden der christlichen, übrigens sehr praktischen, Klugheit bedeckte.

Die Unsterblichkeitsfrage wird daher aus einem ganz verkehrten, zu nichts führenden Gesichtspunkt gefaßt, wenn sie als eine psychologische oder metaphysische Frage – denn auch die Seele, der Geist der empirischen Psychologen ist nur ein metaphysisches Ding, ein ens rationis [nur gedachtes Wesen], ein pures abstractum oder auch Phantasma – aufgefaßt wird; sie wird, wie freilich jede Frage, die uns Menschen interessiert, nur dann in das rechte und entscheidende Licht gesetzt, wenn man sie vom Standpunkt der Anthropologie auffaßt. Das Wahre in dem christlichen Unsterblichkeitsglauben, wodurch es mit Recht den Sieg über den heidnischen Zweifel oder Unglauben an die Un-

* Dies gilt selbst noch von der verruchtesten Zeit des Altertums, von der Zeit des römischen Despotismus, welcher sich nur dadurch von dem christlichen Despotismus unterscheidet, daß er ein physiologischer, muskulöser, gladiatorischer, akuter, sanguinischer, poetischer, sinnlicher, aufrichtiger, genialer Despotismus war, während der christliche Despotismus mehr ein psychologischer, nervöser, toxikologischer, chronischer, affektloser, prosaischer, verblümter, heuchlerischer, systematischer Despotismus ist.

sterblichkeit davontrug, besteht eben nur darin, daß es dieselbe aus einer Sache der Psychologie oder Spekulation – denn die Seele ist, wie gesagt, nur ein Produkt der Spekulation – zu einer Sache der Anthropologie, aus einer Sache der Abstraktion zu einer Sache der Sinnlichkeit machen, an die Stelle der *teilweisen* Unsterblichkeit die *ungeteilte* Unsterblichkeit, die Unsterblichkeit des *Leibes* und der Seele, an die Stelle der Unsterblichkeit des Geistes oder der Seele die Unsterblichkeit des Menschen – die *Auferstehung* – setzte. Nur die Auferstehung ist die Bürgschaft der Unsterblichkeit: derselbe Mensch – derselbe Leib. Das Christentum ging zum natürlichen, volkstümlichen Glauben zurück, in welchem die unsterbliche Seele nicht[s] anderes ist als das in der Phantasie, in der Erinnerung aus dem Tode wiederauferstandne und als selbständiges, existierendes Wesen vorgestellte Bild des einst lebendigen Menschen. Aber das Christentum ist nicht mehr der ursprüngliche, unschuldige, einfältige, kindliche Glaube der Menschheit; es ist ein Glaube der Reflexion und Abstraktion. Der Gottesglaube, der an der Spitze des Christentums steht, ist nämlich nichts weniger als ein dem Menschen eingeborner, originaler, primitiver Glaube, wie die Christen behaupten, welche ihre theistischen Vorstellungen dem Glauben der Völker unterschieben, in der Zeit des guten, alten Christentums sogar den Kindern im Mutterleibe schon ihren Glauben aufbürdeten. Die Kinder wissen noch heute solange nichts von Gott, bis er ihnen von ihren Eltern oder Schulmeistern eingetrichtert wird. Der *ursprüngliche* Glaube des Menschen ist der Glaube an die *Wahrheit der Sinne,* der Glaube an *die sichtbare, hörbare, fühlbare Natur,* die er aber unwillkürlich sich verähnlicht, vermenschlicht, personifiziert. In der Folge trennt jedoch der Mensch diese unwillkürlichen Personifikationen der Naturgegenstände von diesen ab, macht sie zu selbständigen Personen und faßt sie endlich, wenn er sich zur Anschauung der Einheit der Welt erhebt, in *eine* von der Natur unterschiedne Persönlichkeit oder Wesenheit zusammen. So wird ihm denn ein Wesen zur Wahrheit, welches im *direktesten Widerspruch* mit seinem ursprünglichen Glauben steht, dessen Glaube nur auf den *Unglauben* an die Wahrheit der Sinne gebaut ist, ein Wesen, das existiert und dessen Existenz doch aller der untrüglichen

Zeichen und Beweise beraubt ist, worauf er den Glauben, d. h. die Gewißheit, der Existenz der Natur und seiner eignen Existenz gründet, ein Wesen, das, als ein durchaus abstraktes und negatives, *nicht* sinnliches, *nicht* körperliches, *nicht* sichtbares, auch nur Gegenstand eines abstrakten und negativen, abgefeimten und ebendeswegen nur erkünstelten und erzwungnen, aber endlich durch tausendjährige Überlieferung den Menschen zur Gewohnheit, zur andern Natur gewordnen Glaubens ist. So wie aber der Gottesglaube des Christentums, so ist auch sein Unsterblichkeitsglaube nicht der ursprüngliche Glaube der Menschheit, sondern ein spekulativer oder *abstrakter* und *negativer* Glaube. Es hat in diesem Glauben allerdings wieder den Menschen, die Sinnlichkeit geltend gemacht, aber nur *halb*, nur *scheinbar*, nur *mit Abstraktion und Negation*. Im Himmel freien sie nicht. Fleisch und Blut erbt nicht das Himmelreich. Es affektiert eine supranaturalistische Engelhaftigkeit und Schamhaftigkeit; es macht den Menschen zu einem Kastraten, ja, trotz seiner körperlichen Auferstehung zu einem gespenster- oder geisterhaften Wesen, indem es alle leiblichen Bedürfnisse und Verrichtungen, namentlich die der Geschlechts- und Geschmackssinne, als tierische Funktionen von ihm abstreift, gleich als hätte der Mensch nicht ebensogut als die Geschlechts- und Assimilationsorgane auch die Sinne, auch den Kopf, auch die Existenz überhaupt mit dem Tiere gemein und als müßte sich folglich nicht der christliche Supranaturalist, wenn er ehrlich und konsequent sein wollte, zugleich mit dem Zeugungsglied *auch den Kopf abschneiden;* denn nur wo der Mensch gar nichts mehr ist, hat er auch mit den Tieren nichts mehr gemein. Aber eben weil das Christentum selbst schon ein negativer und kritischer Glaube ist, so ist es eine notwendige, selbstverschuldete Konsequenz von ihm, wenn wir seine Halbheit zur Ganzheit machen, seine Negation und Kritik weitertreiben, zu dem „Im Himmel, d. h. im Tode, werden sie nicht freien, nicht schlafen, nicht essen und trinken" hinzusetzen: Sie werden *nicht existieren.* Gerade aber diese Verneinung der christlichen Halbheit und Zwiespältigkeit führt uns zurück zur widerspruchslosen, wahren, vollständigen Bejahung des Menschen und ebendamit zum ursprünglichen Glauben der Menschheit. Für den ursprünglichen Glauben gibt es keinen Tod und keine Unsterblichkeit, aber aus kindlicher Unwissenheit, aus Mangel an Bildung; er glaubt nur an die Wahrheit dieses Lebens; er denkt sich den Menschen nach dem Tode wie vor dem Tode. So existiert auch für den wahren, ungeteilten Menschen, aber aus Bildung, aus Wissenschaft, aus Erkenntnis ihrer Nichtigkeit, *keine Unsterblichkeit*, aber auch *kein Tod*, am allerwenigsten in bezug auf seine eigne Person, aber auch nicht in Beziehung auf geliebte Tote, wenigstens insofern nicht, als sie in seinem Herzen noch ebenso lebendig und heilig ihm sind als einst in Wirklichkeit.

Der Unsterblichkeitsglaube, wenigstens der eigentliche, der bewußte, der absichtliche, tritt erst da in dem Menschen auf, wo er *Urteil* ausdrückt, wo die Unsterblichkeit nichts anderes ist als eine *Eloge*, die der Mensch dem von ihm aufs höchste geschätzten Gegenstand sagt, der Tod nichts anderes als ein Ausdruck der *Verachtung*. Die körperlichen Verrichtungen, d. h. die Verrichtungen des Bauches, sind ekelhafte, niedrige, gemeine, tierische – also vergängliche, sterbliche; die Verrichtungen des Geistes, d. h. des Kopfes, erhabne, edle, den Menschen auszeichnende, also unsterbliche. Die Unsterblichkeit ist eine Wertsdeklaration; sie wird nur dem zuerkannt, was der Unsterblichkeit *würdig* erachtet wird. Der Unsterblichkeitsglaube tritt daher erst da ins Dasein, wo er sich mit dem Gottesglauben identifiziert, wo er ein religiöses Urteil ausdrückt, die Unsterblichkeit also nur ein Ausdruck der Gottheit oder Göttlichkeit ist. Beweisen, daß der Mensch oder die Seele unsterblich sei, heißt beweisen, daß sie oder er Gott sei. Oder vielmehr: Der Beweis ihrer *Unsterblichkeit* stützt sich nur auf den Beweis *ihrer Gottheit*, gleichgültig, ob sie ihr direkt oder indirekt zugesprochen wird, so nämlich, daß man eine von der Seele unterschiedne Gottheit sich vorstellt, aber nun die wesentliche Einheit der Seele mit der Gottheit nachweist. Die Alten sind auch in dieser Beziehung so lehrreich, weil sie die Gottheit der menschlichen Seele oder des Geistes, welche die christliche Klugheit und Heuchelei mit dem Munde leugnet, ob sie gleich sie im Wesen aufs bestimmteste, ja, bestimmter noch als die Alten bekennt, unumwunden aussprechen, den Beweis der Unsterblichkeit der Seele ausdrücklich auf ihre Gottheit gründeten.*

Da die Unsterblichkeit nur ein pathetischer, affektvoller Ausdruck des Lobs, der Auszeichnung ist, so erklärt sich auch, warum die Alten sie nur als ein Privilegium der Aristokratie ansahen, sie nur großen, ausgezeichneten Menschen zuerkannten oder vielmehr, richtiger ausgedrückt, die Unsterblichkeitsfrage nicht vom allgemeinen menschlichen Gesichtspunkt aus faßten, sondern sich nur für die Unsterblichkeit großer Menschen interessierten. „Wenn", sagt z. B. Tacitus, „wie die Weisen dafürhalten, mit dem Körper nicht *große Menschen*, magnae animae, erlöschen." Das Christentum verwandelte diese aristokratische Unsterblichkeit der Alten in ein plebejisches Gemeingut, an der jeder Mensch, ohne durch besondere Vorzüge oder gar politische Tugenden und Verdienste ausgezeichnet zu sein, wenn er nur ein christgläubiger war, teilnehmen konnte. Aber es machte doch wieder die Unsterblichkeit zu einem Privilegium der *gläubigen* Aristokratie; denn sie bestimmte nur diese dem Himmel, die Ungläubigen, die Gottlosen der Hölle. Aber nur der Himmel verdient den Ehrennamen der Unsterblichkeit; nur freudiges, glückliches Sein ist Sein; die Hölle dagegen ist nur ein *boshafter* Ausdruck für Nichtssein, eine perennierende Todesangst, in die der Gläubige aus christlicher Liebe den Ungläubigen versetzt, eine Existenz, die jener diesem nur deswegen vergönnt, weil keine Marter, keine Qual, kein Gefühl des Nichtseins ohne Existenz gedacht werden kann.

Der eigentliche Unsterblichkeitsglaube entsteht nur da, wo der Mensch zum Bewußtsein bereits gekommen, daß der Tod eine Negation und Abstraktion, Verneinung und Absonderung ist, die aber der Mensch, weil er selbst denkend

* Ebenso lehrreich sind sie auch in betreff des Gottesglaubens, weil das, was den gemütsbefangenen, interessierten Christen zu unmittelbarer Gewißheit wurde, bei den freisinnigen Alten noch ein Gegenstand des Zweifels war. Was den Christen ein fertiges, ausgemachtes Wesen war, das sehen wir daher bei ihnen vor unsern Augen *werden, entstehen*. Das Christentum ist und kennt nur die *Mutter* Gottes, aber der *Vater* Gottes ist das Heidentum.

eine Tätigkeit der Verneinung und Absonderung ausübt, nicht auf das dieser Tätigkeit als Subjekt untergelegte Wesen, den Geist, sondern nur auf sein augen-, überhaupt sinnfälliges Wesen sich erstrecken läßt. Er erblickt vielmehr in dem Tode nur den Ausdruck der Verneinung und Absonderung, die er selbst im Denken ausübt, wenn er von einem sinnlichen Gegenstand sich einen allgemeinen Begriff bildet. Wie sollte also der Tod das aufheben, wovon er selbst nur eine Erscheinung ist? Philosophieren heißt sterben – also sterben philosophieren, also promoviert der Tod nur den Menschen zum Doktor der Philosophie. Das heißt: Der Mensch stirbt, aber der Philosoph ist unsterblich. Der Tod nimmt dem gemeinen Menschen unfreiwillig, was der Philosoph freiwillig sich nimmt. Der Philosoph, wenigstens der wahre, spekulative, platonische, christliche, ist schon im Leben geschmacklos, geruchlos, taub, blind und gefühllos; er ißt und trinkt zwar, er übt überhaupt alle *tierischen* Funktionen aus wie Sehen, Hören, Fühlen, Lieben, Gehen, Laufen, Atmen, aber im Zustande der Geistesabwesenheit, folglich geist- und sinnlos, nicht mit Lust und Liebe wie ein gemeiner Mensch, nein, nur aus trister Notwendigkeit, weil für ihn der Genuß des Denkens an diese profanen Lebensverrichtungen – weil er nicht denken, nicht philosophieren kann, wenn er nicht lebt – gebunden ist, nur mit Ärger und Widerwillen, nur im Widerspruch mit sich. Wie sollte also der Tod gegen ihn sein? Der Tod verneint ja nur, was er selbst verneinte, ist ja das Ende aller Lebensgenüsse und Lebensverrichtungen. Er setzt daher nach dem Tode seine Existenz fort – aber *nicht als Mensch*, sondern *als Philosoph*, d. h., er denkt den Tod, den Akt der Verneinung und Absonderung, weil er ihn identifiziert mit dem Denkakt, dem höchsten Lebensakt, als Existenz; er personifiziert die Verneinung des Wesens als Wesen, das Nichtsein als Sein.

Selbst der christliche Himmel ist seiner wahren religiösen Bedeutung nach nichts anderes als das *Nichtsein des Menschen*, gedacht *als Sein des Christen*. Der Tod ist die Verneinung, das Ende aller Torheiten, Eitelkeiten und Schlechtigkeit des menschlichen, insbesondere politischen, bürgerlichen Lebens, das Ende aller irdischen Mühseligkeiten und Wechselfälle, das Ende aller Sünden und Fehler, aller Leidenschaften und Begierden, aller Bedürfnisse und

Kämpfe, aller Leiden und Schmerzen. Schon die Alten nannten deswegen den Tod einen Arzt. Und ich selbst introduzierte ihn in meinen „Gedanken über Tod und Unsterblichkeit" bei dem hochweisen Gelehrtenpublikum also:

„Er ist der beste Arzt auf Erden,
Dem nie noch fehlschlug eine Kur;
Und mögt Ihr noch so krank auch werden,
Er heilt von Grund aus die Natur."[GW 1, S. 179.]

Und am Schlusse der Distichen feierte ich ihn im Gegensatz zur Pastoralmedizin mit folgenden Versen [GW 1, S. 509f.]:

„Die wahren Übel sind, oh Pfaffen, inkurabel;
Sie heilet nur der Tod. Der Vers ist keine Fabel.
Die Übel, die kuriert der Arzt, sind Papillone,
Die saugen schadlos Saft nur an der Blüten Krone;
Tief kommt von unten her, was ab die Pflanze frißt;
Sie wird nur dann gesund, wenn sie selbst nicht mehr ist.
Kannst du, Heilkünstler, wohl kurieren den Salat,
Wenn ihm die Wurzel schon der Wurm zerfressen hat?
Drum glaube ich, die Übel, die ihr kuriert, ihr Pfaffen,
Um euch im Himmel einst ein Plätzchen zu verschaffen,
Sind Sommersprossen, die bei heißen Sommertagen
Nur auf der zarten Haut an euch sind ausgeschlagen;
In eurer Apothek' habt ihr nur Schönheitsmittel,
Ihr Pfaffen, und ihr reibt nur Flecken aus dem Kittel;
Depensen und viel Glauben erheischt die Schönheitskur,
Die schweren Übel heilet im stillen die Natur. [...]
Klar ist das Wesen Gottes, wie Licht so klar und pur,
Geheimnis ist alleine, merkt's, Christen, die Natur!"

Wenn ich mir daher als Lebender den Tod, als Seiender mein Nichtsein und dieses Nichtsein als die Verneinung aller Übel, Leiden und Widerwärtigkeiten des menschlichen Lebens und Selbstbewußtseins vorstelle*, so trage ich un-

* Von diesem Gesichtspunkte aus muß man auch als Pädagog und Seelenarzt den Tod darstellen. Das menschliche Herz versöhnt sich mit dem Tode, wenn der Kopf den Tod ihm darstellt als die Verneinung aller der Übel und Leiden, die mit dem Leben verbunden sind, und zwar notwendig; denn wo Empfindung ist, da ist notwendig auch Schmerzempfindung, wo Bewußtsein, notwendig auch Unfriede und Zwiespalt mit sich selbst. Kurz, das Übel ist so notwendig mit dem Leben verbunden als der Stickstoff, in dem das

willkürlich die Empfindung des Seins in mein Nichtsein über; ich denke und empfinde daher mein Nichtsein als einen seligen Zustand. Und *der* Mensch, der, wie die meisten Menschen, in der Identität von Denken und Sein aufwächst und lebt, der nicht unterscheidet zwischen Gedanke oder Vorstellung und Gegenstand, hält daher dieses im Gegensatz gegen die Leiden des wirklichen Seins als Seligkeit vorgestellte und empfundne Nichtsein für ein wirkliches Sein nach dem Tode. So ist denn auch der christliche Himmel in seiner reinen, von allen anthropopathischen Zusätzen und sinnlichen Ausschmückungen entkleideten Bedeutung nichts anderes als der Tod, die Verneinung aller Müh- und Trübsale, Leidenschaften, Bedürfnisse, Kämpfe, gedacht als Gegenstand der Empfindung, des Genusses, des Bewußtseins, folglich als ein *seliger* Zustand. Der Tod ist daher eins mit Gott, Gott nur das personifizierte Wesen des Todes; denn wie in Gott alle Leiblichkeit, Zeitlichkeit, Bedürftigkeit, Begierlichkeit, Leidenschaftlichkeit, Unstetigkeit, Mangelhaftigkeit, kurz, alle Eigenschaften des wirklichen Lebens und Daseins aufgehoben sind, so auch im Tode. Sterben heißt daher zu Gott kommen, Gott werden – so schon bei den Alten –, der Tote der Selige, der Verewigte der Vollendete.

Spezieller gefaßt, ist der Himmel für den Christen die Verneinung, der Tod alles Unchristlichen, alles Fleischlichen, Sinnlichen, Menschlichen, denn im Himmel hört der Christ auf, Mensch zu sein, wird er Engel. Der Engel ist ja nichts anderes als die Personifikation des abstrakten, vom Menschen abgesonderten und ebendeswegen wahren, vollendeten Christen, nichts anderes als der Christ ohne Fleisch und Blut, der Christ, vorgestellt als selbständiges Wesen. Wie vom platonischen Menschen strenggenommen nach dem Tode nichts übrigbleibt als der Philosoph in abstracto, die unsterbliche Seele nichts anderes ist als der vergegenständlichte und personifizierte Begriff der Philosophie, so bleibt also strenggenommen von dem christlichen Menschen nach dem Tode nichts übrig als der Christ in abstracto, so ist der christliche Himmel nichts anderes als das ver-

Licht des Feuers und Lebens erlischt, mit dem Sauerstoff der Luft. Ununterbrochne Seligkeit ist ein Traum.

wirklichte, vergegenständlichte, personifizierte Christentum. Da aber der Philosoph ebensowenig als der Christ ohne den Menschen existieren kann, der Philosoph in Wahrheit nichts ist als der philosophierende, der Christ nichts als der christgläubige, gottselige Mensch, so versteht es sich von selbst, daß das als rein philosophisches oder rein christliches Sein vorgestellte Nichtsein des Menschen wieder zu einer Bejahung des Menschen wird. Auf den Schultern des Menschen ja nur kann sich der Philosoph zur Unsterblichkeit, der Christ zur himmlischen Seligkeit emporschwingen; nur wenn der Mensch unsterblich, kann es ja auch der Philosoph, der Christ sein. Wie wir auch dem abstraktesten, allgemeinsten Begriffe stets ein sinnliches Bild unterlegen müssen, wenn er nicht eine sinnlose Floskel sein soll, so muß der Philosoph nolens volens [ob er will oder nicht] seiner unsterblichen Seele, der Christ seinem himmlischen, von Fleisch und Blut gesonderten Wesen das Bild des sinnlichen Menschen unterschieben. Aber gleichwohl ist diese Vermenschlichung, diese Versinnlichung nur eine unwillkürliche, nicht sein sollende; denn es *soll* nach dem Tode nur der Philosoph, nur der Christ, nicht mehr der Mensch existieren; es soll die Existenz nach dem Tode eine abstrakte und negative sein, eine Existenz, welche die Abwesenheit aller Widersprüche und Gegensätze gegen die Philosophie, gegen das Christentum sind, nur daß, wie gesagt, diese Abwesenheit aller Übel als seliges Sein vorgestellt wird. Aber eben als eine nur abstrakte und negative Existenz ist sie eine höchst zweifelhafte, ja, unglaubliche, augenfällig den Bedingungen einer wirklichen Existenz und dem Wesen der menschlichen Natur widersprechende; denn der Mensch kann sich keine Seligkeit ohne Arbeit, keine Ewigkeit ohne Wechsel, keinen Genuß ohne Not, Mangel, Bedürfnis, er kann sich überhaupt, wenn er nur einigermaßen die Augen öffnet und seine Blicke aus dem Reich der himmlischen Träume in die Wirklichkeit wirft, kein abgezognes Wesen als ein wirkliches denken. Er gibt daher die religiöse und philosophische Unsterblichkeit auf; er setzt an die Stelle des abstrakten Philosophen und des himmlischen Christen den Menschen. Die Unsterblichkeit auf diesem Standpunkt, ihrem letzten, ist die Unsterblichkeit des modernen rationalistischen Christentums, des gläubigen

Unglaubens, welcher in die Bejahung der religiösen Wahrheiten, d. i. Vorstellungen, immer zugleich ihre Verneinung hineinlegt.

Der rationalistische oder ungläubige Unsterblichkeitsglaube

Der Rationalismus hat mit dem Christentum das *Prinzip* gemein; aber nur in der Theorie, nicht in der Praxis, d. h. nur im allgemeinen, aber nicht im besondern, in der Vorstellung, aber nicht in der Tat und Wahrheit. Der Rationalist ist sogut Gottesgläubiger als der Christ oder Altgläubige; Atheismus ist ihm ein greuelvoller Unsinn und Irrtum; aber in der Praxis, im besondern ist er Atheist; da erklärt er sich alles ohne Gott. Sein Gott ist nur der Ausdruck seiner theoretischen Beschränktheit; wo er sich etwas nicht erklären kann, wo ihm der Verstand ausgeht, wie am Anfang der Welt oder des organischen oder bewußten Lebens, da nur setzt er Gott hin, d. h., da erklärt er sich das Unerklärliche durch ein unerklärliches Wesen, ergänzt oder personifiziert er den Mangel aller bestimmten positiven Gründe in einem unbestimmten, grundlosen, aber ebendeswegen unendlichen, alles vermögenden Wesen. Aber dieses Wesen steht nur an der äußersten Endspitze der Welt; im Verlaufe geht alles hübsch natürlich und weltlich zu. Gott ist König der Welt, aber nur nomine, nicht re, dem Namen, aber nicht der Sache nach. Er leugnet zwar nicht – denn er geht nirgends auf den letzten Grund ein, er fragt sich nicht, was denn eigentlich das Wunder ist – die Möglichkeit des Wunders, d. h. des Unmöglichen, aber die Konsequenz dieser Vorstellung, die Notwendigkeit und Wirklichkeit, leugnet er. Er bestimmt und verehrt Gott als Geist, als ein Wesen ohne alle Sinnlichkeit, Leidenschaftlichkeit, Fleischlichkeit; aber er läßt sich durch diesen Geist nicht im geringsten im Genusse des Fleisches stören wie die alten Christen; er leitet aus diesem Geiste nicht die Notwendigkeit der Mortifikation und Asketik ab; er erblickt in ihm nicht den Baumeister der Klöster und Kirchen, den Autor der Heiligen Schrift, der civitas dei [des Gottesstaates] des Thomas a Kempis, den Schöpfer der Klerisei, der Mönche und Nonnen, nein, er erblickt in diesem Geiste nur den Autor der „Ars amandi“, den Lukrez „De Rerum natura“, den Apicius „De opsoniis et condimentis“, nur den Schöpfer von Natur, Fleisch, Sinnlichkeit. Der reine Geist hat uns sinnlich erschaffen; er hat uns Geschmack gegeben; wer sollte sich also die Leckerbissen seiner Schöpfung nicht herzlich schmecken lassen? Wer wider die Triebe des Fleisches, handelt wider den Willen des Schöpfers. Gott ist ein Geist, aber seine Werke, sein Wille ist Fleisch. So schiebt der Rationalismus, worunter hier übrigens nicht nur der Rationalismus im engern Sinne, sondern auch der moderne unchristliche Christianismus, der moderne atheistische Theismus überhaupt verstanden wird, der Theologie die Physik, dem Supranaturalismus den Naturalismus, dem Heiligen Geiste der Asketik den Epikuräismus unter. Er bejaht das Prinzip, aber verneint die Bestimmungen, welche das Prinzip erst zur Wahrheit machen, die Konsequenzen – natürlich die lästigen, unangenehmen, den Menschen verneinenden Konsequenzen, denn die gemütlichen, angenehmen Seiten und Konsequenzen eines Prinzips, eines Glaubens läßt er sich herzlich gern gefallen.

Wie mit seinem Gotte, ist es mit seinem Jenseits, das ja nichts anderes ist als der verwirklichte, praktische Gott. Der Rationalist glaubt steif und fest, wie der Christ, an das Jenseits, an die Unsterblichkeit; sie zu leugnen, d. h. zu leugnen im Prinzip, offen, entschieden, wahrhaft, männlich, das ist ihm eine greuelvolle Verirrung. Aber er glaube nicht, daß im Himmel „ewige Kirchweih“ ist, daß dort alle irdischen Plackereien und Kämpfe ein Ende nehmen, dort die Ebbe und Flut wie der bewegte Wechsel dieses Lebens aufhört. Nein, der Unglaube hat ja den Himmel und mit ihm die Unsterblichkeit verworfen, weil ihn der ewige Stillstand, das ewige Einerlei des Himmels anwiderte, weil ihm die Absonderung der Ruhe vom Kampfe, des Genusses vom Bedürfnis als ein bloßes Phantasma erschien. Aber der Rationalist nimmt ebensoviel Anteil an den Verdiensten des Unglaubens als des Glaubens; eine Naturforscherversammlung hat für ihn ebensoviel, ja, weit mehr Autorität als eine Kirchenversammlung im Namen der Heiligen Dreifaltigkeit; er richtet die religiösen Glaubensvorstellungen, diese Offenbarungen der menschlichen Phantasie, Beschränktheit und Unwissenheit, nach dem Objektivglas der Naturwissenschaft; er legt daher in den[1] Glauben an das Jenseits den Unglauben an dasselbe hinein; er verwandelt den religiösen, d. i. imaginären, Himmel des Christentums in den profanen, sinnlichen Himmel der modernen Astronomie, den heiligen Sabbath des Jenseits in einen gemeinen Werktag. Dort wird nicht gefeiert, Gott bewahre!, dort kommen wir in eine neue Lebensschule; dort fangen wir wieder und auf einer höhern Stufe von vornen an; dort werden wir wieder Abc-Schützen, Gymnasiasten, Studenten, bis wir die höchste Würde daselbst erlangt haben, um dann abermals auf einer noch höhern Stufe unser curriculum vitae [unseren Lebenslauf] fortzusetzen. Fortschritte, Fortschritte ohne Ziel und Ende stehen uns bevor. Freut euch des Lebens! Nicht der Friedensfürst, der Marschall Vorwärts ist unser Vorbild, der Bürge unsrer himmlischen Zukunft. So verfällt der Rationalist, um dem Phantasma des Himmels auszuweichen, in ein andres, ebenso bodenloses Phantasma – ein Phantasma, welches zugleich die wahre, religiöse Bedeutung des Jenseits vernichtet, welche nur in der Vorstellung liegt, daß der Mensch dort an sein Ziel kommt, dort im Frieden ist, frei von dem rastlosen Streben des irdischen Lebens – das Phantasma eines ewigen Fortschritts; an die Stelle des ewigen Stillstands-Einerlei setzt er ein ewiges Fortschritts-Einerlei. Er macht das Diesseits zum Maßstab des Jenseits, akkommodiert dieses jenem; der Mensch ist ein tätiges, mit der Zeit fortschreitendes Wesen, also dort wie hier, aber dort ohne Grenzen. Er macht sich so das Jenseits glaublich, indem er es nach dem Diesseits modelt; denn wer kann an dem Diesseits zweifeln? Er schiebt also das Diesseits, die Negation des Jenseits, dem Jenseits unter; er gründet seinen Glauben nur auf einen, freilich unbewußten, Selbstbetrug. Weil er drüben, wie hier, wieder in der Schule sitzt und schwitzt, weil er unter dem Jenseits sich nichts vorstellt als das Diesseits, also das Jenseits leugnet, so glaubt er daran. Der religiöse Gläubige glaubt an das Jenseits, weil es seiner Vorstellung nach ein *anderes* Leben als dieses; der Rationalist, der Vernunftgläubige, der ungläubig Gläubige aber glaubt daran, weil es

[1] *Im Original:* dem

kein anderes Leben ist, d. h., er glaubt nur an die Wahrheit dieses Lebens, freilich nur de facto, nicht de jure. Dem Christen oder religiös Gläubigen ist das andere Leben der Superlativ des Lebens, das höchste, das göttliche, das vollendete Leben; dem Rationalist[en] aber ist das künftige Leben nur ein Komperativ; er ist dort vollkommen wie hier, aber nur ein bißchen. Der Rationalist kann mit der Vorstellung der Seligkeit, Vollkommenheit, Göttlichkeit nicht die Existenz des Menschen verknüpfen, sowenig als die Gottheit und Menschheit in dem Gottmenschen; er opfert daher, um zu existieren, die himmlische Seligkeit auf; er will à tout prix [um jeden Preis] existieren, lieber unselig sein als gar nicht sein – denn die Vorstellung des Garnichtseins ist eine unchristliche, gottlose, atheistische Vorstellung –, er denkt sich daher ein arbeitsames, tätiges, strebendes, fortschreitendes Leben; aber eben ein fortschreitendes Leben ist ein unseliges Leben, ein Leben wenigstens, wo Lust, Freude, Gewinn mit Verlust, Ärger, Reue, Schmerz abwechselt – denn mit jedem Fortschritt freue ich mich zwar über meinen neuen Gewinn, aber ärgere mich auch zugleich über meine frühere Dummheit und Beschränktheit –, ein Leben also wie dieses. Um sein Verlangen ewiger Existenz zu beschönigen, schützt der Rationalist die religiöse Idee der Annäherung an Gott, des Gottähnlicher-Werdens, also das Ziel der Vereinigung mit Gott vor. Er glaubt nicht aus *Selbstliebe* an seine Unsterblichkeit, nein, er glaubt nur Gott, d. h. dem Geiste oder der Tugend, zu Gefallen und Ehren an seine Fortdauer nach dem Tode; er glaubt nur deswegen an sie, weil er ja, ohne zu existieren, nicht immer besser, vollkommner, Gott ähnlicher werden kann. Aber dieses Ziel der Vollkommenheit schiebt er bis ins Unendliche hinaus; er bleibt immer unvollkommnes Wesen, wie hier, immer weit weg von seinem Ziel, denn nur diese Entfernung verbürgt ihm seine Fortdauer im Jenseits. Die Vervollkommnung ist ja nichts weiter als eine fortwährende Verfeinerung und Vergeistigung, eine fortwährende, immer höher steigende Abstraktion und Negation; er streift im Jenseits die Lüste und Triebe des Fleisches ab – er ist ja, wie wir wissen, theoretischer Asket und Fleischesfeind –, im Jenseits ißt, trinkt und freit der Rationalist nicht mehr; er gibt seinen irdischen Leib auf, bekommt aber dafür wahrscheinlich – gewiß weiß er nichts – einen feinern Leib, aber noch nicht den allerfeinsten. Kurz, die Vervollkommnung ist eine fortgehende Sublimation, Verflüchtigung, Vergeistigung – sein Urbild ist ja ein Wesen ohne Fleisch und Blut, ohne Sinnlichkeit, purer Geist, d. h. pures abstractum, pures ens rationis –, sein wahres Ziel also das *Nichts*, denn das Nichts ist das Allerimmateriellste; wer nichts ist, hat keine Lüste, Triebe, Leidenschaften, Mängel und Fehler mehr. Aber dieses Ziel schiebt er in das Unerreichbare hinaus. Er will zwar immer nichts werden – das gebietet ihm sein phantastischer Vervollkommnungs- und Selbstvergötterungstrieb –, aber er kann es nicht werden, denn sein realistischer Lebenstrieb gebietet ihm, um zu existieren, immer etwas, immer unvollkommen zu bleiben. Das Jenseits des Rationalismus ist daher nichts anderes als eine aufgeschobne, in täuschende Ferne verlegte Auflösung in nichts. Der orientalische Phantast setzt direkt in die Auflösung in Gott oder das Nichts das Ziel seines Lebens; der okzidentalische Phantast hat das nämliche Ziel, steht auf dem nämlichen phantastischen Fundament – die Religion ist ihrem Ursprung und Wesen nach Orientalismus –, aber er hat nicht die feurige Glut und Phantasie des Orientalen; er ist vielmehr egoistisch, phlegmatisch, prosaisch, diplomatisch, klug, kurz: Rationalist; er verwirklicht daher nie diese Auflösung in das geistige Nichts; er macht sie zu keiner praktischen Wahrheit. Aber ebendeswegen ist der Zweck der Vervollkommnung, welchen der Rationalist als Grund der Notwendigkeit eines Jenseits angibt, nur ein Vorwand seiner Selbstliebe; denn was in alle Ewigkeit hin nicht erreicht wird, ist nur ein vorgespiegeltes Ziel. Im Begriffe des Zwecks, des Ziels liegt, daß es endlich einmal erreicht wird. Und wenn ich im Jenseits selbst wieder unvollkommen bin, wozu ist es denn? Die Bedeutung des Jenseits ist gerade nur die, daß es die Verneinung, das Gegenteil dieses „unvollkommnen" Lebens ist. Des Todes Preis ist notwendig die Vollkommenheit, Seligkeit, Gottheit. Eine solche harte, schmerzliche Verneinung, als der Tod oder vielmehr das Sterben ist, verdient den allerhöchsten und letzten Lohn. Der Tod ist ja schon an und für sich die Abstreifung alles Irdischen, Unvollkommnen, Sinnlichen; auf dem Sterbebette legt der

Mensch alle Eitelkeiten, Lüste, Sünden und Begierden ab. Der Tod ist daher die Bedingung der absoluten Vollkommenheit, das Ende aller Fortschrittsbedingungen. Auf diese absolute Verneinung paßt nur die absolute Bejahung. Wer einmal durch den Tod zum Magister der „destruktiven und subversiven" Philosophie promoviert worden ist, der hat alle Lust verloren, das Abc eines neuen Lebenslaufes wieder einzustudieren. Auf die Tragödie des Sterbeaktes reimt sich nur ewige Wonne oder ewiges Ende, reimt sich nur Gottsein oder Nichtsein, aber nicht die Komödie des rationalistischen Jenseits, dieses klägliche Mittelding zwischen Etwas- und Nichts-, Selig- und Unselig-, Vollkommen- und Unvollkommensein. Ich danke dir daher, lieber Rationalist, von Herzen für das Präsent deiner eitlen Unsterblichkeit. Ich will entweder mit dem alten Glauben bei Gott sein, dem als Wesen vorgestellten Tod oder Nichts, dem Schluß aller Fortschritte, oder ich will gar nicht mehr sein. Wo man noch Schritte macht, da macht man auch noch genug Rückschritte und faux pas [Fehltritte]; ich habe aber im Lebens- und nun vollends im Todeskampf die faux pas herzlich satt bekommen. Laß mich in Frieden ruhn! Wie weise waren doch die „blinden" Heiden, welche ihren Toten ein „molliter ossa cubent" – Sanft ruhen deine Gebeine! – oder „placide quiescas" – Ruhe in Frieden! – in das Grab nachriefen, während die Christen als Rationalisten den Sterbenden ein lustiges „vivas et crescas in infinitum [du sollst ins Unendliche leben und wachsen]!" in die Ohren schreien oder als pietistische Seelenärzte à la Doktor Eisenbart auf Rechnung der Todesfurcht die Gottesfurcht, als Unterpfand ihrer himmlischen Seligkeit, einblöken! Christentum, du bist der Wahnsinn in der Form der Vernunft, der schrecklichste Hohn auf das Menschengeschlecht in der Form der süßesten Schmeichelei!

Der Rationalismus gründet seinen Hauptbeweis für die Notwendigkeit des Jenseits auf die Voraussetzung, daß der Mensch auf der Erde nicht seine Bestimmung erreicht. „Unwidersprechlich ist", sagt z. B. einer der angesehensten modernen Rationalisten, „daß die Bestimmung eines jeden Geschöpfs ausgesprochen ist in seinen Kräften und Anlagen. Was jedes Geschöpf werden kann, das soll es auch werden, und das wird es auch. Pflanzen und Tiere und ebenso der menschliche Körper, der ihnen gleichstehet, haben nur solche Anlagen, welche in diesem Leben auf der Erde zur Entfaltung kommen können und wirklich entfaltet werden. ... Anders aber ist es mit den Kräften und Anlagen des Geistes, diese sind einer so großen Entfaltung fähig, daß *kein Menschenleben lang genug* ist, um sie zu vollenden, daß jeder, auch der ausgebildetste Mensch, wenn er *als Greis stirbt*, bekennen muß, er stehe noch am Anfang seiner Bildung und er könne *unendliche Fortschritte* machen, wenn sein Geist ein längeres Dasein hätte und in vollkommnere Verhältnisse eintreten könnte ... Die Erkenntniskraft scheint ebenso unbegrenzt zu sein als der Stoff des Erkennens. Das Leben ist aber viel zu kurz, der Leib eine viel zu hemmende Fessel, ... als daß die Erkenntniskraft völlig entfaltet werden könnte ... Wohl hätten wir die Kraft, nicht nur *einer* Wissenschaft, sondern uns aller zu bemächtigen, wenn nur nicht das Leben zu kurz wäre, wenn wir nur nicht ein Vierteil desselben dem Schlafe und zwei andere Vierteile dem Erwerbe der Lebensbedürfnisse und den Arbeiten für die irdischen Verhältnisse zum Opfer bringen müßten. Auch die Wirkungskraft des Menschen wird vom irdischen Leben nur mangelhaft entfaltet und auf keine Weise ausgebraucht. Insbesondere bleibt die moralische Bildung, welche das Gesetz der Vollkommenheit zum herrschenden Lebensgesetz erheben soll, noch mangelhaft. Die hemmenden Verhältnisse der sittlichen Bildung – Bedürfnisse, Gewohnheiten, sinnliche Triebe, lucta carnis cum spiritu [das Ringen des Fleisches mit dem Geist] – verschwinden nur erst mit dem Tode, so daß keiner so *vollkommen wird*, als er *werden sollte* und unter günstigern Verhältnissen werden könnte. Und dasselbe müssen wir endlich auch von unserer Anlage für das Schöne sagen. Auch sie wird vom Leben nur mangelhaft ausgebildet. *Eine* Kunst ist es gewöhnlich nur, der man huldigen kann, und nur wenige vermögen es, mehreren Künsten, keiner kann allen genug sein. So ist denn der Mensch das *einzige* irdische Wesen, das Kräfte und Anlagen erhalten hat, welche das *Leben nicht entfaltet*, welche *offenbar für eine Fortsetzung des Daseins berechnet* sind und einer *zweiten Welt bedürfen*. Die Tiere und Pflanzen, welche auf der Bahn ihrer Entfaltung durch einen frühzeitigen Tod ihre Ausbildung unterbrochen sehen, konnten doch, wenn nicht Gewalt sie gehindert hätte, sich völlig entfalten, dagegen von den menschlichen Individuen – und dieses ist ja eben die Hauptsache – auch nicht eines seine Kräfte und Anlagen ganz entfalten kann, mag es auch *das höchste Lebensalter* erreichen." Allein diese Voraussetzung, daß der Mensch, und zwar in den glücklichsten irdischen Verhältnissen, selbst wenn er das höchste Lebensalter erreicht, nicht seine Bestimmung auf Erden erreicht, hat nur darin ihren Grund, daß man, wie sich sogleich zeigen wird, von vornherein dem Menschen eine supranaturalistische, phantastische Bestimmung anweist.

Der Mensch ist aber sogut als die Pflanze, als das Tier ein Naturwesen. Wer, außer der christliche Phantast, der seine höchste Ehre darein setzt, die augenfälligsten Wahrheiten zu ignorieren oder dem Besten seines Glaubens aufzuopfern, kann dies leugnen? Wer den Menschen aus seinem Zusammenhang mit der Pflanzen- und Tierwelt herausreißen? Wer die Kulturgeschichte der Menschheit von der Kulturgeschichte der Pflanzen und Tiere absondern? Wer verkennen, daß die Pflanzen und Tiere sich mit dem Menschen verändern und perfektionieren wie umgekehrt der Mensch mit ihnen? Wer kann auch nur einen flüchtigen Blick in die Mythologien und Religionen der Völker werfen, ohne stets in der Gesellschaft der Götter und Menschen Tiere und Pflanzen zu erblicken? Wer kann sich einen Ägyptier ohne den Apis, einen Beduinen ohne das Kamel oder Pferd, dessen Genealogie ihn mehr interessiert als seine eigne, einen Lappen ohne das Rentier, einen Kamtschadalen ohne den Hund, einen Peruaner ohne das Lama denken? Wer kann dem Indier, der selbst nichts ist als ein eingefleischter, geborner Blumist, eine Blume gleichsam in Menschengestalt, seine Lotosblume, vor deren Schönheit er anbetend niedersinkt, wer überhaupt dem Botaniker, dem Blumisten, dem Pflanzen liebenden Menschen die Blumen und Pflanzen nehmen, ohne ihm mit ihnen die Augen aus dem Kopfe und die Seele aus dem Leibe zu reißen? Was erklärt aber der Mensch tatsächlich – und nur die tatsächlichen, nicht die mündlichen Erklärungen entscheiden – durch diese seine bei den alten und ungebildeten Völkern in Gemäßheit ihrer Denk-, Gefühls- und Ausdrucksweise selbst religiöse Liebe und Verehrung der Tiere und Pflanzen? Er erklärt dadurch, daß er nicht nur mit dem Körper, sondern auch mit dem Geiste, der Seele, dem Herzen mit der Natur zusammenhängt, daß folglich die Losreißung des Menschen von der Erde, die Versetzung desselben in den Himmel oder überhaupt eine andere unbekannte, d. i. phantastische, Welt nur ein Mirakel, ein Wunderwerk des allmächtigen Gottes, d. h. des allmächtigen, unbegreiflichen, übernatürlichen, christlichen Egoismus, ist.

Der Mensch hat daher als Naturwesen sowenig eine besondere, d. i. überirdische, übermenschliche, Bestimmung, als das Tier eine übertierische, die Pflanze eine überpflanzliche hat. Jedes Wesen ist nur zu dem bestimmt, was es ist: Das Tier ist bestimmt, Tier, die Pflanze, Pflanze, der Mensch, Mensch zu sein. Jedes Wesen hat den Zweck seiner Existenz unmittelbar in seiner Existenz; jedes Wesen hat seine Bestimmung dadurch erreicht, daß es die Existenz erreicht hat. Existenz, Sein ist Vollkommenheit, ist erfüllte Bestimmung. Leben ist sich selbst betätigendes Sein. Das pflanzliche Wesen hat daher seine Bestimmung erreicht, indem es sich als das, was es ist, als pflanzliches, das empfindende, indem es sich als empfindendes, das bewußte, indem es sich als bewußtes betätigt. Was strahlt dir aus den Augen des Wiegenkindleins entgegen? Die Freude darüber, daß es das Pensum, das der Mensch, wenigstens auf diesem Standpunkt, lösen kann und folglich soll – denn das Sollen richtet sich nach dem Können –, gelöst hat, die Freude über seine Vollkommenheit, die Freude darüber, daß es da ist, und zwar da ist als ein zullendes, schmeckendes, sehendes, sich selbst und anderes fühlendes Wesen. Wozu ist denn das Kind? Liegt seine Bestimmung jenseits seiner Kindheit? Nein, denn wozu wäre es dann Kind? Die Natur ist bei jedem Schritte, den sie tut, fertig, am Ziel, vollendet, denn sie ist in jedem Augenblick soviel, als sie sein kann und folglich sein soll und will. Das Kind ist nicht des Mannes wegen da – wie viele Kinder sterben als Kinder! –, es ist seinetwegen da; es ist darum befriedigt und selig in sich. Was ist des Jünglings Bestimmung? Daß er Jüngling ist, daß er sich seiner Jugend freut, nicht ins Jenseits der

Jugend ausschweift.* Wes ist des Mannes Bestimmung? Daß er Mann ist, als Mann sich betätigt, seine Mannskraft ausübt. Was lebt, soll leben, soll sich seines Lebens freuen. Lebensfreude ist ungehinderte Lebenskraftäußerung. Der Mensch ist Mensch, nicht Pflanze, nicht Tier, d. h. kein Kamel, kein Esel, kein Tiger usw,; er hat also keine andere Bestimmung, als sich als das Wesen, das er ist, geltend zu machen. Er ist, er lebt, lebt als Mensch, voilà tout [das ist alles]. Leben, sonst nichts liegt der Natur, menschlich gesprochen, im Sinne. Der Mensch ist nicht der Zweck der Natur – das ist er nur in seinem, im menschlichen Sinn –, er ist ihre höchste Lebenskraftäußerung, gleichwie die Frucht nicht der Zweck, sondern der höchste Glanzpunkt, der höchste Lebenstrieb der Pflanze ist. Nicht teleologische Weisheit, nicht ökonomische Absichtlichkeit – Trieb, Überfülle, Säfteüberfluß, Lebenskraftäußerungsdrang ist der Grund der Zeugung, der Fortpflanzung. Darum ist die Natur so schrankenlos in ihren Produktionen. Wozu diese Wolken von Staubregen, die die Wälder zur Befruchtungszeit ausströmen? Wozu diese zahllosen Eier der Pflanzen und Tiere, wovon doch die wenigsten Pflanzen und Tiere werden? Wozu? Törichte Frage! Du siehst ja hier vor deinen Augen den üppigen, zwecklosen, schrankenlosen Lebenstrieb der Natur. Wozu ist denn die Honigmotte? Wozu die Blattlaus, wozu der Floh? Damit das eine oder andere nicht zu sehr überhandnehme, wie die Teleologen sagen? Nein, das heißt die Folge zum Grund machen; nur die Lebenslust hat die Blattlaus, hat den Floh in die Welt gesetzt. Was dir zum Schaden, gereicht dem Floh zum Genuß; überall wo Stoff zum Genuß, ist auch Reiz, Trieb zum Genuß; überall, wo Genießbarkeit, auch notwendig ein Genießendes. Eines ist darum Bedingung des andern; eines ruft das andere ins Leben; eines setzt den andern, um sich Geltung und Platz zu machen, Schranken – dies der Grund von der Harmonie der Natur. Der Ur-

* Wie das Christentum überhaupt durch die Verheißung eines künftigen Lebens den Menschen um sein gegenwärtiges Leben gebracht hat, so bringt auch noch heute unsere christliche Pädagogik aus zärtlicher Sorgfalt für ihre Zukunft die armen Kinder um das Glück der Kindheit, die Jünglinge um das Glück der Jugend.

sprung des Lebens, d. h. des empfindenden, individuellen Lebens, ist daher auch nur dann unbegreiflich, wenn man das Leben von der das Leben bedingenden Natur losreißt, isoliert und die Lebensbedingungen schon fertig daseiend sich denkt, ehe das Leben entstand. Denkt man aber beides zusammen, so ist die Bildung der Erde, des Wassers, der Luft, der Temperatur und die Bildung der Tiere und Pflanzen *ein* Akt, folglich die Entstehung z. B. des Wassers ebenso unbegreiflich als die Entstehung des Wassertiers oder umgekehrt die Entstehung des Lebens ebensowenig wunderbar als die Entstehung der Lebensbedingung, zu deren Erklärung doch selbst schon denkende Theisten des vorigen Jahrhunderts die Hypothese eines deus ex machina [Theatergottes] nicht nötig fanden. Das Leben ist allerdings nicht Produkt eines chemischen Prozesses, nicht Produkt überhaupt einer vereinzelten Naturkraft oder Erscheinung, worauf der metaphysische Materialist das Leben reduziert; es ist ein Resultat der ganzen Natur.

Fragst du also: Wozu ist der Mensch?, so frage ich dich zuerst: Warum oder wozu ist denn der Neger, der Ostjake, der Eskimo, der Kamtschadale, der Peschereh, der Indianer? Hat der Indianer nicht seine Bestimmung erreicht, wenn er eben ein Indianer ist? Wenn er sie nicht als Indianer erreicht, wozu ist er denn dann Indianer? Ebenso wenn, wie der phantastische Christ behauptet, der Mensch durch seine Kindheit, folglich Jugend überhaupt – denn in der Jugend arbeiten wir am allerwenigsten im Weinberge des Herrn –, durch Schlafen, Essen, Trinken von der Erreichung seiner Bestimmung abgehalten wird, wozu und warum ist er denn ein kindliches, jugendliches, schlafendes, essendes, trinkendes Wesen? Warum wird er nicht als gemachter Christ, Rationalist oder lieber gleich als Engel geboren? Warum bleibt er denn nicht im Jenseits, d. h. beim eigentlichen Text? Wozu diese irdische Abschweifung? Warum verirrt er sich in den Menschen? Verliert nicht das Leben gerade durch das Jenseits, in dem es erst seinen Sinn finden soll, allen Sinn, allen Zweck? Ihr könnt euch das Leben nicht ohne das Jenseits erklären? Wie töricht! Gerade durch die Annahme eines Jenseits wird es unerklärlich. Und sind nicht gerade die Lebensverrichtungen, welche der Christ als Beweis *für* ein Jenseits anführt, die schlagendsten Beweise *gegen* dasselbe? Nicht der augenfällige Beweis, daß die Bestimmung, welcher sie widersprechen, ebendeswegen, weil sie ihr widersprechen, *nicht* die Bestimmung des Menschen ist? Wie töricht, daraus, daß der Mensch schläft, die Notwendigkeit zu folgern, daß er einst ein Wesen werde, welches nicht mehr schläft, immer die Augen aufgesperrt hat, immer wacht! Die Tatsache, daß der Mensch schläft, ist ja gerade ein sinnfälliger Beweis, daß der Schlaf zum Wesen des Menschen gehört, daß folglich nur die Bestimmung, die der Mensch hier freilich nicht im Schlaf, aber doch in Verbindung mit dem Schlaf erreicht seine wirkliche, wahre Bestimmung ist. Und sind denn Schlafen, Essen, Trinken – von dem göttlichen, olympischen Liebesbedürfnis will ich aus Schonung vor christlichen Theologen, deren Ideal der geschlechtslose Engel ist, schweigen –, sind diese Lebensverrichtungen, welche uns die noch heute vom Geiste des Mönchtums, theoretisch wenigstens, beseelten Christen so herabsetzen, nicht ebensogut wie die Stufen der Kindheit, der Jugend, wie alles in der Natur zur gehörigen Zeit Selbstzwecke, wirkliche Genüsse und Wohltaten? Bekommen wir nicht selbst auch die höchsten geistigen Genüsse und Tätigkeiten satt? Kann der Christ ohne Unterlaß beten? Würde ein Beten ohne Unterlaß nicht dem Nichtbeten, ein Denken ohne Unterlaß nicht dem Nichtdenken gleichkommen? Ist nicht auch hier, wie ich in meinen Versen behauptete, die Kürze die Würze? Müssen wir uns nicht von allem trennen, um ihm wieder den Reiz der Neuheit zu verschaffen und es wieder liebzugewinnen? Und was verlieren wir denn durch den Schlaf, durch Essen und Trinken? Zeit; aber was wir an Zeit verlieren, gewinnen wir an Kraft. Neugestärkt kehren wir zu unsrer Tätigkeit wieder zurück. Die Augen, die während der Nacht geruht, sehen um so klarer am Morgen. Jeder Tag ist so ein Wiedergeburts- und Auferstehungsfest des Menschen. Soll also der Mensch mit supranaturalistischem, erheucheltem Abscheu und Widerwillen – eine notwendige Folge des wahren Christentums – schlafen, essen, trinken? Nein, er soll gern schlafen, gern essen, gern trinken; aber er soll auch gern wachen, gern denken, gern arbeiten; er soll im Genuß nicht durch den Gedanken an die Arbeit den ohnedem vergänglichen Genuß sich verbittern, aber auch in der Arbeit nicht an den Genuß denken, sondern in der Arbeit, in der Tätigkeit Genuß finden; er soll überhaupt alles, was zum Menschen gehört, der Natur gemäß zur gehörigen Zeit um sein[er] selbst willen, alles also mit Freude und Lust, alles mit dem Bewußtsein, daß er in ihm seine Bestimmung erfüllt, treiben. Er soll, statt an die Allgegenwart Gottes, an die *Allgegenwart des Menschen*, an das Dasein des Menschen, nicht bloß in der Kirche – wo er ja so nicht zu Hause ist, wo ja noch heute dem Gott der Mensch, dem Luxus des religiösen Bedürfnisses die wirklichen Bedürfnisse des Menschen geopfert werden* – oder in der Studierstube oder in der Staatsstube, sondern auch an die Gegenwart des Menschen in der Schlafkammer, im Speise- und Kinderzimmer, kurz, an allen Orten und Ecken, wo er steht und geht, glauben; er soll, statt die Einheit Gottes, *die Einheit des Menschen* beweisen und bekräftigen, verwerfen den grundverderblichen, grundirrtümlichen, grundphantastischen Dualismus des Christentums von Geist und Fleisch, die Zerspaltung des Menschen in zwei wesentlich verschiedne Teile, wovon der eine dem Himmel, der andere der Erde, der eine ihm selbst, der andre man weiß nicht wem angehört, der eine Gott zum Urheber hat, der andre aber ein apokryphisches Buch ist, dessen Verfasser man nicht weiß oder wenigstens nicht aus christlicher Klugheit beim rechten Namen nennt, der aber auf deutsch der *Teufel* heißt – das Christentum ist nichts anderes als ein diplomatischer Manichäismus, ein nur durch den Geist des Abendlands gemäßigter, modifizierter, verklauselter Manichäismus oder Parsismus. Der Mensch soll also das *Christentum aufgeben*, dann erst *erfüllt* und *erreicht er seine Bestimmung*, dann erst wird er *Mensch*, denn der Christ

* Übrigens liegt auch dem religiösen Bedürfnis ein sehr reelles menschliches Bedürfnis zugrunde, wenigstens auf Seite der Theologen, nämlich das Bedürfnis, sich wichtig und unentbehrlich zu machen, denn solange die Menschheit im Unterschied von den Bedürfnissen menschlicher Bildung, menschlicher Kunst und Wissenschaft, menschlicher Tugend und Liebe ein besonderes religiöses Bedürfnis hat, solange muß es auch eine besondere Kaste von Menschen geben, welche keine andere Aufgabe hat, als ebendieses erkünstelte, luxuriöse Bedürfnis zu pflegen.

ist *nicht* Mensch, sondern „*halb Tier, halb Engel*". Dann erst, wenn der Mensch allüberall Mensch ist und als Mensch sich weiß, wenn er nicht mehr *mehr* sein *will, als er ist,* sein kann und soll, wenn er sich nicht mehr ein seiner Natur, seiner Bestimmung widersprechendes, folglich per se [durch sich selbst] unerreichbares, phantastisches Ziel setzt, das Ziel, ein Gott, d. h. ein abstraktes, phantastisches Wesen, ein Wesen ohne Körper, ohne Fleisch und Blut, ohne sinnliche Triebe und Bedürfnisse, zu werden, dann erst ist er vollendet, dann erst *vollkommner* Mensch, dann kein Lücke mehr in ihm, worin das Jenseits sich einnisten könnte. Und zu dieser Vollendung des Menschen gehört selbst auch – *der Tod*; denn auch er gehört zur Bestimmung, d. h. zur Natur, des Menschen. Darum heißt der Tote mit Recht der Vollendete. Menschlich zu sterben, zu sterben mit dem Bewußtsein, daß du im Tode deine letzte menschliche Bestimmung erfüllst, zu sterben also im Frieden mit dem Tode – das sei dein letzter Wunsch, dein letztes Ziel. Dann triumphierst du auch noch im Tode über den üppigen Traum der christlichen Unsterblichkeit; dann hast du unendlich mehr erreicht, als du im Jenseits erreichen willst und doch nimmermehr erreichst.

Eine *besondere* Bestimmung, eine solche, welche erst den Menschen in Zwiespalt mit sich und in den Zweifel, ob er sie erreicht oder nicht erreicht, versetzt, hat der Mensch nur als moralisches, d. h. soziales, bürgerliches, politisches, Wesen. Diese Bestimmung ist aber keine andere als die, welche sich der Mensch im normalen und glücklichen Fall auf Grund seiner Natur, seiner Anlagen und Triebe selbst gesetzt hat. Wer sich selbst nicht zu etwas bestimmt, ist auch zu nichts bestimmt. Man hört oft, wir wissen nicht, wozu der Mensch bestimmt ist. Wer so spricht, der trägt seine eigne Unbestimmtheit nur auf andre Menschen über. Wer nicht *weiß,* wozu er bestimmt ist, hat auch keine besondere Bestimmung.

Aber auch auf diesem Felde der verfehlbaren Bestimmung des Menschen zeigt sich die dualistische Phantastik in der rationalistisch-christlichen Vorstellung vom Menschen sogleich wieder hierin, daß er nur den Wissenstrieb, den ästhetischen und moralischen Trieb allein für sich in der Unsterblichkeitsfrage hervorhebt, gleich als hätten nur die gelehrten Herren, die Moralisten und Schöngeister oder Künstler Anspruch auf ein himmlisches Jenseits, nicht auch die Bauern, die Handwerker, die Fabrikanten, gleich als wenn nicht auch der Trieb des Menschen, das Handwerk zu vervollkommnen, den Ackerbau immer zweckmäßiger einzurichten, die Fabriken in immer höhern Flor zu bringen, ein wesenhafter und ehrbarer Trieb wäre. Wie viele Handwerker mögen über die Verbesserung ihres Handwerkes den Kopf sich zerbrochen, ja, darüber sich zu Tode gegrämt haben, daß sie ihren Vervollkommnungstrieb nicht befriedigen konnten! Wie viele junge Menschen, welche Lust zu einem Handwerk, aber gleichwohl, wie sich leider erst später zeigte, kein technisches Geschick dazu hatten, mögen über diesen Zwiespalt moralisch und physisch zugrunde gegangen sein! Diese armen Menschen hatten nie das geringste Verlangen in sich verspürt, Gelehrte, Künstler oder Prediger des Sittengesetzes zu werden; ihr höchstes Ideal, ihr höchster Wunsch war der Handwerker. Gleichwohl wurde dieser Wunsch zu ihrem Verderben nicht erfüllt. Soll dieser Wunsch im Jenseits nicht erfüllt werden? Wie viele andere, die sich in ihrer Wahl nicht geirrt haben, bleiben hier zeitlebens z. B. Schneidergesellen; und doch ist ihr einziges Sinnen und Trachten auf den Schneidermeister gerichtet! Ist dieser Wunsch ein unsittlicher, ungeistiger, unmenschlicher? Warum sollen sie also nicht jenseits werden, was sie hier werden wollten, aber nicht wurden? Oder gründet sich das Schneiderhandwerk nur auf die Not des irdischen Lebens? Wird es nur des Brotes wegen getrieben? Gewiß nicht. Wie viele treiben es aus Lust, wie viele betrachten ihr Handwerk als Kunst! Und gehört nicht auch wirklich zum Schneider ästhetischer Sinn, Geschmack? Gehören die Kleider nicht auch vor das Forum der Kunst? Kann nicht eine abgeschmackte Tracht den Effekt eines Kunstwerkes gänzlich aufheben? Wo ist überhaupt die Grenze zwischen Kunst und Handwerk? Ist nicht da die wahre Kunst zu Hause, wo der Handwerker, der Töpfer, der Glaser, der Maurer Künstler ist? Und knüpft sich die Kunst nicht an die gemeinsten Lebensbedürfnisse an? Was tut sie denn anders, als daß sie das Gemeine, Notwendige veredelt? Wo man keine Häuser braucht, da baut man auch keine schönen Häuser; wo man keinen Wein mehr trinkt und schätzt, da ehrt man ihn auch nicht durch schöne Pokale; wo man keine Toten mehr beweint, da setzt man auch zu ihrer Verherrlichung keine Denkmale, keine Mausoleen; wo kein Blut mehr fließt, da wird auch keine „Ilias" mehr gesungen, und wo deine verwöhnten, von den Hallelujahs des christlichen Himmels betäubten Ohren nicht mehr die Axt des Holzhauers und die Säge des Schreinermeisters beleidigt, da entzückt sie auch nicht mehr der Ton der Leier und Flöte. Was bleibt dir also übrig von der Kunst, wenn du ihr den goldnen Boden des Handwerks nimmst? Woran hat überhaupt der Schönheitssinn Stoff, Anhalt, woran soll er sich äußern, betätigen, wenn die Gegenstände der Kunst verschwunden sind? Wenn also der Künstler Ansprüche auf ein himmlisches Jenseits hat, so hat sie auch der Handwerker, so hat sie überhaupt der Mensch von Kopf bis zu Fuß; denn der höchste Gegenstand der Kunst ist der Mensch, und zwar der ganze Mensch, der Mensch vom Scheitel bis zur Ferse. Die Griechen hatten und verehrten eine Venus Kallipygos – eine notwendige Folge des ausgebildeten, vollendeten Schönheitssinnes. Hat also nicht auch diese Venus Ansprüche auf den Himmel? Wie sonderbar! Die alten Christen zertrümmerten mit ihrem religiösen Eifer die herrlichsten Kunstwerke des Altertums, verwarfen überhaupt die Kunst, wenigstens die selbständige, nicht zum Mittel der Religion degradierte; denn sie hatten die Erfahrung vor Augen, daß die Kunst weltlustig, sinnlich, gottlos ist; sie wußten, daß der, welcher schöne Frauen im Bilde gern sieht, auch schöne Frauen in natura gern sieht; und die modernen rationalistischen Christen gründen sogar auf den fleischlichen Kunstsinn, auf die Venus Kallipygos, die geistliche Hoffnung eines himmlischen Jenseits!

Und welche Eitelkeit, welche Torheit, die Kunstbefriedigung, näher den Umstand, daß unzählige Menschen hier nicht zur Entwicklung und Befriedigung dieses Sinns kommen, zum Grund der Notwendigkeit eines Jenseits zu machen, da Unzählige hier nicht einmal ihren Hunger, wenigstens auf eine des Menschen würdige Weise, stillen können? Ist es aber nicht notwendiger, eher seinen Hunger als seinen Kunstsinn zu befriedigen? Kann man ästhetische und moralische Gefühle im Sinne haben, wenn man Hunger oder Nahrungsstoffe, die in keinen menschlichen Magen gehören, im Leibe hat? Ist menschliche Kost nicht die erste Bedingung menschlicher Gesinnung und Bildung? Müssen wir also nicht ein Jenseits fordern, wo die Hungrigen sich satt essen, die, die hier nur vom Spülicht der ästhetischen und physischen Gourmands leben, endlich auch einmal zu einem höhern Genuß, zum Genuß eines Braten[s], kommen? Der Rationalist ist auch im Jenseits ein Freund des gemäßigten und besonnenen Fortschritts, d. h. des Fortschritts, der nie an sein Ziel kommt; er verwirft jede gewaltsame Unterbrechung, die mit dem Menschen nach dem Tode vor sich gehen soll; er hebt nur ganz sachte und allmählich den Menschen von Stufe zu Stufe empor; was ist also natürlicher, billiger, notwendiger, als daß die zahllosen Armen und Hungerleider der Erde jenseits erst zum Genusse menschlicher Kost kommen, während die andern, welche bereits über den Tafelfreuden der Erde allen Appetit zu himmlischen Speisen verloren haben, in den Konzerten, Opern, Balletten und Pinakotheken des Jenseits ihren Kunstsinn befriedigen! Doch noch ein anderes Beispiel des menschlichen Elends: Wie unzählig viele Frauenzimmer verfehlen hier ohne ihre Schuld ihre Bestimmung! Die Bestimmung des Weibes ist offenbar, Gattin und Mutter zu werden. In dieser Sphäre nur entfaltet das Weib seine Anlagen. Nicht nur physisch, auch moralisch und geistig verkrüppelt die ewige Jungferschaft. Nur besonders glückliche Anlagen oder Verhältnisse – Ausnahmen von der Regel – bewahren das Weib vor den verderblichen Folgen des widernatürlichen Standes ewiger Jungferschaft. Warum fordert ihr also kein Jenseits, wo der tiefste Trieb des Weibes, den gleichwohl unzählige Weiber, wenigstens nicht auf die dem Wesen des Weibes entsprechende Weise, befriedigen können, sein Recht findet? Wie lächerlich ist es, an die Ausfüllung eingebildeter Lücken des Menschen zu denken, aber die wirklichen Lücken des menschlichen Lebens unbeachtet zu lassen! Wie lächerlich, dem Menschen eine jenseitige Existenz zu verschaffen, ehe man daran denkt, hier den Menschen zur Existenz zu verhelfen; denn der Mensch existiert nur, wenn er eine menschliche Existenz hat, seine menschliche Bestimmung erfüllt. So beweisen uns selbst noch die modernen, so weltlichen Christen in ihren Beweisen vom Jenseits den Grund von dem Elend der christlichen Welt. Statt zu denken an die irdische Bestimmung, an die Bestimmung, die der Mensch *hier* erreichen soll und kann, aber nicht erreicht, denken sie nur an die Bestimmung, die er nicht erreicht, weil er sie nicht erreichen kann und soll, um sich die Notwendigkeit einer jenseitigen Existenz zu sichern. So opfern sie die wirkliche Bestimmung einer eingebildeten, die wirklichen Bedürfnisse des Menschen phantastischen, sogenannten religiösen Bedürfnissen auf!

Der rationalistische Christ stößt sich nämlich nicht hieran, wie wir gesehen, daß unzählige Menschen hier nicht zu menschlicher Existenz gelangen, denn dieser Anstoß würde ihm bloß die Forderung eines *irdischen* Jenseits abnötigen, die Forderung, daß der Staat, die Menschen dafür sorgen, daß jedem Menschen werde, was des Menschen ist. Nein, er schweift mit seinem Supranaturalisten-Gelüste über die Erde, über das Leben überhaupt hinaus; er behauptet, daß selbst die Bevorzugten, die Glücklichen, die, welche schon hier in den Schätzen der Kunst und Wissenschaft schwelgen, hier keine volle Befriedigung finden. Welcher Künstler, ruft er aus, kann alle Künste, welcher Gelehrte alle Wissenschaften umfassen, und wenn auch einer alle umfaßte, wie vieles weiß der Mensch nicht, was er wissen möchte! Der Rationalist dichtet hier dem Menschen eine Unbeschränktheit und Universalität des Triebs an, die wenigstens eine höchst seltne Ausnahme von der Regel ist, gleichwohl, wo sie stattfindet, hier ihre Befriedigung findet, denn der universelle Trieb interessiert sich nicht für das Einzelne und Spezielle, er befriedigt sich daher auf die ihm entsprechende, auf universelle Weise. Der Mensch hat in der Regel, wenigstens produktiven, aktiven, Sinn nur für eine Kunst und höchstens die damit verwandten Künste. Wenn auch einer mehrere oder gar alle Künste umfaßt, wenn er auch wie Michelangelo Dichter, Maler, Bildhauer, Baumeister ist, so wird er doch nur *eine* Kunstart oder doch Kunstgattung zur Hauptsache machen. Der Mensch ist vollkommen glücklich und zufrieden, wenn er nur in *einer* Art Vollkommnes leistet, nur *einem* Kunstsinn Genüge leistet. Kann er seine übrigen Kunstsinne nicht durch eigne, so kann er sie dann ja durch die Produktionen andrer befriedigen. Wozu ist es nötig, daß ich selbst musiziere, wenn mir andre den Genuß der Musik verschaffen? Deswegen leben ja eben die Menschen ein gemeinschaftliches Leben, daß sie sich auch in dieser geistigen Beziehung ergänzen, was der eine selbst nicht tun kann, der andre für ihn tut. Vieles verlangen wir sogar deswegen allein nicht zu wissen, weil wir es von andern gewußt wissen. Es ist aber nicht einmal wahr, daß über der Befriedigung eines Triebs, über der Ausbildung einer Anlage eine andere in dieser traurigen Welt zurückgedrängt wird und [es] daher einer künftigen, bessern Welt bedarf, um zur Freiheit und Entfaltung zu gelangen. Ein Maler, der poetischen Sinn hat, wird diesen auch innerhalb der Malerei befriedigen und betätigen, ein Handwerker, der Kunstsinn hat, diesen auch innerhalb des Handwerks äußern. Alle Tätigkeit, die nicht eine ganz vereinzelte, mechanische ist, erfordert den ganzen Menschen, erfordert alle Kräfte und gewährt ebendeswegen allseitige Befriedigung. Alle Kunst ist Poesie, aber ebenso könnte man auch in gewissem Sinne sagen: alle Kunst Musik, Plastik, Malerei. Auch der Poet ist Maler, wenn auch nicht mit der Hand, doch mit dem Kopf; auch der Tonkünstler Plastiker, nur daß er seine Gestalten in das flüssige Element der Luft versenkt, deren Eindrücke daher im Zuhörer nur in entsprechenden Bewegungen ihre körperliche Darstellung finden; auch der Maler Musiker, denn er stellt nicht nur die Eindrücke dar, die die sichtbaren Gegenstände auf sein Auge allein, sondern auch auf das Ohr machen; wir sehen nicht nur in seinen Landschaften, wir hören auch den Hirten blasen, die Quelle fließen, die Blätter zittern. Der Mensch büßt über der Ausbildung seines Talents zu dieser oder jener Kunst wohl die *technische* Fertigkeit zu einer andern ein, die mechanische Seite, die nur Sache der Übung ist, aber nicht die Anlage, nur das äußerliche Organ, aber nicht den Nerven, oder nur die peripherischen, aber nicht die Zentralnervenenden eines Talents. Es ist hier wie mit den Sinnen, aus deren teilweisem Mangel der psychologische Aberglaube auf ein *reines Nichtsein* derselben, folglich auf die Unabhängigkeit des Menschen von den Sinnen, auf das Dasein einer sinnlosen Seele geschlossen hat, ohne zu bedenken, daß der

Mensch den Mangel des fehlenden oder der fehlenden Sinne durch die andern Sinne soviel als möglich zu ersetzen sucht, also gerade dadurch die Unentbehrlichkeit oder Notwendigkeit des mangelnden Sinns beweist, daß er, wenn ihm auch das Organ, die *technische Fertigkeit* z. B. des Sehens abgeht, doch wenigstens die Anlage, das Talent gleichsam zum Sehen hat, daß, wenn auch die äußerliche Bedingung des Sehens nicht vorhanden ist, doch die Sehnervenursprünge da sind, also der Sinn, wenn auch sozusagen kein sichtbares, peripherisches, populäres, doch ein zentrales, esoterisches, eingewickeltes Dasein im Hirn hat und ebendeswegen der Mensch den Trieb zum Sehen hat und daher diesen Trieb durch die übrigen Sinne soviel als möglich zu befriedigen sucht.* So ist es also auch auf dem Gebiete der Kunst, nur mit diesem großen Unterschied, daß der Mangel eines Sinns immer ein wirklicher, beklagenswerter Mangel, ein Unglück ist, während der Mensch in der Ausbildung und Befriedigung *eines* Kunstsinns volle Befriedigung findet, also nicht die Befriedigung der andern Kunstsinne vermißt, weil er *in dem Maße,* in welchem er sie hat und ihre Befriedigung wünscht, sie auch schon innerhalb oder neben dieser einen Kunst findet, der er die übrigen subordiniert. Es ist nämlich immer, wenigstens in solchen Menschen, die sich irgendworin ausgezeichnet haben, *eine* Neigung, *ein* Trieb vorherrschend; die übrigen unterwerfen oder akkommodieren sich als untergeordnete Talente dem Genie dieses *einen* Triebes. So findet jeder Trieb, natürlich nur in normalen Lebensverhältnissen –, denn nur diese kommen ja hier in Betracht – seine Befriedigung, aber nur in dem Maße, als er sie verdient und begehrt. Michelangelo dichtete; er befriedigte also neben seinen andern Kunstsinnen auch seinen poetischen Sinn, aber betrachtete und betrieb seine Dichtkunst nur als Nebensache, eben weil der Trieb zur eigentlichen Poesie nur Neben-, nicht Haupttrieb war. Wie er, nach seinen eignen Worten, seine Frau in seiner Malerei, seine Kinder in seinen Werken, so hatte er auch

* Gebornen Blinden und Tauben fehlt es gewöhnlich an den äußern Gesichts- und Gehörwerkzeugen, und wenn auch an den Nerven, so erstreckt sich doch der Fehler nicht auf die Nervenanfänge.

seine Poesie nicht in der Schreibfeder, sondern im Griffel und Meißel. Jeder Trieb, der ein wirklicher, *nicht nur eingebildeter* ist – wie vieles bilden sich auch die Menschen in dieser Beziehung ein! –, macht sich schon in diesem Leben Platz, aber der eine Trieb ist nur der Trieb zu einem Grashalm, der andere der Trieb zu einer Palme; jener findet daher Platz, und zwar Platz in Überfluß, in dem engen Raum einer müßigen Nebenstunde, dieser aber nur in dem geräumigen Atelier der Arbeitszeit. Jeder Trieb befriedigt sich, aber das Maß seiner Stärke und Tiefe ist auch das Maß seiner Befriedigung. Wenn daher ein christlicher Rationalist einem Michelangelo auf Grund seiner hier nicht zur vollständigen Entfaltung gekommenen dichterischen Anlagen die Hoffnung auf ein poetisches Jenseits machte, so würde ihm dieser gewiß seine Gedichte als Bagatelle an den Kopf werfen und zu verstehen geben, daß er ihn mit der Unsterblichkeit verschonen möge, wenn er ihm auf Grund seiner Kunstwerke keine Unsterblichkeit verheißen könne. Ich verlange, würde er ihm sagen, die Unsterblichkeit auf Grund dessen, was ich im Schweiß meines Angesichts meinen Neidern und Feinden zum Trotz *geleistet habe*, nicht auf Grund dessen, was ich *vielleicht* hätte leisten können. In der Poesie hat schon Dante das Höchste geleistet; er hat mir die poetische Unsterblichkeit weggenommen; aber in der Malerei war noch kein Dante; dieser bin ich. Was ich aber *bin*, das will ich auch bleiben, das erschöpft mein Wesen, das ist allein die Bürgschaft meiner Unsterblichkeit. Ne sutor ultra crepidam [Schuster, bleib' bei deinem Leisten]. Merk dir diesen Spruch, phantastischer Christ, auch in Beziehung auf dein Jenseits. Der Mensch ist der Schuster und die Erde sein Leisten.

Wie mit dem Kunstsinn ist es mit dem Wissenstrieb. Abgesehen davon, daß es unzählige Menschen gibt, welche keinen Wissenstrieb haben, ob es gleich ihnen nicht an Gelegenheit und Mitteln zu dessen Erweckung gefehlt hat, welche die Befriedigung dieses Triebes sogar für eine bloße Eitelkeit ansehen, es für Torheit halten, sich um dem Menschen so ferne liegende Gegenstände, als z. B. Sterne, Moose, Infusorien sind, zu bekümmern, so findet auch dieser Trieb, wo keine Unglücksfälle dazwischenkommen, die aber hier nicht in Betracht kommen – denn die Notwendigkeit des Jenseits soll ja auch das normalste, glücklichste Menschenleben nicht aufheben –, seine volle Entwicklung. Und gerade je reeller und universeller dieser Trieb, desto mehr findet er hier Nahrung und Befriedigung. Insgemein hat jedoch der Mensch nur eine vorherrschende Neigung für ein bestimmtes Gebiet des Wissens. Und dieser bestimmte Wissenstrieb saugt gewöhnlich den ganzen Wissenstrieb des Menschen in sich auf, so daß der Mensch nur die Gegenstände seines Wissens für das einzige Wissenswürdige hält – daher die lächerliche Eitelkeit, Dünkelhaftigkeit und Borniertheit der gewöhnlichen Fachgelehrten. So hat der Philolog in seinem Glossarium, der Historiker in seiner Chronik, der Theolog in seiner Heiligen Schrift, der Jurist, wenigstens der Romanist, in seinem corpus juris den Inbegriff aller Wissenswürdigkeiten. Der Theolog, wenigstens der echte, unverdorbne, begreift nicht, wie man, statt in der Bibel, den Aristoteles oder sonst einen Profanskribenten studieren, der Jurist nicht, wie man, statt den Grillen des Rechts, den Grillen der Natur Gehör schenken, der Literaturhistoriker nicht, wie man an einem Dichter oder Denker, der noch nicht aus einem lebensfrischen sinnlichen Wesen ein Objekt der toten historischen Gelehrsamkeit geworden, auch nur den geringsten Geschmack finden kann. Der letzte Punkt in seinem Buch ist das punctum satis [Schluß, genug!] des menschlichen Geistes. So erstreckt sich der Wissens- und Wahrheitstrieb des Menschen nicht weiter als sein Egoismus. Jeder interessiert sich nur für das, was seinesgleichen ist. Jeder verlangt nicht mehr zu wissen, als er überhaupt ist und verlangt zu sein; er verlangt nur das Wissen, das ihm entspricht, ihn bejaht, ihm wohltut. Die Grenze seines Wesens ist die Grenze seines Wissenstriebes. Plato liebt die Wahrheit, liebt die Philosophie; aber er liebt nur platonische Wahrheit, platonische Philosophie. Sein ist mehr als Wissen, Sein ist der Grund des Wissens; aber jeder ist sich unbewußt so, wie er einmal ist, die Wahrheit; jeder will und liebt im Gegenstand, im andern sich selbst, denn er liebt das andre nur, wie es Ausdruck seines Wesens ist. Der Christ liebt die Tugend, aber er liebt nicht die heidnische, die sinnliche, mannskräftige Tugend; er liebt nur die *christliche*, die supranaturalistische, die phantastische, kurz, die Tugend, die sein liebes, wohlgetroffnes Ebenbild ist. Jeder verwirft als der Vernunft, der Wahrheit widersprechend, was seinem Wesen, seiner Individualität, seiner Selbstliebe widerspricht; der, allerdings große, Unterschied ist nur, daß die Individualität des einen eine *universelle*, die des andern eine *beschränkte* ist. Jeder läßt nur soviel Licht in seinen Kopf hinein, als mit seinem Selbstgefühl und dem Frieden seines Herzens verträglich ist. Die Vernunft ist immer beim Menschen die gehorsamste Dienerin des Herzens; was er *wünscht*, das stellt er sich *als seiend* vor und demonstriert er, wenn er einmal zu räsonieren anfängt, a priori aus der Vernunft als *notwendig*. Die Vernunftwahrheiten ändern sich nur, wenn sich die Wünsche, die Herzen, die Bedürfnisse der Menschen ändern. Das supranaturalistische, phantastische Herz hat supranaturalistische, das sinnliche, reelle Herz sinnliche Wahrheit. Daher anerkennen wir auch mit Freuden und ohne Bedenken die *Göttlichkeit* und *Wahrheit der Sinne*, wo sie uns etwas sagen, was uns schmeichelt, wohlgefällt, kurz, unsrer Selbstliebe entspricht, aber wo sie unsern Wünschen, kurz, unserm Egoismus widersprechen, verwerfen wir ebenso unbedenklich ihre Gültigkeit und Autorität. So anerkennen wir mit Freuden das Dasein eines Menschen, wenn er geboren wurde, wir rechnen seine Existenz erst von dem Moment an, wo er *Gegenstand der Sinne* wurde; es fällt uns nicht im Traume ein – wir müßten denn in den Platonismus verfallen, aus dem wir jedoch nun und nimmermehr ein liebes Manns- oder Weibsbild, sondern nur eine unsterbliche Seele herausbringen, die für alle gilt und doch keinem gehört –, den zeitlichen, sinnlichen Anfang dieses Menschen *nicht* als seinen wirklichen, wahren Anfang anzunehmen. Aber das Ende des Menschen mit dem Tode leugnen wir, und doch ist leider dieses Ende eine ebenso gemeine, einfältige, sonnenklare, sinnfällige Wahrheit als die Geburt des Menschen, hat es die nämlichen Beweise, die nämlichen Zeugen für sich als der Anfang. Hier entfalten sich vor unsern Sinnen die Wahrzeichen der menschlichen, dort verschwinden sie wieder vor unsern Sinnen. Aber ebendieselben Sinne, die wir bei der Geburt des Menschen als himmlische Wesen, als Götter, als Wahrsager preisen, verfluchen wir beim Tode als elende, destruktive Kommunisten und Lügner. So sind wir nur liberal, freisinnig, wahrheitliebend, wissensdürstig in indifferenten oder unserm Herzen, unserm Egoismus entsprechenden Dingen; wo aber unser Interesse mit ins Spiel kommt, da machen wir eine Ausnahme von der Regel, da finden wir in unsrer Vernunft eine Menge der schlagendsten Gegengründe, da unterbrechen wir gewaltsam die Kette, mit der eine Wahrheit mit andern unleugbaren Wahrheiten augenfällig zusammenhängt. Die bitterste, die schmerzlichste Wahrheit ist aber der Tod; wie sollten wir ihn also anerkennen? Doch wieder zurück. Der Wissenstrieb ist immer nur beschränkt auf die Gattung, das Gebiet des Wissens, das eben den Neigungen, Interessen, dem Selbst- und Lebenstrieb, kurz, der Individualität des Menschen entspricht. Was jenseits dieses Gebietes liegt, hat gar keine Existenz für ihn, ist also auch für ihn gar kein Gegenstand eines Triebes oder Wunsches. Wie lächerlich wäre es, wenn man einem Naturforscher, weil er über dem Studium der Natur das Studium der heiligen Theologie versäumte, die Notwendigkeit eines Jenseits vordemonstrieren wollte, um dort diese Lücke seines Wissens auszufüllen! Was der Mensch hier nicht treibt und weiß, davon will er auch im Jenseits nichts wissen. Wenn man daher ja auf Grund der Lücken des menschlichen Wissens ein Jenseits aufbauen wollte, so müßte man für jedes Fach des Wissens ein besonderes Jenseits etablieren; denn der Theolog verlangt vom Jenseits nur theologische Aufschlüsse, der Jurist nur juristische, etwa über den Fonkschen Prozeß oder sonst einen wichtigen Rechtsfall, über dem er sich hier vergeblich den Kopf zerbrochen hat, der Astronom nur astronomische, der Chemiker nur chemische. Auch hier, wie freilich überhaupt, bestätigt es sich wieder, daß der *Sinn* des Jenseits nur in das Diesseits fällt. Was der Mensch im Jenseits zu wissen verlangt, ist nicht etwas, was *an sich nicht* im Diesseits gewußt werden kann, sondern nur, was er *jetzt nicht weiß*. Er will nur die Grenzen, die Schwierigkeiten, die ihm auf seinem Gebiete aufgestoßen sind, beseitigt wissen. Der Mensch hat nichts weniger als einen supranaturalistischen Wissenstrieb, wie ihm das Christentum oder der Platonismus andichtet, keinen Trieb, der das Maß der menschlichen Natur, welches freilich kein mit dem Zirkel eines philosophischen Systems ausmeßbares, endliches ist, überschreitet; sein Wissenstrieb erstreckt sich nur auf *vom Menschen wißbare*, also menschliche Gegenstände, auf Gegenstände, die im *Laufe der Geschichte ihre Erledigung* finden; er empfindet nur *solche Mängel* und *Lücken seines Wissens* – und gerade die am schmerzlichsten –, welche das *Dasein* und die *Notwendigkeit* eines *irdischen*, aber *nicht himmlischen Jenseits beweisen*; denn er will nur *die* Schranken seines Wissens beseitigt wissen, welche die kommenden, sein Thema fortsetzenden Geschlechter *wirklich* beseitigen. So übersieht der törichte Christ über dem Himmel im Jenseits den *Himmel auf Erden*, den *Himmel der geschichtlichen Zukunft*, in der alle Zweifel, Dunkelheiten und Schwierigkeiten, die die kurzsichtige Gegenwart und Vergangenheit quälten, sich in Licht auflösten. „Oh, hättest du", ruft Galilei dem Kopernikus nach, „die neuen Ergänzungen und Bewährungen deines Systems erleben können, welche Wonne würdest du aus ihnen geschöpft haben!" So spricht der *wahre jenseitige* Mensch, der Mensch der Zukunft, zum Menschen der Vergangenheit. Was die Menschheit in der Jugend der Vergangenheit wünscht, das hat sie in Fülle im Alter der Zukunft. Kopernikus soll es noch auf seinem Sterbebette betrauert haben, daß er in seinem ganzen Leben den Merkur auch nicht ein einziges Mal gesehen hatte, so sehr er sich auch darum bemühte. Jetzt sehen ihn die Astronomen mit ihren trefflichen Teleskopen am hellen Mittag. So heilt die *Zukunft die Leiden des unbefriedigten Wissenstriebes* der Vergangenheit. Alle Fragen, die keine läppischen, törichten sind, dergleichen es freilich unzählige gibt, alle Fragen, deren Lösung Sinn, Wert und Bedeutung für die Menschheit hat, finden im Laufe der Geschichte ihre Lösung; freilich oft in einem ganz andern Sinne, als die Vergangenheit es wünschte und meinte. So sind eine Menge Fragen, die sonst für die höchsten Mysterien der Menschheit galten, deren Lösung unsere Vorfahren nur vom himmlischen Jenseits erwarteten, wie die Fragen von der wunderbaren Vereinigung der Gottheit mit der Menschheit in Christo, des Leibs mit der Seele im Menschen, der göttlichen Prädestination oder Vorsehung mit der menschlichen Freiheit, für uns, d. h. für diejenigen, welche nicht jetzt noch mit ihrem Geiste auf dem Standpunkt *der* Zeit stehen, wo diese Fragen die höchsten Interessen der Menschheit waren, welche die Fortschritte der Philosophie und Naturwissenschaft sich angeeignet haben, längst gelöst, d. h. *verschwunden,* weil die Vordersätze oder Gegenstände dieser Fragen sich als an sich, wenn auch nicht für ihre Zeit, willkürliche Abstraktionen oder Phantasmen erwiesen haben. Nur dann daher, wenn die Menschheit nicht sich veränderte und vervollkommnete, wenn sie stets auf demselben Punkte, stets auf den ersten unvollkommnen Anfängen der Künste und Wissenschaften stehenbliebe, *nur dann* wäre die Forderung eines übermenschlichen, überirdischen Jenseits gerechtfertigt. Freilich genügt dieses Jenseits nicht dem ungenügsamen Christen, der seine überschwenglichen supranaturalistischen Wünsche zu Gesetzen der Wirklichkeit, zu Schöpfern künftiger Welten macht. Der Christ will Gott sein; er erklärt ja ausdrücklich die Gottheit als sein Vor- und Urbild; er will unter andern Eigenschaften der Gottheit daher auch die der *Allwissenheit* haben; er selbst will alles wissen; daß andere Menschen wissen, was er nicht weiß, daß die Zukunft immer die unaufgelösten Probleme der Gegenwart löst, das kümmert ihn nicht. Diesem überschwenglichen, ungebührlichen Wunsche des Christen, allwissend, Gott überhaupt zu sein, dieser seiner eingebildeten Gottheit widerspricht nun aber die Wirklichkeit, die Menschheit. Er fordert, glaubt daher ein Jenseits, wo diese seine eingebildete Gottheit zur Wirklichkeit wird. So beweisen uns selbst noch die modernen Christen, daß die Mysterien des christlichen Glaubens nur in dem unglaublichsten, unbegrenztesten, übernatürlichsten Dünkel und Egoismus des Menschen, scilicet christlichen Menschen, ihren Grund haben. Sie beweisen uns zugleich, daß die Interessen der Kunst und Wissenschaft, auf die sie die Notwendigkeit eines überirdischen Jenseits gründen, nur ein, freilich unbewußter, *Vorwand* ihrer Selbstliebe sind. Denn wer wirklich sich für Kunst und Wissenschaft interessiert, der appelliert mit seinen Wünschen an die Nachwelt, der ist eben im Interesse der Kunst oder Wissenschaft vollkommen zufrieden, wenn nur überhaupt ein für jetzt unauflösliches Problem gelöst wird, sollte ihm auch nicht mehr das Glück zuteil werden, seine[1] Lösung selbst zu erleben. Wer sich einmal auf den Standpunkt von Kunst und Wissenschaft erhebt, ihre Interessen verficht, der muß auch für seine Person auf *Allwissenheit* und *Allmacht* verzichten, ja, er hat schon unbewußt im voraus darauf verzichtet; denn Künste und Wissenschaften gedeihen nur in der Zusammenwirkung der Menschen; sie sind nicht ein Privateigentum; sie sind ein Gemeingut der Menschheit; sie sind die Stätten, wo der verschriene Kommunismus bereits eine Wahrheit ist. Auch ist diese Resignation keine unnatürliche und schmerzhafte, denn der Mensch wendet sich ja mit vorherrschender Neigung einem bestimmten Gebiete der Künste oder Wissenschaften zu und ist daher vollkommen befriedigt, wenn er nur in einer Wissenschaft, einer Kunst etwas Tüchtiges weiß und leistet; er ist es um so mehr, als alle Künste und Wissenschaften miteinander zusammenhängen, jeder spezielle Teil daher gewissermaßen das Ganze abspiegelt, jedes spezielle Wissen daher, wenn auch nicht der Ausdehnung, doch der Kraft nach, universelles Wissen ist.

Der Rationalist verspricht übrigens als ein weltlicher Christ, welcher der Gottheit die Natur, dem Jenseits das Diesseits, dem Supranaturalismus den Naturalismus unterschiebt, dem Menschen nach dem Tode oder im Jenseits nicht, wie wir bereits sahen, eine mit einem Mal fertige, sondern sukzessive, keine ewige, sondern zeitliche, keine seiende, sondern werdende Gottheit. Er nähert sich immer mehr Gott an, d. h. eben, er wird immer mehr Gott, aber er kommt nie zum wirklichen Gottsein; es bleibt beim Werden. Der Rationalismus schwebt zwischen Himmel und Erde, zwischen Christentum und Menschentum; er verneint das Christentum, indem er es bekennt, bejaht. Der Mensch ist ihm zugleich ein himmlisches, supranaturalistisches, göttliches, phantastisches Wesen, denn er ist *Christ*, aber auch zugleich ein irdisches, menschliches, zeitliches Wesen, denn er ist *ebensoviel Nichtchrist als Christ*. Der sinnfällige, gegenständliche Ausdruck dieses Widerspruchs ist sein Jenseits, wo er *Gott* ist, aber auf *nicht göttliche, menschliche*, ewig, aber auf zeitliche, unendlich, aber auf endliche, vollkommen, aber auf unvollkommne Weise. Er

[1] *Im Original:* ihre

dichtet daher an dem Menschen eine unendliche, eine unerschöpfliche, eine nie zu befriedigende, nie zu realisierende Vervollkommnungsfähigkeit – eine Fähigkeit, die daher notwendig auch ein unendliches, ein nie ans Ziel kommendes, ein von Jahrtausenden zu Jahrtausenden, von Ewigkeit zu Ewigkeit fortgehendes Leben erfordert. Aber nirgends zeigt sich die Phantastik des Jenseitsglaubens und seine Unkenntnis der wirklichen Menschennatur mehr als eben gerade darin, daß er an *dieselben alten* Individuen die Fortschritte der Zukunft anknüpft. *Neue Tugenden, neue Einsichten, neue Geister entstehen nur*, weil *immer neue Körper, neue Menschen entstehen*. Fortschritte macht die Menschheit in dem Diesseits nur deswegen, weil an die Stelle der *alten, unverbesserlichen Stockgelehrten* und *Stockphilister* überhaupt *neue, frische, bessere* Wesen treten, denn die *Jugend ist immer besser als das Alter*, wie die Kronprinzen immer, solange sie wenigstens Kronprinzen, besser als ihre königlichen Väter, weil die Jungen die Fehler der Alten bemerken und daher das Gegenteil von ihnen tun und sind, bis sie selbst wieder in die Fehler des Alters fallen. Die Alten, gleichgültig, ob sie *leiblich* oder *geistig* auf dem Standpunkt des Alters stehen, sträuben sich immer aus allen Leibeskräften gegen neue Erkenntnisse, verwerfen sie als unpraktisch, unwahr, nichtig, eitel und ihre Verkünder, die Neuerer, wenn sie gleich im Vergleich zu den alten Sündern und Heuchlern *wahre Heroen*, ja, *Götter* sind, als *unsittliche, frivole, verderbliche* Menschen. So hat es die Menschheit zu allen Zeiten gemacht, wo Neues, Besseres ans Licht kam, so macht sie es ja in diesem Augenblick wieder. Das Alte ist immer das Gute, das Rechte, das Wahre, das Heilige, das Praktische, das Heilsame; das Neue das direkte Gegenteil. Mit *denselben Worten sogar*, mit welchen *heute* die alten protestantischen Philister, seien sie nun Alte an Geist oder Leib, alle *die*, welche jetzt neues, besseres Leben, Wissen und Wollen der Menschheit anstreben, lästern und verdammen, mit denselben Worten lästerten und verdammten einst die Katholiken die Lutheraner und Protestanten überhaupt, einst die Heiden die Christen. Der Mensch hat so wenig einen unbegrenzten Vervollkommnungstrieb, daß ihm vielmehr, wie der Materie überhaupt, ein ganz entgegengesetzter Trieb, der *Beharrlichkeitstrieb*, die vis inertiae, einwohnt, wie vor allen Dingen die *Religion* beweist, die nichts anderes ist als die beharrliche Festhaltung von Meinungen und Vorstellungen, die zu einer bestimmten Zeit das Maß des menschlichen Denkens und Wesens überhaupt erschöpften, das Höchste ausdrückten, was er sich denken und vorstellen konnte, aber als maßgebend, bindend und bestimmend für alle Zeiten, von Geschlecht zu Geschlecht „wie eine ewige Krankheit" sich fortgeerbt haben. Er hat sowenig einen unendlichen Wissens- oder Vervollkommnungstrieb überhaupt, daß er vielmehr die Grenzen des Wissens, das er zu einer bestimmten Zeit hat, sei's nun bewußt oder unbewußt, für die Grenzen der menschlichen Natur, also für *keine* Grenzen, sondern für die einzig möglichen, richtigen, wahren Bestimmungen, folglich das, was er jetzt denkt, weiß, glaubt und tut, für das Höchste hält, was der Mensch überhaupt denken, wissen, glauben und tun kann, daß er daher, statt einen Trieb zu fühlen, diese Schranken aufgehoben zu wissen, sie zu *Gesetzen* macht, sie *verewigt* und *vergöttert*. Jede Zeit preist darum ihre Dichter, ihre Künstler, ihre Philosophen, ihre Helden als *unsterblich*, wenn sie gleich in der nächsten Zeit schon vielleicht nicht mehr auch nur dem Namen nach existieren. Jede Zeit löst die selbst ihr unauflöslichen Probleme auf *ihre* Weise, auf *die* Weise, die für sie die wahre ist, denn jede andere Lösung, wenn sie gleich die richtige ist, hätte für sie keinen Sinn, weil sie nicht in den Zusammenhang ihrer übrigen Vorstellungsweise, nicht in ihr System paßte.* Jede Zeit hat so viel Wissenschaft und Wahrheit, als sie deren bedarf und verlangt. Was ihr nicht recht bekannt ist, das macht sie sich auf die ihr gemäße Weise bekannt, und was ihr völlig unbekannt ist, darnach hat sie begreiflicherweise kein Verlangen. Die Grenze des Wissens ist auch die Grenze des Wissenstriebes. Wer nicht weiß, daß der Mond größer ist, als er aussieht, verlangt auch nicht zu wissen, wie groß er ist. Wer nicht weiß, daß außer seinem Lande noch andere Länder sind, hat keinen

* Dies gilt auch von dem oben angeführten Beispiele. Die Vereinigung der Seele und des Leibes, der Gottheit und Menschheit erklärte man sich auf wunderbare Weise, d. h. eben auf die Weise, die auf diesem Standpunkt die einzig mögliche und richtige war.

Trieb zur Länderkunde. Der Trieb überschreitet nicht das Maß des Vermögens zur Befriedigung desselben. Der Trieb ist ja eine Kraftäußerung, folglich nicht stärker als die Kraft der Befriedigung. Ich bin nicht mehr getrieben zu tun, als ich zu tun im Vermögen habe, wenn anders mein Trieb nicht ein vorgespiegelter, eingebildeter, sondern ein wirklicher Trieb meiner Natur ist. Als der Grieche mit seinen Händen noch nicht den olympischen Zeus bilden konnte, da hatte er auch noch nicht in seinem Kopfe das Ideal des Phidias und in seinem Herzen nicht das Bedürfnis eines solchen Kunstwerks. Jede Zeit, jeder Mensch, der nicht das Unglück hat, durch einen gewaltsamen Tod in seiner Laufbahn unterbrochen zu werden, erreicht daher auch, wenn auch nicht in seiner Einbildung – denn zwischen Denken und Sein, Vorstellung und Wirklichkeit ist ein ewiger, untilgbarer Unterschied oder Widerspruch –, doch in Wahrheit sein Ideal; denn was ist das Ideal? Es ist mein wesentlicher Naturtrieb, mein wesentliches Vermögen als Gegenstand der Vorstellung, des Bewußtseins, folglich als Zweck meines Lebens, als Ziel meines bewußten Strebens. Wie die Kraft, so das Ideal. Wo die Menschheit keine andern Gedichte machen kann als Gottschedsche, da gilt ihr auch Gottsched für das Ideal eines Dichters. Die Theisten erblicken in solchen Erscheinungen wie diese[r], daß die Vorstellungen der Menschen nicht ihre Bedürfnisse überschreiten, Beweise einer besondern göttlichen Weisheit und Vorsehung, aber wie die Erscheinungen in der Natur, welche am meisten die Theisten als Beweise einer unendlichen Weisheit bewundern, wie z. B. die verschiednen Arten der tierischen Selbsterhaltung und Fortpflanzung, nur Beweise von der Unwissenheit, Beschränktheit und Bedingtheit der Natur sind, so ist auch jene geschichtliche Erscheinung nur ein Beweis von dem richtigen Takt der menschlichen Beschränktheit und Selbstliebe.

Woher kommt es denn aber, daß die Menschen auf der Beharrlichkeit und Ewigkeit ihrer wissenschaftlichen und religiösen Systeme, Begriffe, Vorstellungen, Meinungen und Einrichtungen mit solcher Hartnäckigkeit bestehen? Daher, daß, wie wir schon oben sahen, mit der, übrigens nur scheinbaren, Ausnahme solcher Menschen, die sich besonders durch ihren Kopf auszeichnen, in denen die Kopftätigkeit die alle andern Tätigkeiten überwiegende ist, daher der Glückseligkeitstrieb mit dem Wissenstrieb in eins zusammenfällt, der Wissenstrieb an dem Glückseligkeits-, Lebens-, Selbstbehauptungstrieb, oder wie man diesen Trieb nennen will, seine Grenze, sein Maß hat, der Wissenstrieb, der Geist, die Vernunft überhaupt nichts Selbständiges, nichts vom Menschen Unterschiednes ist. Ich, dieser Mensch, ist es ja, der denkt, weiß, glaubt. Was ich bin, das denke ich daher unwillkürlich als wahr; und wie ich überhaupt bin, so denke ich. Der Typus meiner Individualität ist auch der Typus meiner Vernunft. Mein Denken, Wissen, Erkennen ist eines mit mir. Wir stimmen in der Vernunft nicht mehr überein als im Menschen. Wir sind alle Menschen, aber jeder ist ein anderer Mensch. Alle unterschiedslosen Übereinstimmungen der Menschen in Glaubenssachen sind nur gewaltsam erzwungne oder erheuchelte. Wir können uns wohl die Gedanken anderer aneignen, die im besondern von den unsern abweichen; aber solche, die dem Wesen, der Gattung nach uns widersprechen, sind uns unassimilierbare Gifte. Daher sind wahre Freunde auch nur die, die auch in der Gattung wenigstens des theoretischen Denkens miteinander übereinstimmen; wo, versteht sich nicht in indifferenten oder partikulären Dingen, theoretische Differenzen obwalten, da werden sich bald auch noch ganz andere Differenzen herausstellen; denn die theoretische Differenz ist nur Ausdruck einer Differenz des Seins, des Charakters, der Persönlichkeit. Daher geht auch der Haß gegen das theoretische Wesen eines Menschen in persönlichen Haß, die Liebe, die Zuneigung zu den Lehren eines Menschen dagegen in persönliche Zuneigung über oder setzt sie schon voraus. Einem Theologen daher zumuten, er solle seine supranaturalistischen Vorstellungen für Träume erkennen, das heißt, in seinem Sinne, ihm zumuten, er soll aus einem Engel ein Teufel werden. Einem reinen Büchergelehrten, der nie von seinen Augen einen andern theoretischen Gebrauch gemacht hat, als daß er mit ihnen Bücher las – eine Tätigkeit, wobei das Sehen nur ein untergeordnetes und unwesentliches Mittel ist, denn das Geschriebne kann ich ja auch durch das Ohr vernehmen –, zumuten, er solle die Sinne als Lehrmeister und

Urheber der Wissenschaft anerkennen, ist ebensoviel, als wollte man einen Blinden zum Sehen auffordern. Einem Menschen überhaupt zumuten, er solle seine, natürlich wesentlichen, in seiner Denkart begründeten, Meinungen, Begriffe und Glaubensvorstellungen aufgeben, das heißt ihm zumuten, er soll sein Wesen, er soll sich selbst aufgeben. Und wer wird das tun? Nirgends zeigt sich daher die Arroganz und Dünkelhaftigkeit der gewöhnlichen Gelehrten mehr als in ihren Kritiken und Widerlegungen von Werken, die den alten, herkömmlichen, geheiligten Begriffen, Vorstellungen und Meinungen widersprechen. Sie bilden sich ein, sie könnten sich, auf einen Augenblick wenigstens, in den Standpunkt des Verfassers hineindenken, d. h., sie stehen in dieser, freilich auch noch anderer, Beziehung auf dem Standpunkt der Kamtschadalen und andrer rohen Völker, welche glauben, daß die Seele aus dem Leibe herausspazieren und in andere Leiber übergehen könne. Allein sowenig sich die Seele der Gans in den Leib des Adlers, sowenig kann sich eine befangne theologische Seele in das Wesen eines freien Menschen und Denkers hineinversetzen. Der Neuerer, die geistige Jugend versteht wohl das Alter, aber das *Alter versteht nicht die Jugend*, wie selbst im häuslichen Leben die Eltern tagtäglich zum Verderben ihrer Kinder, im politischen Leben die altklugen Regierungen zum Unheil ihrer jugendlich strebenden Völker beweisen. Die Regierungen unterdrücken mit Gewalt alle in ihrer Meinung den Menschen oder Völkern verderblichen Lehren. Aber es ist nichts törichter und roher, als den Menschen darüber zu bevormunden, was er glauben und denken soll; den Menschen da vertreten zu wollen, wo jeder sich selbst am besten vertritt, da ihn mit afterkluger, scheinbar väterlicher, in Wahrheit despotischer Besorgtheit zu beschützen, wo jeder an dem Instinkt seiner Selbstliebe seinen Schutzgeist hat. Wem der Glaube oder die Lehre, daß die Gottheit oder, was eins ist, die Unsterblichkeit des Menschen ein Traum ist, wirklich verderblich ist, der verwirft diese Lehre, auch ohne daß ihn die christliche Geistlichkeit oder Polizei unterstützt. Was dem Wohl des Menschen widerspricht, widerspricht seinem Wesen. Was aber meinem Wesen widerspricht, das stoße ich von mir ab. Allmächtig ist der Selbsterhaltungstrieb. Wohl kann eine neue Wahrheit oder Lehre anfänglich störende, verderbliche Wirkungen äußern, weil mit den alten Vorstellungen auch immer dem Menschen alle Grundlagen seiner Existenz zu schwinden scheinen, aber diese Wunden heilen von selbst mit der Zeit. Die erst bittere Wahrheit wird später zur trauten Herzensfreundin. Allerdings kann man auch Individuen und ganzen Völkern ihrem Wesen widersprechende Vorstellungen und Lehren aufdringen; aber wo das geschieht, da wird ihnen auch fremdes Wesen aufgedrungen, ihr eignes gewaltsam unterdrückt. Den Völkern, denen man das alle Menschen über einen Leisten schlagende Christentum aufgedrungen, hat man immer zugleich mit dem Joch des christlichen Glaubens auch den christlichen Despotismus oder doch den christlichen Branntwein aufgedrungen.

Es ist daher immer nur die *neue Generation*, die *Jugend*, welche eine *Besserungs- und Vervollkommnungsfähigkeit des Menschen beweist*, und zwar aus dem einfachen, ganz natürlichen Grunde, weil die Jugend noch offen, unbestimmt, ungebunden ist, also *kein persönliches, egoistisches Interesse* hat, sich gegen eine neue Wahrheit zu stemmen, wie die Alten, welche aus Selbstsucht, Eitelkeit, Vorurteil, Gewohnheitsliebe[1], Amtspflicht, Altklugheit geschworne Feinde aller gründlichen Neuerungen sind. Wenn wir darum in Gedanken von den wirklichen Menschen den Allgemeinbegriff des Menschen abziehen und die entgegengesetzten Eigenschaften, welche die Menschen in der Wirklichkeit zeigen, in diesen Allgemeinbegriff zusammenfassen, so bekommen wir den Satz: Der Mensch ist ebensowohl ein stabiles, allen Fortschritten feindliches, immobibles als ein progressives, neuerungslustiges, bewegliches Wesen. Allein die Vereinigung solcher sich widersprechender Eigenschaften wie der Stabilität oder Ewigkeit und Perfektibilität in einem und demselben Subjekt oder Wesen ist nur in der mirakulösen Dialektik des christlichen Rationalismus möglich und gültig. In der Wirklichkeit und der auf die Anschauung derselben gegründeten Vernunft löst sich dieser Widerspruch dadurch, daß diese *entgegengesetzten Eigenschaften* auch in *entgegengesetzte Wesen fallen* – die

[1] *Im Original, wohl Druckfehler:* Gewohnheit bliebe

Eigenschaft der Dieselbigkeit, Beharrlichkeit und Beständigkeit, sowohl im Diesseits als Jenseits, in die alten Menschen, die Unbeständigkeit, Besserungs- und Vervollkommnungsfähigkeit aber in die neuen, jungen Menschen. Die Perfektibilität des Menschen spricht daher so wenig für ein Jenseits, d. h. für eine Fortdauer, daß vielmehr nur der *Tod, der Untergang der alten verstockten Sünder und Philister die Bedingung des Fortschritts* [ist], nur auf das *Nichtmehrsein* der Alten, des semper idem [immer Gleichen] die Hoffnung eines bessern, neuern Seins sich gründet. Glauben, daß man immer dieselbe Person, dasselbe Wesen bleiben und doch unendliche, also wesentliche Fortschritte machen könne, ist purer Mirakelglaube. Der Mensch auf einer höhern, wesentlich vollkommneren Stufe ist notwendig auch ein *wesentlich andrer* Mensch als der auf einer niedern Stufe.

Wie töricht wäre es, wenn man einen Griechen aus dem Zeitalter der ersten rohen Hermen in das Zeitalter eines Phidias und Sophokles versetzte, um ihm aus christlicher Perfektibilitätsliebhaberei den Genuß der Anschauung vollkommner Kunstschönheit zu verschaffen! Der alte Grieche, auf diesen Standpunkt versetzt, würde entweder sich nicht mehr als sich selbst oder die Kunstwerke eines Phidias nicht als das, was sie sind, erkennen; denn er hätte keinen Sinn für sie. Sein Kunstsinn und Kunsttrieb ging nicht weiter als die Kunstwerke seiner Zeit; ihre Roheit war der befriedigende Ausdruck seiner eignen Roheit. Ich kann ihm nicht seinen unvollkommnen, rohen Kunstsinn nehmen, ohne ihm sein Wesen und Selbstbewußtsein zu nehmen. Der diesseitige, unkultivierte und der jenseitige, verfeinerte, vergeistigte, vervollkommnete Grieche sind, obwohl beide Griechen, doch so total andre Wesen, daß man diesen Widerspruch nur vermittelst verschiedner Zeiten und Generationen erklären, diese Gegensätze also nicht durch die Wundertätigkeit der christlichen Dialektik ineinander vermischen oder vereinen kann, ohne daß das Resultat *nichts*, d. h. ein phantastischer Unsinn, ist.

Denken wir uns, um ein andres, uns näherliegendes Beispiel zu geben, einen alten heidnischen Germanen und dagegen einen modernen christlichen Deutschen. Welch ein Abstand! Wer kann sich einbilden, daß derselbe Germane, der nur im Kriegsgeschrei und Waffengeklirre die Stimme der Gottheit vernimmt, an den süßen Flöten- oder „Glockentönen" eines königlich preußischen Dompfaffen sich delektieren könne, ohne mit dieser Geschmacksverfeinerung sein ganzes, selbst leibliches Wesen einzubüßen? Ich sage: selbst leibliches Wesen. Denn kann dieselbe Hand, die ein altdeutsches Schwert führte, ein musikalisches oder chirurgisches oder physikalisches Instrument oder gar die diplomatische, intrigante Feder eines christlich-germanischen Heuchlers und Denunzianten führen? Kann derselbe Magen den biedern altdeutschen Gerstensaft und den chinesischen Tee eines „gebildeten" christlich-germanischen Abendzirkels vertragen? Unmöglich; sowenig du aus Gerstensaft Tee machen kannst, sowenig kannst du einen alten Deutschen zu einem Neudeutschen promovieren, ohne daß du zu *verschiednen Zeiten* und *Personen* deine Zuflucht nimmst. Wenn daher im Jenseits sich der Mensch vervollkommnet, so ist diese Vervollkommnung entweder eine *wesentliche, radikale* oder eine *unwesentliche, oberflächliche.* Ist sie jenes, so hebt sie die Einheit meines Wesens und Selbstbewußtseins auf; ich werde ein ganz andres, von mir unterschiednes Wesen – so unterschieden, als es der künftige Mensch ist, der nach meinem Tode mein Thema fortsetzt und vollendet; ist sie aber das letztere, bleibe ich *derselbe,* so bleibt auch der *wesentliche, charakteristische Grad* meiner Stufe und Vollkommenheit *derselbe,* so erhalte ich höchstens nur quantitativen Zuwachs und Zusatz, aber dann ist eben auch das Jenseits selbst nur ein *müßiger*[1], *überflüssiger, nichtsnutziger Zusatz.*

Allerdings hat der Mensch, selbst der stabile, unter dem Vorwand ewiger Fortschritte auf seiner Ewigkeit und Beharrlichkeit bestehende Mensch, einen Vervollkommnungstrieb; aber dieser Trieb darf nicht vom Menschen abgezogen, verselbständigt und nun bis in die Unendlichkeit der theologischen Phantastik hinein gesteigert werden. Der Vervollkommnungstrieb des Menschen ist ein untergeordneter, ein, sit venia verbo [man verzeihe den Ausdruck], akzidentieller, nicht substantieller Trieb. Der Grundtrieb des Menschen ist der Selbsterhaltungs-, Selbstbehauptungstrieb, also der Trieb der Beharrlichkeit. Die Wünsche des Men-

[1] *Im Original, wohl Druckfehler:* mäßiger

schen, wenigstens die gegründeten, die nicht aus der Luft gegriffnen, erstrecken sich nicht über die Grenze dessen, was er seiner wesentlichen, charakteristischen Bestimmtheit nach ist. Die Wünsche des Bauern gehen nicht über den Bauernstand, die des Gelehrten als solchen nicht über den Gelehrtenstand, die des Philosophen als solchen nicht über die Philosophie hinaus. Diogenes will kein Alexander, Napoleon kein Rafael, Napoleon will nur immer mehr Napoleon, Diogenes immer mehr Diogenes, der Gelehrte immer mehr Gelehrter, der Bauer – versteht sich: der gerne, mit Neigung Bauer ist – kein großer Gelehrter oder Staatsmann, sondern nur ein großer Bauer werden. Der Eskimo sehnt sich selbst in London nach seinem Seehundfleisch; seine Wünsche übersteigen nicht die Grenzen seines Gebiets; er will nur sein und haben, was der Eskimo überhaupt haben und sein kann. So will der Mensch überhaupt nichts andres sein und haben, als er bereits ist und hat, aber in einem *höheren Grade*, vermehrt, gesteigert.* Der Vervollkommnungstrieb ist nur der Beharrlichkeits- und Selbsterhaltungstrieb im Komparativ und Superlativ; er ist ein quantitativer und ebendeswegen ein durch die Qualität, die Ortbestimmtheit meines Wesens beschränkter Trieb. Die Bestimmtheit, das Maß meiner Fähigkeiten, Anlagen und Talente ist auch das Maß, die Bestimmtheit und Grenze meiner Vervollkommnungsfähigkeit. Ich bleibe daher meinem wesentlichen Charakter nach immer auf demselben Punkte stehen; denn ich kann mich nur soweit

* Wie stimmt aber dieser Satz mit den Wünschen unsrer Proletarier, die nichts sind und haben? Ei, die Proletarier haben bereits sehr viel, denn sie haben menschliches Selbstgefühl, menschlichen Bildungstrieb, menschliche Arbeitslust. Sie wollen nicht, wie man ihnen böswilligerweise aufbürdet, vornehme Tagediebe, Müßiggänger und Schlemmer werden; sie wollen sich nicht im Burgunder und Champagner besaufen und an Austern und Gänseleberpasteten krank essen; sie wollen nur den Spottpreis der Arbeit steigern, den wahren Wert der Arbeit, folglich den Arbeiter als das, als was er sich bereits fühlt und weiß, nicht als Mittel, sondern als Selbstzweck, als selbstberechtigtes Wesen anerkannt wissen und geltend machen.

vervollkommnen, als ich mich überhaupt im Laufe der Zeit verändern kann, ohne aufzuhören, derselbe zu sein. In den ersten Anfängen der Kulturgeschichte eines Individuums ist darum schon der Charakter angedeutet, den es auf dem Höhenpunkt seiner Entwicklung darstellt; denn wie es eine Blütenzeit des Leibes, d. h. des Blutlebens, der plastischen, vegetativen Tätigkeit, gibt, so gibt es auch eine Blütezeit des Geistes, d. h. des Nerven-, insbesondere Hirnlebens. Und wir sind nur solange in der Vervollkommnung begriffen, solange wir nicht diesen Höhepunkt, diese Blütenzeit erreicht, d. h. für unser Talent, unser Wesen noch nicht den klassischen, den entsprechenden Ausdruck gefunden haben. Wir machen zwar immerfort Fortschritte; wir machen sie so lange, als sich ein Tag an den andern reiht, aber es sind nur quantitative. Wir bilden uns zwar ein, sooft wir ein neues Werk schaffen, etwas wesentlich Neues zu bringen; aber sowie das Werk nur einige Zeit fertig vor uns dasteht, so erwachen wir aus dieser Täuschung und erkennen die Verwandtschaft, die Wesenseinheit desselben mit den vorangegangnen. Wie die Naturforscher eine Freude daran haben, die geringsten Unterschiede zu neuen Arten und Gattungen zu machen, um mit dem Namen einer neuen Pflanze, eines neuen Tiers oder Steins sich selbst einen Namen zu machen, so lieben wir alle es, die quantitative[n] Zuschüsse, die wir eigentlich nur der Güte der Zeit verdanken, auf Rechnung unsrer Virtuosität zu setzen und die sich im Laufe des Lebens bildenden Varietäten unseres Wesens als neue Arten und Gattungen aufzustellen. Allein die Art, Gattung, Form, der Typus, der Charakter (oder wie man es sonst nennen will) unsres sowohl moralischen als intellektuellen Wesens ändert sich nicht. Aus einem schlechten Dichter wird ebensowenig ein guter, vollkommner Dichter, aus einem verschrobnen, abergläubischen Kopf ebensowenig ein richtig und hell denkender Kopf, aus einem tückischen, neidischen, kriechenden Charakter ebensowenig ein nobler Charakter, als aus einem Nachtschatten eine Lilie, aus einem Esel ein Roß wird. Alle Fortschritte, die ich mache, bleiben sich ja der Art, dem Wesen nach immer gleich, denn sie tragen ja immer meine Farbe so gut, als die Fortschritte der Gans, soviel sie auch deren macht, immer Gänseschritte, die Jahrringe der

Eiche, so viele sie auch in ihrem rastlosen Ausdehnungstrieb ansetzt, immer Eichenholz sind und bleiben. Die moralischen Wunderkuren des Christentums gehören ebenso wie seine Totenerweckungen und physischen Wunderkuren ins Reich der Fabeln oder, wenn ihnen ja hie und da etwas Geschichtliches zugrunde liegt, in das Gebiet der, sei es nun absichtlichen oder unwillkürlichen, Entstellungen, Übertreibungen und Renommistereien, die sich jede Religion zur Betörung des gläubigen Pöbels erlaubt. Allerdings wirkt alles Neue anfänglich erschütternd, umwälzend; aber bald stellen sich wieder, höchstens nur in anderer Weise, die alten Eigenschaften, Neigungen und Fehler ein, gleichwie die Heiden, wenn sie zu dem christlichen Gott bekehrt werden, in allen entscheidenden Fällen immer wieder zu den alten Göttern zurückkehren, die Bastarde immer wieder nach einigen Generationen in die Urformen zurückschlagen. So kehrt denn auch der Christ trotz dem Eide der Treue, den er in der Taufe dem neuen Adam schwört, immer wieder zum alten Adam zurück. Alte Liebe rostet nicht, heißt es auch hier. Allerdings gibt es auch wirklich Revolutionen und Umwandlungen des Menschen; aber sie sind nichts weniger als Mirakel. Die Umkehrung des Paulus wiederholt sich noch täglich. Ich heirate nie, ich liebe die Freiheit, ich hasse die Weiber oder Männer, sagt die oder der, aber siehe, Monsieur oder Mademoiselle darf nur den rechten Gegenstand finden, und das Gelübde der ewigen Keuschheit und Freiheit ist gebrochen. Ich hasse die Philosophie, die Zerstörerin des Glaubens, sagt dieser; aber siehe, er braucht nur an das rechte Buch oder den rechten Mann zu kommen, und er wird aus einem leidenschaftlichen Feind ein ebenso leidenschaftlicher Freund der Philosophie. So kommt jeder Mensch mehr oder weniger in seinem Leben an den Punkt, wo er den Eid ewiger Treue, den er irgendeinem Götzen geschworen, bricht, weil er ihn als einen unbewußten falschen Eid erkennt. Aber mit dieser Umwälzung ist der Mensch nicht ein anderer, ist er vielmehr jetzt erst er selbst geworden, ist er nur aus einem Traum zum Bewußtsein seines Talents, Berufs und Wesens erwacht. Aber dieser Akt des Selbstbewußtwerdens ist nun auch der wichtigste, der für alle Zukunft entscheidende, der das Leben quantitativ abschließende Akt, so viele mich selbst überraschende Stufen und Phasen[1] ich auch noch innerhalb der Gattung, der Sphäre, die ich als mein Element erkenne, durchmachen mag.

Unsere Vervollkommnung besteht in nichts anderm als in der Entwicklung und die Entwicklung in nichts anderm als in der Verdeutlichung und Verklärung dessen, *was wir sind*. Der *Sinn* unseres Wesens bleibt immer derselbe; es ändern sich nur die Worte; wir sagen immer dasselbe, wir sagen es nur immer deutlicher; alle unsere Fortschritte, alle Werke, alle Worte, in denen wir uns aussprechen, sind nur Synonyme. Unser Wesen tritt immer, solange wir wenigstens im Wachstum begriffen sind, entschiedner, klarer, bestimmter hervor; wir reinigen es, durch die Erfahrung gewitzigt, von seinen Fehlern und Auswüchsen, wir werden *kritisch*, verlieren aber leider nur zu oft mit den Fehlern auch die Tugenden unsrer Jugend. Der Vervollkommnungstrieb ist daher allerdings auch zugleich ein kritischer Trieb, aber ebendeswegen kein produktiver, kein Trieb, mit dem wir das Christkindchen des himmlischen Jenseits zeugen könnten; denn diese Kritik erstreckt sich nur auf unsre plumpen, augenfälligen und ebendeswegen störenden Fehler, denn jeder fühlbare Fehler ist eine Inkommodität, eine Beschränkung unsres Selbstgefühls, widerspricht also unsrer Selbstliebe, unserm Glückseligkeitstrieb, erstreckt sich also, wenigstens gesetzmäßig, alle supranaturalistischen, phantastischen Gefühle und Vorstellungen beiseite gesetzt, nur auf die Fehler, die wir beseitigen oder doch beschränken können und auch wirklich schon in diesem Leben beseitigen oder doch beschränken, wenn wir anders genug Willen und Verstand besitzen, um die von der Natur uns zu Gebote stehenden Mittel dagegen anzuwenden; aber nicht auf *die* Fehler, wenn sie anders Fehler sind, die wir nicht fühlen, die mit unserm Wesen eins sind und daher nicht von uns abgezogen werden können, ohne daß mit ihnen zugleich unser Wesen aufgehoben wird. Kurz, wie alle Geheimnisse der Theologie, so findet auch der Vervollkommnungstrieb seinen Sinn und seine Auflösung nur in der Anthropologie; wir bringen aus diesem Trieb keinen Gott, kein himmlisches, supranaturalistisches Wesen –

[1] *Im Original Druckfehler:* Phrasen

außer da, wo er selbst zu einem supranaturalistischen, d. i. phantastischen, Trieb gemacht wird –, wir bringen immer und immer wieder nichts weiter als den Menschen heraus, denn er greift, ist er gleich Kritiker, wie gesagt, nicht den Fond [s], das Kapital des Menschen an, dieses bleibt vielmehr unverändert; es soll nur immer mehr Zinsen bringen. Kurz, der Vervollkommnungstrieb ist kein Schöpfer aus nichts, sondern nur ein Baumeister, der die vorhandne Materie nur formt und ausbildet.

Der Mensch hat mit der ersten entscheidenden Schrift, sei sie auch noch so fehlerhaft und unvollkommen, dem Wesen nach alle seine spätern, noch so vollkommnen Schriften geschrieben. Ein scharfsichtiger Geist entdeckt in ihr alle die Eigenschaften, die in den spätern nur klarer und herrlicher ins Licht treten und daher hier erst den Augen der Stumpfsinnigen auffallen. Die erste Schrift ist ein kühner Grundsatz, dem alle spätern Schriften nur als Folgesätze und Beweise nachfolgen. Glücklich ist der, dem es vergönnt ist, die Konsequenzen seiner Grundsätze selbst auszuspinnen. Aber es ist nicht notwendig. Nein, die gehalt- und geistreichsten Schriften sind gerade die, welche zwar den Stoff zu unerschöpflichen Konsequenzen enthalten, aber sie nicht selbst aussprechen. Solch ein Buch ist auch das Leben. Es ist nicht notwendig, daß wir alle Konsequenzen unsrer Talente entwickeln; es genügt, es ist der Zweck desselben erreicht, wenn wir nur die hauptsächlichsten Grund- und Vordersätze ausgesprochen haben.* Welch ein eitles, überflüssiges und nichtswürdiges Ding ist daher das Jenseits, wo der gehaltvolle und in sich vollendete Aphoris-

* Allerdings sterben die wenigsten Menschen auf dem Punkt, wo sich keine Fortsetzung mehr denken läßt, wo ihr Wesen sozusagen bis auf den letzten Tropfen erschöpft ist. Die meisten hätten immer noch etwas tun können, wenn sie länger gelebt hätten. Aber in diesem Sinne erschöpfen sich auch die wenigsten Tiere, die wenigsten Pflanzen. Die meisten hätten ihr Wesen noch länger forttreiben können, wenn nicht irgendeine besondere Ursache des Todes die Fortsetzung verhindert hätte. Merkwürdig, obwohl sehr begreiflich ist es, daß die Tiere unter dem Schutze der menschlichen Vorsehung ein weit höheres Alter erreichen als im Freien unter dem Schutze der göttlichen Vorsehung, d. h. der Natur – ein höchst populärer Beweis, daß in der Natur

mus unsers Lebens in dem Brei einer christlichen Predigt oder Demonstration von der Unsterblichkeit der Seele bis in alle Ewigkeit hin in seine doch schon hier zwar kurz und unpopulär, aber ebendeswegen geistvoll ausgesprochnen Konsequenzen ausgetreten werden soll!

Über meine „Gedanken über Tod und Unsterblichkeit"

Der Hauptvorwurf, den man den „Gedanken über Tod und Unsterblichkeit" [GW 1, S. 175ff.] gemacht, reduziert sich darauf, daß sie absolut negativ wären, die Persönlichkeit, die Individualität vernichteten. Dieser Vorwurf ist aber nur ein von der Oberfläche abgeschöpfter. Wenn ich einem Menschen beweise, daß er das nicht in Wirklichkeit ist, was er in seiner Einbildung ist, so bin ich allerdings negativ gegen ihn, ich tue ihm wehe, ich enttäusche ihn; aber ich bin nur negativ gegen sein *eingebildetes*, nicht gegen sein wirkliches Wesen; was er außerdem ist, anerkenne ich mit Freuden; ja, ich nehme ihm nur seine Einbildung, damit er sich erkenne und sein Denken und Wollen auf einen seinem wirklichen Wesen entsprechenden, seine Kräfte nicht übersteigenden Gegenstand richte. „Ich kenne", erzählt Castiglione in seinem „Cortegiano", „einen ausgezeichneten Musiker, welcher die Musik aufgegeben und sich gänzlich aufs Versmachen verlegt hat und sich für den größten Dichter hält, obgleich er bei jedermann sich mit seinen Gedichten nur lächerlich macht. Ein anderer, einer der ersten Maler von der Welt, verachtet diese Kunst, worin er Meister ist, und hat sich dafür auf das Studium der Philosophie gelegt, in welcher er aber nur die tollsten Einfälle und Chimären ausbrütet. Wenn ich nun diesem Maler die Eigenschaft eines Philosophen, jenem Musiker die Eigenschaft eines Dichters abspreche, bin ich negativ, grausam gegen sie? Bin ich nicht vielmehr ihr Wohltäter, ihr Heiland, selbst wenn ich mit den Waffen des bittersten Spottes ihre Narrheit bekämpfe,

nichts anderes waltet als die Natur, da, wo die menschliche Vorsehung, die menschliche Vernunft aufhört, überhaupt die Vernunft und Vorsehung, wenigstens in unsrer Natur, d. h. auf der Erde, aufhört.

um sie zur Vernunft und Anwendung ihrer wahren Talente zurückzuführen?“ Seht, geradeso ist es mit der Unsterblichkeit, nur mit dem Unterschied, daß, was außer der Religion für eine Offenbarung der menschlichen Torheit und Verrücktheit gilt, in der Religion – die Unsterblichkeit ist ja aber eine Sache derselben – für Offenbarung göttlicher Wahrheit und Weisheit gilt. Der Verfasser spricht dem Individuum nur das *eingebildete Talent* zum unsterblichen Leben ab, damit es sein wirkliches Talent, das Talent zu diesem Leben, geltend mache, nicht einer Einbildung aufopfere; denn überall, wo der Glaube an ein Jenseits Tat und Wahrheit wird, wo die Lebensklugheit sich nicht ins Mittel zwischen den Glauben und seine Konsequenzen schlägt, entzieht er dem Menschen die Fähigkeiten und Mittel zu diesem Leben, wie wir dies auf eine höchst sinnfällige Weise bei den Völkern sehen, welche dem religiösen Wahne einer Existenz nach dem Tode Gut und Blut aufopfern, dem Verstorbenen nicht nur sein Mobiliarvermögen, sondern auch seine Frauen, seine Diener mit ins Jenseits, d. h. ins Grab, mitgeben. Bei den Christen ist es ebenso, nur daß diese nicht den Leib, sondern die Seele, die Vernunft, die Tatkraft an das Jenseits verschwenden. Der Verfasser negiert also nur die eingebildete, supranaturalistisch aufgeblasene Persönlichkeit, um die wirkliche, lebendige Persönlichkeit um so energischer bejahen zu können; verwirft die Ansprüche auf den Himmel nur, um die Ansprüche auf die Erde zu steigern, den Wert des irdischen Lebens und Menschen zu erhöhen. Er will, daß die Menschen nicht mehr auf Tauben warten, die ihnen gebraten vom oder im Himmel in den Mund fliegen, sondern selbst sich Tauben fangen und braten, wiewohl er sich deswegen nicht etwa mit der Hoffnung schmeichelt, daß sie den christlichen Himmel je auf der Erde bekommen werden und können, denn dieser bleibt ewig nur im Himmel der Phantasie. Er will nur, daß sie über den himmlischen Tauben nicht die irdischen aus den Augen und Händen verlieren und eine mäßige, aber wirkliche Glückseligkeit einer maßlosen, aber eingebildeten Seligkeit vorziehen.

Aber beraubt denn nicht der Glaube oder die Lehre, daß es kein anderes Leben als dieses gibt, den Menschen seiner edelsten Kraft, der Kraft, sein Leben aufzuopfern? Wer wird dieses Leben hingeben, wenn es den Wert des einzigen Lebens, folglich den Wert eines unersetzbaren Gutes, bekommt? Allerdings werden sich die sterblichen Menschen nicht mehr zu den luxuriösen, phantastischen Opfern der unsterblichen Christen verstehen; sie werden sich nicht mehr zum Besten der Kirche von christlichen Tetzeln das Geld gutwillig aus der Tasche stehlen lassen; sie werden sich nicht mehr zu willenlosen Werkzeugen des geistlichen oder politischen Despotismus gebrauchen lassen, nicht mehr für religiöse Grillen oder fürstliche Launen ihr kostbares Leben verschwenden. Aber sie werden sich zu den Opfern verstehen, die *notwendig* sind, und nur diese sind die *wahren* Opfer, *die* Opfer, die Sinn und Vernunft haben. Wer ohne Not und Drang ein Opfer bringt, ist ein Narr oder Heuchler. Opfer sind poetische Handlungen, Handlungen der Begeisterung; aber in Begeisterung kann man sich nicht willkürlich versetzen; Opfer ex officio [von Amts wegen], Opfer auf Kommando, sei es nun eines Herrn oder kategorischen Imperativs, sind so schlecht als Gedichte auf Kommando. Wahre Gedichte entspringen nur aus innerer, einem äußern Vorfall oder Gegenstand entsprechender Notwendigkeit. Der wahre Dichter kann ebensowenig immer dichten, der wahre geistige Produzent überhaupt ebensowenig immer produzieren, als der Baum immer Blüten und Früchte tragen kann. Die Poesie a priori, die Poesie, die nichts voraussetzt, keinen Eindruck von außen, keine Not, keine Leiden, taugt ebensowenig etwas als die Philosophie a priori. Aber dasselbe gilt von der Moral. Die vom Menschen abgesonderte, für sich selbst gedachte Moral, der nichts voraussetzende Wille, der unabhängige kategorische Imperativ hat ebensoviel oder -sowenig Realität als die nichts voraussetzende Logik. Wahre Opfer sind, wie gesagt, nur Handlungen der Begeisterung, des Affekts, Handlungen, die du tun mußt, die ein Ausdruck deines ganzen, unwillkürlichen Wesens sind; aber zu solchen Handlungen, die allein auch den Namen von Handlungen verdienen, ist in dem alltäglichen, philiströsen Gewohnheitsschlendrian gar keine Gelegenheit; sie geschehen nur in kritischen Fällen, in außerordentlichen Momenten, in solchen, wo der Mensch alles verliert, wenn er nicht alles wagt, wo das Teuerste,

Höchste auf dem Spiele steht, wo also ihre Unterlassung eine moralische Selbstvernichtung ist. Solange es also noch eine Notwendigkeit zu Opfern gibt, solange wird es auch noch, und zwar ganz unabhängig von den christlichen Glaubensartikeln und den Geboten des kategorischen Imperativs, Opfer geben, gleichwie, solange Poesie sein wird, als Ursache, Stoff zur Poesie vorhanden ist. Aber freilich die Opfer der christlichen Galanterie werden zugleich mit dem Verdienstorden *der Unsterblichkeit* verschwinden.

Ich bemerke, daß ich unter Opfern hier nur die tätigen, heroischen Opfer verstand; denn was die leidenden Opfer betrifft, d. h. die Übel, welche der Mensch um seiner Überzeugung willen erträgt, so haben wir ja schon in unsrer Gegenwart die zahlreichsten und schlagendsten Beweise, daß der Unglaube an Gott und Unsterblichkeit oder der Glaube an das Gegenteil – die Worte „Religion" und „Glauben" haben so widersprechende Bedeutungen, daß auch die Ungläubigen sich Religion und Glauben vindizieren, so Glauben in der Bedeutung subjektiver Gewißheit, tatkräftiger Überzeugung –, daß, sage ich, der Glaube an keine Unsterblichkeit dem Menschen nicht die Kraft nimmt, auf die Glücksgüter zu verzichten. Wir sehen ja, wie die Ungläubigen überall Zurücksetzung, Beschimpfung, Verfolgung, Beraubung aller Art um ihres Unglaubens willen erdulden. So hat sich das Blatt gewendet! Während sonst die Menschen des *ewigen Lebens* wegen an Gott glaubten, so glauben sie jetzt des *zeitlichen Lebens* wegen an ihn; während sonst mit dem Gottes- und Unsterblichkeitsglauben – es ist ja im Grunde *ein* Glaube – der Verlust, ist jetzt der Gewinn und Genuß der Glücksgüter mit ihm verbunden; während sonst der Atheismus nur eine Sache der Höfe, des Luxus und Witzes, der Eitelkeit, Üppigkeit, Oberflächlichkeit und Frivolität war, ist jetzt der Atheismus die Sache der Arbeiter, der geistigen sowohl als der leiblichen, ebendamit eine Sache des Ernstes, der Gründlichkeit, der Notwendigkeit, der schlichten Wahrhaftigkeit und Menschlichkeit geworden; kurz, während sonst die Christen die Armen, die Verfolgten, die Leidenden waren, sind es jetzt die Nichtchristen. Welch sonderbarer Wechsel! Die namentlichen oder theoretischen Christen und Gottesgläubigen überhaupt sind die praktischen, faktischen Heiden, und die namentlichen, theoretischen Heiden sind die praktischen, die wirklichen Christen. Doch freut euch, ihr Leidenden, der politische Triumph des Christentums ist sein moralischer Untergang. Die jetzt in ihrer und anderer Meinung die Freunde und Beschützer des Christentums sind, wird man einst als seine *wahren* Feinde, und die jetzt für die Feinde des Christentums gelten, einst als seine wahren Freunde erkennen.* Falsche Freunde, wißt ihr ja, sind Schmeichler, sie loben selbst die Fehler des Freundes, machen aus ihm einen Gott, während die wahren Freunde den Freund nur als Menschen lieben, seine Tugenden loben, aber seine Fehler verwerfen.

Ich habe behauptet, die wahren Opfer sind nur die, welche aus äußerer und innerer Notwendigkeit entspringen, welche also eigentlich keine Opfer, keine verdienstlichen Handlungen sind. Eine Behauptung, die für christliche Moralisten eine sinnlose ist, denn in ihrem Sinne ist die Tugend und ein christlicher Zivil- oder Militärverdienstorden ein identischer Begriff. Aber ich frage: Sind Essen und Trinken, Schlafen und Wachen, Zeugen und Säugen, Waschen und Bügeln, Ackern und Rajolen, Malen und Zeichnen, Schießen und Jagen, Lesen und Schreiben, kurz, alle die zahllosen natürlichen und bürgerlichen Verrichtungen und Handlungen der Menschen moralische oder unmoralische? Und jeder vernünftige Mensch wird darauf antworten: Sie sind weder das eine noch das andere. Wann entsteht also erst der Begriff der Moralität oder vielmehr Unmoralität – denn jene setzt diese voraus, das Gesetz die Gesetzlosigkeit oder vielmehr Naturwidrigkeit –? Erst dann, wenn ich über einer an sich nicht unmoralischen Handlung eine andere, an sich ebensowenig moralische Verrichtung zurücksetze. Diese Frau liebt Gesellschaft, Unter-

* Wer das primitive Christentum wiederherstellt, stellt mit ihm auch die Prinzipien von allen den Konsequenzen wieder her, die er gerade durch diese Wiederherstellung beseitigen will. Das, was einst das Christentum war und wollte, will und ist jetzt das Menschentum. Nur *die* Wiederherstellung, die zugleich ein neues Prinzip aufstellt, ist die wahre; jede andere ist eine geistlose Repetition.

haltung; diese Liebe ist nicht unmoralisch; aber sie vernachlässigt über dem Besuch der Gesellschaften die Sorge für ihre Kinder; deswegen nennt sie die moralische, d. h. böse, Welt eine schlechte Mutter, obgleich die Kindersorge und Pflege an sich keine moralische Handlung ist, denn sie ist eine Folge der natürlichen Liebe der Mutter zu ihren Kindern. Was daher für diese Frau ein Opfer, eine Tugend ist, wenn sie ihre Kinder pflegt, weil sie ihre Neigung zu Gesellschaften bekämpft, das ist für eine andere Frau, die nicht diese oder andere, mit ihrer Mutterliebe in Kollision kommende Neigungen hat, die nirgends lieber als zu Hause bei ihren Kindern ist, kein Opfer, keine Tugend. Die Pflicht ist daher nichts weniger als ein deus ex machina, ein aus dem Himmel, aus einer andern Welt auf die Erde herabgekommnes Meteor; sie gehört zu keiner andern *Gattung* von Wesen als die menschlichen Triebe und Neigungen; sie ist Fleisch von meinem Fleisch und Bein von meinem Gebein; sie ist nichts andres als ein menschlicher Trieb, der gegen die Herrschsucht eines andern Triebes sein Recht geltend macht; sie ist als böses Gewissen nur der zürnende Schatten oder Geist eines Triebes, den ein anderer, stärkerer Trieb gewaltsam ums Leben gebracht hat oder bringen will. Wozu der Mensch keinen Trieb hat, dazu hat er auch keine Pflicht; oder: Es kann dem Menschen nichts zur Pflicht gemacht werden, was nicht wenigstens irgendein Mensch nicht aus Pflicht, sondern aus reiner Neigung oder Natur tut. Es ist daher ganz falsch, wenn ich die Pflicht für sich selbst zum Gegenstande mache und als ein eignes genus oder Wesen den Trieben entgegensetze. „Wenn die Natur", sagt Kant, „diesem oder jenem wenig Sympathie ins Herz gelegt hätte, wenn er (übrigens ein ehrlicher Mann) von Temperament kalt und gleichgültig gegen die Leiden anderer wäre, vielleicht, weil er selbst, gegen seine eigenen mit der besondern Gabe der Geduld und aushaltender Stärke versehen, dergleichen bei jedem andern auch voraussetzt oder gar fordert, wenn die Natur einen solchen Mann (welcher wahrlich nicht ihr schlechtestes Produkt sein würde) nicht eigentlich zum Menschenfreund gebildet hätte, würde er denn nicht noch in sich einen Quell finden, sich selbst einen weit höhern Wert zu geben, als der eines gutartigen Temperaments sein mag? Allerdings! Gerade da hebt der Wert des Charakters an, der moralisch und ohne alle Vergleichung der höchste ist, nämlich daß er wohltue *nicht aus Neigung, sondern aus Pflicht.*" Allerdings soll ich nicht bloß aus Neigung, Temperament, Gefühl wohltun, sondern zugleich aus Pflicht, aus Grundsatz, aber was ist denn die pflichtmäßige Wohltätigkeit anders als der zum Gegenstand meines Bewußtseins und Wollens erhobne Wohltätigkeitstrieb? * Die Pflicht ist nicht a priori in mir, sie ist erst vom Triebe, vom Gefühle abstrahiert. Die Pflicht ist eine Erscheinung, eine Folge, eine Wirkung der menschlichen Natur, die erst später im Verlauf der (scilicet bisherigen) Kultur, wo der Mensch den Ursprung aller Dinge vergißt, zum Grunde, zur Ursache erhoben wird. Wozu sich der Mensch getrieben sah und fühlte, was er als Notwendigkeit seiner Natur erkannte, das hat er zum Gesetz, zur Pflicht auch für andere erhoben. Wenn ich daher ohne alle Neigung, bloß aus Pflicht handle, so handle ich eigentlich als Affe, zwar nicht als unmittelbarer, doch als mittelbarer Affe; denn wozu ich keine Neigung, wovon ich also keine Empfindung aus mir selbst habe, das ist mir auch nur auf dem Wege der Tradition zugekommen – wie denn wirklich die Tugenden der meisten Menschen nur traditionelle, nachgemachte Tugenden sind, Tugenden, die nicht aus dem Ursprung, aus dem lautern Quell der Empfindung, des Triebs, sondern nur aus der Vorstellung von andern Menschen stammen, ebendeswegen nur Scheintugenden sind. Eine Tugend ohne Neigung ist ebensoviel als ein Wort, das ich einem andern ohne Sinn nachrede, denn die Pflicht ist nur ein Name, ein Wort, dessen ursprünglicher Sinn die Neigung, der Trieb ist. Was ich ohne Neigung tue, das tue ich ungern, mit Zwang und rechne mir es ebendeswegen als Verdienst an, aber gerade durch diesen Anspruch bekenne ich, daß meine Tugend eine falsche, eine erlogne ist, daß ich

* „Omnibus enim natura fundamenta dedit, semenque virtutum: omnes ad omnia ista nati sumus [allen nämlich hat die Natur die Grundlagen gegeben und den Samen der Tugenden; zu jenem allem sind wir alle geboren]" (Seneca, Ep. 108). Auch *Kant* in seiner „Anweisung zur Menschen- und Weltkenntnis" sagt: „Es gibt aber auch Menschen, welche *von Natur einen Charakter* haben und welche zur Großmut, zur Ehrliebe usw. geboren zu sein scheinen."

mich in meiner Tugend in einer unnatürlichen Spannung mit mir selbst befinde. Denn was ist der Verdienst der Tugend? Die Glückseligkeit. Was ist aber die Glückseligkeit? Das Leben im Einklang mit meinen Neigungen und Trieben. Die Tugend soll glückselig werden, d. h. also nicht mehr mit meinen Neigungen im Widerspruch stehen, folglich nicht mehr Tugend sein; denn Tugend ist ja nur, was im Widerspruch mit meinen Neigungen steht. Warum gibst du denn nun aber deiner Tugend erst hintendrein, warum nicht gleich im Anfang den Garaus? Erst machst du deiner Tugend Platz und im Himmel dann deiner Neigung. Wie verkehrt! Was im Himmel gilt, soll hier schon gelten. Was du von oben erwartest, kannst und sollst du dir selber verschaffen; setze deine Tugend in Einklang mit deiner Neigung, deiner Sinnlichkeit. Nur die dem Menschen nicht widersprechende und ebendeswegen glückselige Tugend, nur *die* Tugend, die keine Tugend ist und sein will, keine Prätensionen macht, die ein natürliches Kind, ein Kind der Liebe, ist allein die *wahre* Tugend. Allerdings ist auch diese Tugend eine verdienstliche, aber in keinem andern Sinn, als es überhaupt jede Tätigkeit des Menschen ist, wenn sie gleich in Neigung und Anlage ihren Grund hat; denn nirgends, selbst nicht auf dem Gebiete der Kunst, fliegen dem Menschen die Tauben gebraten in den Mund; er muß alles lernen, ausbilden, im Schweiß seines Angesichts auf den Gipfel der Vollendung emporheben; er erreicht nirgends seine Naturbestimmung ohne Selbstbestimmung, ohne Fleiß, Übung, Anstrengung und ebendeswegen ohne *Überwindung* unzähliger partikulärer Neigungen und Gelüste. Aber diese Selbstverleugnung hat keine andere Bedeutung als die diätetische Selbstverleugnung, die wir täglich zum Besten unsrer Gesundheit, d. h. zur Befriedigung unseres Triebs nach körperlichem Wohlsein, anwenden. Wir haben täglich eine Menge vorübergehender Gelüste, augenblicklicher Schauer, Antipathien und weichlicher Gefühle, die wie die Frau Basen den Mann, der dem rücksichtslosen Trieb seines Talents folgt, uns warnen und persuadieren wollen, daß wir doch ja nicht unsre empfindliche Haut dem kalten Wasser oder Winde, unsre lieben Arme und Beine keiner anstrengenden Muskelbewegung, unser Leckermaul nicht den Grobheiten schlichter Hausmannskost aussetzen. Aber wir erkennen, durch die Erfahrung belehrt, diese weichlichen, bald abwehrenden, bald anlockenden Gefühle als Schmeichler, als falsche Freunde und geben ihnen daher kein Gehör. So gehört selbst zur Erhaltung der Gesundheit, zur Befriedigung des einfachsten und natürlichsten Triebes, ein gewisser Heroismus. Aber es ist wahrer Unsinn, diese Selbstüberwindungen auf die Grundtriebe und Grundneigungen auszudehnen, Unsinn, die Negation der zahllosen Spielarten und Bastarde unsrer Neigungen zur Negation der Gattung selbst zu machen. Der Wille, das Idol des moralischen Supranaturalismus, verhält sich zu den sinnlichen Trieben und Neigungen geradeso, wie die Vernunft, die ja seine Voraussetzung ist, sich zu den Sinnen verhält — also wie die Gattung zu den Arten oder den einzelnen Individuen. Ein Beispiel. Wer, wie der Wilde, ohne an die Folgen zu denken, so lange fort ißt, bis alles rein aufgefressen, ist ein Sklave der Freßbegierde. Wer durch die Vorstellung der Zukunft das Maß des gegenwärtigen Genusses bestimmt, ißt mit Freiheit und Vernunft. Aber sowenig die Zukunft etwas der Gattung nach oder an sich Übersinnliches, obwohl sie über diesem sinnlichen Augenblick schwebt und für mich nur ein Objekt des Denkens ist, sowenig ist es der Wille, durch den ich mich über diese sinnliche Begierde erhebe; ich mache im Willen nur mein sinnliches Wesen überhaupt oder im ganzen gegen eine bestimmte Art der Sinnlichkeit, die sich zu meinem absoluten Wesen aufwerfen will, geltend. Wenn ich im Trinken mich beschränke, um mich nicht zu betrinken, ist diese Selbstbeschränkung und Selbstbestimmung ein Beweis einer übersinnlichen Kraft? Nein, denn ich beweise nur dadurch, daß ich außer und über der Gurgel auch noch einen *Kopf* habe, dessen normale, mein Ich selbst begründende Tätigkeit ich nicht durch die Einflüsse meiner Gurgel aufgehoben wissen will.

Es gibt also allerdings auch selbst von der auf Neigung gegründeten Tugend unabsonderliche Opfer, aber diese Opfer machen keine Ansprüche auf ein himmlisches Jenseits, eben weil sie notwendig sind, weil wir keinen Trieb, keinen Sinn, keinen Wunsch befriedigen können, ohne, wenn auch oft nur momentan, eine Menge anderer Nebenwünsche aufzuopfern, die heilige Zeremonie der Beschneidung mit uns vornehmen müssen, wenn wir Früchte hervorbringen wollen, an denen sich Leib und Seele labe. Sich über diese Selbstbeschneidung beklagen wollen, das wäre geradesoviel, als wenn ein Botaniker sich darüber beklagen wollte, daß er nicht alle Blumen, die auf der lieben Erde blühen, in sein Herbarium einlegen könne. Allerdings gibt es auch Opfer, die nicht notwendig sind, die nicht sein können und sollen. Dieser Vater opfert seinen Kindern zuliebe, nur um ihren Hunger zu stillen, alle seine Freuden, alle seine geistigen Bedürfnisse auf. Aber ist dieses Opfer notwendig? Was dieser arme Mann nicht hat, das besitzt ein anderer im Überfluß. Aus diesen Opfern der Tugend, wie aus allen andern moralischen Leiden, ergibt sich daher nichts weniger als die Notwendigkeit eines himmlischen Jenseits, ergibt sich nur die Notwendigkeit der Abänderung der aufhebbaren Übelstände des menschlichen Lebens. Wie töricht, aus dem Mangel der menschlichen Gerechtigkeit, daraus, daß der Unschuldige oft hier leidet, auf die Notwendigkeit einer göttlichen Gerechtigkeit zu schließen! Was hilft es dem Unglücklichen, wenn erst hintendrein, nachdem er zu Tode gemartert wurde, nachdem also bereits sein Leiden vorbei ist, dieses ihm vergolten wird! Macht, daß er nicht leidet, verhindert, beschränkt wenigstens soviel, als ihr könnt – und ihr könnt, wenn ihr nur ernstlich wollt! –, Handlungen der menschlichen Ungerechtigkeit. So hat nur in unserm Mangel an Selbstvertrauen und Selbsttätigkeit das Jenseits seinen Grund. Ist aber wirklich der Schluß von dem menschlichen Elend auf ein übermenschliches Jenseits begründet, sind wirklich die moralischen Leiden und Übel die Bürgen einer bessern Welt, so sind alle Verbesserungsbestrebungen auf dieser Erde sinnlos, denn wir beseitigen ja mit den Übeln der Erde die Bürgen und Stützen des Himmels. Jede Verbesserung der Justiz auf Erden ist eine Beeinträchtigung der himmlischen Justiz, jeder Gewinn für das Diesseits ein Defizit für das Jenseits. Eins steht und fällt nur auf Kosten des andern.

Doch ich bin unwillkürlich aus meiner Rolle gefallen. Statt Bemerkungen über meine Schriften zu geben, wie ich vorhatte, habe ich mich in selbständige Entwicklungen verloren. Ich kehre daher wieder zu meiner Aufgabe zurück. Meine „Gedanken über Tod und Unsterblichkeit" sind allerdings negativ, aber aus dem einfachen Grunde, weil es ihr Gegenstand – der Tod – ist. Mag man auch über den Tod denken, wie man will, den Toten noch als existierend sich vorstellen, so ist doch immer der Tod oder diese Existenz im Tode die Negation, die Verneinung *dieses* Lebens. Die Religion sagt zu dem Vater, dem sein Kind der Tod entrissen: „Tröste dich! Dein Kind ist nicht tot; es lebt!" Gut; aber es lebt ein Leben, das schrecklicher als der Tod ist; denn es lebt da, wo *nicht* seine Eltern, seine Geschwister, seine Puppen sind, lebt in der Beraubung, der Abwesenheit seiner liebsten, teuersten Gegenstände, lebt also in der Höllenpein verzehrender Sehnsucht. Die Sophistik der Theologie kann freilich durch die Allmacht der menschlichen Einbildungskraft den Toten allerlei Gaukeleien und Illusionen vormachen, daß sie den Tod nicht fühlen, die Ihrigen nicht schmerzlich vermissen; aber das unverdorbne, noch nicht für den Unterschied von Schein und Wesen, Wahrheit und Lüge abgestumpfte Menschenherz läßt sich nicht durch die Gaukeleien und Vorspiegelungen der Theologie an der Wahrheit und Heiligkeit seines Schmerzes irremachen. Das wahre Herz verschmäht sogar alle religiösen Scheintrostgründe; es hält es für Sünde gegen den geliebten Toten, sich über seinen Verlust zu trösten, ihn nicht aufs schmerzlichste zu empfinden; es betrachtet den Schmerz als ein heiliges Opfer, das es dem Toten darbringt. Kurz, der Tod ist ein Übel, wogegen[1] kein Kraut gewachsen ist – am wenigsten auf dem Mist der Theologie; denn es ist nur Selbsttäuschung, wenn die Menschen glauben, es sei die Macht der Religion, des Glaubens, was sie tröste; sie schreiben Gott zu, was nur seinen Grund in *natürlichen Ursachen* hat, als da sind die Macht der verborgnen Überzeugung von der Natürlichkeit des Todes, die Macht der Vorstellung von seiner Unabänderlichkeit, die Macht der Tränen und Klagen, wodurch wir unserm Schmerz Luft machen, die Macht der Teilnahme anderer, die Macht der Zeit, die Macht der gewohnten Beschäftigungen, die Macht der Lebens- und Selbstliebe, die Macht des

[1] *Im Original, wohl irrtümlich:* wofür

Gemüts und Temperaments.* Wenn man daher den „Gedanken über Tod und Unsterblichkeit“ den Vorwurf der Negativität macht, so macht man der Schrift ihr Thema zum Vorwurf – zum Vorwurf, daß sie *nicht von dem Leben*, sondern *von dem Tode* des Individuums handelt. Kann man aber einer Grabrede darüber einen Vorwurf machen, daß sie eine Grabrede ist und folglich nicht von den Freuden eines Geburtstagsfestes handelt? Ist es nicht lächerlich, Forderungen an einen Schriftsteller zu stellen, die jenseits seines Themas liegen? Gewiß ist es sehr lächerlich, und doch, wie häufig geschieht es! Welche törichten Konsequenzen haben nicht die scharfsinnigen Kritiker aus meinem „Wesen des Christentums“ herausgebracht, lediglich weil sie Forderungen an dasselbe stellten, die absolut jenseits seiner Aufgabe lagen! Woher, schrien sie, ist denn das Bewußtsein, woher der Mensch? Welche törichte Frage! Ist denn der Mensch mit dem Christentum erst entstanden? Sind die Christen die ersten Menschen? Ist also die Frage von der – übrigens nur innern, psychologisch-historischen – Entstehung des Christentums eins mit der Frage von der Entstehung des Menschengeschlechts oder gar der Welt? Die Entstehung des Menschen, der Welt überhaupt *im Sinne* des Christentums ist die Erschaffung – die Ableitung derselben aus dem Willen Gottes. Und diese fand ihre Erledigung im „Wesen des Christentums“. Was aber die wirkliche, die natürliche Entstehung des Menschen betrifft, so gehört diese, wenn sie anders vor das Forum der Religion, nicht vielmehr vor das der Naturwissenschaft gehört, in die vorchristlichen Naturreligionen. Der Ort, die passende Stelle zur Beantwortung der Frage: Woher ist der Mensch? war daher erst die „Das Wesen der Religion“ – überhaupt, nicht der christlichen insbesondre – überschriebne Reihe

* Wir haben hieran ein sehr deutliches Beispiel, wie die Menschen auf Rechnung der Religion oder der Gottheit setzen, was in unendlich vielen, teils bemerkbaren, teils unmerklichen Ursachen seinen Grund hat, wie das Wort „Gott“ nur ein kurzes und bequemes Wort ist, wodurch die Menschen das unendlich Viele der Wirklichkeit in ein Eins kompendiarisch zusammenfassen, um sich der Mühe zu überheben, die Gründe im Detail kennenzulernen und anzugeben.

von Gedanken. Was war aber auch hier meine Aufgabe? Etwa die, mit theoretischen Mirakeln, mit phantastischen, theosophischen Hypothesen, mit nichtssagenden Erklärungen und spekulativen, nichts, d. h. nichts als die menschliche Willkür und Unwissenheit, voraussetzenden Gründen die Mängel unsers gegenwärtigen Wissens zu bemänteln? Gott bewahre! Meine Aufgabe war eine empirische, historische, aber *nicht extensiv*, sondern intensiv historische – war nur die, statt mich die Geschichte der Menschheit reden zu lassen oder vielmehr das, was die Menschheit in der Religion, insbesondre der Naturreligion längst *gedacht* und *getan* hat, zu *sagen*. Die Gründe, die *ich* für die Entstehung des Menschen aus der Natur anführe – eine Entstehung, die sich übrigens für jeden, der nur einigermaßen Natursinn hat, von selbst versteht, ja, eine unmittelbare Gewißheit ist, wenn er gleich nicht eine spezielle Erklärung sich geben kann, weil diese an und für sich unmöglich ist, dem Thema widerspricht, indem die Entstehung des Menschen und der ihm entsprechenden Tier- und Pflanzenwelt ein universeller Akt war –*, diese Gründe haben keine selbständige Bedeutung; sie sollen nur erklären und rechtfertigen, was der einfache Natursinn der Völker tatsächlich in der Verehrung der Natur, als der Mutter der Menschheit,

* Wenn die Menschen ihren Ursprung aus der Natur unbegreiflich finden, so kommt das nur daher, daß sie die unendliche Reihe von Veränderungen und Vermittlungen, die zwischen dem Menschen als Produkt der Bildung und dem Menschen als Produkt der Natur liegen, übersehen, ihr jetziges Wesen mit dem ursprünglichen Wesen des Menschen identifizieren. Allerdings ist der Ursprung eines Lieutenants, Pastors, Regierungsrates, Professors aus der Natur unerklärlich, aber den Inhalt meines gegenwärtigen Kopfes kann ich auch nicht unmittelbar aus dem Mutterleib oder dem Zuller[1], den ich einst als Kind im Munde führte, ableiten. Wüßten wir nicht aus dem Munde anderer und, bis zu einer gewissen Grenze, aus der eignen Erinnerung, daß wir einst Kinder waren, so würden wir das Dasein des erwachsenen Menschen ebenso unbegreiflich finden, zur Erklärung seines Ursprungs ebenso zu den Wundern der Theologie unsre Zuflucht nehmen als jetzt zur Erklärung des ursprünglichen Menschen.

[1] *Älterer Ausdruck für Schnuller.*

ausgesprochen hat. Aber woher ist denn die Natur? Sie ist von sich und aus sich, sie hat keinen Anfang und kein Ende; Anfang und Ende der Welt sind menschliche Vorstellungen – Vorstellungen, die der Mensch von sich, weil er zu einer bestimmten Zeit anfängt und endet, auf die Natur überträgt. Alle Erklärungen der Natur setzen immer schon die Natur voraus. Der Gott, aus dem man die Natur deduziert, d. h. *der* Gott, der oder wiefern er keine dem Menschen entnommenen Eigenschaften hat, ist selbst ein aus der Natur entsprungnes, von ihr abgeleitetes, nur Wirkungen, Eigenschaften und Erscheinungen der Natur ausdrückendes Wesen.* Gleichwie ich daher nicht, wie man mir kritikloserweise aufgebürdet hat, auf meine Rechnung, wo ich freilich die Rechnung ohne den Wirt gemacht hätte, sondern auf Grund der christlichen Religion den Menschen als Gott, so habe ich in jenem kurzen Gedankenexzerpt aus der Religionsgeschichte nur auf Grund der Naturreligion die Natur als den ursprünglichen Gott hingestellt. Ich will nicht mit neuen, in meinem Hirn ausgebrüteten Chimären die Unzahl der bereits bestehenden Chimären vermehren; ich denke nur auf *Grund der Offenbarung,* aber nicht Gottes, der nur ein Erzeugnis des menschlichen Bewußtseins, der menschlichen Phantasie, Reflexion und Unwissenheit ist, sondern auf Grund der Offenbarung der *menschlichen Natur.* Die Berliner Offenbarungsphilosophie verhält sich zu dieser Offenbarungsphilosophie der menschlichen Natur ungefähr so, wie sich die Syphilis

* Einen sehr augenfälligen Beweis, daß der vom Menschen als bewußtem, wollenden, persönlichen Wesen unterschiedne Gott nichts anderes bedeutet und ausdrückt als die Natur, habe ich selbst auf Grund der spekulativen Philosophie in dem Abschnitt meiner „Gedanken über T. u. U." gegeben, der ursprünglich die Überschrift „Gott" hatte, hier als der „metaphysische Grund des Todes" bezeichnet ist, denn der Begriff des Wesens oder der Substanz, der hier die Hauptrolle spielt, ist nichts anderes als der abstrakte, metaphysische Begriff oder Ausdruck der Natur. Und der langen Rede kurzer Sinn ist nur der: Das Bewußtsein setzt die Natur voraus. Was ich später mit klaren Worten aussprach, das habe ich hier nur auf spekulative, d. h. nebelige, Weise ausgesprochen.

einer Berliner Bordelldirne hinter der Königsmauer (s. „Die Prostitution in Berlin und ihre Opfer", 1846, S. 54) zur blühenden Gesundheit einer eben dem Quell der Natur entstiegenen Jungfrau, wie sich die mystischen Orgien supranaturalistischer Unzucht zur naturgemäßen Befriedigung der Liebe, wie sich die Pollutionen eines wollüstigen Traums zur Zeugung des Menschen, wie sich die Visionen eines Jongleurs zu den Erscheinungen der Optik verhalten. Und die alte Philosophie überhaupt verhält sich zu dieser auf die Offenbarungen der Sinne gegründeten Philosophie*, wenn anders noch das Wort „Philosophie" auf sie anwendbar ist, so, wie sich das aus Akten und Referaten geschöpfte Erkenntnis der geheimen Justiz zu dem auf die Öffentlichkeit und Mündlichkeit, d. i. Wahrheit der Sinne, gegründeten Erkenntnis verhält. Ein Gleichnis, das nichts weniger als ein bloßes Gleichnis. Staat, Philosophie, Religion sind identisch; denn es ist ja der Mensch, ein und dasselbe Wesen oder Subjekt politisches, religiöses und denkendes. Wo der Mensch ein nicht menschliches, nicht sinnliches Wesen als sein höchstes Wesen, sein Ideal verehrt, da setzt auch notwendig der Staat und die Philosophie ihre höchste Ehre in die Verneinung des Menschen. Wo der Mensch einem unsichtbaren, abstrakten Wesen die Entscheidung über sich überläßt, da hat er notwendig auch einen unsichtbaren, abstrakten Richter über sich, d. h. ein personifiziertes ens rationis [Gedankending], ein idealistisches Verstandeswesen ohne Fleisch und Blut, ohne Augen und Ohren, ein Wesen, das nur über den Akten brütet** und darauf denkt, den Menschen unter einen Paragraphen des Gesetzbuches zu subsumieren. Und wo sich der Mensch in der Philosophie nur auf das Referat seiner abstrakten

* Die daher auch nicht, wie die spekulative Philosophie, in dem mystischen Dunkel einer christlich-germanischen Schusterstube, sondern in dem lichtvollen „*Kritischen* Wäldchen" *Herders* ihre „*Aurora*" erblickt. Siehe, philosophus teutonicus, Herders „*Lebensbild*" und empfange von diesem Priester und Propheten des Menschentums die Taufe der sinnlichen, menschlichen Philosophie!

** S. „Betrachtungen über die Öffentlichkeit und Mündlichkeit der Gerechtigkeitspflege", von *A. v. Feuerbach*, besonders S. 241–245.

Vernunft stützt, wo er das schriftliche Wort an die Stelle des Wesens, den traditionellen Begriff an die Stelle der Originalanschauung setzt, wo also die Sinne keine religiöse und philosophische Bedeutung haben, da haben sie auch kein *Recht*, da werden sie auch von dem Richter als Lumpengesindel mit Füßen getreten. Wie kann ich, wenn ich anders konsequent bin, als Richter anerkennen, was ich als Philosoph verwerfe, d. h. wie mit meiner juristischen Vernunft bejahen, was ich mit meiner Vernunft überhaupt nicht in Einklang bringen kann? Kurz, wo nicht der Mensch, nicht die Natur, nicht das Leben, wo die *Heilige Schrift* die Quelle der Wahrheit in der Religion ist, da ist sie es auch in der Philosophie, da ist sie es auch in der Gerechtigkeitspflege. Seht hieraus, was unsre gewöhnlichen Liberalen für Leute sind! Während sie den Atheismus, der freilich in Wahrheit etwas ganz anderes ist als im Kopfe dieser Leute – nichts anderes ist als die Wiederherstellung der Urreligion, aber nicht mehr eines Gegenstandes kindlicher Phantasie, sondern des reifern, männlichen Bewußtseins, nichts anderes als die Religion der Sinnlichkeit und Menschlichkeit –, in der Theorie verdammen, verdammen sie selbst in der Praxis, d. h. da, wo es ihren Egoismus, ihren Geldbeutel, ihr liebes Leben gilt, den Theismus, d. h. den Glauben, daß das geheime, unsichtbare, sinnlose Wesen das wahre Wesen, folglich auch der Justiz, ist; denn wie es im Himmel ist, so muß es auch auf Erden sein; der Himmel ist ja nichts als das Urbild der Erde, wenigstens für die spätern Zeiten, denn zuerst war die Erde das Urbild des Himmels. Wenn ihr daher zu den deutschen Rechtsinstituten wieder zurückkehren, wenn ihr sie in einer unsern jetzigen Bedürfnissen und Verhältnissen entsprechenden Weise wieder herstellen wollt, nun, so gebt auch das welsche Christentum auf, kehrt zur *urdeutschen Religion* zurück, stellt sie in einer unsrer jetzigen Bildung entsprechenden Gestalt wieder her! Nach Cäsar aber verehrten die Germanen nur *die* Wesen als Götter, die *sie sahen*: Sonne, Vulkan und Mond. Ihre Religion war also eine Naturreligion, sinnliche Religion, im Sinne des Gottesglaubens, des Christentums *keine* Religion, war das, was jetzt praemissis praemittendis [– die notwendigen Voraussetzungen vorausgeschickt –] der „Atheismus" ist und will.

Doch zurück! Der Vorwurf der Negativität trifft allerdings insofern meine „Gedanken über Tod und Unsterblichkeit", als sie im Geiste der – nicht etwa speziell Hegelschen, sondern überhaupt spekulativen – Philosophie geschrieben sind. Die spekulative Philosophie ist aber nichts anderes als die Philosophie der Misanthropie, die Asketik, das Mönchswesen auf dem Gebiete der Theorie. Ihr Wesen ist der Dualismus von Geist und Fleisch, übersinnlich und sinnlich, ewig und zeitlich, nur daß dieser Gegensatz hier als der theoretische Gegensatz des Spekulativen und Empirischen sich ausspricht. „Hätte man es je denken sollen", ruft Hegel verwundert über Kant aus, „daß die Philosophie den intelligiblen Wesen darum die Wahrheit absprechen würde, weil sie des räumlichen und zeitlichen Stoffes der Sinnlichkeit entbehren?"* „Wenn der gegebne Stoff der Anschauung und das Mannigfaltige der Vorstellung als das Reelle gegen das Gedachte und den Begriff genommen wird, so ist dies eine Ansicht, welche abgelegt zu haben nicht nur Bedingung des Philosophierens ist, sondern schon von der Religion vorausgesetzt wird; wie ist ein Bedürfnis und der Sinn desselben möglich, wenn die flüchtige und oberflächliche Erscheinung des Sinnlichen und Einzelnen noch für das Wahre gehalten wird?" Welch ein mönchischer Dualismus! Was ist nicht einzelnes? Was bleibt, wenn ich das einzelne wegnehme? Der einzelne, inwiefern er ein bloßes Eins ist, ist freilich gleichgültig; Tausende von Menschen können zugrunde gehen, ohne daß dadurch der Philosoph etwas an seinem Begriffe oder der Staat an seiner Macht verliert. Vielheit ist und macht gleichgültig; mit der Menge verliert sich der Wert, das Interesse, die Intensivität der Liebe. Wer zwei Kinder hat, empfindet den Verlust

* Wenn freilich nichts weiter gehört zur Sinnlichkeit als das phänomenologische „Jetzt" und „Hier", so muß man sich allerdings verwundern, wenn man deswegen einem Wesen die Wahrheit abspricht, daß es nicht *hier* und *jetzt* ist, denn es fehlt sehr wenig einem Wesen, wenn ihm die *abstrakte Kategorie* der Zeitlichkeit und Räumlichkeit fehlt. Es zeigt sich daher auch bei dieser Gelegenheit wieder, daß man nur da mit leichter Mühe über die Sinnlichkeit hinauskommt, wenn man ihr unendliches Wesen auf bestimmte, endliche Arten oder abstrakte Kategorien einschränkt.

eines Kindes mehr, als wer ein Dutzend Kinder hat. Bayern hat vier Millionen Menschen. Was sind gegen diese Millionen Hunderte, was Tausende? Aber wie? Wenn ich nun meine Subtraktion weitertreibe, wenn ich auf alle einzelnen Bayern meine Begriffsnegativität ausdehne, wo bleibt denn dann noch der bayerische Staat? Wo ist also das einzelne gleichgültig? Nur da, wo sein Verlust durch anderes einzelne[s] wieder ersetzt wird. Der Tod wäre daher nur dann ein Beweis von der Unwahrheit des Sinnlichen, Einzelnen, wenn mit dem Tode des ersten Menschen das ganze Menschengeschlecht ausgestorben wäre, wenn ihm keine andern Menschen nachgefolgt wären. Da aber nicht nur die Menschen vergehen, sondern auch immer wieder neue entstehen, so haben wir an jedem neugebornen Kindlein einen schreienden Beweis von der Wahrheit und ewigen Fortdauer des Sinnlichen. Für den Denker ist freilich dieser Fortgang bis ins Unendliche sehr langweilig, denn es kommt, wenigstens in seinen Gedanken, immer dasselbe auf dasselbe; er bricht daher diese unendliche Reihe gewaltsam ab und setzt an die [Stelle der] Ewigkeit des Lebens die Ewigkeit des Begriffs. Aber der Denker bedenkt nicht, daß diese in seinen Gedanken oder für ihn „*schlechte* Unendlichkeit" in Wirklichkeit oder für andere eine sehr gute Unendlichkeit ist; denn nur ihr verdanken sie es, daß sie zur Freude des Daseins gelangt sind. Was im Gedanken ein langweiliges, unausstehliches semper idem ist, das ist in Wirklichkeit ein durch seine Verschiedenheit und Neuheit reizendes Wesen. Wenn daher der logische Begriff statt der „schlechten" Unendlichkeit das Regiment der Welt hätte, so würde sie bald in eine Wüste verwandelt sein, wo statt zeugungslustiger und zeugungskräftiger Menschen nur gläubige oder logische, dem Untergang der Welt entgegenharrende Anachoreten uns begegnen würden. Der logische Begriff ist der Neid der Gedankenarmut gegen den unerschöpflichen Reichtum der Sinnlichkeit, der es aber so gescheut macht wie der Fuchs in der Fabel, die Schuld von sich auf den Gegenstand wälzt, das „Ich kann nicht" in ein ekelhaftes „Ich mag nicht" verwandelt, die Unerreichbarkeit der Traube ihr als Ungenießbarkeit, als Schlechtigkeit anrechnet. Aber gerade die Trauben, welche der logische Begriff am Weinstock des Lebens hängen läßt, ohne sie eines andern als höchstens schelen Blickes zu würdigen, enthalten den Stoff, der des Menschen Herz erfreut und des Menschen Auge entzückt. Allerdings müssen wir, darin hat der logische Begriff ganz recht, wenn wir etwas wissenschaftlich begreifen wollen, das Mannigfaltige vereinfachen, das Viele auf seine Einheit zurückführen, von dem Einzelnen, im Sinne des Zufälligen, abstrahieren, nur die Essenz herausziehen; aber deswegen ist nicht der Begriff ein ens sui generis [Wesen eigener Art], nicht das wahre Wesen ein Unterschied von dem sinnlichen Wesen. Den Begriff zum wahren Wesen machen heißt das Mittel zum Zweck machen, heißt den Gedanken an die Stelle der Sache, die Form an die Stelle des Wesens, die Wissenschaft an die Stelle der Wahrheit setzen, heißt die Ordnung der Natur umkehren. „Ein hauptsächlicher Mißverstand", sagt Hegel, „ist, als ob das natürliche Prinzip oder der Anfang, von dem in der natürlichen Entwicklung oder in der Geschichte des sich bildenden Individuums ausgegangen wird, das Wahre und im Begriffe erste sei.* Anschauung oder Sein sind wohl der Natur nach das erste oder die Bedingung für den Begriff, aber sie sind darum nicht das an und für sich Unbedingte; im Begriffe hebt sich vielmehr ihre Realität und damit zugleich der Schein auf, den sie als das bedingende Reelle hatten." Wir sehen, wie hier die Ordnung der Natur umgekehrt wird und wir durch diese Umkehrung eine doppelte Wahrheit bekommen, eine natürliche, geschichtliche und eine unnatürliche, logische, von der jede das Gegenteil der andern ist. Für den Philosophen *als Menschen* ist die Anschauung das erste, für die Philosophie oder den Philosophen *als Philosophen* aber der Begriff; das heißt: Das Ursprüngliche, erste in der Wirklichkeit ist das Abgeleitete, das Unterste in der Philosophie, und umgekehrt das letzte in der Wirklichkeit das erste in der Philosophie. Die Philosophie läßt zwar auch den Begriff entstehen, aber diese Entstehung ist nur eine scheinbare; denn die dem Begriffe vorausgehenden Stufen der Anschauung und des Gefühls

* Das „*im Begriffe* erste" ist freilich nicht der natürliche Anfang, denn eben der Begriff ist sich das erste, kehrt die natürliche Ordnung um, aber es ist eben nicht zu vergessen, daß diese Umkehrung nur subjektive, formelle Bedeutung hat.

setzen vielmehr den Begriff voraus, sind selbst schon der Begriff, aber noch in seinem Inkognito oder Négligé, nicht in seiner Staatsuniform. Anschauung und Gefühl sind nur sinnliche Hüllen, Formen, Masken des Begriffs; der Begriff ist nicht das selbstbewußte Gefühl, nicht die sich zusammennehmende und zusammenfassende Anschauung; nein, er ist, wie die Pflicht ein von den menschlichen Neigungen und Trieben unterschiednes intelligibles Wesen, so ein von Gefühl und Anschauung unterschiednes, selbständiges Wesen. Der spekulative Philosoph kommt daher nie, eben weil ihm stets der Begriff als das erste vorschwebt, zur Anschauung der Dinge; selbst wenn er seine Augen öffnet, so sieht er doch nur realisierte Begriffe; ja, die ganze Welt ist für ihn eigentlich nur eine Allegorie seiner Logik, Dogmatik oder Mystik. Er kommt ebendeswegen auch nie zur wahren Genesis, denn der Begriff ist für ihn eine Aseität, ein durch sich selbst Seiendes; er leitet daher überall das, wovon der Begriff erst abgeleitet ist, das Empirische, d. i. Wirkliche, Sinnliche, aus dem Begriff ab. Eine im Geiste der spekulativen Philosophie gegen die Unsterblichkeit geschriebene Schrift ist daher notwendig eine negative, ungenügende, dem Menschen widersprechende Schrift; denn sie betrachtet die Unsterblichkeitsfrage als eine Frage *an sich*, d. h. in abstracto, ohne Beziehung auf den Menschen; sie bejaht oder verneint sie aus allgemeinen spekulativen Gründen und gibt ebendeswegen dem Menschen keine vollständige Erklärung und Befriedigung. Es bleibt immer etwas im Menschen übrig, was *wider* die Unsterblichkeit spricht, wenn sie von der spekulativen Philosophie bejaht wird, und ebenso *für* die Unsterblichkeit spricht, wenn sie von ihr verneint wird. Die wahre und ebendeswegen versöhnende Verneinung ist nur die, welche in der *genetischen Erklärung* des Gegenstands seine *Auflösung* gibt, welche ihn nur *indirekt* verneint, so, daß die Verneinung nur eine *unwillkürliche*, sich von selbst ergebende Folge ist, so, daß der verneinende Schlußsatz: Es ist keine Unsterblichkeit, nur der negative, plumpe Ausdruck von dem, *was* die Unsterblichkeit ist, die *Nichtigkeit* der Unsterblichkeit nur die *Enthüllung* ihres *Wesens*, ihre *Wahrheit*, die *Verneinung* nur die *sinnvolle Auflösung eines Rätsels* ist. Der Sinn aber aller, wenigstens „intelligiblen", Wesen ist der

Mensch. Die erschöpfende und den Menschen mit ihrem Resultat versöhnende Auflösung des Rätsels der Unsterblichkeit ist daher nur die vom *Standpunkt der Anthropologie.* Die Anthropologie geht aus von dem Dasein des Unsterblichkeitsglaubens. Sein ist ihr überhaupt das erste, aber nicht das Sein im Sinne der Hegelschen „Logik", welches vermittelst der Kategorie der Unmittelbarkeit sich als identisch mit dem Denken erweist, sondern das Sein im Sinne des Menschen, das Sein, das nur der Sinn verbürgt, das Sein, das, wie ich mich anderwärts ausdrückte, Gegenstand des Seins ist, d. h., das man nur weiß, wenn man *ist.* Die Anthropologie ist so bescheiden, zu bekennen, daß sie vom Menschen nichts wüßte, wenn er nicht wäre, daß alle ihre Begriffe und Erkenntnisse vom Menschen, von den Dingen und Wesen überhaupt nur von ihrem wirklichen Dasein abstrahiert sind; was die ursprüngliche Entstehung des Menschen betrifft, so weiß ich nur soviel, daß der Mensch viel älter ist als der Christ und Philosoph, also unmöglich der christlichen Kreationstheorie oder einer philosophischen Konstruktion a priori seine Entstehung verdankt. So bekennt denn auch die Anthropologie aufrichtig, daß ihr selbst nie die Unsterblichkeit in den Kopf gekommen wäre, wenn sie den Glauben daran nicht als einen vorhandnen vorgefunden hätte. Sie geht also vom Dasein dieses Glaubens aus; aber vom Dasein geht sie zum *Wesen* desselben über; sie fragt sich, nachdem sie in Erfahrung gebracht, *daß* die Menschen glauben, *was* sie glauben. Indem sie aber so vom Dasein, jedoch immer nur auf Grund des Daseins, des Tatsächlichen zum Wesen übergeht, gibt sie zugleich unwillkürlich oder notwendig die Erklärung von dem Dasein dieses Glaubens, seine innere, anthropologische Entstehungsgeschichte. Aber indem sie nun so die *Bedeutung* und mit dieser den *Grund* des Glaubens enthüllt, hebt sie gerade den Glauben auf; denn Gegenstand des Glaubens ist nur das unaufgelöste, aber nicht gelöste Rätsel, Gegenstand des Glaubens nur die Sonne unter dem Horizont oder hinter den Wolken, aber nicht die Sonne, die unverschleiert vor meinen Augen dasteht. Es ist daher nichts oberflächlicher, als wenn man dem deutschen Unglauben den Vorwurf der Negativität macht und deswegen das Schicksal des französischen und englischen Unglaubens prophezeit. Der deutsche Unglaube ist im Besitz der Geheimnisse des Glaubens; er hat den Glauben und seine Kompagnie, die Spekulation und Mystik, bis auf den letzten Grund durchschaut; er ist nichts anderes als der seiner selbst bewußte Glaube; er ist *positives Wissen* und *Wollen*; er weiß, was er will, und will, was er weiß; er ist nicht mehr oder in keinem andern Sinn negativ, als die Auflösung des Rätsels gegen das Rätsel, das Licht gegen die Finsternis negativ ist.

Ich habe jedoch in der „Unsterblichkeitsfrage vom Standpunkt der Anthropologie" [vorl. Band, S. 192ff.] – eine Arbeit, die in sehr kurzer Zeit niedergeschrieben wurde, obgleich die Grundgedanken derselben ein Resultat meines ganzen Lebens sind – nur auf die wesentlichsten Punkte mich beschränkt. So habe ich gleich in dem ersten Abschnitt davon nichts erwähnt, daß die Menschen ihre Trauer über den Toten in den Toten hineinlegen, das, was *für sie* ein Übel, zu einem Übel des Gegenstandes machen, den Tod darum als einen traurigen, unglücklichen Zustand sich vorstellen, weswegen das Hauptbestreben der griechischen und römischen Philosophen nur darauf gerichtet war, zu beweisen, daß im Tode alle, folglich auch die Empfindung des Übels aufgehoben, nicht also der Tote, sondern nur der den Toten Überlebende zu beklagen sei. Aber der Tod ist der entschiedenste Kommunist; er macht den Millionär dem Bettler und den Kaiser dem Proletarier gleich. „Nun hat der Tod überwunden mich", sagt der Kaiser im „Baseler Totentanz", „daß ich bin keinem Kaiser gleich." Der Tod hat aber schon bei Lebzeiten mir allen aristokratischen Dünkel ausgetrieben und die Gesinnung des Kommunismus eingeflößt. Ich betrachte mich nicht als den Inhaber sämtlicher Gedanken über und wider Tod und Unsterblichkeit; was ich daher ausgelassen, mögen andere ergänzen, und was ich schlecht gesagt habe, besser sagen.

Nun noch schließlich einige Bemerkungen über meine „Humoristisch-philosophischen Aphorismen" [GW 1, S. 533ff.]. Manche werden sich vielleicht wundern, wie diese zu den „Gedanken über (oder wider) Tod und Unsterblichkeit" passen. Ihr Thema ist aber in der Tat kein anderes als dieses. Mir schwebte damals schon der Gedanke vor, den ich erst in der „Unsterblichkeitsfrage vom Standpunkt der Anthropologie" ausführte, nur daß ich damals noch auf dem Standpunkt des abstrakten, d. h. aristokratischen, die Sinne als Kanaille von sich fernhaltenden, Denkens stand. Ich wollte nämlich die Unsterblichkeit widerlegen, aber auf positive, indirekte, unmerkbare Weise – worauf freilich auch die für meine ganze Schriftstellerlaufbahn so verderbliche Rücksicht Einfluß hatte, es möchten meine illegitimen Gedanken konfisziert werden, wenn sie unumwunden ausgesprochen würden –, so also, daß die Widerlegung nur die Nebensache und die Verneinung der alten christlichen Unsterblichkeit im Himmel zugleich die Bejahung einer andern, mit dem wirklichen Wesen des Menschen identischen, der Erde treu bleibenden Unsterblichkeit wäre. Und der Sinn der Schrift ist kürzlich dieser: Ihr wollt, meine Herren, eine Unsterblichkeit, aber eine geistige, eine solche, wo ihr nicht mehr esset und trinket, nicht mehr den Bedürfnissen des Körpers unterworfen seid. Ich selbst stimme euch bei, ich will nicht *immer* essen und trinken, ich habe noch andere Bedürfnisse; aber ich sehe nur nicht ein, warum ihr dieses geistige Sein erst nach dem Tode, d. h. post festum [hinterdrein], erwartet. Dieses Sein steht euch schon hier zu Gebote. Der Denker als Denker, der Dichter als Dichter ißt und trinkt nichts; er ist ein rein geistiges Wesen; im Schreiben trennt sich, wie im Tode, die Seele vom Leibe, der Geist von der Materie. Ist euch aber diese geistvolle Unsterblichkeit zu abstrakt, zu dürftig, wollt ihr eine korpulente, massive Unsterblichkeit, nun, so verlaßt den Tempel der Musen und begebt euch in das Krankenzimmer des Somnambulismus oder die Rumpelkammer des Gespensterglaubens. Ein schlechter Schriftsteller ist der, der eine andere Fortdauer verlangt als die schriftliche, die geistige, der von seiner geistigen Tätigkeit und Wirksamkeit seine Seele abtrennt und für sie noch eine besondere Privatunsterblichkeit in petto [als Hintergedanken] behält; ein Taugenichts überhaupt der, der nicht in dem, was er tut und treibt, seinen Himmel findet. Der „schlechte Schriftsteller" ist daher nichts andres als die Personifikation der schlechten, geistlosen Unsterblichkeit, deren Frucht das Geister-, Himmel- oder Gespensterreich, der gute Schriftsteller nichts andres als die Personifikation der wahren, geistreichen Unsterblichkeit, deren Frucht die Künste und Wissenschaften sind. Nur wer die Schrift in diesem Sinne liest, in welchem sie nichts andres ist als gleichsam eine dramatische Definition von der wahren, der tatkräftigen, energischen Unsterblichkeit, kann sie gehörig auffassen und beurteilen.

Nicht nur eine Folge meines damaligen Standpunkts, sondern auch der Natur des Gegenstandes, der mir gestellten Aufgabe war es übrigens, daß das Leben, die Sinnlichkeit, „der Mensch" im Gegensatze zu dem „Geist", dem „Schriftsteller" auf sein Minimum zusammenschwand, dem „vivat [er lebe]" der Schrift das „pereat [er gehe zugrunde]" des Menschen gegenüberstand; denn die Schrift des Menschen existiert ja noch, wenn längst der Mensch nicht mehr ist, und dieser Gegensatz, als der irdische oder literärische Antipode des christlichen Dualismus von Himmel und Erde, war ja eben der Ausgangspunkt. Nur am Schlusse tritt die Liebe als die Kopula zwischen Geist und Fleisch, Himmel und Erde, Schriftsteller und Mensch auf, gleichwie am Schlusse der Xenien an die Liebe, als die sinnliche, tatsächliche Verneinung der Theologie, appelliert wird. Ist dieser Schluß der Aphorismen ein aphoristischer Einfall? Ist er nicht motiviert? Allerdings ist er es, sogut als der Schluß der Xenien. Der „Schriftsteller" ist zwar ein Philosoph, aber ein solcher, der vor einem *gemischten* Publikum liest, der an seine Gedanken die Forderung stellt, daß sie nicht bloß ein Eigentum der philosophischen Fakultät bleiben, sondern wie die Luft und das Licht zu einem Gemeingut des Menschen werden, der den bloßen abgezognen Gedanken negiert, ihn versinnlicht, veranschaulicht, vermenschlicht und so indirekt die Notwendigkeit und Wahrheit der Sinnlichkeit ausspricht. Die am Schlusse in der Gestalt des Weibes plötzlich auftauchende und wider den Geist sich auflehnende Sinnlichkeit ist daher gar nichts andres als die personifizierte und verobjektivierte, in ein Wesen der Anschauung verwandelte Sinnlichkeit der Philosophen. Sinnliches Denken findet seinen Schluß notwendig in einem sinnlichen Wesen. Wer nicht nur in seiner philosophischen Einsiedelei *für sich* oder höchstens seine Herren Kollegen, sondern auch *für andere* denkt, für die denkt, die *nicht* seinesgleichen sind, der kommt notwendig auf ein *andres, von sich unterschiednes* Wesen, in dem er den gegenständlichen Ausdruck seines eignen Wesens erblickt, notwendig zuletzt dahin, daß er an die Stelle der *Identität von Denken und Sein,* die nichts andres ausdrückt als die Identität des Denkens mit sich und sich daher immer nur in einem sich selbst gleichen, identischen Subjekt vergegenständlicht, es heiße nun „das Absolute" schlechtweg oder „Gott", „Dreifaltigkeit", „Ich", „Substanz", die *Identität von Ich und Du,* den Kommunismus, setzt, der Philosophie des Aberglaubens (denn das innerste Wesen des Aberglaubens ist die Identität von Denken und Sein*, die sich daher auch zur Rechtfertigung jeden Unsinns bereitwillig verstanden und in dem delirium tremens [Zitterwahnsinn] der Berliner Offenbarungsphilosophie ihren sinnvollen Schluß gefunden hat) das unzweideutige, menschenfreundliche Licht der Sinne, der Wahrheit der Philosophie, Spekulation und Religion überhaupt die *Wahrheit des Lebens* entgegensetzt. Was ich daher bereits in den Aphorismen und Distichen unter dem Bild des Weibes, der Liebe, d. h. als Poet, aussprach, das habe ich erst viele Jahre nachher als Philosoph, als Denker, d. h. als philiströser Prosaiker, ausgesprochen. So eilt die Poesie der Prosa voraus. Freilich kein Wunder! Der Poet sitzt zu Pferde, aber der Prosaiker geht zu Fuße; der Poet ist daher mit *einem* Satze über den Graben, über den der Prosaiker erst eine *Eselsbrücke* schlagen muß; der Prosaiker kommt unterwegs mit allerlei Gesindel ins Handgemenge, während der Poet von seinem Pferde herab mit epigrammatischen Peitschenhieben seine Gegner abfertigt und daher schon längst der verfolgenden Menge aus den Augen geschwunden ist, wenn der Prosaiker sich noch ein langes und breites mit ihr herumstreiten und zum Lohne für die Wahrheiten, die er ihr sagt, sich mit allerlei Kot, absonderlich aber christlichen Kot, bewerfen lassen muß.

* Die Identität von Denken und Sein ist allerdings historisch vollkommen gerechtfertigt, auch ist sie, richtig gefaßt, ein subjektives, ästhetisches Prinzip; aber schlechtweg als ein universelles Prinzip ausgesprochen, ist sie das Prinzip des politischen Despotismus, des religiösen Aberglaubens und spekulativen Wesens.

„Die Wogulen auf dem Ural, auch viele Buräten und Tungusen halten den Tod für eine göttliche Strafe und fürchten nach dem Tode ebensowenig, als sie etwas erwarten, weil sie sich einbilden, daß die Götter durch den *Tod vollkommen versöhnt* worden.“ * Ebenso glauben auch die Christen, daß der Tod nicht eine Folge natürlicher Notwendigkeit („non lege naturae [nicht nach Naturgesetz]“, wie Augustin in seiner Schrift „Vom Staate Gottes“ sagt), sondern durch den Zorn Gottes als Strafe dem Menschen auferlegt sei, aber unterscheiden sich dadurch, übrigens nicht zu ihrer Ehre, von diesen Wogulen, Buräten und Tungusen, daß sie ihren Gott sich nicht durch den Tod des Menschen versöhnen, sondern auch noch nach dem Tode, also nach erlittener Strafe, den Menschen, wenigstens den Sünder, den Ungläubigen, bis in alle Ewigkeit foltern und martern lassen.

Die Vorstellung des Christentums, daß, wie Luther in der schon in meinen „Gedanken über Tod und Unsterblichkeit“ angeführten Stelle sagt, „alle Tiere dahinsterben, nicht aus Gottes Zorn und Ungnade, sondern nach der Natur und göttlichen Ordnung dem Menschen zugute, aber der Menschen Tod aus Gottes Zorn und Ungnade kommt“, ist ein augenfälliger Beweis, daß das Wesen des Christentums nichts andres ist als ein un- und übernatürlicher, supranaturalistischer Egoismus. Der Tod der Tiere hat nichts auf sich, ist ganz in der Ordnung; aber der Tod des Menschen ist eine Ausnahme von der Regel, der widerspricht der natürlichen Ordnung, weil er dem Egoismus des Menschen widerspricht, wenigstens *des* Menschen, der sich in seiner Einbildung für ein übernatürliches, außerweltliches Wesen hält, folglich für ein Wesen, das nicht sterben soll, mit dem der Tod sich nicht zusammen vereinen läßt. Die Roheit, mit welcher die Christen die Tiere behandeln, hat daher seinen letzten Grund im Wesen des Christentums

* *Meiners*, „Allgemeine kritische Geschichte der Religionen“, II. B., welcher Schrift auch die folgenden, von den Vorstellungen roher Völker handelnden Stellen entnommen sind.

selbst. Es steht zwar in der Bibel: „Der Gerechte erbarmt sich auch seines Viehs", es steht aber auch in derselben Bibel: Die Sonne steht um des Menschen willen stille. Wenn aber alles nur des Menschen wegen, wenn der menschliche Egoismus der letzte Grund aller Dinge und Wesen ist, warum soll ich ein Tier nicht schinden und plagen, solange ich noch dadurch einen Nutzen für mich aus ihm ziehen kann? Wenn daher sich der Christ der Tiere erbarmt, so folgt er nur seinem natürlichen Gefühl, aber nicht den Inspirationen seines supranaturalistischen Dünkels und Egoismus.

„Darum will's daran gelegen sein, ob du auch glaubest, daß nach diesem Leben ein ander Leben sei. ... Wo du in dem Glauben bist, ... daß nach diesem Leben kein ander Leben sei, so wollte ich auch um deinen Gott nicht einen Pfifferling geben. Alsdann tue, was dich gelüstet. Denn so kein Gott ist, so ist auch kein Teufel noch Hölle und ist gleich eins, wenn ein Mensch dahinstirbt, als wenn ein Baum umfället, oder als eine Kuhe, wenn sie stirbet, so ist's alles aus. So laßt uns guter Dinge sein, fressen und saufen, denn morgen sind wir tot, wie St. Paulus sagt 1. Kor. 15." Wir haben in diesem Ausspruch *Luthers* einen eklatanten Beweis von der *Roheit* des Christentums, welches nur im Jenseits den Unterschied zwischen dem Menschen und der Kuh, zwischen Essen und Fressen, Trinken und Saufen findet. Aber nicht nur roh, auch töricht ist der Schluß, den das Christentum aus der Sterblichkeit des Menschen zieht. Ebendeswegen, weil wir morgen tot sind, wollen wir uns nicht schon heute zu Tod saufen und fressen; ebendeswegen, weil wir nicht immer leben, wollen wir uns nicht durch „Huren und Buben, Rauben und Morden", wie eben Luther sagt, gegenseitig das Leben nehmen, nicht durch Torheit und Bosheit uns das Leben verbittern. Und eben weil der Mensch seinen Tod voraussieht und vorausweiß, so unterscheidet sich der Mensch, ob er gleich ebensogut stirbt wie das Tier, dadurch von dem Tiere, daß er den Tod zu einem Gegenstande selbst seines Willens erheben kann. Ich muß sterben, aber ich muß nicht nur, ich *will* auch sterben. Was in meiner Natur, in meinem Wesen begründet ist, das steht ja nicht im Widerspruch und Gegensatz mit mir, das ist mir kein feindliches Wesen; wie sollte sich also mein Wille dagegen sträuben? Nein, mein Wille sei einig mit meinem Wesen, der Tod also als Folge meines Wesens eine Sache meines Willens, sogut wie jede andere Naturnotwendigkeit. Schämt sich der Christ des Todes als eines tierischen Aktes, so schäme er sich auch des Zeugungsaktes und begebe sich statt in das Ehebett in ein Karthäuserkloster. Ist der Tod unter der Würde des Christen, so ist auch der Zeugungsakt, so ist überhaupt der Mensch unter der Würde des Christen. Ein himmlisches, göttliches Wesen stirbt nicht, aber es zeugt auch keine Kinder. Also füge sich der Christ entweder in die Notwendigkeit des Todes, verzichte auf die Unsterblichkeit oder bekenne, daß er nur im Widerspruch mit seinem christlichen unsterblichen Wesen dem Kloster des Katholizismus entsprungen ist. Daß aber der Tod nicht im Widerspruch mit dem Wesen des Menschen steht, daß folglich die christliche Unsterblichkeit, also das Wesen des Christentums überhaupt nur auf den Zwiespalt und Widerspruch des menschlichen Bewußtseins und Willens mit dem menschlichen Wesen, wie ich eben mich ausdrückte, gegründet ist, davon haben wir einen Beweis an den Greisen, bei welchen man „meist keine Furcht vor dem Tode*, oft ein aufrichtiges Verlangen nach demselben findet, das durch Marasmus, wie bei Kant, selbst zu einem ungeduldigen Sehnen gesteigert werden kann." ** Diesem ungeduldigen Sehnen Kants lag aber nicht etwa das Verlangen nach dem Jenseits zugrunde, denn kurz vor seinem Tode antwortete er auf die Frage, was er sich von der Zukunft verspreche: „*Nichts Bestimmtes*", und ein andermal: „Von dem Zustand *weiß ich nichts.*" Sehr wahr und schön ist daher, was Cicero am Schlusse seiner Schrift „De Senectute" sagt: „Quodsi *non sumus immortales futuri, tamen exstingui homini suo tempore optabile est.* Nam habet natura, ut aliarum omnium rerum, sic *vivendi modum*, senectus autem peractio aetatis est tanqam fabulae, cujus defatigationem

* Übrigens ist die Furcht vor dem Tode gar kein Beweis von dem Widerspruch des Todes mit dem Wesen des Menschen, denn diese Furcht beruht bei den Menschen oft auf den allertörichtsten Vorstellungen.

** Burdach, „Physiologie", III. B.

fugere debemus, praesertim adjuncta satietate. [Wenn wir nun nicht unsterblich sein werden, so ist es dennoch wünschenswert, daß der Mensch erlischt, wenn seine Zeit heran ist. Denn die Natur hat, wie in allen anderen Dingen, ein Maß auch des Lebens, das Alter aber ist die Vollendung der Lebenszeit wie die eines Theaterstücks: Wir dürfen es nicht zur Übermüdung kommen lassen, besonders wenn Befriedigung dabei war.]"

„Die Tscheremissen . . . bekannten, daß sie nicht würdig seien, zu einem andern Leben erhoben zu werden." Sollten wir aber nicht samt und sonders so ehrlich sein, zu bekennen, daß wir eines andern Lebens unwürdig sind? Wie bringen wir denn *dieses* Leben zu? In langweiligen Gesellschaften, in kleinlichen Stadtklatschereien, in politischen Ränken, in religiösen Zänken, in gelehrten Torheiten, in häuslichen Zwistigkeiten, kurz, in Erbärmlichkeiten, Nichtswürdigkeiten und Absurditäten aller Art! Warum bringen wir aber so unser Leben zu? Weil wir zuwenig?, nein, weil wir zuviel Leben, zuviel Zeit haben. Wie glücklich brächten viele Menschen ihre Tage hin, wenn der Tag um die Hälfte kürzer wäre! Wie viele werden im Alter förmlich kindisch! Wie viele überleben sich schon in jüngern Jahren sowohl in geistiger als moralischer Beziehung! Wozu sollten sie also diesen Überschuß verwenden als dazu, das Leben zu vertändeln oder sich und andern zu verbittern? Ehe wir uns daher fragen, ob wir eines andern Lebens würdig sei[e]n, wollen wir uns erst fragen, ob wir *dieses Lebens würdig* sind.

„Die Kamtschadalen glauben, daß diejenigen, welche hier arm waren, in der andern Welt reich, die Reichen hingegen arm sein werden, damit zwischen den beiden Zuständen in dieser und jener Welt eine gewisse Gleichheit entstehe. Eine jede andere Vergeltung des Guten und Bösen halten sie für unnötig. Wer auf dieser Erde gestohlen, Ehebruch getrieben habe usw., der sei dafür schon hinlänglich gestraft, entweder geprügelt oder erschlagen worden, habe wenigstens *keine Freunde* gefunden und sei daher hülflos und ohne Vermögen geblieben." Beschämen diese Kamtschadalen nicht die Christen, welche außer den Strafen, die der Mensch und die Natur auf das Laster gesetzt haben, noch obendrein einen göttlichen Kriminalrichter bedürfen und offen bekennen, daß sie „huren und buben, rauben und morden" würden, wenn ihnen nicht die Pfennige, die sie, aber nicht aus Liebe, sondern mit Widerstreben, nur auf Kommando des Herrn oder der Pflicht, ihren Mitmenschen aufopfern, im Himmel hundertfältig ersetzt würden? „Oh, Christentum, Christentum!", muß ich abermals ausrufen, „du bist der rohste, gemeinste Egoismus unter dem Scheine der aufopferndsten Liebe. Als den Anfang der Welt setzest du den Egoismus unter den Namen Gottes, welcher die Natur nur dazu ins Dasein rief, daß sie der Mensch verzehrt und genießt, und an das Ende der Welt setzest du den Egoismus unter dem Namen des Himmels, um ihn für die Beschwerlichkeiten zu entschädigen, die mit dem Genusse der Natur verbunden sind!"

Plutarch, in seiner Schrift von der Unmöglichkeit eines angenehmen Lebens nach epikuräischen Grundsätzen, sagt, daß die Epikuräer den Menschen, folglich sich selbst der süßesten Hoffnungen berauben, indem sie nicht, wie die, welche wie Pythagoras, Plato und Homer von der Seele denken, ein Wiedersehen geliebter Toten erwarten können. In der Tat ist der einzige honorige und respektable Grund für die Unsterblichkeit die Liebe, denn er ist der rein menschliche. Zwar stützt sich auch dieser Grund auf die menschliche Selbstliebe, denn das Verlangen des Wiedersehens erstreckt sich ja nicht auf andere, mir gleichgültige Menschen, ich will ja nur die Meinigen, meine Kinder, meine Gattin, meine Eltern und Freunde, wiedersehen; aber die wahre, im Wesen des Menschen begründete, die nicht zu verleugnende Selbstliebe ist die in der Menschenliebe sich befriedigende Selbstliebe, ist die notwendige, unwillkürliche, indirekte Selbstliebe; denn ich kann ja keinen Gegenstand lieben, ohne Lust und Freude an ihm zu empfinden. Liebe zum Gegenstand ohne Egoismus, ohne Selbstliebe ist eine supranaturalistische Chimäre – ist eine Liebe *ohne* Liebe. Das Gefühl der Liebe nun sträubt sich dagegen, den Tod des Geliebten anzuerkennen, empört sich gegen die Notwendigkeit des Todes, denn es kennt kein Gesetz als sich selbst; ja, es hält es für eine Barbarei, eine

Grausamkeit, dem Toten das Leben abzusprechen. Die Liebe will ja alles beseitigen, was dem Geliebten wehe tut, was wider ihn ist, sein Selbst- und Wohlgefühl beeinträchtigt: Wie sollte sie sich also von dem Tode das Leben des Geliebten nehmen lassen, wie den Tod, die schrecklichste Verneinung, sich gefallenlassen, anerkennen? Aber es ist nur Selbsttäuschung, wenn wir glauben, in diesem Kampfe unseres Herzens mit dem Tode für den Toten zu streiten – wir kämpfen nur für uns selbst; wir denken, was uns drückt, drücke auch den Toten, wir befreien ihn daher von den Banden des Todes nur, um uns selbst von den Banden des Schmerzes zu befreien. Wir bedenken nicht, daß wir mit unsern Unsterblichkeitsbeweisen viel zu spät kommen, daß wir den Toten ja vor unsern Augen haben tat- und machtlos sterben, also den schwersten, sauersten Akt, den Sterbeakt, bestehen lassen, der Tote jetzt aber keine Bedürfnisse, folglich auch nicht das Bedürfnis des Lebens mehr hat; wir bedenken nicht, daß es nur einen einzigen Beweis der Unsterblichkeit gibt – und dieser heißt und ist: *nicht sterben*. Wir sind daher in unsern Unsterblichkeitsbeweisen, unsern Kämpfen für das Leben geliebter Toten wahre Don Quichotte[s]; wir kämpfen gegen einen bloßen Schatten, kämpfen gegen den Tod und lassen doch unsere Geliebten sterben; wir kämpfen also nicht gegen das wahre Übel, sondern ein Scheinübel, ein Übel nur in unsrer Einbildung, in *unserm Sinne*, aber nicht im Sinne der Toten. Wenn daher eine allmächtige Liebe existierte, so wäre der Beweis ihrer Existenz nur dieser, daß sie den Menschen nicht sterben ließe. *Die* Allmacht, die erst nach dem Tode wieder den Menschen ins Leben ruft, ist nur die Allmacht der menschlichen Einbildungskraft.

Endlich ist auch noch zu bemerken, daß der auf das Bedürfnis des Wiedersehens gestützte Unsterblichkeitsgrund nur auf eine partikuläre Unsterblichkeit führt; denn es gibt unzählige Menschen, die dieses Bedürfnis nicht fühlen, vielmehr statt des Wunsches des Wiedersehens der lieben Freund-, Vetter- und Gevatterschaft den Wunsch des Nichtmehrsehens haben. Es sind nur die innig sich Liebenden, die den Tod schmerzlich empfinden, und selbst diese würden doch auch in der Unsterblichkeit nicht ihre Wünsche befriedigt finden; denn die Liebe will den ganzen, unverstümmelten

Menschen, den Menschen, wie er mit allen seinen von der phantastischen christlichen Vervollkommnungstheorie beanstandeten Mängeln, Schlacken und Fehlern hier im Diesseits existiert.

„Die Welt“, sagte ein oberflächlicher Rezensent meiner „Gedanken über Tod und Unsterblichkeit“, „ist kein tauber Baum, der bloß Blätter trägt, sondern blütenreich, und in jeder Blüte wird das Ganze neu geboren“, in jeder Blüte, setzen wir in der Sprache der Leibnizschen Philosophie hinzu, spiegelt sich das Universum, das Unendliche ab; jede Blüte ist daher so beständig, so ewig als der Baum selbst. Sehr schön gedacht und gesagt! Aber trotz dieser schönen Worte und Gedanken *sehen* wir die Blüten welken, *sehen* wir die Menschen sterben. Was vermögen alle Unsterblichkeitsbeweise gegen das sinnliche Faktum der Sterblichkeit?

„Denique saepe hominem paullatim *cernimus* ire,
Et membratim vitalem deperdere sensum:
In pedibus primum digitos livescere et unguis,
Inde pedes et crura mori, post inde per artus
Ire alios tractim gelidi vestigia lethi.

[Endlich sehen wir oft, wie ein Mensch allmählich davongeht und wie Glied um Glied das Lebensgefühl in ihm abstirbt. Bleifarb werden zunächst an den Füßen die Nägel und Zehen, dann sterben die Füße und Beine, dann zeigen allmählich auch die übrigen Glieder die Spuren des eisigen Todes. (Deutsch von H. Diels)]“

Lucretius

„Ja!, der sichtbare Tod erstreckt sich auch nur auf das Sichtbare, Sinnliche, folglich Vergängliche des Menschen.“ * Ist denn aber die Vergänglichkeit nur ein Prädikat der

* Die Gründe des Lucretius gegen die Unsterblichkeit sind, mit Ausnahme der letzten physiologischen Gründe, noch heute gültig. Was kann man z. B. gegen die unsinnige Kopulation eines sterblichen und unsterblichen Wesens Besseres sagen, als er bereits gesagt hat:

„Quippe enim mortale aeterno jungere et una
Consentire putare et fungi mutua posse,
Dispere est, quid enim diversius esse putandum 'st.

[Drum wer ein sterblich Wesen mit einem unsterblichen

Sinnlichkeit? Gibt es denn nicht auch eine geistige Vergänglichkeit? Gehen nicht auch die Staaten, die Systeme, die Religionen, die Götter der Menschen zugrunde? Ist der Geist des achtzehnten Jahrhunderts der des neunzehnten? Der Geist des Jünglings der Geist des Mannes?

Jede Schrift, die ich schreibe, ist ein Spiegel meines Wesens, ein Abdruck aller meiner Fähigkeiten, in dem Augenblick, wo ich sie schreibe, das Höchste, was ich weiß und denken kann; aber gleichwohl verschwindet mir die Schrift, welche a priori für mich von unvergänglicher Bedeutung war, mit der Zeit in nichts. So ist es auch mit dem Menschen. Jeder ist ein Spiegel des Universums, jeder eine Schrift, in der die Natur gibt, was sie nur immer unter dieser und diesen Bedingungen und Umständen geben konnte; und jeder ist, indem er seine eigne Schrift liest, so entzückt von ihr, daß er a priori ihre Unsterblichkeit demonstriert, daß er sich unmöglich denken kann, daß sie je zu Makulatur gemacht werden könne. Aber gleichwohl zeigt sich, aber erst a posteriori, daß diese Schrift nicht das opus postumum [nachgelassene Werk] der Natur war, daß die Natur, unaufhörlich schaffend, an die Stelle der alten Schriften neue setzt, weil sie sich selbst verändert und daher in den alten Spiegeln nicht mehr sich erkennt. Bliebe das Universum immer dasselbe, so blieben auch immer dieselben Individuen; sie würden nicht sterben; aber es verändert sich, also kommen notwendig auch andere Individuen, in denen sich dieses sein verändertes Wesen konzentriert und abspiegelt. Und so vergänglich der Mensch, so vergänglich ist auch sein Geist. „Der Geist? Der Geist, für den es keinen Raum und keine Zeit gibt, der die Sterne mißt, der das Unendliche, das All umfaßt?“ Aber siehst du nicht auch auf dem Auge das Unendliche, das All sich abspiegeln? Wäre die Sternenwelt Gegenstand deines Geistes, wenn sie nicht Gegenstand deines Auges wäre? Und doch siehst du dieses Auge, das dir allein die „Wunder des Himmels“ aufschließt, erlöschen. Wie reimt sich diese Erscheinung mit der himmlischen, universellen Natur des

gattet und sie zu einem Gefühl und zur Wechselwirkung vereinen will, ist ein Narr. Was läßt sich denn auch Verschiedneres denken? (Deutsch von H. Diels)]“

Auges? Warum vergissest du also über der Herrlichkeit des Geistes die Herrlichkeit des Auges, der Sinne, des Körpers überhaupt? Oder ist etwa, wie der Platonismus und Christianismus behauptet, der Körper eine „lästige Fessel des Geistes"? Wie abgeschmackt! Der *Körper* ist das *Fundament der Vernunft*, das *Band der logischen Notwendigkeit*, welches allein den Menschen zur Räson bringt und verhindert, daß seine Gedanken sich[1] ins Gebiet phantastischen Unsinns verlieren; er ist insofern allerdings eine Fessel, aber eine Fessel, welche die Sanitätspolizei der Natur dem Wahnsinn des Menschen angelegt hat. „Wohl könnten wir", sagt noch im neunzehnten Jahrhundert der christliche Manichäismus*, „Amerika, Afrika und alle uns verborgne[n] Länder der Erde erkennen, wenn uns nicht der schwere Leib an die Erdscholle unserer Geburt fesselte." Wie lächerlich! Hast du denn keine Beine, die dich nach Afrika und Amerika tragen? Aber freilich, der Gang auf den Beinen ist dir zu langweilig und mühselig. Du willst als christlicher Engel in einem Nu über die Berge von Schwierigkeiten hinüberfliegen, die sich der irdischen Erkenntnis entgegenstellen. Aber siehst du denn nicht, daß diese im Flug erworbene Kenntnis eine flüchtige, oberflächliche sein würde? Siehst du nicht, daß die *Schwere* des Körpers das Fundament *gründlicher, solider* Erkenntnis ist? Seit wann haben denn die Christen eine Erkenntnis der Erde, der Natur überhaupt? Seitdem sie nicht mehr den Leib als „eine hemmende Fessel des Geistes" betrachteten, nicht mehr im Flug des Gedankens oder der Phantasie als himmlische Geister über die Natur hinweg sich setzten, sondern den *Körper zum Fundament und Mittel* der Wissenschaft machten. „Wohl hätten wir", fährt der rationalistische Manichäismus fort, „das Vermögen, zu erkennen und zu begreifen, was auch in dem Monde, dem Merkur, der Venus, den andern Planeten, den Kometen, der Sonne ist, aber der *Körper fesselt uns an diese Erde.*" Wie lächerlich! Ist es nicht der Körper, das Auge, das uns zu Sonne, Mond und Sternen erhebt? Stammt der Reichtum der modernen

[1] *Im Original folgt irrtümlich:* nicht

* Oder: „Die religiöse Glaubenslehre nach der *Vernunft* (?) und der Offenbarung für *denkende* (?) Leser".

Astronomie nicht allein daher, daß *sie sieht*, was die alte Astronomie nicht sehen konnte? Allerdings läßt uns der Körper nicht von der Erde weg, aber diese Schranke ist eine *sehr vernünftige* Schranke, die nur das sokratische „*Erkenne dich selbst!*" uns zuruft, nur daran uns erinnert, daß wir nicht, wie die Christen, über dem Himmel die Erde, über dem Fernen das Nächste vergessen, nicht um allotria uns bekümmern und mit dem Wissen, das der Mensch auf der Erde von den Sternen hat, haben kann und im Verlauf der Geschichte noch bekommen wird, begnügen; denn wir wissen das *Notwendige* und *Wesentliche* von ihnen, was freilich nicht die Neugierde befriedigt; aber wer kann diese befriedigen? Sie ist unerschöpflich in Fragen. Es ist daher nichts verkehrter, als wenn man bei der Frage von der Unsterblichkeit des Menschen nur die Partei des Geistes ergreift und von seinem sichtbaren, überhaupt sinnlichen Wesen abstrahiert, gleich als hätten die Sinne nicht auch ein gewichtiges Wörtchen mit dreinzusprechen. Und doch ist diese Verkehrtheit eine Notwendigkeit; denn um einen unsterblichen Geist aus dem Menschen herauszubringen und in den Himmel zu expedieren, muß man die Sinne verschließen, nur seiner Einbildung Gehör geben. Der Geist, das Wesen ohne Körper, ohne Sinne, ohne örtliche und zeitliche Schranken, ist freilich per se [schon als solcher] unsterblich; aber dieser Geist, dieses Wesen ist kein wirkliches, sondern eingebildetes Wesen, ist nichts andres als das Wesen der menschlichen Einbildungskraft. In der Einbildung durchfliegst du wohl in einem Nu alle Zeiten und Räume; aber merke dir wohl: Es sind nur *eingebildete* Zeiten und Räume. Wie willst du daher aus dieser eingebildeten Raum- und Zeitlosigkeit eine wirkliche zeit- und raumlose Existenz folgern? Ich setze oder denke, sagt der Spiritualist, wo er die ersten Gründe seiner Theologie und Unsterblichkeit entwickelt, es sei kein Mensch, kein Körper, keine Welt; aber glaubst du, daß deswegen wirklich kein Körper, kein Mensch ist, daß du unabhängig vom Körper bist und denkst? Wie willst du also diesem vom Körper unterschiednen Wesen eine *unsterbliche* Existenz anweisen? Beweise erst, daß es kein Gedanke, keine Einbildung ist, daß es *Existenz* hat. Kannst du aber das? Unmöglich. Sein heißt sinnlich sein.

Du denkst dich mit Wissen und Willen unterschieden vom Leibe, während du ohne Wissen und Willen mit ihm verbunden bist und nur in dieser Verbindung denkst. Dein vom Leibe unterschiednes Wesen, welches du eben aus diesem deinen Dich-vom-Leibe-Unterscheiden folgerst und dir als ein besonderes, selbständiges unsterbliches Wesen vorstellst, ist daher nichts weniger als dein wahres Wesen; es ist nur ein Spiegelbild, ein Schatten, ein Produkt der Abstraktion, ein Exzerpt, das dich aber um so mehr frappiert, als du es aus seinem naturgemäßen Zusammenhang herausgerissen hast, ein Schlußsatz, der dir aber für ein Axiom gilt, weil die ihn vermittelnden und begründenden Vordersätze deinen Augen nicht gegenwärtig sind. Du denkst, ohne daß dir während des Denkens die Grundlagen und Bedingungen, die sinnlichen Voraussetzungen des Denkens Gegenstand sind; so verselbständigst du das Denken in einem schlechthin unbedingten Wesen, welches daher auch nie seine Existenz verliert, aber nur aus dem einfachen Grunde, weil es *keine Existenz* hat außer im Kopfe des Denkers. Die spekulative Philosophie hat es daher geradeso gemacht wie das Christentum: das Bewußtsein, den Schein an die Stelle des Wesens gesetzt und in ihrer theologischen Verkehrtheit aus dem Schein das Wesen, aus dem reinen, spekulativen, d. h. dem abstrakten, abgeleiteten, Ich das empirische, d. h. wirkliche, ursprüngliche, Ich deduziert.

„Die Russen glaubten noch zur Zeit Peters des Großen, daß nur die Zaren und Bojaren in den Himmel kommen würden." Die Leute, welche den Leib sterben, den Geist aber unsterblich sein lassen, stehen auf dem Standpunkt der Russen. Der Bojar oder Zar vielmehr ist der Geist, der Untertan oder gemeine Russe der Leib. Aber wie die Majestät des Zaren nur in der Meinung und Einbildung des Russen, so existiert auch die Majestät des Geistes nur in der Einbildung der Menschen und ihrer Unwissenheit von seinem wahren Wesen. Der gemeine Russe weiß nichts von der Geschichte seines Zaren, weiß nicht, daß sich die Majestät zuletzt auf einen Schweinehirten oder sonst ein anderes Wesen seinesgleichen reduziert; er macht daher in dieser seiner Unwissenheit von den geschichtlichen Bedingungen der Majestät den Zaren zu einem Geschöpf seiner Einbildung, zu einem Wesen von Gottes Gnaden; und der Spiritualist weiß nichts von der chronique scandaleuse des Geistes*, nichts von der natürlichen Entstehungsgeschichte aller seiner supranaturalistischen Phantasmen und Abstraktionen, nichts von seiner Identität mit dem gemeinen, sinnlichen Wesen des Menschen; er macht ihn daher zu einem Wesen von Gottes Wesen, d. h. zu einem Wesen, das nur der menschlichen Abstraktion, Einbildung und Unwissenheit sein Dasein verdankt. Der Russe weiß nichts davon, daß der Zar nicht des Zaren, sondern des Russen wegen, der Mensch nicht des Staates, sondern der Staat des Menschen wegen da ist, daß die Majestät nur deswegen heiliggesprochen wird, damit Leben, Person und Eigentum des gemeinen Russen heilig sei, daß der Glanz der Majestät also kein eigenes, sondern erborgtes, abgeleitetes Licht ist; und der Spiritualist weiß nichts davon, daß der Mensch nicht des Geistes, sondern der Geist des Menschen wegen da ist, daß das sinnliche Wesen nicht ein Attribut oder gar Anhängsel des Geistes, sondern der Geist ein Attribut des sinnlichen Wesens ist, daß nur ein sinnliches Wesen das Bedürfnis des Denkens empfindet, die Sinnlichkeit also der Grund, die Voraussetzung der Vernunft, des Geistes ist – aber eine Voraussetzung, die sich nicht, wie in der Hegelschen Dialektik, als eine nichtige[1], scheinbare, transitorische erweist, sondern eine bleibende Wahrheit ist.

Als einst ein Erzbischof von Köln seinen großen Pomp und Prunk vor einem armen Tagelöhner, welcher ihn deshalb auslachte, mit der Distinktion rechtfertigte, daß er

* Als einst ein Anatom die Lage der Gebärmutter zeigte, sagte er: „Hier lasset uns bespiegeln, wir Menschen, die wir mit unserer adeligen Ankunft prangen und meinen, wir seien besser als andere, hier ist unsere erste Wohnung zwischen Harn und Kot.“ Ja, hier lasset euch bespiegeln, ihr vornehmen, zimpferlichen Spiritualisten, die ihr den natürlichen Ursprung des Menschen, die materielle, sinnliche Genesis des Geistes zu despektierlich findet und euch daher für uranfängliche Herren von Gott oder Geist haltet!

[1] *Im Original stattdessen wohl Druckfehler:* richtige

nicht schlecht eine geistliche Person, sondern zugleich ein weltlicher Fürst und fürnehmes Glied des H. Römischen Reichs sei, wandte ihm der Taglöhner ein: „Wann dann nun der Teufel den Fürsten zur Höllen führet, wo würde alsdann der Erzbischof bleiben?" * Ich frage desgleichen die sämtlichen Glieder des heiligen christlich-germanischen Geisterreichs, wo denn der geistliche Herr bleibt, wenn der weltliche, leibliche Herr zum Teufel fährt.

„Was vermögen alle Gründe gegen die Unsterblichkeit wider das Gefühl? Ich habe aber eine Ahnung meiner zukünftigen Existenz, ich *fühle* es, daß ich unsterblich bin, also bin ich es, denn das Gefühl ist untrüglich." Das heißt: Ich bilde mir ein, ich glaube, unsterblich zu sein, darum fühle ich mich unsterblich, gleichwie der Mensch fühlt, daß er von Butter ist, wenn er es sich einbildet, fühlt, daß seine Nase fortwährend wächst, wenn er, sei es nun aus freien Stücken oder auf Einreden anderer, glaubt, daß sie immer größer wird. Allerdings ist das Gefühl untrüglich, aber nur das ursprüngliche, unmittelbare Gefühl, das Gefühl, welches das offenbare Dasein, die sonnenklare Gegenwart seines Gegenstandes voraussetzt und beurkundet. Ein solches Gefühl ist das Gefühl des Seins, das Gefühl, daß du *bist*. Aber wie kannst du fühlen, daß du sein wirst? Die Zukunft *ist* nicht; ja, sie ist nur Gegenstand der Einbildung. Und wie nun gar fühlen, daß du nach dem Tode sein wirst? Zwischen deiner gegenwärtigen und zukünftigen Existenz steht ja eben der Tod in der Mitte. Wie willst du durch diese Scheidewand hindurchfühlen? Es ist daher nur die Vorstellung, die Einbildung und Reflexion, die dir auch nach und trotz dem Tode eine Existenz vormalt, die nun freilich, als ein Gegenstand der Einbildung, auch ein Gegenstand deines Gefühls ist. Aber eben weil dieses Gefühl nur ein Erzeugnis deiner Einbildung und Reflexion ist, hat es keine Gültigkeit und Autorität. Das Gefühl als solches sagt dir weder, daß du nicht sein wirst, noch, daß du sein wirst; es sagt dir nichts weiter, als daß du bist; es weiß nichts vom Tode, aber auch nichts von der Unsterblichkeit, so wie es nichts vom Atheismus, aber auch nichts vom Theismus weiß.

* Zinkgref, „Teutsche Apophthegmata".

Das Gefühl ist ein ewiges Kind, aber das Kind weiß weder, daß ein Gott, noch, daß keiner ist. „Wahrlich, ich sage euch, es sei denn, daß ihr euch *umkehrt* und *werdet wie die Kinder*, so werdet ihr nicht in das Himmelreich (d. h. das Menschenreich) kommen."

„Die Lehrer werden leuchten wie des Himmels Glanz." Man siehet aus diesen Worten Daniels, bemerkt hierzu ein christlicher Theolog des vorigen Jahrhunderts, nicht nur, daß es Stufen in der Seligkeit der Auserwählten gebe, sondern auch besonders, daß die *Gelehrten* einer größeren Herrlichkeit teilhaftig sein werden als die *Ungelehrten*. Die Worte des Heiligen Hieronymus von dieser Sache sind viel zu schön, als daß wir sie weglassen sollten: „Man pflegt zu fragen, ob ein gelehrter Heiliger und ein ungelehrter, einfältiger Heiliger einerlei Belohnung und einerlei Wohnung im Himmel erhalten werden. Nach der Meinung des Theodotians hält man dafür, daß die Gelehrten eine Gleichheit mit dem Glanz des Himmels haben, die andern aber, die ohne Gelehrsamkeit gerecht und auserwählt sind, nur mit dem Glanz der Sternen verglichen werden." Seht, so nimmt im Christentum nicht einmal mit dem Tode die menschliche Eitelkeit ein Ende. Selbst im Himmel will einer vor dem andern glänzen – der eine mit der „Klarheit der Sterne, der andre mit der Klarheit des Mondes, der dritte mit der Klarheit der Sonne"; selbst im Himmel haben wir wieder dieselben Unterschiede und Stufen wie hier: Niedrigselige, Hochselige und Allerhöchstselige. Wie recht hatte doch jener Neger, welcher das Anerbieten der christlichen Unsterblichkeit mit den Worten ausschlug: „Nach dem Tode ist alles aus, wenigstens für uns Neger; ich will kein andres Leben, denn vielleicht wäre ich dort wieder euer Sklave."

„Die Gelegenheit, das ewige Leben zu erwerben", sagen die Christen, wenigstens die alten Christen, „hat Gott dem Menschen nur in diesem Leben gegeben." „Höchst flüchtig ist dieses Leben, und doch wird in ihm das ewige Leben erworben oder verloren. Höchst erbärmlich ist dieses Leben, und doch wird in ihm die ewige Seligkeit erworben oder verloren." Dieses Leben bestimmt also bis in alle Ewigkeit hin die *Beschaffenheit* des andern Lebens; war dieses Leben ein schlechtes, so ist es auch das künftige, war dieses Leben ein gutes, so ist es auch jenes. Dieses Leben hat daher in Wahrheit keine vorübergehende, sondern ewige Bedeutung; ich habe hier *ein für allemal* gelebt, denn meine wesentliche Qualität ändert sich nicht. Das Jenseits ist nur das Echo des Diesseits. So haben wir auch im alten Christentum die Bestätigung davon, daß das andere Leben zuletzt nur dieses Leben ist, aber vorgestellt ohne Ende.

Schließlich muß ich zu dem Abschnitt über den „allgemeinen Unsterblichkeitsglauben" die Bemerkung noch nachtragen, daß einige Völker ausdrücklich *zwei* Seelen annehmen, in Beziehung auf den Toten eine, die bei dem Leichnam bleibt, eine andere, die ins Land der Seelen geht; in Beziehung auf den Lebenden eine, die die Erscheinung des Atmens, eine andere, die die Erscheinung des Vorstellens, insbesondere des Träumens ausdrückt. Ich muß aber auch zugleich bei dem Worte „Seele" die Bemerkung wiederholen, daß die Christen wie ihre theistischen, so auch ihre psychologischen Vorstellungen den heidnischen Völkern unterschieben, obgleich diese ebensowenig etwas von einem Gott in unserm Sinne, d. h. einem abstrakten Wesen außer dem Menschen, als etwas von einer Seele in unserm Sinne, d. h. einem abstrakten Wesen im Menschen, wissen. So heißt es z. B. in Cooks „Dritter und letzter Reise" von den Bewohnern der Freundschaftsinseln: „Über die *Immaterialität* und *Unsterblichkeit* der Seele haben sie ziemlich richtige Begriffe." Gleichwohl heißt es darauf, daß „die Seelen, des gemeinen Mannes wenigstens, von einem Vogel namens Loata *gefressen* werden." Übrigens haben die Christen allerdings auch recht, wenn sie in den Seelen selbst der wildesten und rohsten Völker ihre eigne Seele erkennen, denn alle unsre religiösen und psychologischen Elementarvorstellungen unterscheiden sich nur dadurch von den Vorstellungen der rohen Völker, daß sie subtiler, abstrakter sind; im letzten Grunde aber sind sie dieselben.

[*Paul Johann Anselm von Feuerbach und seine Söhne*]

Feuerbach, Paul Johann Anselm, Ritter von, wurde den 14. Nov. 1775 geboren. Seine *Mutter*stadt ist Jena, denn er wurde hier geboren, und seine Mutter selbst war eine Jenenserin, seine *Vater*stadt aber Frankfurt am Main. Sein Vater war daselbst Advokat, hatte aber schon frühzeitig das Geschäftsleben mit dem Privatleben vertauscht. Den Grund seiner Bildung legte er auf dem Frankfurter Gymnasium. Dieser Grund war seine bis an sein Lebensende sich gleichbleibende Verehrung und Begeisterung für das klassische Altertum. 1792 bezog er die Universität Jena, wo er sich zuerst ausschließlich auf das Studium der Geschichte und Philosophie verlegte und schon als Student als philosophischer Schriftsteller auftrat. Der Gegenstand, welcher in dieser Periode am meisten seinen Geist und – was bei ihm eins war – seine Feder beschäftigte, war das Naturrecht. Wir nennen hier nur seine Schrift „Über die einzig möglichen Beweisgründe gegen das Dasein und die Gültigkeit der natürlichen Rechte" (Lpz. 1795), die er noch als Student, seine „Kritik des natürlichen Rechts" (Altenb. 1796), die er bereits als Doktor der Philosophie schrieb, und seinen „Anti-Hobbes oder über die Grenzen der höchsten Gewalt und das Zwangsrecht der Bürger gegen den Oberherrn", der zwar 1798 erschien, aber gleichwohl noch dieser Periode angehört. Klassische Geister gehen instinktmäßig den Weg, den andern die Vernunft vorschreibt. So F[euerbach]. Vom Naturrecht ging er, allerdings auch zugleich durch äußerliche Veranlassungen hierzu aufgefordert, zum Studium des positiven Rechts über, insbesondere des Kriminalrechts, welches seinem philosophischen Geiste am meisten zusagte. Die ersten Früchte dieses neuen Studiums, das von nun an den Zentralpunkt seines Lebens bildete, waren seine Abhandlung „Ist Sicherung vor dem Verbrechen Zweck der Strafe?" (1798) in der „Bibliothek für die peinliche Rechtswissenschaft und Gesetzkunde", die zuerst Grolman allein, später aber in der Verbindung mit F. und Almendingen herausgab, seine „Philosophisch-juridische Untersuchung über das Verbrechen des Hochverrats" (Erf. 1798) und seine Dissertation „De causis mitigandi ex capite impeditae libertatis" (1799), worin er gegen die Juristen auftritt, welche selbst „die bestimmtesten und über alle Willkür erhabensten Gesetze der richterlichen Willkür unterwerfen, den Richter über die Gesetze erheben und durch unzählige und willkürlich ersonnene Milderungsgründe die Strenge und Konsequenz der Gesetze zernichten". Ausführlicher entwickelte und begründete er diese Grundsätze in seiner „Revision der Grundsätze und Grundbegriffe des positiven peinlichen Rechts" (2 Bde., Jena 1799–1800), welcher als „Anhang" sich anschließt seine Schrift „Über die Strafe als Sicherungsmittel. Nebst einer Prüfung der Kleinschen Strafrechtstheorie" (Chemnitz 1799). 1801 faßte er endlich die Resultate seiner kritischen, historischen und philosophischen Studien über das Kriminalrecht systematisch zusammen in seinem „Lehrbuch des gemeinen in Deutschland gültigen peinlichen Rechts", das seitdem nicht weniger als 13 Ausgaben erlebt hat. In demselben Jahre wurde ihm fast gleichzeitig eine Professur in Jena und Kiel angetragen. Er zog letzteres vor. In Kiel schrieb er seine „Kritik des Kleinschrodischen Entwurfs zu einem peinlichen Gesetzbuche für die Kurpfalz-Bayrischen Staaten" (3 Bde., Gieß. 1804) und seine „Zivilistische[n] Versuche" (Gieß. 1803), wo er in der Vorrede sein juristisches, ihn vollständig charakterisierendes Glaubensbekenntnis ablegt, wenn er erklärt: „Die Jurisprudenz könne zu gar nichts Gutem kommen, wenn sie nicht wenigstens zur Linken von der vernünftigen Philosophie, zur Rechten von der verständigen reinen Empirie geführt werde, sie müsse ohnausbleiblich ohne die letzte in eine Art von Tollheit und ohne die erste in eine Art von Dummheit geraten." 1804 folgte er einem Rufe nach Landshut in Bayern. Bayern, damals, unter der aufgeklärten Regierung Max Josephs II., in seiner Glanzperiode, im Entwurf umfassender Reformen begriffen, gewährte – später leider nur mit zu großen Beschränkungen – seinem Geiste den entsprechenden Wirkungskreis. Er erhielt (1805) den Auftrag zum Entwurf eines neuen Strafgesetzbuchs und wurde zu diesem Zwecke (1806) nach München als Referendar in das Ministerial-, Justiz- und Polizeidepartement versetzt. Sieben Jahre arbeitete F. an diesem Entwurfe, welcher 1813 unter dem Titel „Strafgesetzbuch für das Königreich Bayern" genehmigt und von vielen Staaten zur Grundlage ihrer Kriminalgesetzgebungen genommen wurde. Trotzdem hat dieses Gesetzbuch, welches, seiner Einseitigkeiten ungeachtet, einen wesentlichen Fortschritt in der Geschichte der deutschen Gesetzgebung bezeichnet, so viele fremde Zusätze, Veränderungen und Entstellungen erlitten, daß es F. stets nur mit tiefstem Schmerz als ein gänzlich verpfuschtes Werk betrachtete. Während er noch an dem Strafgesetzbuch arbeitete, erhielt er zugleich (1808, wo er zum Geheimen Rat ernannt wurde) den Auftrag, den „Code Napoleon" für Bayern umzuarbeiten. F. vollzog bei seiner unglaublichen Tätigkeit binnen einem halben Jahre ganz allein diesen Auftrag. Als aber hernach die politischen Verhältnisse Bayerns zu Frankreich sich freier gestalteten und der unglückselige Gedanke, ein fremdes Gesetzbuch auf Bayern anzuwenden, aufgegeben wurde, mußte F. in Gemeinschaft mit Gönner und Aretin den „Codex Maximilianeus" revidieren und umarbeiten. Er leistete auch hierin in weniger als sechs Monaten – in so kurzer Zeit sollte der neue Kodex fertig sein – Unglaubliches, redigierte den I., III. und IV. Teil. Inmitten seiner anstrengenden legislativen Arbeiten, inmitten der heißen Kämpfe, die er infolge derselben zu bestehen hatte, vergaß er aber nicht die Geliebte seiner Jugend: die Wissenschaft. 1808–11 schrieb er seine besonders durch ihre geistreichen psychologischen Entwicklungen ausgezeichneten „Merkwürdigen Kriminalrechtsfälle", 1812 seine „Themis oder Beiträge zur Gesetzgebung" und seine (im Druck mit der Jahreszahl 1813 bezeichneten) „Betrachtungen über das Geschwornengericht". F. hatte hier hauptsächlich nur die damalige französische, zu einem Spielwerkzeug des Napoleonischen Despotismus degradierte Jury im Auge. Übrigens veränderte sich auch späterhin im wesentlichen nicht seine Ansicht vom Geschwornengericht; noch 1819 erklärte er sich weder uneingeschränkt für noch uneingeschränkt gegen dasselbe. 1813 ergriff F. die Feder für Deutschlands Freiheit und Selbständigkeit. Seine Broschüre „Über die Unterdrückung und Wiederbefreiung Europens“, die wir hier allein erwähnen, enthielt die „ersten freien Worte, die damals im südlichen Deutschland, laut in die Welt hinausgerufen, die unheimliche Stille unterbrachen“ – Worte, die man damals noch so wenig vertrug, daß sie dem Verfasser einen Verweis zuzogen mit dem Bedeuten, daß er sich einer Majestätsbeleidigung an der Person des französischen Kaisers und Protektors des Rheinischen Bundes schuldig gemacht habe. F. wußte aber, daß die Unabhängigkeit von äußern Feinden nur Wert hat als Bedingung der innern, staatsbürgerlichen Freiheit. Er erhob daher bei Eröffnung des Wiener Kongresses seine Stimme – „die erste, die dafür laut wurde“ – „für deutsche Freiheit und Vertretung deutscher Völker durch Landstände“ (Lpz. 1814). So gemäßigt sich auch in dieser Schrift F. aussprach, so zog er sich doch durch sie die Ungnade des Königs zu. Wenige Wochen nach ihrer Erscheinung wurde er wegen seiner freisinnigen Teilnahme an der gemeinsamen Sache Deutschlands von den engherzigen bayrischen Patrioten als Jakobiner und Tugendbündler verdächtigt, aus dem Geheimen Ratskollegium entfernt und als Präsident nach Bamberg an ein Appellationsgericht versetzt, das schon mit einem Präsidenten versehen war. Die zweideutige und nutzlose Stellung, die er hier hatte, entsprach aber so wenig seinem Geiste und Charakter, die Verdächtigungen und Verfolgungen, denen er überdies fortwährend von Altbayern her wegen seiner deutschen Gesinnung und anderer Tugenden ausgesetzt war, wurden ihm endlich so unerträglich, daß er im Begriff war, in auswärtige Staatsdienste zu treten. Doch der Staat, auf den F. hauptsächlich seine Hoffnung gesetzt hatte – Preußen –, schlug plötzlich eine solche unerfreuliche Richtung ein, daß ihm Bayern dagegen im vorteilhaftesten Lichte erschien. Glücklicherweise eröffnete sich auch hier neuerdings für ihn ein schöner Wirkungskreis, indem er 1817 zum ersten Präsidenten des Appellationsgerichts für den Rezatkreis in Ansbach ernannt wurde. Wie F. von der Bestimmung und Würde des Richters dachte, wie er durchdrungen war von der Idee der

Gerechtigkeit, in welchem hohen Sinn er sie erfaßt hatte, davon zeugt die Rede, die er beim Antritt dieses seines Präsidentenamtes hielt, welchem er bis an sein Lebensende mit Lust und Liebe vorstand, ohne jedoch darüber seinen Beruf zum Schriftsteller zu vernachlässigen. Das erste Werk, das F. in Ansbach ausarbeitete, waren seine „Betrachtungen über die Öffentlichkeit und Mündlichkeit der Gerechtigkeitspflege“ (Gießen 1821) – unstreitig das bedeutendste und vollendetste Werk, das seiner fruchtbaren Feder entquoll. In demselben Jahre, wo er auch zum Wirklichen Staatsrat ernannt wurde, machte er, um die Gerichtsverfassung und das gerichtliche Verfahren Frankreichs in besonderer Beziehung auf die Öffentlichkeit und Mündlichkeit der Gerechtigkeitspflege aus eigner Anschauung kennenzulernen, eine Reise nach Paris, deren Ergebnisse er 1825 im 2. Bande zu jenen „Betrachtungen“ niederlegte. In den Jahren 1822–23 veranlaßten ihn pfäffische Ränke sowohl katholischer- als protestantischerseits zu kirchenrechtlichen Protestationen und Demonstrationen. Die merkwürdigen Rechtserfahrungen, die ihm in seiner amtlichen Tätigkeit als Chef des Gerichtshofs einer höchst bevölkerten und regsamen Provinz Bayerns in reichlicher Fülle zuströmten, benutzte er teils zu legislativen Arbeiten, teils zur Darstellung von Strafrechtsfällen. So arbeitete er 1824–25 den Entwurf eines neuen Strafgesetzbuchs aus, und 1828 erschien seine „Aktenmäßige Darstellung merkwürdiger Verbrechen“ (2 Bde., Gieß. 1828 u. 1829), die nicht mit seinen früheren „Kriminalrechtsfällen“, die nur den geringsten Teil derselben ausmachen, zu verwechseln ist. Seltsamerweise spielte ihm in demselben Jahre der Zufall oder die Nemesis den merkwürdigen und unglücklichen Findling Kaspar Hauser in die Hände. F. machte ihn bekanntlich zum Gegenstand einer eignen Schrift, „Kaspar Hauser. Beispiel eines Verbrechens am Seelenleben des Menschen“ (Ansb. 1832). Die Beschuldigungen, die wegen dieser Schrift F. – dem Manne der strengsten Wahrheits- und Gerechtigkeitsliebe – nach seinem Tode von dem „Grafen Stanhope“ in seinen post festum zusammengestoppelten Materialien „zur Geschichte Kaspar Hausers“ gemacht wurden, sind einer Widerlegung unwürdig. Die letzte literarische Arbeit F.s war eine Sammlung seiner

„Kleinen Schriften vermischten Inhalts“ (2 Abt., Nürnb. 1833). Die wichtigsten derselben sind bereits, wenn auch nicht namentlich, doch wesentlich in dieser unserer Skizze enthalten. Zur Vervollständigung derselben heben wir jedoch noch hervor seine durch einen 1830 beabsichtigten Gewaltstreich des damaligen Ministers des Innern veranlaßte staatsrechtliche Abhandlung „Kann die Gerichtsverfassung eines konstitutionellen Staates durch bloße Verordnungen rechtsgültig geändert werden?“, seine gewichtigen „Worte über historische Rechtsgelehrsamkeit und einheimische deutsche Gesetzgebung“ und seinen „Blick auf die deutsche Rechtswissenschaft“, worin er kraft seines universellen, echt philosophischen Geistes nach Analogie der vergleichenden Anatomie eine *vergleichende*, eine die Gesetze und Rechtsgewohnheiten aller Völker und Zeiten umfassende Universaljurisprudenz als das Ziel der Rechtswissenschaft bestimmt. Er selbst arbeitete in seinen mittleren Jahren an der Ausführung dieser Idee; aber leider war es ihm nicht vergönnt, sie vollständig zu realisieren und so der deutsche Montesquieu zu werden. Im Frühjahr 1833 reiste er in seine Vaterstadt, um dort zu – sterben, den 29. Mai. Aber er lebt noch fort nicht nur in den Werken seines Geistes, sondern auch in den Werken seines Fleisches. Er hinterließ fünf Söhne, alle Erben nicht nur seines Namens, sondern auch seines Geistes. Sie sind: – *Anselm* F., geb. den 9. Sept. 1798, Archäolog und Ästhetiker, aber Ästhetiker im Geiste eines Lessings und Winckelmanns, studierte in Erlangen und Heidelberg Philologie. Als Gymnasialprofessor in Speyer schrieb er seinen „Vatikanischen Apollo“ (Nürnb. 1833). Dieses ausgezeichnete Werk verschaffte ihm einen Ruf nach Dorpat und Freiburg in Baden. Er ging nach Freiburg. Von dort aus reiste er nach Italien, wo er mehrere archäologische Entdeckungen machte. Er ist weniger als Schriftsteller denn als Lehrer tätig, leider an einem Orte, der keineswegs seinen glänzenden Talenten und seinen ebenso gründlichen als ausgebreiteten Kenntnissen entspricht. Er ist auch Dichter; er hat aber sein poetisches Talent bis jetzt vergraben. – *Karl* F., geb. den 30. Mai 1800, Mathematiker, studierte in Erlangen und Freiburg, wurde hierauf Professor der Mathematik am Gymnasium in Erlangen und Hof, starb aber schon in seinem 34. Jahre, ein Opfer der demagogischen Verfolgungen und spießbürgerlichen Verhältnisse Deutschlands. Er war ein höchst origineller Mensch, der wilden Tatendrang mit mathematischem Tiefsinn auf seltsame Weise in sich vereinigte, seinen Freunden auch als ausgezeichneter Karikaturenzeichner bekannt. Als Beweise seines mathematischen Genies hinterließ er der Welt seine „Eigenschaften einiger merkwürdigen Punkte des geradlinigen Dreiecks" (1822) und seinen „Grundriß zu analytischen Untersuchungen der dreieckigen Pyramide" (Nürnberg 1827). – *Eduard* F., geb. den 1. Jan. 1803, der einzige, welcher die Wissenschaft seines Vaters, die Jurisprudenz, ergriff, studierte in Göttingen und Erlangen, begann die Dozentenlaufbahn in München und beschloß sie als Professor in Erlangen. Er war ein ausgezeichnet gründlicher Kenner und Lehrer des germanischen Rechts. Geschrieben hat er außer seiner Dissertation über die Gesamtbürgschaft nur „Die Lex Salica und ihre verschiedenen Rezensionen" (1831). Er starb plötzlich 1843. – *Ludwig* F., geb. den 28. Juli 1804, der bekannteste und als Schriftsteller tätigste unter seinen Brüdern, *der*, welcher die Rolle seines Vaters zu wiederholen bestimmt scheint, aber auf einem ganz andern Gebiete, auf einem Gebiete, wo keine Orden und Titel zu erwerben sind, studierte erst Theologie, dann Philosophie in Heidelberg und Berlin, dozierte einige Jahre in Erlangen, zog sich aber dann im Bewußtsein, daß eine Universität, wo „außer dem Kartoffelbau der Brotwissenschaften nur die fromme Schafszucht im Flor ist", kein Ort für ihn sei, und „im Gefühl, daß er mit Gedanken schwanger gehe, die nur in einem ungestörten und unabhängigen Leben zur Reife gedeihen könnten", in der Nähe von Ansbach auf das Land zurück. Seine Schriftstellerlaufbahn begann er 1830 mit seinen namen- und formlosen, aber durch ihre titanische Genialität und übersprudelnde Bilderfülle ausgezeichneten „Gedanken über Tod und Unsterblichkeit". Nachdem er in dem Lavastrom dieser Schrift sein Jugendfeuer ausgetobt hatte und in den Xenien seiner eigenen spätern philosophischen Entwicklung in kühnen Sätzen poetisch vorausgeeilt war, ging er, statt vorwärts, zurück auf die Geschichte der Philosophie, um „in einem rein objektiven Element die eigne Subjektivität zu überwinden“ und zu bilden. Aus dieser Periode der Resignation, der Zurückhaltung des eignen Wesens stammt das noch heute nicht erloschene Vorurteil, welches ihn zur Hegelschen Schule rechnet, ob er gleich schon 1838 die Rolle des historischen, nur die Gedanken anderer reproduzierenden und entwickelnden Denkers mit der Rolle eines Kritikers vertauschte. Sein „P. Bayle“ eröffnet, sein „Wesen des Christentums“ vollendet und schließt diese Periode der Kritik; denn es wird hier nicht nur, was die Sache der Kritik ist, der Gegenstand in seine Bestandteile und Widersprüche aufgelöst, sondern zugleich aus einem allumfassenden Prinzip genetisch produziert. Dieses Prinzip, woraus F. alles ableitet und worauf er alles zurückführt, ist ihm „der Mensch auf dem Grund und Boden der Natur“. Die Darstellung und Entwicklung dieses Prinzips, welches F. auf die Wahrheit der sinnlichen Anschauung gründet und an die Stelle der bisherigen partikulären und abstrakten philosophischen und religiösen Prinzipien setzt, bezeichnet die dritte Periode in F.s Leben, die wir, im Unterschiede von seiner frühern historischen und kritischen, die positive oder produktive Periode nennen können. Die Bedeutung F.s zu entwickeln, namentlich seine philophische, die übrigens schon darin deutlich ausgesprochen ist, daß er schon von Anfang an die Historie und Empirie überhaupt zur Grundlage seines Denkens machte, ist hier nicht der Ort, auch jetzt nicht die Zeit. Er ist eben in der Herausgabe und Revision seiner sämtlichen (bei Otto Wigand erscheinenden) Schriften begriffen. Erst nach Vollendung dieser Ausgabe wird sich eine genügende Charakteristik seines wahren Wesens geben lassen. Wir gehen zu seinem jüngern Bruder über. – *Friedrich* F., geb. den 29. Sept. 1806, studierte in Erlangen, Bonn und Paris Sanskrit. Die Cholera, deren Opfer er beinahe in Paris (1832) geworden wäre, unterbrach aber seinen Studien- und Lebensplan. Gerettet, doch jahrelang noch leidend, beschäftigte er sich nur mit der französischen, italienischen, spanischen Sprache und Literatur. Er hat sich bekannt gemacht durch prosaische und metrische Übersetzungen aus allen diesen Sprachen, selbst aus dem Sanskrit, außerdem durch mehrere kleinere Schriften über die Religion „innerhalb der Grenzen der bloßen Menschlichkeit“. Er ist übrigens nichts weniger als ein Organ seines Bruders Ludwig, wofür ihn urteilslose Schreiber ausgeschrien haben. Er steht auf seinen eignen Beinen. Schon 1838 schrieb er eine anonyme Schrift, „Theanthropos", welche nur in der Selbsttätigkeit das Heil des Menschen erkennt. Er privatisiert in Nürnberg.

Über „Das Wesen der Religion" in Beziehung auf „Feuerbach und die Philosophie. Ein Beitrag zur Kritik beider", von R[udolf] Haym, 1847. Ein Bruchstück.

Es war nichts weniger als ein „Sprung", wie es in dieser Schrift heißt, es war ein längst zu erwartender, ein längst vorbereiteter, ein notwendiger Schritt, mit dem ich aus dem gotischen Dom des menschlichen Wesens in den heidnischen Tempel der Natur überging. Das „Wesen des Christentums" ist das Wesen des Menschen, aber *des* Menschen, welcher die Natur, die Materie, den Körper, den Leib, das Fleisch nur als eine Schranke, eine Negation seines Wesens weiß und daher in die Aufhebung dieser Schranke oder wenigstens – denn der Mensch kommt nie von der Natur los – in die Verwandlung dieser Natur in eine seinem Ideal entsprechende Natur, eine Natur, die übrigens soviel wie keine mehr ist – denn es wird ihr alles genommen, was eben die Natur zur Natur macht –, sein höchstes Ziel und Wesen setzt. Die Beschränktheit, Mangelhaftigkeit, Unwahrheit des Christentums, und zwar nicht nur im engern, sondern auch in dem weitern Sinn, der auch die christliche Philosophie in sich begreift, setze ich nun aber gerade darein, daß es das Wesen der Natur nicht erund anerkannt hat. Indem oder soweit ich daher *gegen* das Christentum bin, soweit bin ich *für* die Natur; indem oder sofern ich das Christentum verneine, sofern *bejahe* ich die Natur. Aber diese meine Bejahung oder Position der Natur war und konnte im „Wesen des Glaubens" und [im „Wesen des] Christentums" selbst nur eine negative und indirekte sein; es war daher eine innere Notwendigkeit, daß es endlich zur direkten Bejahung derselben kam, daß die Natur aus der obskuren Stellung eines Winkeladvokaten, die sie dort hatte, an das Licht öffentlicher, anerkannter Wirksamkeit hervorgezogen wurde. Aber wie konnte dieses ohne

Sprung geschehen? Nur so, daß ich zur Natur, *wie sie Gegenstand der Religion* ist, überging. Jeder andere Übergang zur Natur wäre, wenn auch vielleicht ganz mit meinen Neigungen im Einklang, doch ein hiatus [eine Kluft] in dem Gange meiner Gedanken und Schriften gewesen. Die Frage: Was ist das Wesen der christlichen Religion? führt notwendig zur Frage: Was ist das Wesen der Religion überhaupt? Das Wesen der Religion überhaupt begreift aber die Naturreligion in sich. Ich hätte daher meine Aufgabe nicht gelöst, wenn ich nicht die Naturreligion zu meinem Gegenstande gemacht hätte, wenigstens *so weit*, als es notwendig war, um die Fragen zu lösen, welche auf dem einseitigen Standpunkte der christlichen Religion, d. h. auf dem Standpunkt der Abstraktion von der Natur, nicht befriedigend gelöst werden konnten, denn weiter erstreckte sich nicht die Aufgabe, die ich mir im „Wesen der Religion" gesetzt hatte.

Welche Fragen waren diese? Erstlich die: Wie kommt der Mensch dazu, sein eignes Wesen für ein andres, von ihm unterschiedenes, nicht menschliches Wesen zu halten? Oder, anders ausgedrückt: Wie kommt er dazu, seinem Gotte, der doch nur das Wesen seines eigenen Geistes ist, gegenständliche, äußerliche, vom menschlichen Geist und Wesen unterschiedne und unabhängige Existenz zuzuschreiben? Und die Antwort darauf ist: Diese Existenz oder Gegenständlichkeit Gottes ist nichts anderes als die Natur, die den Idealisten, Spiritualisten und Theisten, nachdem er sie leiblich, sinnlich getötet hat, noch als Schatten, als Gespenst verfolgt, d. h.*, der Mensch glaubt nun an die Gegenständlichkeit Gottes, weil die Gegenständlichkeit ursprünglich und wesentlich die Bedeutung der Gottheit für den Menschen hat. Die historische, tatsächliche Offenbarung dieser Bedeutung ist die *Naturreligion*, in welcher die *Gottheit* das *Prädikat der Natur* ist – ein Verhältnis, das

* Dies zeigt sich besonders, wie ich aufs klarste schon von dem Wesen der Religion bewiesen, in der Vorstellung von der Existenz Gottes, denn während in dem Wesen Gottes (scheinbar) die Wahrheit des sinnlichen Wesens aufgehoben wird, so wird sie in der Existenz Gottes wieder anerkannt, indem Gott in demselben Sinne außer dem Geiste des Menschen existieren soll, in welchem die sinnlichen Dinge außer demselben existieren.

aber der Monotheismus, Theismus, Christianismus umkehrt, indem er die Existenz, die Gegenständlichkeit, die Natur, kurz, das vom Menschen unterschiedne Sein zu einem Prädikate der Gottheit macht. Die zweite Frage ist daher die, wie kommt der Mensch zu dieser Umkehrung, wie dazu, daß das, worauf sich der Glaube an die Objektivität Gottes stützt, die Natur, zu einem Gespenst, zu einem Nichts wird?

Der Verfasser hat daher gänzlich meine Aufgabe verkannt, wenn er mir vorwirft, daß ich „das Band zwischen der Natur und dem Menschen oder Geiste nicht nur nicht gefunden, sondern auch zerrissen, folglich meine Aufgabe nicht vollständig gelöst“ habe, denn es handle sich „nicht darum bloß, das Wasser in seine Stoffe aufzulösen, sondern vor allem darum, das Verbindende dieser Stoffe nachzuweisen“. Dieses Band lag jenseits meiner Aufgabe; mein Gegenstand war aber die Trennung dieses Bandes, aber nicht eine selbstgemachte, sondern eine vorgefundne, historische Trennung – war erstlich der Gott oder vielmehr die Natur *ohne den Menschen*, zweitens der Mensch *ohne Natur*, war also erstlich die Frage nach der *Entstehung des Menschen*, zweitens die Frage nach der *Entstehung des Christentums*, des Theismus überhaupt, kurz, *des* Wesens, dessen Spitze der Gott ohne Natur ist, *der* Gott, der die Welt, die Natur aus nichts geschaffen. Ich gehe überall vom Dasein aus und von da erst zur Bedeutung und Genesis eines Daseins über. Nun existiert aber der Gott ohne den Menschen, der Gott, von dem alle menschlichen Prädikate und Kategorien abgesondert werden oder doch abgesondert werden *sollen*, *der* Gott, der ist, wenn auch kein Mensch ist und ihn denkt, in dem Kopfe der Religion oder wenigstens Theologie und Philosophie. Ich hatte also, nachdem ich bereits auf dem Standpunkte des Christentums diesen Gott negativ in seine Widersprüche aufgelöst hatte, keine andere Aufgabe, als nachzuweisen, daß seine *ursprüngliche* und *reale* Bedeutung die Natur ist. Die zunächst nur negative Bestimmung der Natur, die Absonderung derselben von allen menschlichen Prädikaten, war daher durch den *Gegenstand* selbst geboten, war *notwendig*. Ich begründete oder bestätigte sie ja selbst mit historischen Beispielen, um zu beweisen, daß meine Gedanken nur von Tatsachen abstrahiert sind. Wenn z. B. der Kaffernkönig sagt: Wir glauben an ein Wesen, das alles hervorbringt, was *wir nicht nachahmen können*, der Indianer: Nur der große Manitu kann das Gras wachsen lassen, *nicht du, Mensch!*, wenn Sokrates die Physik nur für die Sache der Götter, aber *nicht* der Menschen erklärt, wenn Hiob die Erscheinungen der Natur, die der Mensch *nicht* begreift und machen kann, als Beweise der Größe Jehovas preist, was sagen sie anders als: Die Natur ist ein *nicht* menschliches, ein übermenschliches Wesen? Wenn aber der Unterschied der Natur vom Menschen oder des Menschen von der Natur der Ausgangspunkt der Religion ist, muß nicht der Religionsforscher, seinem Gegenstande getreu, diesen Unterschied zu seiner Basis machen?

Die unmenschliche Natur war übrigens nicht nur eine notwendige Konsequenz des unmenschlichen Gottes oder des theologischen Standpunktes, auf welchem dieser Gott vorgestellte, eingebildete Existenz hat, sondern auch eine notwendige Konsequenz des naturwissenschaftlichen Standpunktes, auf den auch die Naturreligion führte. Die Natur, die kein Objekt des Menschen oder Bewußtseins, ist nun allerdings im Sinne der spekulativen Philosophie oder wenigstens des Idealismus ein Kantisches Ding an sich, ein abstractum ohne Realität; aber eben an der Natur scheitert der Idealismus. Die Naturwissenschaft führt uns, wenigstens auf ihrem gegenwärtigen Standpunkte, notwendig auf einen Punkt, wo die Bedingungen menschlicher Existenz noch nicht gegeben, wo die Natur, d. h. die Erde, noch kein Gegenstand des menschlichen Auges und Bewußtseins, die Natur also ein absolut unmenschliches Wesen war. Der Idealismus kann hierauf erwidern: Auch diese Natur ist eine von dir gedachte; allerdings, aber daraus folgt nicht, daß diese Natur einst nicht wirklich gewesen ist, sowenig [wie] daraus, daß Sokrates und Plato für mich nicht sind, wenn ich sie nicht denke, folgt, daß sie einst ohne mich nicht gewesen sind. Doch was kümmerte mich der Idealismus? Ich war durch meinen *Gegenstand selbst* genötigt, die Natur ohne den Menschen zum Ausgangspunkte meiner Abhandlung zu nehmen; denn die Naturreligion leitet den Ursprung des Menschen von der Natur ab, setzt also einen Zeitpunkt voraus, wo zwar Natur, aber noch nicht menschliches Wesen war.

Wenn mir nun der Verfasser entgegenhält, daß aus *dieser* Natur die Religion nicht erklärbar sei, so hat er ganz recht. Die Erklärung der Religion setzt eine andere Natur voraus. Einer Natur, in der noch nicht die Bedingungen menschlicher Existenz gegeben sind, fehlen auch alle Elemente, welche die Erklärung der Religion voraussetzt; eine Natur, welche noch im Widerspruch mit dem menschlichen Wesen steht, widerspricht auch begreiflicherweise dem Wesen der Religion. Die Entstehung der Religion setzt daher die *Entstehung des Menschen* voraus, die Entstehung des Menschen aber setzt eine Natur voraus, welche dem *menschlichen Wesen entspricht.* Bin ich aber einmal auf *diesen* Punkt der Entwickelung angelangt, wo das Wesen der Natur mit dem menschlichen Wesen übereinstimmt, wo also der Mensch existieren kann und wirklich existiert, so ist jede Frage nach einem Bande zwischen Natur und Mensch aufgehoben, überflüssig. Dieses Band ist eben per se [schon als solches] die Existenz des Menschen. Nur wo diese aufgehoben ist, nur wo ein Boden fehlt, auf dem ich festen Fuß fassen, ein Wasser, das ich trinken, eine Luft, die ich atmen, ein Licht, das mein Auge vertragen kann, ist auch das Band zwischen Natur und Mensch aufgehoben. Mit jedem Fußtritt, mit dem ich auf die Grundlage meiner Existenz stoße, mit jedem Schluck Wasser, mit dem ich aus dem Born der Natur Lebenskraft schöpfe, mit jedem Atemzug, mit dem ich die Luft als ein notwendiges Element meines Wesens in mein Innerstes aufnehme, mit jedem Blicke, mit dem ich mich des Lebenslichtes erfreue, gebe ich daher Beweise von meinem Ursprung aus der Natur und meinem Zusammenhang mit der Natur. Wo ist da noch Platz zur Frage nach einem besondern Bande? Und wie soll nun gar die *Sprache,* wie der Verfasser will*,

* Was übrigens außerdem der Verf. über die Sprache sagt, ist höchst geistreich und originell. „Die *Kritik der Vernunft* muß zur *Kritik der Sprache* werden." Vortrefflich! Aber sosehr ich dem Verf. in der „transzendentalen" Bedeutung der Sprache beistimme, sowenig kann ich mich, um bei diesen Kantischen Ausdrücken zu bleiben, in die transzendente Bedeutung finden, die er der Sprache gibt.

dieses Band sein? Ist denn nicht die Existenz das erste? Verstummt nicht die menschliche Sprache vor der Sprache der Natur im Gepolter des Donners, im Gebraus des Sturmwindes, im Getöse der Wellen, im Gebrüll der Vulkane? Ist aber nicht diese Natursprache die über Leben und Tod, Sein und Nichtsein entscheidende? Gibt es nicht Völker, die kein anderes Wort für Gott als den *Donner* haben, deren höchstes Wort und Wesen also nichts andres ist als ein Ausdruck von dem erschütternden Eindruck, den der Donner vermittelst des Ohrs auf ihr Gemüt macht? Ist hier nicht offenbar das Wort bloß eine Kopie; das Original, das Urwesen aber der sinnliche Eindruck? Stellt sich nicht das Wort erst dann ein, nachdem bereits der erste mächtige Eindruck der Naturgewalt vorüber ist, der Mensch vom Abhängigkeitsgefühl, von der Naturfurcht zum Selbstgefühl kommt? Traut sich der Mensch das zu nennen, auszusprechen, was er fürchtet? Kann also da von der Sprache die Rede sein, wo es sich um die *ersten Gründe* der Religion handelt? Nein! Bei der Genesis der Religion handelt es sich zunächst nur um Licht, Luft, Feuer, Wasser, Erde, Pflanzen, Tiere als die Wesen, ohne welche der Mensch nicht gedacht [werden], nicht leben, nicht existieren kann. Wer nicht von diesen natürlichen Elementen oder Gründen der menschlichen Existenz bei der Genesis der Religion ausgeht, der legt ihr idealistische, spekulative oder theistische Voraussetzungen unter. Was in unserm Sinne *keine* Religion ist, gerade das ist die erste, ursprüngliche Religion. Der Geist, den die Idealisten überall zum ersten Wesen machen, woraus sie alles ableiten, hat bei der Genesis der Religion nur die Bedeutung, die Rolle des Erklärers, nicht die des Autors. Das erste ist, daß der Mensch ein sinnliches, physisches Wesens ist, das seine Entstehung und Erhaltung der Natur verdankt. Dieser dem Menschen bei jedem Schritt und Tritt, in Hunger und Durst, in Schmerz und Lust höchst empfindliche Grund seiner Existenz, zum Gegenstand des Geistes, des Bewußtseins, der Reflexion erhoben, ist der Grund der Religion. Bewußtsein, Reflexion, Geist ist aber ohne Unterscheidung. Das vinculum substantiale [substantielle Band] zwischen Natur und Mensch reicht daher nicht zur Erklärung der Religion aus; es gehört dazu, daß sich der Mensch zugleich von der Natur unterscheidet, die Natur als Gegenstand sich gegenübersetzt. Eine Bemerkung, die sich übrigens von selbst versteht, denn mit dem Dasein des Menschen ist ja auch zugleich das Dasein des Bewußtseins, mit dem Bewußtsein aber die Unterscheidung gesetzt. Wie kann ich die Luft als ein Wesen verehren, dessen wohltätigen Einflüssen ich mein Leben verdanke, wenn sie mir kein Gegenstand des Bewußtseins [ist], wie mir aber derselben bewußt werden, wenn ich nicht zwischen ihr und mir unterscheide? Habe ich aber einmal Natur *und* Mensch, jene als Gegenstand, diesen als Bewußtsein, so sind vollständig die Elemente zur Erzeugung der Religion gegeben.

Wie kommt es denn nun aber, daß die Natur trotz ihrer Unmenschlichkeit dem Menschen menschlich erscheint und eben wegen dieser ihrer Menschenähnlichkeit als ein göttliches Wesen von ihm verehrt wird? Dichtet ihr der Mensch von freien Stücken, ohne Grund sein Wesen an?* Mitnichten. Sowenig der Mensch seine Existenz in die Natur hineindichtet, sowenig dichtet er ihr sein Wesen an. So wie der Mensch seinen Stoff zur Poesie von außen schöpft, durch den Gegenstand in jene Stimmung, Rührung und Begeisterung versetzt wird, in welcher er nur in der Poesie den dem Gegenstand und ihm selbst entsprechenden Ausdruck findet, so schöpft er auch den Stoff zur Religion aus der Natur, so ist auch der Grund der Religion nicht nur

* Der Verfasser sagt nämlich gegen mich: „Wir verwandeln nach § 9, ‚Wesen der Religion', dadurch die Natur in Gott, daß wir unser Gemüt, unsre Phantasie in die Natur hineindichten. Wohl! Die Abhängigkeit wird so durch die Freiheit erklärt . . . Aber wie doch dies nur überhaupt möglich ist? Woher doch nur die Natur sich dies Hereindringen des Menschlichen in sie gefallen läßt? . . . Sollte die Natur um die Unbeschränktheit ihrer Macht über den Menschen sich bringen lassen, durch das Dichten und Träumen des Menschen sich bringen lassen, wenn sie nicht selbst in diesem Dichten gegenwärtig, wenn es nicht ein gegenseitiger Akt wäre? . . . Die Natur, um es anders zu sagen, muß *selbst* irgendwie diese freie sein, muß *selbst* irgendwo zur Freiheit sich hindrängen, wenn sie anders die Freiheit in sich hereinlassen soll. Sie muß in sich den Gott irgendwie schon haben, oder sie kann ihn auch nicht in sich aufnehmen."

ein subjektiver, sondern auch *objektiver*. So wie mein Geschmacksnerve dem Salze den sauern Geschmack nicht andichtet (sonst könnte mir auch der Zucker und jeder andere Gegenstand beliebig sauer schmecken), obgleich das Salz an sich selbst nicht sauer *ist*, sondern nur sauer schmeckt, sowenig dichtet auch mein Hirn der Natur menschliches Wesen an, ob sie gleich an sich kein solches ist. Die Säure als Geschmack ist der subjektive Ausdruck einer objektiven Beschaffenheit des Salzes; es liegt im Salze selbst der *Grund*, daß es als Gegenstand der Empfindung den Eindruck der Säure auf mich macht. So ist auch die Menschlichkeit der Natur ein subjektiver Ausdruck einer objektiven Beschaffenheit derselben; es liegt in der Natur selbst, daß sie als Gegenstand des Bewußtseins, der Empfindung, der Vorstellung – oder wie man sonst die subjektiven Elemente der Religion nennen mag – den Eindruck der Menschlichkeit macht. Warum sind denn Sonnen- und Mondfinsternisse fast allen Völkern verhängnisvolle, schreckliche Erscheinungen und ebendeswegen religiöse Angelegenheiten oder Begebenheiten? Weil sie – abgesehen davon, daß sie nicht alltägliche sind – durch die Entziehung oder Verfinsterung des Sonnenlichtes einen traurigen oder vielmehr schrecklichen Eindruck auf das menschliche Gemüt machen, dessen Ursache daher dem unwissenden und phantastischen Menschen als ein böses, dem Licht und Leben feindliches Wesen erscheint. Was ist denn nun aber die „Brücke" oder „das Band" zwischen dem Phänomen der Sonnenfinsternis an sich und dem Drachen, unter welchem sich die Naturreligion dasselbe vorstellt und erklärt? Muß ich zur Erklärung dieses Drachen[s] einen Punkt in der Natur annehmen, wo die Natur selbst Drache wird? Oder genügt nicht vielmehr zur Erklärung desselben vollständig das Phänomen als solches und der Mensch, wie er auf dem naturreligiösen Standpunkt ist, fühlt und denkt? Ist es nicht notwendig, daß eine Naturerscheinung von dieser Art und Beschaffenheit, als eine Sonnenfinsternis ist, auf ein Wesen von dieser Art und Beschaffenheit, als der abergläubische, unkultivierte Mensch ist, einen solchen Eindruck macht, der sich in einem chinesischen Drachen oder ähnlichen Wesen vergegenständlicht? Was ist denn, um ein anderes Beispiel zu geben, das Band zwischen dem

Feuer als Feuer und dem Feuer als Vesta oder Hephästos, zwischen dem Feuer an sich oder als objektivem Wesen und dem Feuer als religiösem oder göttlichem Wesen? Die „Identität von Subjekt und Objekt"? Richtig; aber was für eine Identität? Die abstruse, spekulative? Nein, die, welche mit dem bloßen Dasein des Menschen in der Natur schon ausgesprochen und bewiesen ist, die, welche nichts weiter sagt, als was die fünf Sinne jedem Menschen sagen oder wenigstens sagen können, nichts weiter voraussetzt, als daß die Natur Gegenstand des Bewußtseins, Gegenstand des Menschen sei, um Gegenstand der Religion zu werden. Was ist also das Band zwischen dem natürlichen und religiösen Feuer? Das, was überhaupt das Band zwischen den Menschen und der Natur ist: die *Sinnlichkeit*, denn wer kein Auge und kein Gefühl hat, für den existiert kein Feuer. Aber dieses Band ist schon mit dem Ursprung, dem Dasein des Menschen gesetzt und löst sich auch für den nicht, dem das Feuer nicht mehr ein religiöser Gegenstand ist. Es muß also noch etwas zur Vermittlung zwischen der Religion und Natur hinzutreten. Dieses ist Phantasie und Gemüt, d. h. der Mensch, dem die Gegenstände der Sinne nur Gegenstände der Phantasie und des Gemüts oder Affekts sind. Das Band zwischen dem gemütlosen, prosaischen, physikalischen und dem poetischen, gemütlichen, religiösen Feuer ist also allerdings das Gemüt und die Phantasie des Menschen; aber dieser Eindruck des Feuers auf Gemüt und Phantasie, welcher es zu einem göttlichen Wesen macht, ist selbst nur der subjektive Ausdruck von den eigentümlichen, materiellen, objektiven Eigenschaften des Feuers. Der Grund von der religiösen Erscheinung des Feuers liegt daher nicht nur im Menschen, sondern auch im Feuer.* Soll aber deswegen im Feuer ein Punkt oder Moment nachgewiesen werden, wo Vesta oder vielmehr Hephästos – die Vesta war ja bildlos – etwa in der Gestalt einer scholastischen species intentionalis [nur geforderten

* Ich verweise hierüber auf meine „Erläuterungen zum ‚Wesen der Religion'", S. 391 [vorl. Band, S. 106], ferner [S.] 380 [vorl. Band, S. 96f.], über den Zusammenhang zwischen Zeus als Donnerer und Zeus als Rächer der Leidenden besonders auf § 27 [gemeint: § 37] „Wesen der Religion".

Erscheinung] dem Auge des Menschen entgegenspringt, wo also das Feuer selbst, sozusagen in eigner Person, ein phantastisches Wesen wird? Aber ist denn dieser Punkt oder Moment nicht eben *der* Moment, wo der Mensch in der Natur entstand, wo also die Natur ein Gegenstand der Phantasie wurde? Wozu ist denn die Phantasie, wozu der Mensch überhaupt, wenn die Natur schon ohne den Menschen menschlich ist? Allerdings muß die Natur selbst phantastisch, selbst menschlich werden, aber ist denn nicht eben der Mensch diese phantastische, menschliche Natur? Ist denn nicht der Mensch, als entsprungen aus der Natur, ein Naturwesen? Folgt aber daraus, daß die spekulative Identität von Subjekt und Objekt eine Wahrheit ist, daß die Gebilde der menschlichen Phantasie und Vernunft mit Haut und Haaren, leibhaftig in der Natur existieren müssen? Allerdings sind auch die Gebilde der Phantasie Gebilde der Natur, denn auch die Kraft der Phantasie, wie alle Kräfte des Menschen, sind zuletzt, sind ihrem Grund und Ursprung nach Naturkräfte, aber gleichwohl ist der Mensch ein von Sonne, Mond und Sternen, Steinen, Tieren und Pflanzen, kurz, von allen den Wesen, die er in den gemeinsamen Namen „Natur“ zusammenfaßt, unterschiedenes Wesen und sind folglich die Bilder des Menschen von Sonne, Mond und Sternen und den[1] übrigen Naturwesen, wenngleich auch diese Bilder Naturgebilde sind, doch *andere* Gebilde als die Gegenstände derselben in natura [in Natur]. Der Geschmacksnerve ist sogut ein Naturgebilde als das Salz, aber es folgt nicht daraus, daß der Geschmack des Salzes unmittelbar als solcher eine objektive Eigenschaft desselben, daß das, was das Salz nur als Empfindungsgegenstand ist, es auch an und für sich selbst, die Empfindung also des Salzes auf der Zunge eine Beschaffenheit des ohne Empfindung gedachten Salzes ist. So ist auch der Mensch ein Naturwesen sogut wie die Sonne, der Stern, die Pflanze, das Tier, der Stein, aber gleichwohl unterscheidet er sich von der Natur und ist folglich die Natur im Kopfe und Herzen des Menschen eine von der Natur außer dem menschlichen Kopfe und Herzen unterschiedene Natur.

[1] *Im Original:* die

Der Mensch ist dem Menschen das nächste, das dem Wesen nach gleichste Wesen. Der andere ist zwar für mich in gewisser Beziehung ein ebenso von mir unterschiedenes Wesen als das Tier, als der Baum – der Mensch auf dem Standpunkt der Roheit und Beschränktheit erblickt daher höchstens nur in dem Lands- und Stammsgenossen ein Wesen seinesgleichen; der Ausländer ist ihm ein absolut fremdes Wesen, dem er ebensowenig Rechte, d. h. Gleichheiten mit sich, einräumt als das Fichtesche oder überhaupt idealistische Ich dem Gegenstand. Aber doch ist *dieser* Gegenstand, scil. der Mensch, der einzige Gegenstand, in dem, nach dem Ausspruch der Idealisten selbst, die Forderung der „Identität von Subjekt und Objekt" erfüllt ist, denn er ist ja *der* Gegenstand, dessen Gleichheit und Einheit mit meinem Wesen außer allem Zweifel steht, eine durch den Gegenstand selbst ausgesprochene und bewiesene Wahrheit ist. Folgt aber daraus, daß zwischen dem andern, wie er *ist* und wie ich ihn mir vorstelle, zwischen ihm, wie er für sich selbst, und ihm, wie er Gegenstand meines Denkens ist, kein Unterschied stattfindet? Ist nicht auch ein Mensch für den andern, und sollten sie sich noch so nahestehen, ein Objekt der Phantasie, der Einbildung? Faßt nicht jeder den andern nur in und nach seinem Sinne auf? Legt der Mensch, der keine Handlung tun und sich denken kann, die nicht irgendeinen Nutzen oder Vorteil ausdrücklich zum Zwecke hat, nicht auch die unwillkürlichsten, rücksichtslosesten Handlungen eines andern ebenso als absichtliche aus wie der Mensch ohne Naturanschauung die Wirkungen der Natur? Macht es das liebe ego [Ich] mit dem alter ego [anderen Ich] nicht ebenso wie der theologische und teleologische Mensch mit der Natur? Wenn das liebe Ich in dem alter ego andere Eigenschaften, als es selbst hat, erblickt, bestimmt es diese positiv oder nicht vielmehr nur als das Gegenteil seiner eignen Eigenschaften und folglich, da ihm die seinigen natürlich für Tugenden gelten, als Mängel, als Fehler? Wo faßt ein Mensch den andern als selbständiges, vollkommenes, absolutes Wesen? Jeder vergleicht ja, sei es nun bewußt oder unbewußt, den andern mit sich und faßt ihn daher nur relativ, nur subjektiv auf. Selbst wenn wir dem Wesen eines andern, und zwar dem uns, inwiefern wir selbst denkende Wesen sind, nächsten, also geistigen Wesen, die Ehre antun, es als ein absolutes Wesen zu fassen, d. h. als ein solches, woran wir keinen fremden Maßstab anlegen dürfen, selbst wenn wir durch ein Gefühl der Verwandtschaft, durch Liebe und Verehrung zu ihm hingezogen werden, selbst wenn wir uns mit ihm noch so sehr identifizieren, ist dadurch der Unterschied zwischen dem gegenständlichen und unserm eignen Wesen, der Unterschied zwischen den Gedanken des andern und ebendiesen von uns gedachten Gedanken aufgehoben? Wenn nun aber schon zwischen Mensch und Mensch, zwischen Denken und Denken ein nicht zu übersehender, ein sehr bedenklicher Unterschied stattfindet, wieviel mehr ist zwischen den nicht denkenden, nicht menschlichen, nicht mit uns identischen Wesen an sich und ebendiesen Wesen, wie sie von uns vorgestellt, gedacht und begriffen werden, zu unterscheiden! Ist denn aber durch diese Unterscheidung das Band zwischen der Natur und dem Menschen aufgehoben? Sowenig, als das Band zwischen mir und dem andern Menschen aufgehoben ist, wenn ich gleich erkenne und anerkenne, daß zwischen diesem Menschen, wie er in Wahrheit und Wirklichkeit ist, und meinem Bilde, meiner Vorstellung, meinem Begriffe von ihm ein herzzerschneidender Unterschied stattfindet. Was die Vorstellung oder der Begriff scheidet, weil er das in der Wirklichkeit Allseitige stets nur auf ein Abstraktes, Einseitiges reduziert, das verbindet der Sinn, die Anschauung, das Leben.

„Die Natur und der Verstand des Menschen", sagt der Verf., „fällt ihm (dem F.) schlechtweg auseinander, und zwischen beiden tut sich ihm eine Kluft auf, über welche weder von hüben nach drüben noch von drüben nach hüben zu kommen ist", und er gründet diesen Vorwurf hauptsächlich auf den Paragraphen 48, „Wesen der Religion", wo geschrieben steht, daß „die Natur nur durch sich selbst zu fassen, daß die Notwendigkeit derselben keine menschliche oder logische, metaphysische oder mathematische, d. h. keine abstrakte, daß die Natur allein *das* Wesen sei, an welches ‚kein menschlicher Maßstab' angelegt werden dürfe und könne, ob wir gleich ihre Erscheinungen mit analogen menschlichen Erscheinungen vergleichen und bezeichnen, um sie uns verständlich zu machen, überhaupt menschliche Ausdrücke und Begriffe, wie Ordnung, Zweck, Gesetz, auf sie anwenden und in Gemäßheit der Natur unsrer Sprache auf sie anwenden müssen". Was heißt das? Ist damit gesagt: Es ist in der Natur keine Ordnung, also daß z. B. auf den Herbst der Sommer, auf den Frühling der Winter, auf den Winter der Herbst folgt? Kein Zweck, also daß z. B. zwischen der Lunge und der Luft, zwischen dem Licht und dem Auge, zwischen dem Schall und dem Ohre keine Übereinstimmung stattfindet? Kein Gesetz, also daß z. B. die Erde bald in einer Ellipse, bald in einem Kreise, bald in einem Jahr, bald in einer Viertelstunde sich um die Sonne bewegt? Welch ein Unsinn! Was will also jener Paragraph? Nichts weiter als unterscheiden zwischen dem, was der Natur, und dem, was dem Menschen angehört; er behauptet nicht, daß den Worten oder Vorstellungen von Ordnung, Zweck, Gesetz nicht etwas Wirkliches in der Natur entspricht, er leugnet nur die Identität von Denken und Sein, er leugnet nur, daß sie *so* in der Natur *wie* im Kopfe oder Sinne des Menschen existieren. „Ordnung", „Zweck", „Gesetz" sind Worte, mit denen der Mensch die Werke der Natur in *seine* Sprache übersetzt, um sie zu verstehen; es sind nicht sinn-, d. h. gegenständliche Worte; aber gleichwohl muß ich zwischen dem Original und der Übersetzung unterscheiden. „Ordnung", „Zweck", „Gesetz" drücken nämlich im Sinne des Menschen etwas Willkürliches aus. Der Theismus schließt ja *ausdrücklich* aus der Zufälligkeit der Ordnung, Zweck- und Gesetzmäßigkeit der Natur auf einen willkürlichen Ursprung derselben, auf ein von der Natur unterschiedenes Wesen, welches in die an sich dissolute, gegen alle Bestimmung gleichgültige Natur Ordnung, Zweck- und Gesetzmäßigkeit hineingebracht habe. Der theistische Verstand – und nur mit *diesem* Verstande, nicht mit dem Verstande an sich oder überhaupt hatte ich es im „Wesen der Religion" zu tun – ist der Verstand im Widerspruch mit der Natur, der für das Wesen der Natur absolut sinn- und verstandlose Verstand. Der theistische Verstand zerreißt die Natur in zwei Wesen, in ein materielles und formelles oder geistiges, wovon er jenes die Natur im engern oder eigentlichen Sinn, dieses Gott nennt; er fixiert den Zweck, die Form, das Gesetz für sich in abstracto [in abstrakter Form], abgetrennt von der Qualität, dem Stoff, der Materie. Ein Beispiel. Der Sauerstoff verbindet sich mit dem Wasserstoff nur im Verhältnis von 8 zu 1 oder nur in solchen Gewichtsmengen, die sich wie 8 zu 1 verhalten. Ist die Gewichtsmenge des Wasserstoffes z. B. 2, so ist die des Sauerstoffes 16, ist jene $^1/_4$, so ist diese 2. Der theistische oder abstrakte, dem Wesen der Natur entfremdete Verstand fixiert nun die Zahl als Zahl, abstrahiert davon, daß diese 8 Einer qualitativ bestimmte Stoffe sind, daß nur in der individuellen, materiellen oder qualitativen Bestimmtheit des Sauerstoffs der Grund liegt, warum er nur in diesen und keinen andern Gewichtsmengen mit andern Stoffen Verbindungen eingeht, faßt die Zahl für sich selbst als eine die Natur bestimmende, Körper bildende Macht und schließt daher hieraus auf ein von der Natur unterschiedenes, abstraktes Wesen, welches im Besitze aller Wissenschaften, folglich auch der Meß- und Rechenkunst, und kraft seiner Allmacht dem Sauerstoff das diesem an sich ganz gleichgültige Gesetz gegeben hat, in seinen Verbindungen nie dieses bestimmte Quantum zu überschreiten. Wenn ich daher der Natur Zweck, Ordnung, Gesetz abspreche, so spreche ich sie ihr gerade nur in *dem* Sinne ab, in welchem zwischen dem Verstand und der Natur sich eine Kluft auftut, über die der Mensch nur mit dem Salto mortale des Glaubens an eine mirakulöse Schöpfung aus nichts kommen kann.[1]

[1] *Im Original folgt auf neuer Zeile als Unterschrift:* L. F.

Die Naturwissenschaft und die Revolution

Der selige Minister Eichhorn gab einmal der Königsberger Universität die gnädige Versicherung, daß die königliche Regierung zwar keine mit ihren Grundsätzen in Widerspruch stehenden Religions- und Staatslehren dulden könne, daß sie aber nicht im entferntesten daran denke, mit dieser Beschränkung der philosophischen Wissenschaften auch die Naturwissenschaften beschränken zu wollen. Wenn uns ein anderer preußischer Minister mit dem beschränkten Untertanenverstand bekannt gemacht, so hat dagegen der Hr. Minister Eichhorn bei dieser Gelegenheit – freilich nicht bei dieser allein – den Beweis geliefert, daß es auch einen sehr beschränkten Regierungsverstand gibt. Wie? Die Regierung maßt sich die Herrschaft über unsere Gedanken und Gesinnungen an, sie schreibt uns vor, was wir denken und glauben sollen, und dennoch erlaubt sie uns den Gebrauch unserer fünf Sinne? Die Regierung steckt ihre Nase in alles, sie durchstöbert jeden Winkel in unserm Schreibtisch, jeden Wisch in unserm Papierkorb, um selbst noch in den ad pium usum [zum frommen Gebrauch] bestimmten Papieren Spuren von Hochverrat auszuwittern, und doch untersucht sie nicht den Inhalt unserer Herbarien, unserer Steinsammlungen, unserer ausgestopften Tiere?* Die Regierung nimmt dem Bürger seine Waffen, dem Schriftsteller seine spitzige Feder, dem Drukker seinen Preßbengel, und doch läßt sie dem Geologen

* Die Regierungen machen Riesenfortschritte. Wenige Wochen nachdem dieses niedergeschrieben war, brachten die Zeitungen die Nachricht, daß die preußische Regierung in dem Kopfe eines Hirsches nach dem Entwurf eines furchtbaren Komplotts gesucht habe. So verwirklichen unsere Regierungen selbst die tollsten Träume der Phantasie!

seinen Hammer, dem Anatomen sein Seziermesser, dem Chemiker sein Scheidewasser? Ist das nicht ein ungeheurer Widerspruch? Was ist aber der Grund dieser liberalen Gesinnung gegen die Naturwissenschaften? Nur der beschränkte Regierungsverstand, der nichts weiß von dem geheimen staatsgefährlichen Bunde der Naturwissenschaft mit Religion, Philosophie und Politik. Auf den ersten oberflächlichen Blick erscheint allerdings die Beschäftigung mit der Natur als die allerunschädlichste, ja, unschuldigste, die es nur immer geben kann; denn was steht dem Getriebe der politischen Welt ferner als die Natur? Was ist für ein Zusammenhang zwischen den Gesetzen der Natur und den Intrigenspielen unserer Politik, zwischen den Bedürfnissen des Lebens und den Luxusartikeln unserer Staaten, zwischen den Kräften der Materie und den Phrasen unserer Minister und Deputierten? Was kümmern sich die Naturmächte um unsere Groß- und Kleinmächte, unsere Fürsten und Demokraten? Unterscheidet der Floh zwischen fürstlichem und bürgerlichem Blut, der Blitz zwischen einem gekrönten und ungekrönten Haupte? Aber wie das Objekt, so das Subjekt, wie die Ursache, so die Wirkung. Gleichgültigkeit gegen die politischen Parteien und Händel ist daher die erste Wirkung der Naturwissenschaft. Diese Wirkung paßt nun allerdings insofern in den Kram unserer reaktionären Regierungen, als der Naturforscher nicht *gegen* sie ist; aber er ist auch nicht *für* sie, und das allein macht ihn schon zu einem höchst verdächtigen Menschen, denn unsere Staaten sind ja „gut christlich", sie stützen sich, wenn auch nur mit Bajonetten, auf die Heilige Schrift, und in ihr steht geschrieben: „Wer nicht für mich ist, ist wider mich". Die politische Indifferenz ist übrigens auch nur eine vorübergehende Wirkung der Naturwissenschaft; denn die Natur kümmert sich nicht nur nichts um Politik, sie ist auch das direkte Gegenteil der Politik. Wo Natur, ist keine Politik, wenigstens im Sinne der Dynasten, und wo Politik, nur Unnatur: Wie könnte also der Naturforscher bei diesem augenfälligen Kontraste zwischen dem Wesen der Natur und dem Unwesen der Politik gleichgültig bleiben? Der Naturforscher sieht, wie die Natur in einem ewigen Fortschritt begriffen ist, wie sie nie mehr auf eine einmal überschrittene Stufe zurückfällt, nie mehr aus einem

Mann ein Knabe, einem Weibe ein Mädchen, einer Frucht eine Blüte, einer Blüte ein Blatt wird, wie in der Natur immer das Alte abstirbt, und zwar nur dazu, um den Dünger für eine bessere Zukunft abzugeben; wie töricht, wie lächerlich kommen ihm dagegen die reaktionären Thaumaturgen [Wundertäter] vor, welche sich einbilden, inhaltsvolle Jahre aus der Geschichte streichen, die Menschen auf einen verlassenen Standpunkt zurückversetzen, Männer zu Kindern wieder machen zu können! Der Naturforscher sieht, wie es in der Natur nichts Isoliertes, nichts Vereinzeltes gibt, wie alles vielmehr in ihr in einem notwendigen und großartigen Zusammenhang steht, wie die Naturwesen sich zwar in verschiedene Klassen abteilen, aber nur nach begründeten Unterschieden, und wie selbst diese wieder zuletzt in die Einheit des Ganzen sich auflösen; er gewöhnt sich dadurch unwillkürlich daran, alle Dinge von einem universellen Standpunkt aus zu betrachten, folglich auch an die Politik den großartigen Maßstab der Natur anzulegen. Wenn er daher einen Blick in die deutsche Politik wirft, ach, wie winzig erscheinen ihm da unsere „großen Staatsmänner", wie unerheblich die Spielarten der „achtunddreißig deutschen Nationen", die sich auf dem Miste des historischen Rechtsbodens erzeugt haben, wie komisch die zwieträchtige Eintracht der deutschen Fürsten, wie unwürdig das chorburschenschaftliche Wesen und Treiben unserer Partikularisten, wie ungeheuer die Beschränktheit der Politiker, welche einen Staat wie Preußen als einen Großstaat betrachten und bezeichnen. Der Naturforscher verkennt zwar nicht, daß Preußen in dem kleinen Baden großgetan, aber wie klein, wie unendlich klein erscheint ihm Preußen und sein Benehmen im großen und ganzen der deutschen Politik! Der Naturforscher ist Großdeutscher im wahrsten und eminentesten Sinne des Worts. Für ihn existiert kein Liechten- und Lobenstein, aber auch kein Preußen, kein Österreich, kein Bayern. Der Naturforscher weiß aus der Erfahrung, daß die Farbe das allerwesenloseste Unterschiedsmerkmal. Was anders unterscheidet denn aber zuletzt z. B. den Preußen und Bayern als die Farben schwarzweiß und blauweiß? Wie kann also der Naturforscher seinen universellen Sinn und Blick durch diese wesenlosen, willkürlichen, kleinlichen Unterschiede beschränken, wie preußisch oder bayerisch gesinnt sein? Wenn man aber nicht mehr preußisch oder bayerisch denkt, kann man dann noch eine königlich-preußische oder königlich-bayerische oder gar fürstlich loben- und liechtensteinische Gesinnung haben? Unmöglich! Der Naturforscher wirft daher mit Ciceros Ausruf über die Politik seiner Zeit: „Sunt omnia omnium miseriarum plenissima [alles ist übervoll von lauter Elend]" sehnsuchtsvoll seine Blicke über die blauweißen und schwarzweißen Schlagbäume der deutschen Politik hinüber in die freien Urwälder Nordamerikas, vor dessen räumlicher Größe allein schon die kleinlichen Maßstäbe der europäischen Kabinettspolitik in nichts verschwinden, und findet das Heil nur in der Demokratie.*

Aber nicht nur Demokrat, selbst auch Sozialist und Kommunist, freilich nur im vernünftigen und allgemeinen

* Diesen Übergang zur Demokratie hat schon der berühmte Physiolog Haller den jetzigen Naturforschern gleichsam zur Pflicht gemacht. Haller schrieb drei politische Romane. Der erste handelt von der Despotie oder absoluten Monarchie, der zweite von der konstitutionellen Monarchie, der dritte von der aristokratischen Republik. Was hätte nun notwendig folgen sollen? „Le tableau d'une démocratie parfaite [das Bild einer vollkommenen Demokratie]", wie schon Condorcet in seinem „Eloge de M. de Haller" bemerkt. Aber diese Konsequenz scheiterte an der Berner Aristokratie, deren Mitglied Haller selbst war. Der jetzige Naturforscher ist jedoch an diese Lokalschranke nicht mehr gebunden. Er hat den Fehler Hallers gutzumachen. Übrigens lasse ich nicht umsonst den Naturforscher nach Amerika hinüberblicken und womöglich selbst hinübergehen; denn es ist noch sehr in Frage, ob Europa, wenigstens in einem voraussichtlichen Zeitraum, einer wahren Umgestaltung und Verjüngung fähig sei. Gewohntes Übel ist dem Menschen lieber als ungewohntes Neues, wenngleich es ein Gut ist. Überdies erfordert eine neue Zeit auch einen neuen Raum. Ortsveränderung gehört zur Sinnesänderung. Auf dem alten Boden haften auch die alten Sünden. Deutschland oder, was eins ist, Europa in eine Republik verwandeln wollen kommt mir oft gerade so vor, als wenn man eine Dirne, die schon allen Potentaten gedient, in eine Jungfrau verwandeln wollte. Es gibt keine religiösen, aber auch keine moralischen und politischen Wunder.

Sinne dieses Worts, wird notwendig der Naturforscher; denn die Natur weiß nichts von den Anmaßungen und Fiktionen, durch die der Mensch im Rechte die Existenz seiner Nebenmenschen beschränkt und verkümmert hat. Die Luft gehört von Natur jedem und ebendamit niemandem, sie ist das Gemeingut aller Lebenden; aber die Rechthaberei hat selbst die Luft zu einem Regale gemacht, „der Wind gehört der Herrschaft". Die Natur kennt allerdings das Eigentum, aber nur das notwendige, vom Leben unabsonderliche; sie gibt jedem Wesen, was es braucht; sie hat keines zum Verhungern geschaffen. Die Notwendigkeit der Verhungerung verdankt ihre Existenz nur der Willkür *des* Staats, dessen Wesen der Staat, die Uniform, der Schein, der Tand ist. Der Blick in die Natur erhebt darum den Menschen über die engherzigen Schranken des peinlichen Rechts, sie macht den Menschen kommunistisch, d. h. freisinnig und freigebig. Selbst schon der Heilige Anselmus sagte, seinem Lebensbeschreiber Eadmerus zufolge, ganz im Widerspruch mit der weltbekannten geistlichen Habsucht, daß nach dem Naturgesetz (secundum naturalem legem) nichts dem einen mehr als dem andern angehöre und daß alle Schätze der Welt zum allgemeinen Besten der Menschen erschaffen seien. Das „gute alte Recht" hat die Menschheit in Noblesse und Kanaille, Adel und Pöbel geschieden und zur Rechtfertigung dieser Injurie gegen das Menschengeschlecht den unsinnigen Satz aufgestellt: „Venter nobilitat [der Bauch adelt]."* Aber die Naturwissenschaft kennt keinen Unterschied zwischen einem adeligen und bürgerlichen Bauch, sie weiß nur von einem allen Menschen gemeinen und gleichen Ursprung. Als einst der Anatom Jodocus Lucius die Lage der Gebärmutter zeigte, sagte er: „Hier lasset uns bespiegeln, wir Menschen, die wir mit unserer adeligen Ankunft prangen und meinen, wir seien besser als andere, hier ist unsere erste Wohnung zwischen Harn und Kot." Solche kommunistische, staats-

* Da ich hier die Schranken des historischen Rechts zerbreche, so mögen mir es die Herren Juristen, namentlich die christlich-germanischen, nicht verargen, daß ich hier auch dem venter [Bauch] eine kommunistische, ebensowohl männliche als weibliche, Bedeutung gebe.

und rechtswidrige Gesinnungen flößt die Natur ein! Und doch gibt der beschränkte Regierungsverstand die Naturwissenschaft frei und stellt nur die Philosophie unter polizeiliche Aufsicht. Nur die Philosophie! Wie töricht! Wie unschädlich ist sie, wie arm, wie wehrlos im Vergleich zu den Naturwissenschaften! Wie leicht kann man ihre gefährlichen Wirkungen auf das Publikum verhindern! Was gehört dazu, einen Philosophen zu widerlegen? Nichts weiter als ein Professor der Philosophie, und was ist leichter zu haben als ein solcher! Wenn daher ein revolutionärer Philosoph auftritt, so braucht man nur einen Professor der Philosophie gegen ihn schreiben zu lassen, und der arme Philosoph ist, wenigstens in den Augen des Publikums – aber darauf kommt es allein an, Schein regiert die Welt –, mausetot. Dem Philosophen, dem nur das treulose und vieldeutige Wort zum Organ dient, kann man ja ohne Mühe auch den sonnenklarsten Satz, den unwidersprechlichsten Beweis zunichte machen. Man darf nur ein Wort verdrehen, oft selbst nur eine Partikel auslassen, und der ganze Satz löst sich in Unsinn auf. Was sind gegen die fest bestimmten und innigen Verbindungen der chemischen Stoffe die losen, flüchtigen Wortverbindungen, die der Gedanke eingeht? Was [ist] gegen den soliden Körperbau der naturgeschichtlichen Wesen der papierene Periodenbau, worauf sich der Philosoph stützt? Was gegen die Platinadichte des Natursystems das lustige Spinnengewebe der Sprache, worin der Denker sein Wesen entfaltet? Spinne noch so sorgfältig, noch so logisch zusammenhängend Faden an Faden, du vermagst nichts gegen die Natur der Sprache, du reihst nur Lücke an Lücke, und jede Lücke ist ein Tummelplatz für den Unsinn kritischer Bosheit und Dummheit. Der Philosoph spricht sich ferner nur in allgemeinen und ebendeswegen abstrakten Sätzen aus. Sind diese gleich nur von einzelnen wirklichen Fällen abgezogen, so scheinen sie doch nur aus der Luft gegriffen zu sein, wenn man nicht durch den Schein hindurch auf den Grund blikken, das Abstrakte mit dem Konkreten, das Geistige mit dem Sinnlichen verknüpfen kann. Aber wie wenige vermögen dieses! Und wie machtlos sind überhaupt abstrakte Wahrheiten! Wie ganz anders ist es dagegen mit der Naturwissenschaft, deren Grundsätze anschauliche Tatsachen, deren Beweismittel sinnliche Instrumente sind. Doch wozu sagen, was schon andere besser gesagt haben! Condorcet, in seinem „Eloge de Mariote", sagt: „Les théories nouvelles, les mieux prouvées font peu de progrès tant qu'elles ne sont appuyées que sur des principes abstraits; même les meilleurs esprits, accoutumés à certaines idées abstraites acquises dans la jeunesse, rejettent toutes celles qui ne se lient pas aisément avec les premières, et toutes les vérités spéculatives dont on ne peut leur donner des preuves sensibles, sont absolument perdues pour eux. Ainsi toutes les fois qu'un homme de génie propose des vérités nouvelles il n'a pour partisan que ses égaux et quelques jeunes gens élevés loin des préjugés des écolès publiques; le reste ne l'entend point ou l'entend mal, le persécute ou le tourne en ridicule. [Die neuen, am besten bewiesenen Theorien machen wenig Fortschritte, solange sie sich nur auf abstrakte Prinzipien stützen; selbst die besten Geister, die an bestimmte, schon in der Jugend erworbene abstrakte Ideen gewöhnt sind, verwerfen all die Ideen, die sich nicht bequem mit den ersteren verbinden, und alle spekulativen Wahrheiten, für die man keine sinnlich wahrnehmbaren Beweise geben kann, sind für sie absolut verloren. Wenn daher ein Mann von Genie neue Wahrheiten vorschlägt, hat er allemal zu Anhängern nur seinesgleichen und einige junge Leute, die fern den Vorurteilen der öffentlichen Schulen erzogen sind; der Rest versteht ihn nicht oder falsch, verfolgt ihn oder macht ihn lächerlich.]"[1]

[2]Allerdings greift der Naturforscher nicht direkt, wie der Philosoph, die religiösen und politischen Vorurteile an, aber man kann kein Glied aus der Reihe der menschlichen Vorstellungen herausreißen oder verändern, ohne damit die ganze Reihe zu verändern. Solange die Phantasie des religiösen Glaubens die Menschen beherrschte, solange war auch die natürliche Welt eine Fabel- und Märchenwelt. Wer an Wunder in der Bibel glaubt, der glaubt auch an Wunder außer der Bibel, der hat überall Wunder im Kopfe.

[1] *Im Original: darunter auf neuer Zeile:* (Die Fortsetzung folgt). *Die Fortsetzung beginnt dann dort Seite 1073.*

[2] *Im Original darüber Wiederholung der Überschrift und dazu auf neuer Zeile:* (Fortsetzung aus Nr. 268).

Und umgekehrt: Wer an keine natürlichen Wunder mehr glaubt, der glaubt auch keine religiösen mehr. Wie wäre es auch anders möglich? Der Boden aller Wunder ist ja die Natur. Freilich kann sich der Mensch mit der Ausrede helfen, daß er nur auf dem Gebiete der Natur, nicht der Religion und Theologie das Wunder aufhebe, aber nur eine Zeit lang, endlich siegt doch im Menschen der Einheitsdrang und Wahrheitssinn über den Zwiespalt zwischen einer vernünftigen natürlichen und einer unvernünftigen übernatürlichen Welt. Der erste Revolutionär der neuern Zeit war daher – merkwürdigerweise – ein Pole, der Verfasser der Schrift „De revolutionibus orbium coelestium", Nikolaus Kopernikus. Kopernikus hat den allgemeinsten, den ältesten, den heiligsten Glauben der Menschheit, den Glauben an die Unbeweglichkeit der Erde, umgestoßen und mit diesem Stoße das ganze Glaubenssystem der alten Welt erschüttert. Er hat als ein echter „Umsturzmann" das Unterste zu oberst und das Oberste zu unterst gekehrt, die höchste Sphäre des ptolemäischen Systems, das primum mobile [erste Bewegende] (die Ursache der täglichen Himmelsbewegung), zum Parterre der Astronomie gemacht, der Erde die Initiative der Bewegung zugeeignet und dadurch allen fernern und anderweitigen Revolutionen der Erde Tür und Tor geöffnet; er hat dem phantastisch-despotischen dominium mundi [Weltherrschaftsrecht] des Mittelalters, welches sich die Erde über die Himmelskörper, der Papst über die Geister, der Kaiser über die Fürsten und Völker, der Mensch über die Menschen angemaßt hatte, für immer das Garaus gemacht; er hat den menschlichen Geist aus den epizyklischen Zauberkreisen des verworrenen, widerspruchsvollen Unsinns einer eingebildeten Welt erlöst und zur Anschauung der wirklichen Welt, zur Einfachheit der Natur zurückgeführt; er hat mit frecher Hand die bis auf ihn verschlossene, mit Ausnahme einiger ketzerischer Denker selbst den größten Geistern des Altertums undurchdringliche, nur zur Brustwehr der menschlichen Beschränktheit, Gedankenlosigkeit und Gläubigkeit dienende Himmelsfeste aufgesprengt und dadurch den Blick des Menschen bis in die Unendlichkeit des Universums erweitert und dem gesunden Menschenverstand Eingang selbst in den Himmel verschafft. Der Himmel galt sonst in der Religion für den

Thron und Sitz der Gottheit, den Wohnort der Seligen, in der Philosophie für das fünfte Element, wo keine Negation, keine Veränderung, kein Entstehen und Vergehen wie auf der plebejischen Erde stattfinden sollte, kurz, für ein heiliges, göttliches Wesen. Aber alle diese süßen, heiligen Vorstellungen und Aussichten, die sich sonst an den Himmel knüpften, hat die moderne Astronomie, deren Urheber oder Anfänger Kopernikus, schonungslos vernichtet. Sie hat zwar die Erde in den Himmel emporgehoben, aber ebendadurch auch den Himmel profaniert, die Himmelsgestirne auf gleichen Fuß mit der Erde gesetzt. Kopernikus ist es, der die Menschheit um ihren Himmel gebracht hat. Wo kein sinnlicher Himmel mehr, verschwindet auch bald der Himmel des Glaubens; denn nur an dem sinnlichen Himmel hatte ja auch der religiöse seinen Grund und Haltpunkt. Mit vollem Rechte wurde das kopernikanische Weltsystem von den Katholiken als ein ketzerisches förmlich verdammt, von den Protestanten wenigstens theoretisch verworfen, denn es widerspricht der Heiligen Schrift. „Du gründest das Erdreich", heißt es im Psalm, „auf seinen Boden (super stabilitatem suam, wie es in der Vulgata heißt), daß es bleibt immer und ewiglich." „Die Erde bleibet ewiglich", sagt der Prediger Salomo, „die Sonne geht auf und geht unter und läuft an ihren Ort." Diese und noch einige andere Sprüche der Bibel hielt man den Kopernikanern entgegen. Was aber in der Bibel steht, muß auch in der Natur stehen. Hat man doch selbst in den Sternbildern die hebräischen Buchstaben gefunden! „Alles, was die Heilige Schrift behauptet", heißt es z. B. in Theodorici Winshemii „Novae quaestiones sphaerae", vom J. 1564, „ist unbezweifelbar gewiß. Die Heilige Schrift behauptet aber, daß die Erde fest und unbeweglich sei. Also ruht die Erde in der Mitte der Welt und bewegt sich nicht." Welch eine glückliche Zeit, wo man noch mit Bibelsprüchen den menschlichen Geist bannen, mit Bibelsprüchen den Revolutionen der Erde Stillstand gebieten konnte! Was sind gegen diese Wirkungen des toten biblischen Buchstabens die oratorischen Machtsprüche, womit unsere politischen Schlangenbeschwörer die „lernäische Schlange" der Revolution bezwingen wollen! Und gleichwohl sieht der beschränkte Regierungsverstand nicht ein, daß nicht erst die gottlose

Philosophie, sondern schon Meister Kopernikus der Bibel ihre reaktionäre Zaubermacht genommen. Kopernikus hat das körperliche Zentrum der Welt, die Erde, in die Reihe der Irrsterne eingeführt; Kopernikus hat auch das geistige Zentrum der christlichen Welt, die Bibel, in die Klasse der irrenden menschlichen Bücher versetzt. Schwach sind die Gründe, womit die Kopernikaner die göttliche Ehre der Bibel zu retten suchten. Die Geschichte hat sie längst widerlegt. „Der Heilige Geist läßt sich nicht trennen noch teilen, daß er ein Stück sollte wahrhaftig und das andere falsch lehren oder glauben lassen." Wo die Bibel keine Stimme mehr in der Astronomie hat, da hat sie bald auch keine mehr in andern Dingen. Wie verträgt sich denn auch mit einer falschen Astronomie eine wahre Anthropologie und Psychologie? Wie kann man den Menschen im wahren Lichte betrachten, wenn man die Welt, zu der er gehört, nur nach ihrem Scheine beurteilt? Doch wozu versteige ich mich bis in den fernen Himmel der Astronomie, um die Naturwissenschaften wegen ihrer revolutionären Tendenz bei unsern Regierungen zu denunzieren? Einen uns weit näher liegenden, eindringlichern und zeitgemäßern Beweis von der universellen revolutionären Bedeutung der Naturwissenschaft haben wir an vorliegender neuer Schrift: „Lehre der Nahrungsmittel. Für das Volk", von *Jakob Moleschott,* Erlangen, Enke, 1850. Gr. 8. 1 Tlr.

Diese Schrift teilt uns mit in volks- oder, was eins ist, menschenfreundlicher Absicht und Sprache die Resultate der modernen Chemie über die Nahrungsmittel, ihre Bestandteile, ihre Beschaffenheiten, Wirkungen und Veränderungen in unserm Leibe; sie hat also eigentlich nur einen gastronomischen Zweck und Gegenstand, und doch ist sie eine, und zwar im höchsten Grade, Kopf und Herz aufregende, eine sowohl in philosophischer als ethischer und selbst politischer Beziehung höchst wichtige, ja, revolutionäre Schrift.[1]

[2]Ich beginne meine Denunziation mit der Philosophie und behaupte, daß diese Schrift, obgleich sie nur von Essen

[1] *Im Original darunter auf neuer Zeile:* (Die Fortsetzung folgt). *Die Fortsetzung beginnt dann dort Seite 1077.*

[2] *Im Original darüber Wiederholung der Überschrift und dazu auf neuer Zeile:* (Fortsetzung aus Nr. 269)

und Trinken handelt, den in den Augen unserer supranaturalistischen Scheinkultur niedrigsten Akten, doch von der höchsten philosophischen Bedeutung und Wichtigkeit ist. Ja, ich gehe weiter und behaupte, daß nur sie die *wahren* „Grundsätze der Philosophie der Zukunft“ und Gegenwart enthält, daß wir in ihr die schwierigsten Probleme der Philosophie gelöst finden. Was haben sich nicht sonst die Philosophen den Kopf zerbrochen mit der Frage von dem Bande zwischen dem Leib und der Seele! Jetzt wissen wir aus wissenschaftlichen Gründen, was längst das Volk aus der Erfahrung wußte: daß Essen und Trinken Leib und Seele zusammenhält, daß das gesuchte Band also die Nahrung ist. Wie hat man sich nicht sonst über eingeborene oder von außen gekommene Ideen gezankt und wie verächtlich auf die herabgeblickt, welche den Ursprung der Ideen aus den Sinnen ableiteten! Jetzt ist es uns ebenso unmöglich, von eingeborenen Ideen zu reden als von eingeborenen Speisen oder eingeborener Wärme, die auch sonst unter dem Namen „calor innatus“ eine Hauptrolle in der Naturwissenschaft spielte. Jetzt wissen wir, daß die Respiration die hauptsächlichste Quelle der Wärme, daß die Luft ein wesentlicher Teil unserer selbst ist, daß wir alles von außen pumpen, daß wir nichts zu eigen haben, daß wir als reine Lumpen und Kommunisten auf die Welt kommen, daß gar nichts in uns ist, was nicht auch außer uns existiert, daß wir am Ende nur aus Sauerstoff, Stickstoff, Kohlenstoff und Wasserstoff, diesen wenigen, einfachen und doch so unendlich verschiedenartiger Verbindungen fähigen, diesen geisterhaften, unmittelbar un- und übersinnlichen und dennoch an sich und unmittelbar sinnlichen Stoffen zusammengeflickt sind. Wie stimmt aber diese Anschauung des Menschen mit der christlichen Welt- und Menschenanschauung? Denn was ist der eigentliche Kern der christlichen, wenigstens dogmatisch-christlichen Lehre? Die: „daß wir existieren könnten allein mit Gott, auch wenn kein Raum, keine Materie wäre, weil unser Wesen nicht den Begriff der Existenz der äußern Dinge in sich schließt“, daß der Mensch ein Bild Gottes, d. h. das Wesen ist, welches nur aus sich und in sich, d. h. nur aus und in Gedanken, besteht, welches keiner Welt, keiner Natur, keiner Materie zu seiner Existenz bedarf, daß also der

Mensch noch existiert, auch wenn sein Leib und die materielle Welt überhaupt zugrunde geht. Und dennoch dulden unsere gut christlichen Regierungen im christlichen Staate die Naturwissenschaften, insbesondere die allerradikalste, korrosivste und destruktivste Wissenschaft, die Chemie, die längst in ihrem Scheidewasser die Mysterien der christlichen Weltanschauung aufgelöst? Welch ein ungeheurer Widerspruch! Doch kehren wir wieder von den Torheiten der Politik zur Philosophie zurück! Wie hat nicht der Begriff der Substanz die Philosophie vexiert! Was ist sie? Ich oder Nicht-Ich, Geist oder Natur oder die Einheit von beiden? Ja, die Einheit! Aber was ist denn damit gesagt? Die Nahrung nur ist die Substanz, die Nahrung die Identität von Geist und Natur; wo kein Fett, ist kein Fleisch, aber wo kein Fett, da ist auch kein Hirn, kein Geist, und das Fett kommt nur aus der Nahrung, die Nahrung ist das spinozistische *Ἓν καὶ πᾶν* [Ein und alles], das Allesumfassende, das Wesen der Wesen. Alles hängt vom Essen und Trinken ab. Die Verschiedenheit des Wesens ist nur Verschiedenheit der Nahrung. Schon in der „Offenbarung der Natur und natürlichen Dinge . . . durch den hochgelehrten Hieronymum Cardanum“ heißt es, übrigens ganz im Widerspruch mit der Offenbarung der Bibel, wo dem edite bibite [Eßt und trinkt] nur eine frivole Bedeutung gegeben, das Wesen des Menschen als ein vom Essen und Trinken unabhängiges vorgestellt wird: „Die Nahrung mögend in alle Naturen die Menschen veränderen. Wölliche nun viel Wildbret und Gewürz in der Speiß brauchen, werden alle grimm und zornig Leut', wölliche Kraut essend, werdend mild und zahm.“ Welche dornenvolle Untersuchung hat nicht das Sein den Philosophen verursacht! Ist es eines oder vieles, eins mit dem Denker oder verschieden von dem Nichts des Gedankens? Unnütze Fragen! Das Sein ist eins mit dem Essen; sein heißt essen; was *ist*, *ißt* und wird gegessen. Essen ist die subjektive, tätige, Gegessenwerden die objektive, leidende Form des Seins, aber beides unzertrennlich. Erst im Essen erfüllt sich daher der hohle Begriff des Seins und offenbart sich die Unsinnigkeit der Frage, ob Sein und Nichtsein identisch, d. h., ob Essen und Hunger identisch ist. Was haben sich nicht die Philosophen mit der Frage gequält: Was ist der Anfang der Philosophie? Ich oder Nicht-Ich, Bewußtsein oder Sein? Oh, ihr Toren, die ihr vor lauter Verwunderung über das Rätsel des Anfangs den Mund aufsperrt und doch nicht seht, daß der offene Mund der Eingang ins Innere der Natur ist, daß die Zähne schon längst die Nüsse geknackt haben, worüber ihr noch heute euch vergeblich den Kopf zerbrecht! Damit muß man anfangen zu denken, womit man anfängt zu existieren. Das principium essendi [Prinzip des Seins] ist auch das principium cognoscendi [Prinzip des Erkennens]. Der Anfang der Existenz ist aber die Ernährung, die Nahrung also der Anfang der Weisheit. Die erste Bedingung, daß du etwas in dein Herz und deinen Kopf bringst, ist, daß du etwas in deinen Magen bringst. „A Jove principium [von Jupiter der Anfang]", hieß es sonst, aber jetzt heißt es: „A ventre principium [vom Bauch der Anfang]." Die alte Welt stellte den Leib auf den Kopf, die neue setzt den Kopf auf den Leib; die alte Welt ließ die Materie aus dem Geiste, die neue läßt den Geist aus der Materie entspringen. Die alte Weltordnung war eine phantastische und verkehrte, die neue ist eine natur- und ebendeswegen vernunftgemäße. Die alte Philosophie begann mit dem Denken, sie „wußte nur die Geister zu vergnügen und ließ darum die Menschen ohne Brot", die neue beginnt mit Essen und Trinken; die alte Philosophie hatte daher nichts im Kopfe – „Sein und Nichts ist identisch", das Nichts ist das infinitum et indeterminatum negans [unendliche und unbestimmte Verneinende], Dieu est opposé au néant [Gott ist dem Nichts entgegengesetzt] –, denn wo nichts im Magen, ist auch nichts im Kopfe. Der Kopf ist das Vermögen zu schließen, aber die Vordersätze, die Elemente zu diesen Schlüssen, liegen in den Speisen und Getränken. Der Geist ist Licht, verzehrendes Feuer, aber der Brennstoff ist der Nahrungsstoff. Plenus venter non studet libenter [voller Bauch studiert nicht gern]; richtig, aber solange der Bauch voll ist, solange hat der Kopf auch nichts vom Inhalt des Bauchs; Hirn werden die Speisen erst, wenn sie verdaut, wenn sie Blut geworden sind. Der plenus venter ist also ein alberner Einwand. Es bleibt dabei: Der Nahrungsstoff ist Gedankenstoff.

„Das Gehirn kann ohne phosphorhaltiges Fett nicht bestehen. ... An das phosphorhaltige Fett ist die Entstehung, folglich auch die Tätigkeit des Hirns geknüpft ... *Ohne Phosphor kein Gedanke*" („Lehre der Nahrungsmittel", S. 115f.).

Wo hat je ein spekulativer Philosoph daran gedacht? Haben sie nicht alle das Denken aus sich selbst erklärt, den Geist zu einem selbständigen, stofflosen, von aller Materie abgesonderten Wesen gemacht? Haben sie nicht ihr Nichtwissen von den materiellen Grundlagen des Geistes in ein Nichtsein derselben verwandelt? Ist es nun ein Wunder, daß es noch so dunkel in der Welt aussieht, da selbst unsere größten Denker keinen Phosphor im Kopfe hatten? Ist es ein Wunder, daß die unsinnigste Vorstellung, die Schöpfung aus nichts, sogar zu einem heiligen Glaubensartikel und zum „höchsten Problem der spekulativen Philosophie" wurde? Was heißt denn aber: Die Welt ist geschaffen aus nichts! anders als: Sie ist geschaffen, ich weiß nicht woraus? Was heißt also: an eine Schöpfung oder überhaupt Entstehung aus nichts glauben? Es heißt: an die Heiligkeit und Göttlichkeit der Ignoranz glauben, es heißt: die Ignoranz an die Spitze der Welt, der Religion und Wissenschaft stellen. Ein Beispiel hiervon haben wir eben an dem Ernährungsprozeß. Daß die Speisen Fleisch und Blut werden, wußte man; aber wie? Das wußte man nicht. Wie löste man nun den Widerspruch zwischen dem bekannten Etwas und dem unbekannten Nichts oder dem Nichts der Unwissenheit? Man schrieb dem Leibe unter dem Namen der Lebenskraft ohne weiteres die Kraft zu, die Speisen in Blut zu verwandeln, d. h., man dichtete dem Organismus, wenn auch nicht mit Worten, doch der Tat nach, eine aus nichts schaffende Kraft an, um so die Wunder der christlichen Dogmatik in succum et sanguinem [in Fleisch und Blut] zu vertieren [überführen]. Aber in der Wirklichkeit verhält es sich ganz anders. Hören wir, wie! Ehe wir aber dieses Wie verstehen, müssen wir wissen, warum wir essen und was wir essen oder vielmehr uns aneignen. „Das Leben ist Stoffwechsel" (S. 66). Wir empfangen von der Außenwelt Stoffe und geben sie wieder zurück, nur in anderer Gestalt, scheiden sie aus. Und je mehr oder weniger wir von uns geben, desto mehr oder weniger müssen wir auch zu uns nehmen. Leider ist aber nicht mit der verminderten Aufnahme von Nahrungsmitteln auch eine verhältnismäßige

Abnahme der Ausscheidungen verbunden. Wenn wir nichts zu verzehren haben, verzehren wir uns selbst. Es heißt (S. 62): „Auch wenn wir uns aller Speise und alles Tranks enthalten, hauchen wir Kohlensäure und Wasser aus, die Ausleerungen von Harn und Kot erfolgen nach wie vor, die Haare wachsen, die Nägel verlängern sich, und Schweiß und Schleim entziehen dem Körper von Stunde zu Stunde seine wesentlichsten Bestandteile. Und wenn die Enthaltsamkeit fortdauert, dann verrät sie sich nur zu bald durch eine beträchtliche Abnahme des Gewichts unsers Körpers.“ Ferner S. 63: „Wenn der Ersatz aufhört, während die Ausgaben fortdauern, dann ändert sich alsbald die Zusammensetzung der Gewebe, und das Blut, das nicht nur für die Gewebe, sondern auch für sich selbst einkauft, macht in einigen Tagen oder, wenn es hoch kommt, in wenigen Wochen Bankrott. Denn der Sauerstoff, den wir einatmen, zehrt vom Blut, dessen Einnahmen stocken.“ Und S. 49: „Allen Stoffen unsers Körpers wird nämlich Sauerstoff der Luft zugeführt, den wir unablässig einatmen. Kein Stoff aber greift mächtiger als der Sauerstoff in das Werden und Vergehen der organischen Verbindungen ein. Vor der anhaltenden Wirkung des Sauerstoffs hat keine organische Verbindung unsers Körpers Bestand.“

Am ersten schwinden unter dem verzehrenden Einflusse des Sauerstoffs die Fette, dann die Muskeln, das Herz, Milz und Leber, am spätesten die Nerven und das Hirn – eine merkwürdige Erscheinung, da sie aus den wandelbarsten Stoffen unsers Körpers, aus Fett und Eiweiß, bestehen, eine bis jetzt noch unerklärte Erscheinung, die aber trotzdem das späte Absterben der geistigen Tätigkeit erklärt. Doch die Folgen des Hungerns oder Fastens erstrecken sich noch weiter. Wo die Menge und Mischung des Stoffs, verändert sich auch die Form der Verrichtung.

„Denn ein gemeinsames Band hält Stoff und Form und Verrichtung umschlungen ... Der leichtere Muskel, dessen Fett und Eiweiß geschwunden sind, erscheint als welkes Fleisch, das sich langsam zusammenzieht. Das Herz ist träge, die Zahl der Pulse in der Minute beträchtlich vermindert ... Kleine Reize haben große Wirkung. Das Licht tut wehe, ein stärkerer Schall wird unerträglich, eine Berührung erweckt Zorn ... In schlafloser Nacht quält den

Hungernden die Gier, der mächtige Hebel so vieler Leidenschaften. Wer zu Aas und Leichen, zum Fleisch seiner Freunde oder zu seinem eigenen Körper greift, der beweist mehr, als die Einbildungskraft der Dichter sich vorstellen kann ... Von keinem Triebe wird die Macht des Geistes trauriger besiegt. Der Hunger verödet Kopf und Herz ... Der Hungernde fühlt jeden Druck mit Zentnerschwere, darum hat der Hunger mehr Empörungen verursacht als der Ehrgeiz unzufriedener Köpfe ... Kalt und starr, die Muskeln zuckend in gelähmten Gliedern, seufzend, mit trübem Auge, abgestumpfter Empfindung, betörtem Urteil, kämpft der Gepeinigte den Todeskampf, dem häufig eine Ohnmacht sein Ziel steckt, bisweilen aber rasendes Irrereden vorausgeht" (S. 66–68).

Dies das Gemälde von den schrecklichen Folgen des unbefriedigten Hungers, dies der Grund des Nahrungsbedürfnisses, dies auch der Grund, warum die neue Weltweisheit nicht mehr das Nichts im Kopfe, sondern das Nichts im Magen – ein sehr reelles, weil empfindliches Nichts – zu ihrem und der Welt Prinzip macht.[1]

[2]Wenden wir uns nun zu den appetitlichen Gegenständen, womit wir unsern Hunger stillen. Die Natur hat reichlich für uns gesorgt. Alle drei Reiche der Natur liefern uns Nahrungsmittel oder vielmehr Nahrungsstoffe, wie der Verfasser die Bestandteile derselben nennt. Dieselben bestehen nämlich: 1. aus anorganischen, 2. [aus] organischen stickstofffreien und 3. [aus] organischen stickstoffhaltigen Nahrungsstoffen. Die chemischen Grundstoffe oder Elemente der Nahrungsstoffe aber sind – wenigstens die wichtigern –: Kalium, Natrium, Kalzium, Magnesium, Aluminium, Silizium, Eisen, Mangan, Fluor, Chlor, welche zehn Grundstoffe vorzugsweise dem Mineralreich angehören; ferner Phosphor, Schwefel, Sauerstoff, welche ungefähr gleich oft in der organischen und unorganischen Welt vorkommen; endlich Wasserstoff, Kohlenstoff, Stickstoff, welche in allen lebenden Wesen vorkommen, während sie in sehr vielen

[1] *Im Original darunter auf neuer Zeile:* (Der Beschluß folgt). *Der Schluß beginnt dann dort Seite 1081.*

[2] *Im Original darüber Wiederholung der Überschrift und dazu auf neuer Zeile:* (Beschluß aus Nr. 270).

Mineralien fehlen, und daher im engern Sinne als organische Elemente bezeichnet werden können. Die anorganischen Nahrungsstoffe sind näher: Chlornatrium, welches unser Koch- oder Steinsalz ist, Chlorkalium, eine dem Kochsalz sehr ähnliche Verbindung, ferner Salze der Alkalien, d. h. Salze im chemischen Sinne, Verbindungen von Säuren: hier die Schwefelsäure, Kohlensäure und Phosphorsäure, mit Basen: hier den Alkalien, nämlich dem Kali und Natron, dann Erdsalze, z. B. schwefelsaurer Kalk, schwefelsaure Tonerde; endlich ein Metallsalz, das phosphorsaure Eisenoxyd.

Die organischen stickstofffreien Nahrungsstoffe, Verbindungen von Kohlenstoff, Wasserstoff und Sauerstoff, sind teils Stoffe, die sich in Fett verwandeln können und die deshalb der Verfasser Fettbildner nennt, teils schon gebildete Fette. Die wichtigsten Fettbildner sind das Amylum oder Stärkemehl (wie z. B. die Kartoffelstärke, aus der man den Kleister macht), das Gummi (das in sehr vielen Pflanzen vorkommt, aus manchen von selbst ausfließt und an dem arabischen Gummi sein Musterbild hat) und der Zucker, allgemein bekannt, aber auch als Rohrzucker, was wir hier sogleich bemerken, mit Unrecht allgemein verschrien, als ob er die Zähne verderbe, da er vielmehr die Bildung der Knochen und Zähne fördert. Die Fette sind: der Ölstoff (Olein oder Elain genannt), der am schwersten in der Kälte erstarrende Hauptbestandteil aller Öle; das Perlmutterfett, ein leichter erstarrendes Fett, das man in perlmutterglänzenden Kristallen erhalten kann, daher sein Name; der Talgstoff oder das Stearin, das festeste aller Fette, hauptsächlich in Hammel- und Ochsenfett vorkommend.

Die organischen stickstoffhaltigen Nahrungsstoffe bestehen aus mehr Elementen als die ebengenannten, nämlich aus Stickstoff, Kohlenstoff, Wasserstoff, Sauerstoff, Schwefel und meistens auch noch aus Phosphor. Von diesen kommen hier bloß die eiweißartigen Körper in Betracht, also genannt wegen der Ähnlichkeit ihrer Eigenschaften und der Übereinstimmung in ihrer Zusammensetzung mit dem Hühnereiweiß, keineswegs aber nur, wie der Name den Laien glauben machen könnte, auf die tierische Welt beschränkt, sondern auch in der Pflanzenwelt enthalten unter dem Namen (lösliches und geronnenes) „Pflanzeneiweiß“, das sich in sehr vielen Pflanzensamen zeigt und in allen in der Hitze gerinnenden Pflanzensäften; Pflanzenleim, der sich besonders in den Getreidesamen findet und Kleber (Gluten) heißt, weil er, solange er feucht, ein klebriger Stoff ist, und Legumin oder (nach des Verfassers Ausdruck) Erbsenstoff, welcher in allen Hülsenfrüchten, als Bohnen, Erbsen, Linsen, zu Hause ist und den wichtigsten Nahrungsstoff derselben ausmacht.

Das sind also die Stoffe, die in den Nahrungsmitteln von uns aufgenommen werden. Wie ist es nun aber möglich, daß sie Blut werden?* Diese Frage beantwortet sich, wenn wir wissen, was Blut ist und woraus es besteht. Das Blut ist eine alkalische Flüssigkeit, eine Lösung von Salzen, eiweißartigen Körpern, Fett und Seifen, d. h. Verbindungen der obengenannten Fette mit den Alkalien. Tausend Teile Menschenblut enthalten zwei Teile Faserstoff (ein eiweißartiger Körper, dessen Eigenschaft ist, daß er gerinnt, sowie das Blut dem lebenden Körper entzogen wird), 131 Teile sogenannte Blutkörperchen (welche als Bläschen mit rotem Inhalt und weiße körnige Körperchen im Blute herumschwimmen und in farbige, den Blutfarbestoff enthaltende und farblose Blutkörperchen unterschieden werden, welche beide aber eiweißartige Körper sind), 71 Teile Eiweiß (im engern Sinne), fünf Teile Chlorverbindungen und Salze, worunter das Kochsalz das Übergewicht hat, zwei Teile Fett, 789 Teile Wasser. Die Speisen werden also zu Blut, weil sie aus denselben Bestandteilen als das Blut bestehen, weil im Blut nichts anderes ist, als was in den Speisen, und umgekehrt.** Dies gilt aber nur absolut oder abstrakt gesprochen. In der Wirklichkeit sind die Speisen sehr undelikat und inhuman, mit nicht oder

* Ich beschränke mich hier bloß auf die Blutbildung, obgleich die Ernährung im engern Sinne erst nach derselben beginnt. Aber aus dem Blut entsteht ja alles. Haben wir Blut im Leibe, so fehlt uns nichts mehr. Gib mir einen Blutstropfen, und ich schaffe Menschen.

** Der Satz der alten Philosophen: „Simile simili nutriri, nos iis aliquibus constamus [Gleiches ernährt sich durch Gleiches, wir bestehen aus irgendwelchem derartigen]“, ist demnach ganz richtig.

doch höchst schwer assimilierbaren Stoffen vermengt, wie es der Zellstoff der pflanzlichen, die elastische Faser der tierischen Speisen ist, ihre Bestandteile entweder zwar nicht verschieden von den Bestandteilen des Bluts, aber doch in einer solchen Form und Verbindung, in welcher sie nicht assimilierbar sind und daher erst aufgelöst werden müssen, oder verschieden von denselben, in welchem Falle sie nicht nur erst gelöst, sondern auch eine Reihe von Vermittelungen und Verwandlungen durchlaufen müssen, ehe sie den Bestandteilen des Bluts gleichgemacht und folglich Blut werden können. So wird z. B. das Stärkemehl durch die Einwirkung des Mundspeichels und Bauchspeichels zuerst in Gummi verwandelt, der Gummi in Zukker, der Zucker aber durch die Galle in Milchsäure, die Milchsäure in Buttersäure, welche das erste Glied in der Reihe der tierischen Fette ist. Hierauf eben beruht der Verdauungsprozeß und die Verschiedenheit der Speisen oder Nahrungsmittel hinsichtlich ihrer Löslichkeit, Verdaulichkeit und Nahrhaftigkeit. So heißt es S. 81: „Je leichter die Nahrungsstoffe in den Verdauungsflüssigkeiten gelöst und in Blutbestandteile umgewandelt werden können, um so größer ist ihre Verdaulichkeit, denn die Verdauung besteht nicht nur in der Auflösung, sondern in der Umwandlung in die wesentlichen Stoffe des Bluts. Beide Bedingungen sind gleich wichtig. Wenn also zwei Stoffe mit gleicher Leichtigkeit gelöst werden, dann wird derjenige der verdaulichere sein, der mit irgendeinem Bestandteil des Bluts die größere Ähnlichkeit hat. Ist aber bei zwei Nahrungsstoffen die Übereinstimmung mit Bestandteilen des Bluts gleich groß, dann ist der löslichere der verdaulichere." Ferner S. 83: „Unter den Nahrungsmitteln sind diejenigen am verdaulichsten, welche am meisten leicht löslich und leicht in Blutstoff übergehende Nahrungsstoffe enthalten ... Nur was als wesentlicher Bestandteil in das Blut übergeht, ist überhaupt als Nahrungsstoff zu betrachten, darum ein Nahrungsmittel um so nahrhafter, je verdaulicher es ist." Und S. 76: „In der Sprache des Volks heißt jeder Stoff ein Nahrungsmittel, der Hunger und Durst zu stillen vermag. Die wissenschaftliche Bestimmung des Begriffs der Nahrungsmittel ergibt sich aus der Ursache jener Empfindung. Was dem Blute seine verlorengegangenen wesentlichen Bestandteile ersetzt und vom Blute aus den Kreislauf durch die Gewebe beginnt, das ist im weitesten Sinne als Nahrungsmittel zu betrachten. Nahrungsmittel, die dem Blute die Chlorverbindungen und Salze, Fett und Eiweiß wiederersetzen, stillen den Hunger. Der Durst wird gelöscht, wenn dem Blut das fehlende Wasser wieder zugeführt wird."

Nur die Nahrungsmittel, welche aus allen dreien oben angegebenen Gruppen Nahrungsstoffe enthalten, sind daher geeignet, das menschliche Leben in der normalen, gesetzmäßigen, dem menschlichen Blut und Wesen gemäßen Weise zu erhalten. Wir sehen hieraus, in welchem gräßlichen, das menschliche Blut empörenden Widerspruch mit der Ordnung der Natur unsere angebliche sittliche Welt- oder Staatsordnung steht. Die Natur hat verordnet, daß der Mensch stickstoffhaltige Körper verzehre, denn der Stickstoff ist ein wesentlicher Bestandteil des Bluts, aber die Staatsordnung verdammt Unzählige zu Nahrungsmitteln, die dieses wesentlichen Blutstoffs entbehren. Ein solches unmenschliches und naturwidriges Nahrungsmittel ist vor allem die Kartoffel, wenn sie, wie es bei ärmern Volksklassen der Fall, das einzige oder doch hauptsächliche Nahrungsmittel ist. In seiner gerechten Indignation ruft der Verfasser aus (S. 124f.): „Was soll man von einem Nahrungsmittel halten, in dem Eiweiß und Fettbildner gerade im umgekehrten Verhältnisse von den Eiweißkörpern und dem Fett des Bluts vorhanden sind? Mit Fett kann es das Blut und die Gewebe überfüllen, aber wie es das Blut nur ärmlich mit Eiweiß versorgt, so kann es den Muskeln keinen Faserstoff und keine Kraft, dem Gehirn weder Eiweiß noch phosphorhaltiges Fett zuführen . . . Träges Kartoffelblut, soll es den Muskeln Kraft zur Arbeit, dem Hirn den belebenden Schwung der Hoffnung erteilen? Armes Irland! Du kannst nicht siegen in dem Kampf gegen den stolzen Nachbar, dessen üppige Herden die Macht seiner Söldner erzeugen! Du kannst nicht siegen, denn deine Nahrung kann nur ohnmächtige Verzweiflung, nicht Begeisterung erwecken, und nur Begeisterung vermag[1] den Riesen abzuwehren, dem mit reichem Blute Tatkraft durch die Adern rollt."

[1] *Im Original folgt:* es

Wir sehen zugleich hieraus, von welcher wichtigen ethischen sowohl als politischen Bedeutung die Lehre von den Nahrungsmitteln für das Volk ist. Die Speisen werden zu Blut, das Blut zu Herz und Hirn, zu Gedanken und Gesinnungsstoff. Menschliche Kost ist die Grundlage menschlicher Bildung und Gesinnung. Wollt ihr das Volk bessern, so gebt ihm statt Deklamationen gegen die Sünde bessere Speisen. Der Mensch ist, was er ißt. Wer nur Pflanzenkost genießt, ist auch nur ein vegetierendes Wesen, hat keine Tatkraft (S. 101): „Wer kennt nicht die Vorzüge des englischen Arbeiters, den sein Roastbeaf kräftigt, vor dem italienischen Lazzarone, dessen vorherrschende Pflanzenkost einen großen Teil seines Hanges zur Faulheit erklärt." S. 119: „Bei ausschließlichem Genuß von Kräutern wird nicht nur die Muskel kraftlos, sondern auch dem Gehirn wird wenig Stoff zugeführt. Daher ein unentschlossener Wille und feiges Aufgeben der Selbständigkeit bei den Hindus und andern Tropenbewohnern, die sich fast nur von Gemüsepflanzen ernähren."

Daher auch bei uns der Sieg der Reaktion, der schmähliche Verlauf und Ausgang unserer sogenannten Märzrevolution, denn auch bei uns besteht der größte Teil des Volks nur durch und aus Kartoffelstopfer[n]. Sollen wir aber deswegen verzweifeln? Gibt es keinen Stoff, der die Kartoffel auch bei der ärmern Volksklasse ersetzen, der zugleich dem Volk männliche Gesinnung und Tatkraft einflößen kann? Ja, es gibt einen solchen Stoff, einen Stoff also, der der Bürge einer bessern Zukunft ist, den Keim zu einer neuen, wenn auch langsamen und allmählichen, aber um so solidern Revolution enthält: Es ist der Erbsenstoff. Er zeichnet sich durch seinen Reichtum an Phosphor aus, das Gehirn aber kann, wie wir bereits wissen, ohne phosphorhaltiges Fett nicht bestehen, er ist überdem ein eiweißartiger Körper, und zwar ein solcher, der nicht nur den Klebergehalt des Brotes, sondern auch den im Fleisch enthaltenen Faserstoff bedeutend übertrifft. Indes ist es nicht genug, daß wir unter dem Volk, welches ja längst vor Entdeckung der tierisch-vegetabilischen Substanz der Hülsenfrüchte aus der Empfindung die Wichtigkeit derselben, besonders der Linsen, erkannt hat, Propaganda für den Erbsenstoff machen, um durch die Salze und phosphorsauren Alkalien, die in den Hülsenfrüchten in so reichlicher Menge enthalten sind, das faule Kartoffelblut des deutschen Volks wieder in Bewegung zu setzen. Auch wir, die wir unverdienterweise so glücklich sind, nicht allein von Kartoffeln zu leben, müssen die Lehre der Nahrungsmittel zu unserer Richtschnur nehmen, wenn wir einen guten Grund zu einer neuen Revolution legen wollen. Die Diät ist die Basis der Weisheit und Tugend, der männlichen, muskelkräftigen, nervenstarken Tugend; aber ohne Weisheit und Tugend gedeiht keine Revolution. Lassen wir uns daher vor allem durch die Politik, so niederschlagend und ekelerregend sie auch jetzt ist, nicht den Appetit zum Essen und Trinken verderben, aber mäßigen wir den Genuß durch die Erkenntnis der Nahrungsstoffe, wie sie uns hier der Verfasser mitteilt, wenngleich uns die Empfindung von ihren Wirkungen längst gesagt hat, was uns die Chemie lehrt. Aber die Aufgabe des Menschen ist es eben, den Grund der Empfindung zu entdecken, den Gegenstand der Empfindung zu einem Gegenstand des Wissens zu erheben. Nicht mit Gebet, mit Erkenntnis zu genießen ist menschlich. Doch wir können dem Verfasser nicht bis in seine Diätetik und Zergliederung der einzelnen Speisen, Getränke und Gewürze hinein folgen, empfehlen aber jedem Gelehrten, dem der Mensch mehr ist als das Buch, jedem Künstler, jedem Handwerker, jedem Lehrer, jedem Vater, jeder Hausfrau dieses Buch als ein unentbehrliches, als ein Buch, welches alle die Bedingungen erfüllt, welche zu einer gesunden, ihrem Begriffe entsprechenden, sowohl leiblichen als geistigen Nahrung erfodert werden.[1]

[1] *Im Original folgt auf derselben Zeile als Unterschrift:* L. Feuerbach.

Inhalt